Ch.Links

Liane v. Billerbeck
Frank Nordhausen

Der Sekten-Konzern

Scientology auf dem Vormarsch

Mit einem Rechtsratgeber
von Ralf Bernd Abel

Ch. Links Verlag, Berlin

Dieses Buch widmen wir unseren Eltern.

Die Deutsche Bibliothek – CIP-Einheitsaufnahme

Billerbeck, Liane v.:
Der Sektenkonzern : Scientology auf dem Vormarsch / Liane v.
Billerbeck ; Frank Nordhausen. – 5. aktualisierte Aufl. – Berlin : Links, 1994
ISBN 3-86153-071-6
NE: Nordhausen, Frank :

5., aktualisierte Auflage, März 1994

Zehdenicker Straße 1, 10119 Berlin, Tel.: (030) 281 61 71
Reihenentwurf: TriDesign, Berlin
Satz: LVD GmbH, Berlin
Schrift: Stempelgaramond
Druck- und Bindearbeiten: Fuldaer Verlagsanstalt GmbH
Zum Vertrieb nur in der Bundesrepublik Deutschland, Österreich und der Schweiz bestimmt.

ISBN: 3-86153-071-6

Inhalt

Vorwort der Autoren zur 5. Auflage 9

Scientology City
Besuch im Hauptquartier Clearwater/Florida 11
Die Strafkompanie hinter der Glanzfassade 22

Der Aufstieg eines neuen Kultes
Gier als Programm 27
Gründervater L. Ron Hubbard 29
Start als Science Fiction 34
Die Lehre von Thetanen und Engrammen 40
Der teure Weg zur „totalen geistigen Freiheit“ 47
Die Sekte wird zum Konzern 51
Managementwechsel und Säuberungsaktionen 55
Weltweite Vermarktung des Copyrights 58
Hollywood-Stars als Werbeträger 61
Hierarchische Befehlsstrukturen 64
Der Geheimdienst OSA 71
Kampf gegen Kritiker 75
Religion oder Wirtschaftskonzern? 81
Einstieg in Deutschland 86
Der Schritt über die Alpen: Schweiz und Österreich 88

Auf der Jagd nach Mitgliedern
Missionierung in Sachsen 91
Mitarbeitervertrag als Lockmittel 95
Der schnelle Aufstieg zum Auditor 96
Verstrickt und gefangen 98
Angst vor dem Ausstieg 100
Angriff auf Mecklenburg-Vorpommern 102
Mit Persönlichkeitstests auf Kundenfang 107
Verschuldungshilfe statt Lebenshilfe 111
Gehirnwäsche mit Auditing 114
Die Gruppe wird zur Ersatzrealität 118
Tarnorganisationen für den Vormarsch in die Gesellschaft 121

Tod unter ominösen Umständen 124
Schwierige Rückkehr in die Wirklichkeit 127
Das System der Bewußtseinskontrolle 128
Widerstand in der Öffentlichkeit 132
Die Sekten-Strategie für Europa 135

Ein weltweites Wirtschaftsimperium
Ganze Branchen werden unterwandert 138
WISE – die geheime Macht im Hintergrund 144
Prima Geschäfte in der Schweiz 150
Einflußnahme über Managementberater 154
Verdeckter Angriff auf die Schaltstellen 161
Schleichweg Computerservice 163
Zielgruppe: Topmanager 166
Wilde Spekulationsgeschäfte 169
Behörden und Verbände im Fadenkreuz 173

Expansion in die neuen Bundesländer oder: Der Messias von Usedom
Managertraining für Bauern 179
Goldgrube ABM 184
Der Schwindel fliegt auf 187
Ein dubioser Familienclan 192
Pilotprojekt für die Sekte? 196
„Schwarze Propaganda“ gegen Kritiker 201
Ein Pfarrer wagt den Kampf 204
Lokalpresse huldigt Scientologen 207
Eine Parallelgesellschaft entsteht 210

Strohmänner und Schwindelfirmen
Neue Claims in Wild-Ost 215
Ahnungslose Gemeindeverwaltungen 217
Mit Stellenanzeigen auf Dummenfang 222
Hilflose Gerichtsvollzieher im Unternehmensgestrüpp 223
Stahlbau-Skandal in Riesa 228
Scientologische Praktiken in der Arbeitswelt 233
Psycho-Kurse für Krupp? 236
Treuhand-Manager bekommen kalte Füße 238
Geheimabsprachen für neue Projekte 240

Alltag im Betrieb eines Scientologen
Hauptsache Arbeit? 244
Die Zeugin, die aus der Kälte kam 246
Ein „Musterbetrieb“ 249
Strafe für die Abtrünnige 251
Wer aussteigt, gilt als vogelfrei 255
Nötigung, Erpressung, Körperverletzung … 257

Brückenschlag nach Osteuropa
Tschernobyl-Kinder in Senftenberg 259
Kontakte zur Ukraine und nach Rußland 267
Brisante Verbindung 274
Zugriff auf Sicherheitsbereiche geplant 276
Lausitz oder Mezzogiorno? 284
Investoren für zweifelhafte Großprojekte 286

Missionen von Warschau bis Peking
„Wahnsinn, was da los ist!“ 294
Tausende Hubbard-Bücher für Moskau 301
„Reinigungs-Rundown“ für Strahlenopfer 305

Anhang
Anmerkungen 309
Hierarchie der Scientology-Organisation 325
Glossar scientologischer Begriffe 326
Was tun bei Berührung mit Scientology?
Ein Rechtsratgeber von Ralf Bernd Abel 337
Wo bekomme ich Hilfe und Informationen? 348
Literaturverzeichnis 355
Register erwähnter Firmen 358
Register scientologischer Organisationen 360
Orts- und Länderregister 361
Personenregister 363
Register weiterer Organisationen 366
Abbildungsnachweis 366
Die Autoren haben zu danken … 367
Zu den Autoren 368

Vorwort der Autoren zur 5. Auflage

Wer sich als Journalist mit Scientology befaßt, stößt bei seinen Recherchen auf viele Schwierigkeiten. Zeugen verstummen plötzlich, Informanten ziehen ihre Aussagen zurück oder flüchten sich in den Schutz der Anonymität. Scientology macht vielen angst. Auch uns ging es zunächst so. Eher zufällig auf die „Sekte“ gestoßen, waren wir anfangs hin- und hergerissen zwischen Faszination und Furcht.

Während der Arbeit an diesem Buch sorgten die Scientologen stets dafür, daß wir ihre Anwesenheit nie vergaßen. Gesprächspartner wurden mit „Informationen“ über uns versorgt und Redaktionen vor den „Scientology-Jägern“ gewarnt. Da wir nicht wollten, daß die Scientology-Organisation unser Manuskript vor der Auslieferung in die Hände bekam, mußten wir Vorsichtsmaßnahmen ergreifen. Verlag, Setzerei und Druckerei hielten alle Druckunterlagen unter Verschluß. Kein Rezensent bekam vorab die Fahnen zu lesen.

Gleich nach Erscheinen gab es Drohanrufe. Vier Prozesse mußten Verlag und Autoren im Verlauf der nächsten Monate durchstehen. Der Scientologe Peter-Uwe Krumholz versuchte, uns per einstweiliger Verfügung etwa ein Dutzend Stellen im Buch verbieten zu lassen. In der Eilverhandlung vor dem Berliner Landgericht zog er seinen Antrag jedoch kleinlaut zurück. „Roncalli“-Gründer Bernhard Paul wollte neben unserer Lesart seines Zirkusnamens auch die eigene genannt wissen. Daß er der Sekte durchaus nahegestanden hat, blieb indes unbeklagt. Ein Scientologe aus Süddeutschland untersagte uns via Gerichtsbeschluß, seinen vollständigen Namen im Zusammenhang mit einem Fall von Industriespionage zu nennen. Im bislang letzten Verfahren wollte die Frau des Malers Gottfried Helnwein „alle noch im Besitz des Verlages befindlichen Exemplare vernichten“ lassen, weil wir angeblich ein Foto ihres Mannes unberechtigt benutzt hätten. Das Kölner Gericht entschied jedoch, daß es sich dabei um ein klassisches, absolut zulässiges Bildzitat handele.

Die Auseinandersetzung mit Scientology blieb nicht auf die Gerichtssäle beschränkt. Bei Lesungen wurden wir immer wieder auf Gerüchte hin angesprochen, die Unbekannte offenbar gezielt über uns und unseren Verleger gestreut hatten. Auch anonyme Morddrohungen gingen schriftlich wie telefonisch ein. Ein Informant meinte, daß nach seinem Eindruck die Aktionen gegen uns und unseren Verlag vom scientologischen Geheimdienst OSA in München koordiniert würden.

Nahezu täglich erreichten uns in den letzten Monaten Hinweise über scientologische Aktivitäten aus den verschiedensten gesellschaftlichen Bereichen. Wir haben deshalb in diese 5. Auflage viele neue Entwicklungen eingearbeitet. Diese Erkenntnisse haben wir gründlich geprüft und noch einmal anwaltlich durchsehen lassen. Für alle Zitate wurden Belege erbracht. Die Kapitel 2, 3 und 4 sind daher mit zusätzlichen Anmerkungen versehen worden.

Zu ihrem Schutz oder auf eigenen Wunsch haben einige Informanten andere Namen erhalten (im Text mit einem * gekennzeichnet). Wir haben für dieses Buch eine Fülle interner Papiere sowie Materialien von Scientology-Splittergruppen verwendet und zahlreiche Veröffentlichungen aus Deutschland, Österreich und der Schweiz aufbereitet. Dieses Hintergrundmaterial ergänzt unsere Reportagen über das konkrete Vorgehen der Scientologen, um den Leser möglichst umfassend ins Bild zu setzen.

Die Erfahrungen, die wir in all den Auseinandersetzungen mit den Scientologen und ihrer Organisation gemacht haben, bestärken uns in der Absicht, die Auseinandersetzung noch konsequenter zu führen.

Januar 1994

Scientology City

Besuch im Hauptquartier Clearwater/Florida

Wer nach Clearwater kommt, wird enttäuscht sein. Gemessen an anderen Städten Floridas mit wucherndem Grün und postmodernen Glastürmen ist der Ort eher unscheinbar. Außer ein paar Kirchen und wenigen herausragenden Gebäuden dominieren selbst im Zentrum zwei- bis dreistöckige Häuser. Im Parterre nicht selten aufgegebene Läden, Schutt und vernagelte Schaufenster – die Nachbarstadt von Tampa/St. Petersburg ist eine Siedlung ohne Glanz. Der Tourist wird sie schnell vergessen. Auch der Reiseführer fand kaum Erwähnenswertes, bis auf eine Ausnahme: das Gelände der Scientology-Church.

Von dieser Sekte hatten wir bisher nur von weitem gehört. Wir konnten uns an eine aufsehenerregende Fernseh-Dokumentation und an Pressemeldungen erinnern, in denen von Gehirnwäsche und anderen mysteriösen Praktiken die Rede war. Scientology war berüchtigt, interessant schien sie uns allemal. Unsere touristische Neugier war geweckt. Möglicherweise erwartete uns hier eine weitere Attraktion auf unserer Florida-Rundfahrt. Aber auch der journalistische Instinkt meldete sich: Mal gucken, was es bei den Sektierern zu sehen gibt. Natürlich waren wir ein bißchen aufgeregt. „Hauptquartier der Scientology-Church", das klang irgendwie abenteuerlich und auch etwas gefährlich. Während wir über die Brücken von Tampa chauffierten, ließen wir uns noch einmal die knappen Informationen aus dem Reiseführer durch den Kopf gehen.

Der sachlich geschriebene „Apa-Guide" konstatierte: „Die Scientology-Basis im sonst so konservativen Clearwater, ihre Rekrutierungsmaßnahmen und die negative Publicity haben bei den Einwohnern Besorgnisse ausgelöst, die Sekte könne einmal eine einflußreiche Rolle in der Stadt spielen. Klagen und Gegenklagen zwischen

Scientology und ihren Gegnern beschäftigen die Gerichte."[1] Seit sich die selbsternannte Kirche in den siebziger Jahren hier festsetzte, hat sie sich anscheinend immer weiter in der Stadt ausgebreitet. Ganze Viertel soll die Sekte aufgekauft haben. Selbst Lokaljournalisten sollen sich nicht mehr sicher sein, ob die Stadt noch Gastgeber oder lediglich geduldete Untermieterin des Psycho-Multis ist. Ihr Hauptquartier, militärisch knapp *Flag* genannt, haben die Sektenleute in einem alten viktorianischen Hotel untergebracht, dem sogenannten Fort Harrison.

Es war die Zeit kurz vor dem nachmittäglichen Wolkenbruch, als wir in eine Straße gegenüber dem strahlend weißen Gebäude einbogen. Ein eindrucksvolles, zehnstöckiges Haus in einer eher ruhigen Gegend. Wollten wir es wirklich aus der Nähe betrachten? Während wir einmal vorbeifuhren, diskutierten wir das Für und Wider. Unternehmungslust und eine unbestimmte Angst hielten sich die Waage. Ein mulmiges Gefühl hatte uns ergriffen. Es half nichts, daß wir uns einredeten, zu viele Krimis gesehen zu haben. Niemand wußte, daß wir hier waren. Niemand würde hier nach uns suchen. Aber unsere Neugier war stärker.

Wir fanden einen Parkplatz schräg gegenüber der Sektenzentrale. Die Parkuhr schluckte munter die Vierteldollars, zeigte aber keine Zeitdauer an. Es war zwei Uhr nachmittags. Die tropische Hitze schien unerträglich. Schwarze Wolken waren aufgezogen. Die Spannung vor dem Gewitter übertrug sich auf uns. Wir setzten die Sonnenbrillen ab und sahen uns um.

Die Straße vor dem prächtig restaurierten Hotel war mäßig belebt. Die meisten Leute hatten es ziemlich eilig. Merkwürdig nur: Die hiesigen Passanten, Männer und Frauen, sahen sich verblüffend ähnlich. Der Grund war ein extravaganter Einheitslook. Sie trugen altmodisch geschnittene Hosen und weiße oder blaue Hemden, die straff am Oberkörper saßen und mit Klappen an Ärmeln und Schultern versehen waren. Ihr Aufzug wirkte wie die Berufskleidung von Schiffsstewards. Unverzichtbar war offenbar ein Mäppchen, das sich jeder keck unter den Arm geklemmt hatte. Sie bewegten sich irgendwie lautlos, kein Geplapper, kein „Wow" und „Hi" – vermutlich Sektenleute, dachten wir.

Unweit von Fort Harrison sahen wir ein Gebäude, an dessen Fassade „NPNB" stand. Vielleicht eine Bank? Wir sprachen einen der

Einst das Hotel Fort Harrison, heute die Scientology-Zentrale „Flag“ in Clearwater/Florida.
Marmor, Glas und edle Hölzer in der Lobby.

Weißhemden darauf an. Er erklärte freundlich, es handele sich um ein Trainings- und Konsultationszentrum der Scientologen. Dazu vermerkte unser Reiseführer: „Die Scientologen besitzen außerdem ein ehemaliges Gebäude der Bank of Clearwater, das zum Verwaltungszentrum umgewandelt wurde."[2] Nun wurden wir mutiger. Wir fragten einen anderen Uniformierten, ob wir Fort Harrison besichtigen könnten. Der Mann hatte den Akzent herausgehört und antwortete auf deutsch. Ja, natürlich, meinte er, das Haus sei offen, „no problem".

Als wir Fort Harrison zunächst einmal fotografierten, huschten einige dieser lautlosen Gestalten um uns herum. Jetzt bemerkten wir, daß sie etwas außerirdisch-roboterhaftes an sich hatten. Oder waren das nur Projektionen? Viele rauchten Zigaretten, was besonders auffiel, da es in den USA verpönt ist („Thank you, for your not smoking!"). Es war eine unwirkliche Umgebung – so heiß, so drückend, so still, und diese seltsamen Menschen. Es fehlte nur, daß die Scientologen auch noch auf Rollbahnen dahinglitten.

Wir umrundeten das *Flag*-Hauptgebäude. Es war von zwei Kirchen eingerahmt. Direkt hinter dem „Harrison" befand sich die City-Hall, das Rathaus von Clearwater. Die räumliche Nähe zur Scientology-Zentrale schien uns nicht von ungefähr. Das Sektengelände selbst war von hohen weißen Mauern umgeben. An der Rückfront gab es sogar eine Art Wachplattform, Sichtblenden, Videokameras und – Stacheldraht. Eines der Gebäude schien ein Parkhaus zu sein.

Wir kehrten zum Eingang zurück. Vor der Tür herrschte geschäftige Aktivität. Taxis stoppten und fuhren wieder ab, Pförtner hielten die Türen auf und halfen, Koffer zu schleppen. Wir steuerten auf den Eingang zu und traten durch die geöffnete Flügeltür. Als wir im Foyer waren, wunderten wir uns, daß niemand Notiz von uns nahm. Im allgemeinen Gewimmel fielen wir gar nicht weiter auf. Hier gab es nur Uniformträger und Hotelgäste mit Koffern. Touristen waren offensichtlich nicht vorgesehen. Folglich konnte, wer einmal die Schwelle des Allerheiligsten überschritten hatte, nur ein Sektengenosse sein.

Die Hotelhalle gefiel uns in ihrer luxuriösen Ausstattung. Grüner Marmor, Lüster, in den Türen geschliffenes Glas. Ein wenig erinnerte der Raum an das Schauspielhaus in Berlin oder die Dresdener

Semperoper. Links von der Lobby befand sich ein exklusives Restaurant. Geradeaus konnten wir in den weiträumigen Hof blicken, wo Kinder in einem Swimmingpool herumtobten. Wir stiegen die breite Treppe nach oben. Im ersten Stock gab es Seitengänge, die durch eine Art Rezeption blockiert waren. Am Ende unserer Treppe befand sich ein langer Tisch, dahinter Empfangsdamen, die wild durcheinanderredeten und -telefonierten, auf italienisch, englisch, spanisch und deutsch. Hier herrschte eine aufgeregt-feierliche Stimmung, als würde heute noch ein wichtiger Kongreß eröffnet. Vor dem Tisch thronte eine riesige Büste, die wir dank Reiseführer als Abbild L. Ron Hubbards, des verblichenen Gründers und Großmeisters der Sekte, identifizierten.

Der Scientology-Kult bediente sich einer eigenartigen Fünfziger-Jahre-Ästhetik, die zu den antikommunistischen Science-Fiction-Filmen der McCarthy-Ära paßte, heute aber bestenfalls Kulisse sein konnte: diese Büste, diese schnittigen Anzüge, die Farben, der nierenförmige Swimming-Pool. Wir gaben uns kulturbeflissen und interessiert – deutsche Touristen eben, auf Amerika-Trip. Wir waren ja auch wirklich neugierig. „Hallo“; die Telefonistin blickte uns fragend an, sie wirkte nervös und gestreßt. Als wir uns erkundigten, ob es hier wohl eine Ausstellung über die Scientology-Church und Führungen gäbe, lächelte sie zunächst irritiert. Dann erteilte sie uns die sehr amerikanische Auskunft: „I'll help you in a minute“, und telefonierte weiter. Kurz darauf erschien eine Hilfskraft und führte uns in einen Seitengang. Hier saßen hinter farblos lackierten Holztresen weibliche Sicherheitsbeamte, die uns an die „Deshurnajas“, die Diensthabenden auf den Etagenfluren russischer Hotels, erinnerten. Ungebetene Gäste wurden hier sicher höflich, aber bestimmt hinauskomplimentiert. Wir hatten das Gefühl, daß sie uns mit ihren stechend-blauen Augen fesseln wollten. Eine der „Rezeptionsdamen“ entsprach dem Bild, das weibliche Führungsoffiziere der Stasi im Film abgeben. Sie war hochgewachsen, kurzhaarig, durchtrainiert und blond, mit abschätzigem Blick – „kalt und durchdringend“, wie es in Spionageromanen heißt. Wir mimten wieder die Touristen, die sich über die Scientology-Church informieren wollten. Aber die Dame war im Dienst. Sie würdigte uns zunächst keines Blickes, sondern blätterte in großen Kladden und drückte auf irgendwelche Knöpfe. Für einen Moment lag ein Hitchcock-Touch in der Luft, ein

Anflug von Filmen wie „Der unsichtbare Dritte“. Gleich würde die Agentin aufblicken, auf uns weisen, uns festnehmen lassen und dann den Alligatoren vorwerfen. Gut möglich, daß hinter dieser Hotelfassade unheimliche und mysteriöse Dinge ausgeheckt wurden.

Zu unserer großen Erleichterung entspannte sich die Situation schnell wieder. Zum US-amerikanischen Verhaltensmuster gehört Hilfsbereitschaft. Da siegte die Service-Mentalität über die vermutlich gebotene Vorsicht. Die blonde Sicherheitsbeamtin sah uns nochmals prüfend an und bellte dann ein paar Worte in ihr Telefon. „Nur eine Minute“, hieß es wieder. In der langen Zeit, die wir nun auf unsere „guided tour“ warteten, ließen wir die Stimmung in diesem Sekten-Hotel auf uns wirken. Es war eine Mischung aus Generalstabsquartier und Theatergarderobe. Das Publikum paßte genau dazu. Harte Typen, die auf freundlich machten, Technokraten und Spezialisten auf Dienstreise. Was die Angestellten anging, so unterschied nur die Farbe ihrer Hemden höhere Kader von niederen Chargen.

Wir durften in einer dicken Mappe mit Jubel-Artikeln über Scientology blättern und betrachteten überrascht ein Poster des bekannten Jazz-Pianisten Chick Corea, der offenbar auch Sponsor dieses Vereins war. Mit aller angebrachten Zurückhaltung nervten wir die strenge Beamtin mit Fragen nach Zahlen, Daten und der Ideologie der „Kirche“. Als es uns einfiel, Scientology mit den Mormonen zu vergleichen, konnte die Dame nur müde lächeln. Zu Scientology, so klärte sie uns auf, fühlten sich weltweit viele Millionen Menschen hingezogen, viele „businessmen“, wie sie besonders hervorhob. Das Hotel Harrison sei 1975 gekauft und zum Hauptquartier ausgebaut worden. Im Haus selbst arbeiteten 800 Angestellte. Man könne „Kurse“ besuchen und an Seminaren teilnehmen, zu welchen Themen, das verriet sie uns freilich nicht. Auf alle konkreten Fragen nach dem Inhalt und der Philosophie von Scientology antwortete sie ausweichend. Wir sollten aber nicht versäumen, uns im hoteleigenen Kino einen Hubbard-Film anzusehen. Mehrfach gab sie uns Sinnsprüche des großen Gründers zu lesen. Derartige Weisheiten zieren auch den Klappentext seines Bestsellers „Dianetics“. Es sind allgemeine wohl- und hohlklingende Floskeln à la: „Wenn die wahren Sachverhalte ein wenig besser bekannt und verstanden wären, würden wir alle ein zufriedenes Leben führen.“

Schließlich erging an eine junge Frau aus Israel die Order, uns zu

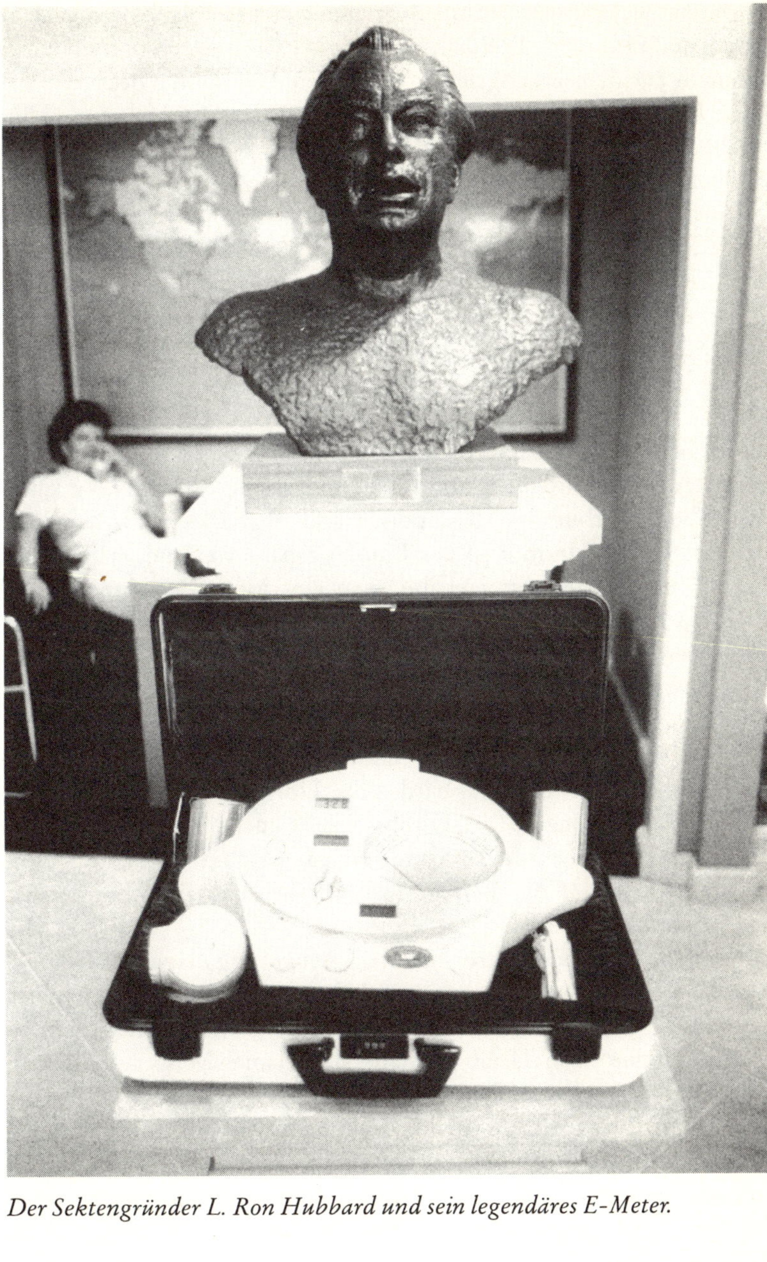

Der Sektengründer L. Ron Hubbard und sein legendäres E-Meter.

begleiten. Sie war ungewöhnlich zivil in ein geblümtes Sommerkleid gewandet. Hubbards Philosophie, so wiederholte auch sie stereotyp, sei nicht aus dem Handgelenk zu erklären. Wir sollten doch einfach seine Bücher lesen. Bei Scientology könne jeder Mitglied sein, völlig unabhängig von seiner Religion oder Weltanschauung. Sie z.B. sei jüdischen Glaubens. „And I'm practising my religion." Scientoloy weise den richtigen Weg durch das Leben. Erläutern könne sie uns das jedoch nicht. Dazu müßten wir Kollegien besuchen und „Philosophien" studieren. „Ein Wesen ist nur so wertvoll, wie es anderen zu helfen vermag", sagte sie, oder: „Es werden sich nur die durchsetzen, die sich durchsetzen können". Wie sie uns schlichteste Lebensweisheiten als philosophische Entdeckungen verkaufte, das hatte Stil.

Hubbard der Große, so unsere Begleiterin weiter, sei nicht nur ein bedeutender Schriftsteller und Philosoph, sondern auch Navy-Offizier, Flieger, Ethnologe, Komponist und Eheberater gewesen. Auf den prächtigen Marmor in der Empfangshalle weisend, erklärte sie mit leuchtenden Augen, er habe sogar eine Methode erfunden, alte Häuser originalgetreu zu restaurieren. Doch damit nicht genug. Am Ende des Zweiten Weltkrieges sei der Forscher und Philosoph ein Kriegsinvalide gewesen, habe sich jedoch durch innere Sammlung selbst kuriert. Plötzlich konnte er wieder laufen und sehen – und bei der Marine mitmachen, die ihn schon abgeschrieben hatte. Das war starker Tobak: L. Ron Hubbard – das Universalgenie! Jawohl, bekräftigte unsere Begleiterin, Hubbard habe auch eine spezielle „Reinigungs"-Technik entdeckt. Seine Prozedur, fachgerecht angewandt, könne sogar bei „Krankheiten" wie Homosexualität und radioaktiver Verstrahlung helfen.

Auch die Geschichte ihrer eigenen Erleuchtung klang wie aus dem Märchen. In einer tiefen Lebens- und Sinnkrise, so unsere Begleiterin, sei sie auf Hubbards Dianetik-Buch gestoßen. Seitdem habe sie ihren Weg gefunden. Von Hubbard habe sie beispielsweise gelernt, daß Ehe nicht ewige Verliebtheit – „like in the movies" – sein müsse ... Selbstsicher sei sie nun geworden, könne mittlerweile Englisch reden und fließend englische Geschäftsbriefe schreiben. Wir blickten uns schmunzelnd an. Würde man Hubbards Wunderwirkung an ihren Englischkenntnissen messen, so war es um seine Methoden doch eher traurig bestellt.

Auf unserem Rundgang bekamen wir zwar nicht viel, aber doch mehr als geplant zu sehen. Im sonnenüberfluteten Innenhof beobachteten wir junge Managertypen, kurze Hose, Sonnenbrille, Jokkeyhemden, die sich offenbar über uns amüsierten. Sie rauchten und schienen in wichtige Gespräche vertieft, als verhandelten sie Geschäfte, so zwischen Golf und Tennis. Das waren sicherlich hochrangige Gäste, vermutlich mit dem nötigen finanziellen Hintergrund. Sie wurden hofiert; sie schienen über die strenge Hierarchie des Hauses erhaben.

Von dem Hof mit seinem großen Swimmingpool und den vielen Palmen führten schmale, neonbeleuchtete Gänge in Seitengebäude. In diesen weißgetünchten, schmucklosen Fluren war alles voller Menschen. Auch von ihnen rauchten die meisten. Doch im Gegensatz zu den Yuppies aus dem Innenhof schienen sie aneinander zu kleben, als würde sie ein normaler Abstand zu ihrem Nächsten aus dem Gleichgewicht bringen. Diese Leute wirkten ausgesprochen nervös und hektisch, so, als ob sie unter großem Druck standen, etwa wegen einer wichtigen Prüfung. Sie hatten einen irritierten, gehetzten Blick, der auswich, wenn man sie ansah. Es war offensichtlich: Viele von ihnen hatten vor irgend etwas Angst. Unsere Begleiterin konnte oder wollte uns aber nicht erklären, was dort vorging. Wir mußten weiter.

Während der Besichtigung begegneten wir vielen der Angestellten, darunter zahlreiche Frauen, die unangenehm und einschüchternd wirkten. Sie hatten Macht und ließen das alle spüren.

Die Israelin führte uns in einige der vielen verschachtelten, mit offenen Zwischentüren verbundenen Zimmer. Hier ging es nüchtern zu. Die Zimmer glichen Zellen; kein Vergleich mit dem Pomp und Prunk der Lobby. In jedem dieser Räume saßen sich mehrere Menschen paarweise gegenüber und starrten sich in die Augen. Sie wirkten ernst und traurig. Manchmal redete auch der eine leise, aber scharf auf den anderen ein. Wir hatten Mühe, unser Erstaunen zu verbergen, denn in diesen Räumen wurden auch Kinder bearbeitet. Einige von ihnen konnten kaum älter als vier, fünf Jahre sein. „Sie lernen und studieren“, erklärte unsere Begleiterin. Sie zog einige Werke Hubbards aus den Regalen und zeigte sie uns. „Die Wissenschaft vom Wissen“, erläuterte sie. Dann griff sie in andere Fächer: „Unser Kursmaterial“ – Hefte mit so netten Titeln wie „Erfolg im Beruf“,

„Wie ich eine erfolgreiche Ehe führe", „Wie ich eine erfolgreiche Ehe aufrechterhalte" usw. Diese Fibeln wirkten wie Lehrmaterial für Anfänger im Fremdsprachenunterricht, mit vielen Bildern und Sprechblasen. Wir konnten ein Kichern nicht unterdrücken. Unsere Begleiterin sah uns verunsichert an. In diesem Moment wirkte sie ausgesprochen unglücklich. Trotzdem versuchte sie uns mehrfach zum Kauf der horrend teuren Druckerzeugnisse zu animieren.

Zu diesem Zweck führte sie uns zuletzt auch in den hauseigenen Buchladen. Zwei furchteinflößende Männer flankierten breitbeinig den Eingang. Sie waren offenbar bewaffnet, blickten „siegessicher" und zeigten keine Regung. Sie musterten uns wie Aussätzige oder Kriminelle, als ob sie uns durchleuchten wollten. Sie machten uns angst – Angst, aus diesem Buchladen nicht wieder herauszukommen.

Der Raum selbst war kühl, hell und glänzend, exquisit wie ein Juweliergeschäft. Viel Chrom und Glas, Marmorfliesen. Auf zahlreichen Tischen stapelten sich schreiend bunte Bücher, oft der gleiche Titel in zehnfacher Ausführung. Allerdings stammten sie alle von einem Autor: L. Ron Hubbard, der hier offenbar wie ein Gott verehrt wurde. Bestsellerlisten verwiesen auf seine phänomenalen Verkaufszahlen. Aus einem gerahmten Bild blickte Hubbard, als Kapitän verkleidet, schräg nach oben in die Zukunft. Eine Weltkarte sollte wohl die Missionserfolge der „Kirche" belegen. In den Regalen stützten kleine Bronzelöwen dickleibige rote und grüne Folianten; Autor wiederum: L. Ron Hubbard. Es gab Bilderbücher, in denen das aufregende Leben des sommersprossigen Propheten ausführlich gewürdigt wurde, in Sepiatönen gedruckt und modern gestaltet, aber äußerst kostspielig. Auch deutsche Broschüren fehlten nicht. In diesem Laden standen nicht nur Bücher, sondern auch gläserne Vitrinen, in denen auf samtenen Kissen goldener Scientologen-Kitsch dargeboten wurde: der geheiligte Buchstabe S in zwei ineinander verschlungenen Dreiecken als Manschettenknopf, Anhänger, Ring; Symbolik pur auf Krawattennadeln, Ohrsteckern und Armbändern.

Inmitten all dieser Herrlichkeiten thronte eine mächtige Hubbard-Büste. Auf einem Extra-Sockel hatte man ihr zu Füßen ein Köfferchen aufgebaut. Es enthielt das Wunderlichste, was das Geschäft zu bieten hatte: einen seltsam altmodischen Elektroapparat, Marke Baujahr '45. Von diesem Instrument wurden sogar verschiedene Ausführungen angeboten: schlicht in weiß oder rot, luxuriös in Leder oder verchromt. Die kleine Maschine wurde E-Meter genannt. Sie spielte in der Sekte offenbar eine wichtige Rolle. Trotz des horrenden Preises von mehreren tausend Dollar schien es genug Nachfrage zu geben, denn die Koffer standen hier zu Dutzenden herum.

Eine Dienstkraft ermunterte uns näherzutreten. Eigentlich bestand dieses E-Meter aus nicht mehr als zwei mit einer Art Funk- oder Meßgerät verbundenen metallenen Büchsen. Der Patient – Klient, Student? – muß die beiden Büchsen in die Hände nehmen. Er soll ruhig fest anfassen, denn er wird nur ein leises Kribbeln spüren. Ein derber Kniff in den Arm, und der Zeiger auf dem Meßgerät wird heftig ausschlagen. Wenn sich der Proband nun an den zugefügten Schmerz erinnert, bewegt sich der Zeiger wieder, wenn auch weniger stark. Jedesmal, wenn er aufs neue an den Kniff denkt, schlägt auch der Zeiger – schwupp! – nochmals aus, immer ein bißchen schwächer. Ein beleibter Amerikaner, der im Vergleich zu den anderen Scientologen geradezu gemütlich und humorvoll wirkte, führte uns das Gerät vor. Es klappte, der Meßfühler rührte sich tatsächlich. Mit diesem Gerät, so erklärte der Verkäufer, könnten die Scientologen erkennen, wo im Geist des Betroffenen Barrieren seien, die man durch das intensive „seelsorgerische" Gespräch ausräumen müsse; und er fügte stolz hinzu: „Ja, es funktioniert." Obwohl er unsere Zweifel bemerkte, sagte er das nicht beleidigt, sondern eher in einem Ton, als würden wir schon irgendwann merken, was wir verpaßt hätten. Wir hielten das ominöse E-Meter für einen simplen Lügendetektor, wie wir ihn aus alten US-Krimis kannten.

Ohne etwas zu kaufen und ohne uns bei der Sekte einschreiben zu müssen, kamen wir dann wieder heil aus dem Geschäft und an den Wachen vorbei. Zum Abschluß der Führung fragte die Israelin nach unseren Namen. Wir notierten irgend etwas, und damit war sie zufrieden. Sie verabschiedete uns ganz schüchtern, und als wir sie baten, noch ein paar Fotos vom Haus machen zu dürfen, nickte sie.

Die Türen standen offen. Niemand hielt uns auf. Dennoch waren wir erleichtert, als wir wieder in die Sonne traten und unser Auto auf seinem Parkplatz vorfanden. Vor dem Eingang und an den Ecken des Fort Harrison patrouillierten jetzt Wachschutzmänner. Die Sicherheitsbeamten der Scientology-Church tuschelten in ihre Walkie-Talkies. Sie behielten uns mißtrauisch im Auge.

Die Strafkompanie hinter der Glanzfassade

Wieder zu Hause, versuchten wir Näheres über Scientology zu erfahren. Wir besorgten uns Zeitungsausschnitte und Fachliteratur. Plötzlich fielen uns Meldungen in der Tagespresse auf, die wir früher überlesen hatten. Das Thema interessierte uns immer stärker. Wir begannen mit eigenen Recherchen. Während unserer Arbeit stießen wir auch auf Materialien, die uns schockierten – Erlebnisberichte ehemaliger Scientologen, die man in Clearwater gefangengehalten hatte.

Das Hotel Fort Harrison, im Sektenjargon *Flag* genannt, beherbergt die Ausbildungsstätte für die höheren Kader der Scientology-Organisation. *Flag* besuchen zu dürfen gilt den Sektenmitgliedern als besondere Auszeichnung. Aber die Fassade vom Ferienparadies am Golf von Mexiko trügt. Wer hinter die Kulissen schaut, entdeckt einen Abgrund – die schaurige Seite des Psycho-Multis. Aussteiger schildern, daß es in *Flag*, wie auch in anderen Scientology-Zentralen, Strafkompanien gibt. Wie sie beeiden, steckte man früher Delinquenten und „Unterdrücker" in den Heizungskeller und ins Parkhaus des Fort Harrison. Lächerliche Vergehen genügten, um für Monate in diesen Sondereinheiten zu verschwinden. Für uns waren diese erschreckenden Berichte ein wichtiger Grund nachzuforschen, wie Scientology heute mit ihren Mitgliedern umgeht.

Wir dokumentieren im folgenden Auszüge aus eidesstattlichen Erklärungen.[3] Eine junge Frau, 1973 als Jugendliche zusammen mit ihren Eltern von Scientology angeworben, ist die erste Zeugin. Nachdem sie einen Kontrakt über „eine Milliarde Jahre" unterschrieben hatte, geriet die Dreizehnjährige in Hubbards *Cadet Organisation*. Ziel dieser „Kadettenorganisation" war es, die Kinder von Scientologen zu „schulen". Nachdem ihr 1978 die Flucht gelungen war, gab sie ihre Erlebnisse zu Protokoll. Hier ein Teil ihrer Aussage:

„Mein Name ist Tonja B., wohnhaft in Las Vegas, Nevada. Ich bin 20 Jahre alt. (…) Ich und ein anderes Mädchen gleichen Alters waren die ältesten Kinder in der *Cadet Organisation*. Die Unterkünfte waren verwahrlost. Die Glasscherben von zerbrochenen Scheiben waren über den Boden verstreut. Unter Spannung stehende elektrische Leitungen waren an Stellen freigelegt, an denen kleine Kinder spielten. Wir erhielten wenig Nahrung. Bei mehreren Gelegenheiten wurde den Kindern verdorbene Milch mit Maden darin gegeben. Bevor man die Milch verteilte, wurden die Maden mit der Hand herausgeholt. Zusätzlich zur Pflege der Kinder hatte ich täglich die Toiletten zu reinigen. Ich schrieb an L. Ron Hubbard und schilderte ihm die Bedingungen; es verbesserte sich aber nichts."

Nicht nur Tonja wurde bei Scientology sofort von ihren Eltern getrennt. Sie schreibt: „Den Kindern war es nicht erlaubt, bei ihren Eltern zu leben. Scientology gestattete alle vierzehn Tage einen Besuch, für nur 45 Minuten während der Essenszeit." Die Dreizehnjährige erlebte eine regelrechte Odyssee. Sie wurde zunächst Botin in Hubbards Hauptquartier, das damals noch auf Schiffen untergebracht war. Die Zustände, in denen der Sektengründer seine Untergebenen dort hielt, hat sie so in Erinnerung: „Während meines Aufenthaltes auf der ‚Apollo' beobachtete ich zahlreiche Strafen, die verhängt wurden, wegen vieler kleiner Übertretungen oder Fehler im Zusammenhang mit den strengen und exzentrischen Richtlinien Hubbards. In vielen Fällen beobachtete ich, wie jemand in die ‚Kettenkästen' des Schiffes gesteckt wurde, und zwar auf direkten Befehl Hubbards. Diese Kästen waren kleine, übelriechende Löcher, die mit Gittern abgedeckt waren und zur Lagerung der Ankerkette dienten. Ich sah, wie ein Junge dort 30 Nächte lang eingesperrt wurde; er heulte und bettelte, herausgelassen zu werden. Er durfte nur herauskommen, um den Schiffsboden dort zu reinigen, wo der Schiffsabfall gesammelt wurde. Ich glaube, daß es sich bei seinem Vergehen darum gehandelt hat, daß er einem anderen ohne Erlaubnis ein Musikinstrument – ich glaube, es war eine Flöte – wegnahm oder sie benutzte."

Im Oktober 1975 wurde das Schiff verkauft, und der Scientology-Chef zog mit seinem Gefolge an Land. Unter dem Decknamen *United Churches* erwarb der Psycho-Kult das alte Hotel Fort Harrison in Clearwater. Viel zu spät entdeckte der Bürgermeister der Stadt, daß sich hinter den *Vereinigten Kirchen* die berüchtigte Sekte verbarg.

Wer einmal nach Fort Harrison beordert wurde, kam so schnell nicht wieder weg. „Es war nicht erlaubt", schildert Tonja, „einfach von Scientology wegzugehen. Ungefähr 30 bis 40 Leute versuchten zu fliehen. Sie wurden zurückgeholt und in die RPF (*Rehabilitation Project Force* – Gruppe Rehabilitationsprojekt, d.Ü.) gesteckt. Die RPF war ein Scientology-‚Konzentrationslager', in dem Leute, die eine ‚Sicherheitsbedrohung' waren, unter Bewachung festgehalten wurden."

Noch hatte Tonja nichts mit der RPF zu tun. Als persönliche Botin Hubbards mußte sie ihm alle Meldungen präzise übermitteln und seine Befehle weitergeben. Im August 1977 unterlief ihr ein verhängnisvoller Fehler. Sie weigerte sich, eine Anordnung auszuführen, worauf sie „auf direkten Befehl von Hubbard in die *Rehabilitation Projekt Force* gesteckt wurde. In der RPF wurde man als ‚treasonous' (etwa: treueverletzerisch, d.Ü.) gekennzeichnet, und man wurde gezwungen, 18 Stunden pro Tag zu arbeiten, sieben Tage in der Woche, und häufig gab es nur ‚Reis und Bohnen' und Wasser. Während dieser Zeit sah ich mit eigenen Augen, wie jemand mit Ketten mehrere Wochen lang an Leitungsrohre im Heizraum des Gebäudes Fort Harrison gefesselt war. In der RPF erlebte ich, daß Leute brüllten und schrien während des ständigen ‚Auditing'[4] mit dem E-Meter. Das E-Meter ist ein Lügendetektor, der für das ‚Auditing' verwendet wird. RPF-Gefangene waren gezwungen, sich dem ‚Auditing' zu unterziehen, um ihre bösen Absichten gegen Hubbard und Scientology durch das ‚Auditing' zu beseitigen (‚audit out'). Ich schrie praktisch die ganze Zeit, in der ich in der RPF war."

Mit einem Trick gelang Tonja die Flucht. Sie konnte einem schlafenden Wachmann die Schlüssel stehlen und durch einen Luftschacht entwischen. Zwei Wochen später spürten Scientologen sie auf und überredeten sie, gemeinsam einen Kaffee trinken zu gehen. Doch statt ins Café fuhr man sie zum Sektenquartier. Dort sperrte man sie ein und unterzog sie einer Sicherheitsüberprüfung mit dem E-Meter. In ihrer Not drohte Tonja mit einem „Onkel bei der Polizei" und wurde freigelassen.

Auch Anne R., seit Mitte der siebziger Jahre im Fort Harrison, hat an Clearwater bittere Erinnerungen. Mehrfach wurde sie wegen geringfügiger Vergehen in die Strafkompanie RPF befohlen. In ihrer eidesstattlichen Erklärung schilderte sie später ihre Erlebnisse: „Als ich zum ersten Mal in der RPF war, nahmen wir das Essen an einem Tisch ein, der im Parkhaus aufgestellt war. (...) Im Dezember 1978 wurden wir in einen Lagerbereich im Parkhaus verlegt. Es war eine Umwandung, teils aus Holz, teils aus Zement, die an eine der Parkhausmauern angebaut worden war. Sie wurde als Lagerfläche gebaut. Als aber die RPF sehr anwuchs, wurde sie zum Schlafbereich für die Mädchen der RPF. Es wurden primitive Holzbetten zusammengebaut, die etwa der Hälfte oder einem Drittel eines normalen Bettes entsprachen. Diese Schlafstellen wurden drei und vier Stockwerke übereinandergebaut, und sie wurden seitlich aneinandergestellt. Bei unseren ‚Matratzen' handelte es sich um Schaumstoffstücke, die passend zu den Schlafstellen zugeschnitten worden waren. Ins Bett zu gehen war so, wie in ein Loch zu kriechen. Man konnte auch nicht aufrecht darin sitzen, wegen der Schlafstelle darüber, und der Versuch, sich umzudrehen, war schwierig, weil die Breite nicht ausreichte. Das schlimmste dabei war aber, daß man in einem Parkhaus war; wir atmeten die ganzen Abgase ein, wenn Autos durchfuhren ..."

Bei jedem einzelnen, so Anne R., wurde Nacht für Nacht kontrolliert, ob er tatsächlich im Bett lag. All das entsprach genau den von Hubbard entworfenen Vorschriften für die RPF, wie sie die Ex-Scientologin aufzählt. „1. Gehen verboten. Man mußte die ganze Zeit rennen. 2. Außerhalb der RPF war es uns nicht erlaubt, mit jemandem zu sprechen. 3. Es war uns nicht erlaubt, eine schriftliche oder anderweitige Mitteilung an irgend jemanden außerhalb der RPF zu machen, außer es lag eine Notsituation vor ... 4. Es war uns nicht erlaubt, alleine irgendwo hinzugehen, außer wenn die entsprechende Erlaubnis gegeben wurde. Selbst wenn man zur Toilette ging, mußte jemand mitgehen." Anne R. weiter: „Es gibt einen *Flag*-Befehl der Serie 34 34, der als ‚Rocks and Shoals' (Felsen und Klippen, d.Ü.) bezeichnet wird. Es handelt sich dabei um Strafen, die man erhält für alles, was man falsch macht. (...) Die Strafen bestehen darin, daß soundsoviele Runden gedreht werden müssen, oder soundsovielmal hinsetzen, aufstehen. Das Rundendrehen besteht aus dem Hinauf- und Hinunterrennen auf der Parkhausauffahrt."

Von diesen Gulag-ähnlichen Zuständen erfuhr die Öffentlichkeit erst nach den spektakulären Gruppenklagen ehemaliger Scientologen Ende der siebziger Jahre. Scientology gelang es immer wieder, den Behörden von Clearwater einen mustergültigen Betrieb vorzugaukeln. Noch einmal Anne R.: „Es gab bei uns routinemäßige Inspektionen durch Beamte der Brandschutz- und Gesundheitsbehörden aus Clearwater. Irgendwie schien das *Guardian Office* (Scientology-Geheimdienst, d.A.) im voraus zu wissen, wann sie kommen würden, und war somit gewarnt. Beim Eintreffen der Beamten stapelten wir alle Matratzen, Kisten, Kartons und alles mögliche Gerümpel in unserem Schlafraum aufeinander, damit es aussah, als sei es eine Lagerfläche. Offensichtlich schöpften die Beamten niemals den

Verdacht, daß hier tatsächlich Menschen untergebracht sein könnten."

Innerhalb der Strafkompanie gab es sogar noch eine Steigerung dieser Haftbedingungen, die sogenannte RPF in der RPF. Anne R. in ihrer eidesstattlichen Erklärung: „Dorthin wurden diejenigen geschickt, denen nicht bewußt war, daß sie die RPF ‚brauchen'. In Clearwater schickte man sie runter in den Heizungsraum, der natürlich bewacht war, und dort mußten sie den ganzen Tag arbeiten, Rohrleitungen und Mauern im Heizungsraum schrubben. Sie wurden von allen anderen RPF-Mitgliedern isoliert. (...) Gewöhnlich handelte es sich bei den Leuten dort um solche, die austreten wollten oder die irgendwie in einen Fall von ‚Out 2D' verwickelt waren. ‚Out 2D' lag dann vor, wenn sich zwei ungleichen Geschlechts küßten oder die Hände hielten. Es war keinem gestattet, Beziehungen zum andern Geschlecht zu haben, außer man war verheiratet." Selbst Ehepaaren war Sex dort nur in Ausnahmefällen und in einem speziellen Raum erlaubt. „Die Paare legten dort für die Nacht ihre Matratzen auf dem Fußboden aus."

Nachdem Anne R. die Sekte verlassen hatte, versuchte sie, die erlittenen Qualen in der Strafkompanie von *Flag* zusammenzufassen: „Es handelt sich um einen Prozeß, wodurch sie einen glauben machen, man sei psychotisch, und dann wird man wirklich psychotisch." Über ihre sechs Jahre bei Scientology schreibt sie: „Obwohl ich nun in großer Angst und Schrecken lebe, aufgrund dessen, was mir Scientology angetan hat, hat die ständig auferlegte Kontrolle und die Entbehrung eine Wertschätzung der einfachen Dinge des Lebens in mir hinterlassen. Dinge, wie sich in ein Auto setzen zu können und eine Fahrt zu machen, für sich sein zu können, einen Spaziergang machen zu können, die Sonne auf sich zu spüren, und all dies nach eigener Wahl, ohne daß einem irgend jemand sagt, daß man es tun muß bzw. nicht kann. Ich glaube nicht, daß ich jemals wirklich verstanden hatte, was es bedeutet, frei zu sein und Freiheit zu besitzen, bis sie mir weggenommen wurde."

Der Aufstieg eines neuen Kultes

Gier als Programm

Der Kontrast könnte stärker nicht sein: das Palmen-Paradies im subtropischen Clearwater/Florida und – an demselben Ort – eine Art Straflager für „Vergehen“ der lächerlichsten Art. So gegensätzlich wie die Berichte über *Flag* sind auch die Standpunkte in der öffentlichen Diskussion um die Sekte. Hier Prominente, die werbewirksam von ihren „Gewinnen“ durch Scientology schwärmen. Dort Kritiker, die vor Verschuldung und psychischem Druck warnen. Aufsteiger führen ihren Erfolg auf ihr Vertrauen zu Scientology zurück. Aussteiger sprechen von Gehirnwäsche und einem ausgeklügelten Spitzelsystem, das jeden zu Fall bringt, der blockt. Hausfrauen, Lehrer und viele Leute mit technischen Berufen schreiben begeisterte Berichte über „völlig neue Einsichten“. Zweifler argwöhnen ein perfides Jonglieren mit den schlichten Wünschen ganz normaler Menschen. Manager entdecken die scientologischen „Technologien“ als Werkzeuge für ihren Job. Scientology-Gegner bezeichnen die behaupteten Profite als Selbstbetrug.

Auch Kritiker müssen aber zur Kenntnis nehmen, daß enorm viele Menschen – Scientology spricht von acht Millionen (!) weltweit – der Faszination eines Kultes erliegen, der in kritischen Quellen wie offiziellen Gutachten als demokratiefeindlich, rabiat und äußerst gefährlich beschrieben wird. Doch die Scientology-Postulate, die zuerst nach der Billig-Kopie eines James-Bond-Films klingen, vermögen offenbar zu überzeugen. Das Konzept ist denkbar einfach. Die Sekte verspricht jedem alles – dem Künstler Kreativität, dem Suchenden geistige Erkenntnis, dem Ehrgeizigen Karriere, dem Gierigen Reichtum und dem Emporkömmling Macht. In ihrem Katalog der Möglichkeiten bietet Scientology sogar die Unsterblichkeit feil, genauer gesagt, die Vorstellung von Unsterblichkeit.

Das Kunstwort Scientology soll „Lehre vom Wissen“ bedeuten. Es geht aber gar nicht um hochfliegende Ideen. Denn Scientology propagiert einen ungezügelten Egoismus. Die Sekte knüpft an die Alltagserfahrungen an: Nicht wer die andere Wange hinhält, kommt weiter, sondern wer seine Ellenbogen gebraucht. Nicht wer Verzicht übt, setzt sich durch, sondern wer rücksichtslos seine Interessen verfolgt. Und in der Tat spricht Scientology jeden von moralischen Skrupeln frei, der nach oben will. Nächstenliebe und Solidarität gelten als Eigenschaften für Verlierer. Was die Gesellschaft verschämt hinter sozialen Ansprüchen versteckt, erklärt die Sekte ganz offen zum Programm: „Mach Geld, mach mehr Geld, sorge dafür, daß andere Geld machen.“[1] Diese Anweisung L. Ron Hubbards drückt am deutlichsten aus, was Scientology ist – ein „Kult der Gier“[2], eine „Religion“ für Sieger. Scientologen verstehen sich als „Dream-Team“, das „optimales Überleben“ garantiert. Das macht sie attraktiv, denn die Sekte liefert die moralische Legitimation dafür, hart und skrupellos zu sein, nur an sich selbst zu denken und jeden, der nicht mitziehen will oder kann, fallenzulassen. Aus einem Scientology-Papier von 1992: „Die Planung für Scientology ist so angelegt, daß die Fähigen fähiger gemacht werden, während die Unfähigen vorerst sich selbst überlassen bleiben, bis wir richtige Anstalten für sie gebaut haben. Wenn wir das machen, wachsen wir. Wenn wir, wie das einige unkluge Leute tun, uns die Unfähigen, die Hilflosen und die Zurückgebliebenen aufhalsen, werden wir nicht in der Lage sein, schnell genug hoch genug voranzuschreiten ...“[3]

Hinzu kommt: Wer sich dem umstrittenen Kult nicht rechtzeitig entzieht, kann ihm nur schwer wieder entkommen. Scientology verwendet Psycho-Techniken, die Experten als seelische Manipulation und Bewußtseinskontrolle bezeichnen. Diese Techniken machen süchtig. Ohne es zu merken, wird der Einsteiger radikal von seinem früheren Leben getrennt und findet sich in einer Ersatzwirklichkeit wieder – mit eigener Sprache, eigenem Denken und eisernen Regeln. Um die teuren Kurse und Seminare zu bezahlen, verschleudern viele Sektenjünger ihr gesamtes Vermögen und machen horrende Schulden.

Diese Kurse haben zwar viel mit Geldschneiderei, aber wenig mit „Kirche“ zu tun. Das religiöse Mäntelchen, das sich die Sekte so gern umhängt, ist nichts als ein Rauchschirm, eine besondere Form des

Zynismus. Denn von sozialem Engagement wie bei einer Kirche kann bei Scientology nicht entfernt die Rede sein. Letztlich bietet Scientology eine besonders rüde Form des Kapitalismus.

Der Gründervater der umstrittenen Sekte war vom Erfolg seiner Ideen vermutlich selbst überrascht. Er war weder ein Manager noch ein erfolgreicher Unternehmer. L. Ron Hubbard schrieb ursprünglich nur Science-Fiction-Romane.

Gründervater L. Ron Hubbard

„Ich entwarf ein Krankenhaus. (...) Ich würde es als ‚Hospital zur barmherzigen Mildtätigkeit der vereinten Wohltätigkeitsorganisationen der Welt' eintragen und ein Vermögen damit verdienen. Der Apparatus (Geheimdienst, d.A.) läßt einem eine ausgezeichnete Ausbildung angedeihen. ‚Wenn man etwas absolut Böses vorhat', pflegte einer meiner Professoren an der Apparatus-Schule zu sagen, ‚muß man sich stets den Anschein des absolut Guten geben.' Das ist eine der eisernen Maximen jeder fähigen Regierung."[4]

Ein außerirdischer Verbrecher enthüllt unverblümt seine finsteren Pläne. Das Zitat stammt aus „Mission Erde", dem Spätwerk L. Ron Hubbards. Hat der Science-Fiction-Autor hier – unbewußt, ungewollt – die Wahrheit über sein eigenes Lebenswerk, Gründung und Aufbau der Scientology-Church, offenbart? Dieser Kult, so urteilte jedenfalls die *Zeit*, sei „der skrupelloseste unter den Heilskonzernen, die mit der Sehnsucht der Menschen nach einer besseren Welt Geschäfte machen".[5]

Lafayette Ronald Hubbard wurde am 13. März 1911 in der Kleinstadt Tilden/Nebraska geboren. Sein späterer Lebensweg ist verschlungen und rätselhaft. Das wirkliche Leben des Scientology-Gründers zu recherchieren bereitet Schwierigkeiten. Nicht nur er selbst, auch seine Jünger haben nach Kräften versucht, die Wahrheit zu verschleiern und falsche Spuren zu legen. Immer wieder verschwanden Unterlagen, und die scientologischen Nachlaßverwalter halten offensichtlich brisantes Material unter Verschluß. Dennoch liegen seit Ende der 80er Jahre ausführliche, gut recherchierte Biographien (in englischer Sprache) vor, die mit vielen Mythen und Lebenslügen aufräumen.[6] Prophet oder Scharlatan, Paranoiker oder

Genie, Schattenfigur oder Medienstar – L. Ron Hubbard war immer beides zugleich.

Lafayette Ron war das einzige Kind seiner Eltern. Angeblich wuchs er „auf der Rinderfarm seines Großvaters in Montana auf und konnte schon reiten, bevor er gehen konnte. Später wurde er ein Blutsbruder der Schwarzfuß-Indianer (Pikuni), und in seinem ersten Roman, der 1936 veröffentlicht wurde, schrieb er über sie."[7] Tatsache ist: Hubbard war wohl nur hin und wieder zu Besuch beim Großvater, einem Veterinär und späteren Kohlenhändler; die Schwarzfuß-Indianer kennen überhaupt keine Blutsbrüderschaft.[8]

Doch Scientology verbreitet viele solcher Legenden über den jungen Hubbard. Sie schillern und variieren. Mit 14 Jahren, so weiß etwa die erwähnte scientologische Quelle zu berichten, brach das Wunderkind nach China auf und „verbrachte die nächsten Jahre mit Reisen durch ganz Asien. Im Norden Chinas und in Indien beschäftigte er sich intensiv mit den Teilen des Menschen und mit seiner geistigen Bestimmung, und er studierte einerseits mit Lama-Priestern und wurde andererseits aufgrund seiner Reitkünste von kriegerischen Leuten akzeptiert."[9]

Als Zwanzigjähriger soll Hubbard bereits vier Expeditionen nach Mittelamerika geleitet, Forschungen in Schwarzafrika betrieben und „über 20 verschiedene Menschenrassen" untersucht haben, darunter „die Chamorros auf Guam".[10] Der Scientology-Kenner Friedrich-Wilhelm Haack urteilt nüchtern: „Doch diese Reisen dürften niemals stattgefunden haben."[11] Verbürgt sind lediglich zwei Fahrten zu seinem Vater, einem US-Navy-Zahlmeister, der Ende der zwanziger Jahre auf Guam stationiert war. Trotzdem feilen die Sekten-Biographen ständig an Details des imaginären Lebenslaufes, fügen neue Anekdoten hinzu, streichen frühere Höhepunkte. Haack dazu: „Sie bauen mit am Bild des faszinierenden Allround-Mannes, des Menschheits-Großen und schließlich Retters des Planeten, der sich schon seit frühester Kindheit mit den wichtigsten Fragen des Lebens beschäftigt und endlich die richtigen Antworten gefunden habe."[12]

Solange er lebte, bastelte er auch selbst an den Mythen mit, die sich um seine Person ranken. Nicht nur als Abenteurer und Entdecker, auch als Wissenschaftler und Geistesgröße wollte er Übermenschliches geleistet haben. Der Sage nach hat Hubbard an vier Universitäten studiert, in Mathematik und technischen Wissenschaften graduiert und „Amerikas erstes Seminar über Kernforschung“ besucht. Sogar zum Doktor der Philosophie soll er es gebracht haben. Alles Legende, schreibt Friedrich-Wilhelm Haack: „Richtig ist, daß es keine Belege für ein echtes Universitätsdiplom oder irgendeinen richtigen Studienabschluß bei Lafayette Ronald Hubbard gibt.“[13] Angefangene Studien brach er jeweils ab. Seinen Doktortitel hatte er von einer Schwindelinstitution gekauft; er legte ihn später stillschweigend wieder ab.[14] In neueren Scientology-Publikationen werden seine Universitätsgrade auch vornehm übergangen; man ernennt den „Gründer“ schlicht zum „Autor, Erzieher und Humanisten“.[15]

Was auch immer er nicht war, seine schriftstellerischen Leistungen kann man nicht bestreiten. Ab 1934 veröffentlichte er regelmäßig Abenteuergeschichten und Wildwest-Stories (Pseudonym: Winchester Remington Colt). Im Juli 1938 erschien seine erste Science-Fiction-Geschichte, „The Dangerous Dimension“, in dem bedeutenden Magazin *Astounding Science Fiction*. Bereits in dieser Erzählung und in dem wenig später veröffentlichten Roman „The Tramp“ schlägt er die Akkorde an, die auch in der Scientology-Lehre eine wichtige Rolle spielen: übersinnliche Kräfte und die Überwindung von Zeit und Raum. Hubbard war ein phantasiebegabter Vielschreiber; er konnte einen Roman in wenigen Tagen druckfertig herunterhacken, was ihm den Neid vieler Berufskollegen einbrachte. Dabei kreuzte er wild durch die Genres der Trivialliteratur: Western, Detektiv-, Abenteuer- und Seegeschichten, vor allem aber Fantasy und Science Fiction. Bis heute messen seine Jünger die schriftstellerischen Leistungen ihres Helden an der puren Masse der geschriebenen Wörter. In einem Scientology-Kursmaterial heißt es: „In der Zeit zwischen 1933 und 1941 besuchte er viele solcher alten Kulturen und fand noch Zeit, 7 000 000 Wörter in Sachbüchern und Prosadichtung zu schreiben.“[16]

Seit den vierziger Jahren wurde die Science-Fiction-Welt immer wichtiger. In seinen Büchern versank er in kosmischen Reisen, Rettungsphantasien und Omnipotenzgedanken. Meist treten zunächst verkannte und – wie Hubbard – rothaarige Helden auf, die die Welt von Unterdrückern befreien und sich wie er durch einen ausgeprägten Hang zur Geschwätzigkeit auszeichnen. Möglich, daß er in seinen Büchern eigene Minderwertigkeitsgefühle kompensierte. Das „Lexikon der Science-Fiction-Literatur“ urteilt jedenfalls: „Hubbard war eher ein mittelmäßiger Autor.“[17]

Den Zweiten Weltkrieg überstand der mäßig erfolgreiche Schriftsteller einigermaßen unbeschadet. Über seine Militärlaufbahn haben scientologische Quellen jedoch ein Gestrüpp von Legenden gelegt, die die Mär vom Großhelden stützen sollen. Hubbard wird uns als „Korvettenkapitän", U-Boot-Fahrer oder sogar „Kommandant eines Flottengeschwaders" vorgeführt. Er soll schwere Kriegsverletzungen davongetragen haben: „Medizinischen Unterlagen nach wurde er zweimal für tot erklärt."[18] Hubbard resümierte später: „Erblindet durch verletzte Sehnerven und gelähmt durch körperliche Verletzungen an Hüfte und Rücken war ich am Ende des Zweiten Weltkrieges praktisch ohne Zukunft."[19] Wahr ist: Der angebliche Kriegsheld bekleidete lediglich den Rang eines Leutnants und stand wohl nie im Fronteinsatz. Seine „schweren Verwundungen" waren: „Geschwür am Zwölffingerdarm, Schleimbeutelentzündung (rechte Schulter), Arthritis, Bindehautentzündung".[20] Er simulierte sogar Beschwerden, um sich eine Kriegsrente zu erschleichen.[21] Die wundersame Selbstheilung mit Hilfe eigener „Entdeckungen" und „Forschungen" ist also reine Erfindung.

Die Erzählungen, die Hubbard verfaßte, besitzen oft intensive Schreckensmomente und einfallsreich ausgemalte Horror-Szenarien, etwa der Roman „Slaves of Sleep" (Versklavte Seelen). Nach dem Krieg betätigte sich der Autor auch persönlich als Satanist. Er verschrieb sich der kalifornischen Sektion des „Ordo Templis Orientis" (O.T.O.), einer okkulten Gesellschaft, die auf den Lehren des englischen Magiers Aleister Crowley beruht und zeitweise auch Rudolf Steiner in ihren Bann gezogen hat. Heute zitieren viele Heavy-Metal-Popgruppen in ihren Texten den berüchtigten Hexenmeister. „Tue was Du willst soll sein das ganze Gesetz" – in dem satanischen Motto Crowleys fand Hubbard seine Science-Fiction-Phantasien vom Gottmenschen wieder, dazu magische Rituale und okkulte Praktiken. Wie sein Magier-Kollege Jack Parsons bezeugt, hatte „Ron" eine „hochentwickelte Astral-Vision"; und in einem mysteriösen Ritual versuchte er sogar, ein „Moonchild" namens „Babalon" zu zeugen.[22] Obwohl ihn Crowley als „Tölpel" bezeichnete, schöpfte der Schriftsteller Gewinn aus der Lehrzeit. „Doch der Tölpel Hubbard erwarb in aller Stille durch Crowleys Schriften jene magischen Geheimnisse, die ihm wenige Jahre später halfen, seine berühmte Scientology Kirche zu gründen", folgert der Crowley-Biograph John Symonds.[23]

Eheberater, Navy-Offizier, Bauspezialist, Therapeut, Kirchengründer, Philosoph, Humanist und Managementtechnologe: das Universalgenie L. Ron Hubbard, wie es auf den Glanzbroschüren von Scientology erscheint.

Wie es derweil um Hubbards geistige Gesundheit bestellt war, brachte ein Brief von ihm aus dem Jahr 1947 ans Licht, der später bei einer Hausdurchsuchung der Scientology-Zentrale in Los Angeles gefunden wurde. Der Schriftsteller bat darin die „Medical Veterans' Administration" um Hilfe: „Ich kann mir die langen Perioden von Morbidität und Selbstmordgedanken, unter denen ich leide, weder erklären noch mich davon befreien, und es ist mir jetzt klar geworden, daß ich sie besiegen muß, bevor ich hoffen kann, mit mir überhaupt wieder ins reine zu kommen."[24] Der Scientology-Gründer, der „eine Welt ohne Geisteskrankheiten" schaffen wollte, glaubte zeitlebens, daß die „feindlichen Kräfte", die ihn bedrängten, nicht auf der Erde, sondern außerhalb zu suchen seien. Sarah Northrop, seine zweite Ehefrau, bezeichnete ihn bei Einreichung der Scheidungsklage als „hoffnungslos geisteskrank".[25] Sein unerbittlicher Haß auf die Psychiatrie könnte mit eigenen negativen Erfahrungen zusammenhängen.

In einem seltsamen Gegensatz zu den Heldenerzählungen steht also der Mann selbst, um den es geht. In späteren Scientology-Videos sieht der rothaarige und sommersprossige Prophet bläßlich und aufgeschwemmt aus; er wirkt zwar selbstzufrieden, aber keinesfalls charismatisch. Eigentlich eignet er sich nicht besonders als populärer Heros. Der Messias aus Nebraska war ein egozentrischer Tyrann, der – wie Berichte seiner früheren Ehefrau und anderer Weggefährten zeigen – kein Maß kannte, unbeherrscht auftrat und gewalttätig werden konnte. „Er pflegte jeden anzubrüllen wegen etwas, das ihm nicht paßte, und zur Hälfte der Zeit schien er über dieses oder jenes verärgert zu sein", berichtet eine Zeugin.[26]

Start als Science Fiction

Eigentlich entstand Scientology mehr oder weniger zufällig. 1950 erschien in Hubbards Lieblings-Magazin *Astounding Science Fiction* sein Text „Dianetics: The Modern Science of Mental Health", 16 000 Wörter zum Problemkreis „Wie funktioniert der menschliche Geist?" Der Artikel nahm moderne New-Age-Visionen vorweg, er versprach, Geist, Technologie und das Universum zu versöhnen. Seine Botschaft ist die Botschaft neuzeitlicher Selbstverwirklichungsansprüche: „Ihr werdet sein wie Götter".[27] Denn Hubbards Text versprach einen entscheidenden Durchbruch: Jedermann könnte sich nun in kürzester Zeit selbst therapieren, die Wurzeln psychosomatischer Krankheiten aufdecken und heilen. Als Methode erfand Hubbard ein aggressives Frage- und Antwortspiel mit hypnotischen Elementen, das er „Auditing" nannte. Der Artikel schlug ein wie Jahrzehnte später Fritjof Capras „Wendezeit".

Der große Erfolg veranlaßte den Autor, seine Thesen noch im gleichen Jahr auch als Buch herauszugeben. Die „Dianetik" war geboren. Um die Entstehung der Scientology-Bibel rankten sich später allerlei Mythen. Kostprobe: „Das Buch wurde in sechs Wochen geschrieben. Hier war die Anatomie des Geistes und eine Technik, die als Auditieren bezeichnet wird. Ein Durchbruch in 180 000 Wörtern. *Dianetics: Die moderne Wissenschaft der geistigen Gesundheit* ... schnellte an die Spitze der Bestsellerliste der *New York Times* und blieb einfach dort."[28] Hubbard, der ständig in Geldnöten schwebte und seine Bekannten anpumpte, hatte sich nicht nur seine Psycho-Probleme vom Leib geschrieben, er nutzte auch die kommerzielle Chance, die ihm das Leben unverhofft bot.

„Es wäre töricht, für einen Penny auch nur ein Wort zu schreiben. Wollte man wirklich eine Million Dollar verdienen, so wäre der beste Weg, seine eigene Religion zu gründen", soll er bereits 1949 auf einem Schriftstellerkongreß geäußert haben.[29] Er hielt Vorträge, führte Ausbildungskurse durch und gründete 1950 die erste *Hubbard Dianetic Research Foundation* in Elizabeth, New Jersey; Ende des Jahres bestanden bereits Büros in New York, Washington, Chicago, Los Angeles, Honolulu und Kansas City. Der Andrang auf die Jedermann-Therapie war riesig. „‚Dianetik' war der Renner. Die Leute setzten sich in ihre Wohnzimmer und auditierten sich gegenseitig", schreibt ein ehemaliges Scientology-Mitglied.[30] Bald schlossen sich begeisterte Millionäre der Bewegung an; Hubbard entdeckte das finanzielle Potential seiner „Methode" und verlangte in seinen Seminaren nun viel Geld fürs Seelenheil. Rückschläge blieben zwar nicht aus, wurden aber bewältigt. Mal sah sich Hubbbard vom medizinischen Establishment verfolgt, mal von Kommunisten. Bis an sein Lebensende glaubte er sich auch von Spionen umzingelt, die er unerbittlich zu „entlarven" versuchte. 1951 ließ er sich überreden, die Rechte an der „Dianetik" zu verkaufen. Ein Fehler, wie sich bald herausstellte. Denn nun verfügte er zwar über Geld, konnte aber sein eigenes Geisteskind nicht mehr finanziell ausbeuten.

Doch L. Ron Hubbard war nicht umsonst mit einer wuchernden Phantasie ausgestattet. Er erklärte seine Dianetik flugs zum Untergebiet einer neuen Lehre und nannte sie Scientology, angeblich eine „Philosophie in ihrer höchsten Bedeutung".[31] In scientologischem Schulungsmaterial heißt es: „In der Scientology wurden bedeutende Fortschritte auf dem Gebiete des Lebens erzielt. Was von tausend Universitäten und Stiftungen mit Milliardenaufwand angestrebt wurde, ist hier in aller Stille fertiggestellt worden. (...) Solch ein Wissen hat es nie zuvor gegeben ..."[32] Scientologische Schriften behaupten, Dianetik wende sich an den Körper, um Krankheiten zu heilen, Scientology aber wende sich an den Geist („Thetan"), „um geistige Freiheit, Intelligenz und Fähigkeiten zu steigern und somit das Bewußtsein von Unsterblichkeit hervorzubringen".[33]

Tatsächlich war Scientology zunächst trotz wohlklingender Worte nicht mehr als ein Warenzeichen, um die Dianetik-Therapie leicht verändert ausüben zu können. Das Copyright hatte sich Hubbard umgehend eintragen lassen. Die „Religion" entstand erst nach und nach als Konglomerat aus seinen Science-Fiction-Träumen, der dianetischen „Therapie" und schwarzmagisch-kultischen Elementen, die der „Gründer" im Laufe der Zeit dazuerfand, etwa das E-Meter, den „Reinigungs-Rundown" (Schwitzkur in der Sauna) oder bestimmte „Kurse". Nach mehreren Anläufen erschien zwischen 1954 und 1956 die *Church of Scientology* auf der Bildfläche, wann und wie, darüber machen die seriösen Quellen unterschiedliche Angaben. Böse Zungen behaupten allerdings, die Gründung der Church sei nur ein geschicktes Manöver gewesen, um Steuern zu sparen. Kirchen genießen in den USA Steuerprivilegien; und L. Ron Hubbard fand Gefallen am Geldverdienen. Bald etablierten sich Scientology-Filialen in anderen Ländern und verkauften seine Psycho-Kurse auf der ganzen Welt. Die Bewegung breitete sich erstaunlich schnell aus, vor allem in den USA, aber auch – zunächst – in anderen englischsprachigen Ländern: Kanada, Großbritannien, Südafrika, Australien, Neuseeland. 1959 besaßen die Scientologen nach eigenen Angaben bereits 1,8 Millionen Mitglieder.[34]

Die Tantiemen und „Spenden", die aus der Church zu fließen begannen, machten ihren „Leitenden Direktor" schnell zu einem reichen Mann. Sein unstetes Leben führte er indes weiter. Er besuchte Anhänger in Südafrika und Australien, und 1955 siedelte er nach England über. 1959 erwarb er den georgianischen Landsitz des Maharadschas von Jaipur in East Grinstead, 30 Meilen südlich von London. *Saint Hill Manor* wurde zu einem Hauptquartier der Sekte ausgebaut. „Mit elf Schlafzimmern, acht Bädern, einem Ballsaal, einem Swimming-Pool und zahlreichen Wohnräumen war es geräumig genug für fast jeden.“[35] Von hier aus lenkte er das entstehende Scientology-Imperium. Science Fiction verfaßte er nicht mehr; stattdessen übte er sich als Gesetzgeber. Seine umfangreichen „Hubbard Communication Office Bulletins“ (später „Hubbard Communication Office Policy Letters“ – HCO-Richtlinienbriefe) sind bis heute verbindliche Regeln für jede Scientology-Filiale auf der Welt. Denn der Chef verlangte absoluten Gehorsam.

1965 hielt es „Ron“ nicht mehr in Großbritannien. Er zog um: erst nach Südafrika, dann nach Rhodesien (heute Zimbabwe). Dort kaufte er eine Villa, veranstaltete Parties und traf sich mit dem Ministerpräsidenten Ian Smith. 1966 wurde er jedoch des Landes verwiesen. Dasselbe war ihm und seinen Untergebenen bereits in Holland und Australien passiert. In jenen Jahren wurde Scientology immer öfter im Zusammenhang mit menschenverachtenden Praktiken genannt. Am 25. Juli 1968 verfügte auch die britische Regierung ein Einreiseverbot; sie erklärte Hubbard und alle auswärtigen Scientologen zu „unerwünschten Ausländern“. In der Begründung hieß es: Scientology „entfremdet Familienmitglieder voneinander und unterstellt allen, die gegen sie opponieren, unsaubere und schädliche Motive; ihre autoritären Prinzipien und Praktiken sind eine potentielle Bedrohung für die Persönlichkeit. (...) Vor allem aber: Ihre Methoden können zu einer ernsthaften Gefahr für die Gesundheit derer werden, die sich ihnen unterwerfen.“[36] Es hatte mysteriöse Ereignisse im Umfeld von *Saint Hill* gegeben, etwa einen ungeklärten Todesfall. Auch in anderen Ländern war man inzwischen auf den Science-Fiction-Propheten aufmerksam geworden, ganze Horden von Steuerfahndern und Geheimagenten, die CIA und das FBI recherchierten zeitweilig hinter ihm her.

Hubbard reagierte mit einem überraschenden Coup. Er entzog sich möglicher Strafverfolgung und stach in See. Der „Founder“ hatte ein paar Schiffe gekauft und nannte sich fortan „Commodore“.

Seine Flotte kreuzte bevorzugt im Mittelmeerraum, um dort Beweise für frühere Existenzen Hubbards zu suchen („Mission into Time"). In dieser *Sea Organization* (*Sea Org*), wie er seine schwimmende Befehlszentrale (und spätere Eliteeinheit) taufte, sorgte der Chef persönlich auch für die nautische Betreuung. In schwierigen Navigationsfragen wurde im „Org-Buch" nachgeschlagen. Englische Zeitungen schilderten ihren verblüfften Lesern die Abenteuer seines Flaggschiffes „Apollo", wo „der ‚Kapitän' (Hubbard) behauptete, ‚er sei schon mal auf der Venus gewesen'".[37] Doch das schwimmende Hauptquartier diente keineswegs nur esoterischen Zwecken. Denn niemals verließ Hubbard sein kommerzieller Instinkt. Eine Pressemeldung von 1974 belegt dies: „17 verschiedene Firmen haben ihre ‚Meeresfiliale' auf der ‚Apollo' eingerichtet, während ihre Stammhäuser in Madrid, Lissabon, auf den Azoren, den Kanarischen Inseln oder anderswo in der Welt sind."[38] Einem „engen Vertrauten" soll der „Commodore" 1966 erzählt haben, daß er über „fast 3 000 000 Pfund Sterling auf einem Geheimkonto in der Schweiz" verfüge.[39]

1976 ging er wieder an Land. Das alte Hotel Fort Harrison in Clearwater/Florida wurde zum neuen Hauptquartier umgerüstet. Auch hier befaßte sich Hubbard neben vereinzelten Ausflügen in die galaktische Vergangenheit hauptsächlich damit, Dollars zu zählen. Geld war für ihn viel mehr als ein Fetisch, es war die magische Basis seiner „Religion". Eine Zeugin erinnert sich: „Hubbard war ausschließlich damit beschäftigt, Geld zu machen! An jedem Donnerstag gingen bei ihm nachmittags Fernschreiben aus der ganzen Welt ein. (...) Wenn die Umsatzzahlen unter einen gewissen Stand abfielen, wurde Hubbard rasend. Bei einer Gelegenheit, als der Umsatz unter 500 000 Dollar die Woche in Clearwater, Florida abfiel, ordnete er dreimal täglich für den gesamten Mitarbeiterstab Reis und Bohnenverpflegung an."[40]

Aber Hubbard konnte auch wegen weit geringerer Vergehen unangenehm werden. So, wie er einerseits den amerikanischen Erfolgsmythos zur Religion erhoben hatte, steigerte er andererseits die puritanische Furcht vor Schmutz und Sex in einen wahren Hygienewahn. Seine schöne neue Welt mußte keimfrei sein – wie bei George Orwell. Jedes Körnchen Staub war dem Sektenmeister zuwider. „Selbst nachdem in seinem Büro gerade von der Decke bis zum Fußboden Staub gewischt worden war, pflegte er hereinzukommen und wegen des

Staubes zu schreien: ‚Ihr versucht alle miteinander, mich umzubringen!'", erinnerte sich die ehemalige Scientologin Anne R.[41] Seitdem soll in vielen Scientology-Organisationen einmal im Monat die Aktion „White Glove" erfolgen. Dabei tastet ein „Staff Officer" mit einem weißen Glacéhandschuh jeden Raum sorgsam auf Staub ab.

Aus der eigentlichen Scientology-Organisation hatte sich „Ron" zu diesem Zeitpunkt schon weitgehend zurückgezogen. Bereits 1966 soll er auf alle Führungspositionen verzichtet und das Copyright auf den Namen „L. Ron Hubbard" für 100 000 Pfund Sterling verkauft haben. Seitdem verschwand der „Stifter" aus der Öffentlichkeit. 1977 wurde er noch einmal von einer glaubwürdigen Zeugin gesehen. Anne R. beschreibt sein Aussehen folgendermaßen: „Er hatte lange rötlich-graue Haare, die über seine Schultern reichten, von Karies befallene Zähne, einen richtig fetten Wanst, und ich glaube, daß er zu jener Zeit einen Vollbart hatte, ‚zur Verstellung'."[42] Im Februar 1978 verurteilte ihn ein französisches Gericht wegen Betrugs in Abwesenheit zu vier Jahren Gefängnis ohne Bewährung. Seit Februar 1980 gab es überhaupt keine Nachrichten mehr; Hubbard hielt sich auf seiner Farm in Gilman Hotsprings (Kalifornien) versteckt. Er litt offenbar unter paranoiden Verfolgungsängsten und wurde streng nach außen abgeschirmt. Ende 1985 erstattete die amerikanische Steuerbehörde Anzeige gegen Hubbard wegen Steuerhinterziehung; zu einer Anklage kam es allerdings nicht mehr.

Die letzten Jahre seines Lebens bleiben also rätselhaft wie der Beginn. Er vollendete sein Lebenswerk, indem er zu den Anfängen zurückkehrte: zur Science Fiction. Das zehnbändige Werk „Mission Earth" (Mission Erde) und der umfangreiche Roman „Battlefield Earth" (Kampf um die Erde) greifen noch einmal die Leitmotive seines Lebens auf: kosmische Reisen, galaktische Rätsel, Allgegenwart und Allmacht des Helden, der ein ganzes Planetensystem rettet. Darin heißt es über den Heros: „Doch die Bewohner der Galaxien wissen nicht, daß er verschwunden ist. Fragt man auf irgendeinem beliebigen zivilisierten Planeten nach ihm, wird man höchstwahrscheinlich zur Antwort bekommen, er sei hier, ganz in der Nähe, hinter jenem Hügel."[43]

Sein Thetan hatte sich entmaterialisiert und in die unendlichen Weiten des Universums verflüchtigt. 1986 verlautbarten Scientology-Flugblätter: „L. Ron Hubbard hat nach einem zu seiner vollsten Zufriedenheit erfüllten Lebenswerk seinen Körper am Freitag, dem 24. Januar 1986, verlassen."[44] Er hinterließ ein Vermögen von 45 Millionen Dollar.

Die Lehre von Thetanen und Engrammen

Der „Geistliche" Holger Hackenjos zeichnet einen großen Kreis auf die Tafel. „Das ist unser Denken", erklärt er. „Maximal zehn Prozent davon haben Sie zur Verfügung. Das hat Einstein gesagt, und wir leihen uns das gerne von ihm aus." Der Mann wird ernst: „Ich möchte mal die Worte von L. Ron Hubbard benutzen, der das entwickelt hat. Der bewußte Bereich ist der analytische Mind, alles, was Sie unter Kontrolle haben." Nun teilt Hackenjos gut 90 Prozent des Kreises mit einem Strich ab. „Dieser Bereich ist der reaktive Mind, das, was Sie im Unterbewußtsein haben. Die Linie dazwischen funktioniert wie ein Schalter. Im reaktiven Bereich wird etwas aufgezeichnet. Ein Beispiel: Ein Hund beißt ein Kind. Das Erlebnis wird gespeichert. Später hat die Person Angst vor Hunden." Er strichelt wieder ein bißchen herum und wirft eine Art Teddybär aufs Tableau. Ein weiterer Strich, der Bär grinst. Holger Hackenjos wendet sich wieder dem Publikum zu: „Der reaktive Mind ist voller schmerzhafter Bilder und Eindrücke. Erfolgreicher sein heißt in der Dianetik: ohne Ängste, ohne Furcht, ohne Zurückhaltung die Ziele seines Lebens erreichen. Im Auditing löst sich durch die Erkenntnisse über die Ursachen solcher Schmerzen die Verwirrung total auf."

Wir haben uns zu einem Vortragsabend unter dem Titel „Was ist Scientology?" eingefunden. Die Scientologen haben in ein gehobenes Hotel eingeladen, Teppiche, gedämpftes Licht und gedämpfte Atmosphäre, ein Büchertisch. Am Eingang einige verklemmt wirkende Sektenjünger, die ihre Anwesenheitslisten bewachen. Das Publikum macht einen aufmerksamen Eindruck. Was Holger Hackenjos erläutert, stößt hier sichtbar auf Interesse. Etwa 30 Besucher verfolgen angeregt seine Darbietung. Es ist eine Instant-Version der Instant-Philosophie des L. Ron Hubbard.

Der „Gründer" hat seine „Theorien" nach und nach entwickelt. Am Anfang war das Dianetik-Buch, das jedermann die „totale Freiheit" und die „Gewißheit völliger Heilung in beliebigen Fällen" ver-

Holger Hackenjos im Kampf gegen den „reaktiven Mind“ bei einer Veranstaltung der scientologischen Bürgerinitiative „Menschen gegen Unterdrückung der Toleranz“ (MUT).

sprach.[45] Hubbards Grundidee ist die Vorstellung von der möglichen Selbstbefreiung des Menschen.[46] Das Rüstzeug lieferte der Sektengründer gleich mit. Seine Methode erfordere keinerlei besondere Vorkenntnisse, man müsse keine komplizierten Bücher lesen und keine Universität besuchen. Das Zauberwort hieß „Auditing", eine Art Seelenbeichte, bei der ein sogenannter Auditor den Patienten dazu bringt, „Engramme" aus der Vergangenheit, auch aus den vergangenen „Billionen von Billionen von Billionen Jahren", aufzuspüren, die auf einer sogenannten „Zeitspur" wie auf einer Diskette aufgezeichnet sind. Engramme sind laut Hubbard schmerzhafte Erinnerungen an analoge Situationen („Hund beißt Kind"). Sie sind der Ursprung allen Übels. Sie hindern den Klienten daran, glücklich zu sein und geistig voranzukommen. Werden Engramme gefunden und systematisch „gelöscht", ist er von ihrem unheilvollen Einfluß, sogenannten Aberrationen – Neurosen, Psychosen, Zwangsvorstellungen –, befreit. Seine Seele ist gewaschen, er ist ein „Clear" geworden: „Wenn wir einen Clear erreicht haben, stehen wir vor etwas, das man nie zuvor gesehen hat, denn es existierte nie zuvor in einem schuttfreien Zustand: eine perfekte Maschine, gut geölt, kraftvoll, schimmernd und imstande, all ihre weiteren Funktionen ohne jede weitere Wartung abzustimmen und zu steuern."[47] Engramme wohnen in jenem „reaktiven Mind", den Holger Hackenjos mit seiner Skizze veranschaulicht hat. „Wenn es je einen Teufel gegeben hat", warnte L. Ron Hubbard einst, „so erfand er den reaktiven Mind."[48] Als dessen positiver Gegenspieler tritt in seiner Mechanik des menschlichen Geistes der „analytische Mind" auf, das eigentliche Bewußtsein. Auch Hubbards „Mind" ist eine Maschine: Beide Geist-Hälften zeichnen alle Sinneseindrücke detailgenau auf und speichern sie ab, wie eine Datenbank oder ein Magnetband. Ein Clear hat demnach keine Engramme mehr in seinem reaktiven Speicher. Soweit der Kern der Theorie, der – unschwer zu erkennen – die Freudsche Theorie von Bewußtsein und Unterbewußtsein auf dem Niveau von Comic-Heften darbietet.[49]

L. Ron Hubbard war ein echtes Kind seiner Zeit. Ohne sich wirklich mit modernen theoretischen Grundlagen auseinanderzusetzen, entwarf er „aus Versatzstücken des populären ‚wissenschaftlichen Denkens' in den USA der vierziger und fünfziger Jahre seinen dianetischen Menschen".[50] Der Verstand als Maschine zur logischen Daten- und Informationsverarbeitung, das Gedächtnis als eine Art Tonband, das Gefühlsleben auf eine Lust-Unlust-Skala („Tonskala") verkürzt – das sind technokratische Vorstellungen, die heute in der Wissenschaft als hoffnungslos anachronistisch gelten, für Menschen des Computerzeitalters aber offenbar dennoch attraktiv sind. Tatsächlich wäre das Gehirn nicht mehr funktionsfähig, wenn es wirklich sämtliche Daten verarbeiten und abspeichern würde. In Wahrheit vermindert es die ankommenden Informationen und wählt aus der Datenmasse aus; es funktioniert auch nicht rein logisch. Es ist eben kein Computer.

Zwei Jahre nach seiner „Dianetik" war Hubbard aber schon Äonen weiter. Plötzlich füllte sich seine Techno-Welt mit spirituellem Schnickschnack. Er präsentierte der staunenden Öffentlichkeit die kosmische Variante seiner Therapiemethode: fliegende Geister, apokalyptische Visionen, das Mysterium der Wiedergeburt. Er hatte den „Thetan" erfunden, womit er Scientology erst die Seele einhauchte. Der „Gründer" behauptete nun, der Mensch bestehe neben „Body" (Körper) und „Mind" (Verstand) auch aus jenem „Thetan", einer Art Geistwesen; der Mind fungiere als Vermittler zwischen Body und Thetan.

1951 publizierte der rothaarige Prophet ein Werk mit dem vielversprechenden Titel „A History of Man" (Eine Geschichte des Menschen). Dieses „Sachbuch", das wie „Dianetik" in Nullkommanichts an die Spitze der Bestsellerlisten stürmte, beginnt mit dem erstaunlichen Satz: „Dies ist ein kaltblütiger Tatsachenbericht über die vergangenen sechzig Milliarden Jahre."[51] Mit viel Liebe zum Detail entwirft Hubbard darin eine „wissenschaftliche" Kosmologie: Vor langer, langer Zeit lebten weitab im All die Thetanen, allmächtige und unsterbliche Geistwesen. Doch sie versündigten sich und wurden deshalb ins materielle Universum verbannt. Seitdem sind sie dazu verurteilt, durch die Körper der Menschen zu wandern und mit Engrammen gequält zu werden. Auch die Seele der Menschen befand sich laut „Ron" ursprünglich im Zustand der absoluten Vollkommenheit und Wahrheit, wurde aber leider „aufgrund mangelnder Weisheit und mangelnder Ethik degradiert", bis sie sich ihrer geistigen Existenz kaum noch bewußt war.[52] Das Ziel des scientologischen „Trainings" und Auditings ist es nun, die Kontrolle über sich selbst zurückzugewinnen und mit seinem Thetan eins zu werden. Der

Weg: Löschen der Engramme. Der Thetan selbst ist ewig und sucht sich nach jedem Aufenthalt in einer sterblichen Hülle einen neuen Body – eine typische Reinkarnationsidee.

Für die Absolventen der höheren Scientology-Weihen fügte Hubbard seinem Thetan-Märchen später eine völlig andere Version hinzu – die uns Holger Hackenjos in seinem Vortrag wohlweislich verschweigt. Eine Kostprobe: „Vor 35 Milliarden Jahren löste ein böser Fürst namens Xenn das Problem der Überbevölkerung auf einem anderen Planeten, indem er zwei Billionen Thetanen zur Erde brachte, die zu jener Zeit als Teegeeack bekannt war – er stopfte sie in Wasserstoffbomben, die er in einem Vulkankrater explodieren ließ – durch die Explosion wurden die Thetanen, an elektrische Kabel angeschlossen, bis hoch in den Himmel geschleudert – dann wurde ihnen die gesamte R6 Bank eingeprägt, sie wurden in ein Flugzeug geladen und wieder auf die Erde geworfen ...“[53] Der üble Fürst Xenn hatte diese Thetanen böswillig mit falschen Daten gefüttert. Deshalb sind sie darauf programmiert, jeden zu töten, der sich ihnen nähert. Aber „Ron“ und seine Auditoren haben ihnen den Kampf angesagt; in geheimen Ritualen werden die Dämonen mit Hilfe des E-Meters wegauditiert. Doch erst wenn sie endgültig exorziert sind, kann sich der gute Thetan wieder entfalten. Möglich, daß Hubbard der verwirrende Mythos von Xenn, Teegeeack und den Dämonen bei seinen sporadischen Ausflügen ins Weltall mitgeteilt wurde. Am 11. Mai 1963 gab er bekannt, daß er zwei Tage vorher „abends um zehn Uhr und eine halbe Minute für 43 891 832 611 177 Jahre, 344 Tage, zehn Stunden, 20 Minuten und 40 Sekunden den Himmel besucht“ habe.[54] Von einer zweiten Himmelfahrt kehrte der „Gründer“ eher betrübt zurück. „Die Stätte ist verfallen“, klagte er.[55]

Wir wollen es dabei bewenden lassen. Sicher ist: Mit seinen phantastischen Geschichten hat L. Ron Hubbard die dianetische „Therapietechnik“ quasi magisch überhöht. Nun ging es nicht mehr um Komplexe, sondern um einen Weg zum Übermenschen. Obwohl in Hubbards magisch-okkultem Weltbild kein Gott vorkommt, versteht sich Scientology als „wissenschaftliche Religion“, die zwei wichtige Ziele verfolgt: Überleben von Scientology und Rettung der Welt. Hubbard schrieb: „Wir spielen nicht irgendein unbedeutendes Spiel in Scientology. Es ist nicht nett oder irgendwas, das man tut, weil man nichts Besseres zu tun weiß. Die ganze schmerzvolle Zukunft dieses Planeten, jeder Mann, jede Frau und jedes Kind und Ihr eigenes Schicksal für die nächsten endlosen Trillionen von Jahren hängen davon ab, was Sie hier und jetzt in Scientology tun. Das ist eine tödlich ernste Aktivität. Und wenn wir es versäumen, aus dieser Falle jetzt herauszukommen, werden wir vielleicht nie wieder eine andere Chance haben."[56] In Hubbards darwinistischem Weltbild leitet den Menschen vor allem sein Drang zum Überleben, bei Scientology als die „acht Dynamiken" bezeichnet. Die vier ersten "Dynamiken" beinhalten den „Drang zum Überleben" für sich selbst, durch Sex (Nachkommen), für die Gruppe (also Scientology) und für die gesamte Menschheit; auf vier weiteren „Dynamiken" steigert sich das noch bis zum „Drang zum Dasein als Unendlichkeit". Während aber die meisten Menschen noch auf den ersten zwei Dynamiken herumirren, erklimmen Scientologen längst schon die übrigen Stufen, bereit zum Sprung ins Universum.

Mit ihrem Weltraumglauben, so der Hamburger Journalist Uwe Birnstein, erhebe sich Scientology selbst zu göttlicher Macht: „Ihr obliegt es, die Sünde, das Böse aus der Welt und aus den Menschen zu treiben."[57] In der Tat erklärte Franz Riedl, der Scientology-Vizepräsident aus Hamburg in zahlreichen Talkshows, ein Scientologe könne sich per Auditing von seinen Sünden befreien – sie würden einfach „verschwinden". Wer nun seine Engramme (und Sünden) nach und nach löscht und mit den Dämonen aufräumt, so lehrte Hubbard, könne sich zu einem Wesen namens „Operierender Thetan" (OT) qualifizieren. Ein OT hat es geschafft, seinen Thetan zu befreien, damit Herrscher über „Materie, Energie, Raum, Zeit und Denken" zu werden und „außerhalb seines Körpers" zu sein – wie Superman. Hubbard erklärte: „Thetanen kommunizieren mittels Telepathie. Sie können materielle Objekte bewegen, indem sie einfach einen Energiefluß auf sie stürzen. Sie können sich mit höchster Geschwindigkeit fortbewegen. Sie sind nicht durch Atmosphären oder Temperaturen begrenzt."[58] Der Zustand des „Operierenden Thetanen" ist „die Verwirklichung der völligen seelischen Freiheit, der vollkommenen Erlösung"; der Geist ist nun „befreit vom ewigen Kreislauf des Geborenwerdens und Sterbens".[59] OTs können, wie die Zeitschrift *Prinz* spottete, „ihren Thetan mal kurz über dem Nordpol schweben lassen oder auf der Zeitspur die Neandertaler besuchen".[60] OTs sollen als weiße Ritter den Kampf um das Universum gegen den bösen Fürsten Xenn gewinnen. OT zu werden ist das Ziel aller Scientology-Jünger.

Damit ist offensichtlich, worin die Faszination der Science-Fiction-Religion besteht: Von Sünden befreit, unsterblich und unverletzbar, meint der Scientologe, er könne zur alleinigen „Ursache" seiner Existenz aufsteigen und die definitive „Power" erfahren. Die erstaunliche Selbstüberschätzung beruht auf dem Gefühl, zur Gemeinschaft der Auserwählten zu gehören. Hubbard: „Die Rangstufe von Scientologen und Dianetikern auf der Welt liegt im oberen Zehntel des obersten Zehntels der intelligentesten Bevölkerungsgruppen der Welt; die intelligentesten Leute der Welt. Das ist eben so."[61] Von einem „Power-Märchen" spricht daher Friedrich-Wilhelm Haack. Doch wenn der „Übermensch" auf diese Weise die Ängste des Alltags verscheucht, so ist die Folge ein fortschreitender Wirklichkeitsverlust. Hubbard selbst wurde offenbar ein Opfer dieser Phantastereien. Der Berliner Sekten-Experte Thomas Gandow schreibt: „Es gibt Anzeichen dafür, daß Hubbard, wie viele erfolgreiche Schriftsteller, seine eigenen ‚Erlebnisse' geschildert hat. Und da er wohl Traum und Wirklichkeit kaum mehr auseinanderzuhalten vermochte, glaubte er es am Ende selbst. Er sah in seinen Phantasien die Welt durch seine ‚Organisationsanweisungen' und ‚Techniken' vor dem ansonsten todsicher drohenden Untergang gerettet."[62]

Holger Hackenjos kommt indes zum Höhepunkt seines Berliner Vortrages. „In dem Moment der Erkenntnis, die man in so einer Auditing-Sitzung bekommt", sagt er, „löst sich so ein Durcheinander, das man im Leben hat, total auf. Nur, das kann ich Ihnen nicht erklären. Das ist eine subjektive Sache. Das muß man selbst empfinden." Die Zuhörer waren aufmerksam und konzentriert. Keiner hatte ein Zucken in den Mundwinkeln, als der Scientologe verkündete, daß Embryos „wie in einer Waschmaschine leben", weil sie „neun Monate lang und dauernd im Vollwaschgang durch die Landschaft geschleudert" würden. Hackenjos: „So ungefähr sieht das Leben während der Schwangerschaft aus." Es grinste auch niemand, als „Clears" und „Thetanen" erläutert wurden. Zweifellos handelte es sich um eine todernste und humorlose Angelegenheit. Merkwürdig. Dabei klang einiges wie wissenschaftlich verbrämter Blödsinn. Aber es kamen keine Zwischenfragen, keiner kicherte – höchstens ein stereotypes Lächeln. Die Hausfrau neben uns, der Student da drüben, die junge Frau, Typ Sekretärin, ein Journalist ... Alles ganz normal? Erst bei der anschließenden Diskussion merken wir, daß hier eine sorgfältige Inszenierung abläuft, ein Frage- und Antwortspiel mit eingeübten Rollen. Theater – nur für uns. Denn wir sind offenbar die einzigen Nicht-Scientologen, im Sektenjargon unverblümt „raw meat" (rohes Fleisch) genannt.

Anders als die Hare Krishnas kann man Scientologen nicht an der Kleidung erkennen. Sie tragen keine orangefarbenen Umhänge, sondern achten peinlich auf ihr Äußeres. Wie erwähnt, soll Scientology weltweit acht Millionen Anhänger haben; acht Millionen Menschen, für die ein Thetan eben ein Thetan ist, und ein Engramm die schrecklichste Sache der Welt.

Der teure Weg zur „totalen geistigen Freiheit"

„Vor 75 Millionen Jahren ereignete sich eine Katastrophe solchen Ausmaßes, daß sie heute noch einen gewaltigen Einfluß auf unser Leben und unsere Zivilisation hat. Hier war etwas Unbekanntes von solch tödlicher Kraft, daß niemand zu dieser ‚Feuerwand' eine Antwort finden oder sie gar überwinden konnte. Dann, am 14. März 1967, schaffte L. Ron Hubbard den Durchbruch und war das erste Wesen, das die ‚Feuerwand' durchbrach."[63]

Niemand hatte je zuvor diesen Schritt gewagt. Wer die „Feuerwand" bezwang, durfte sich „Operierender Thetan Stufe III" nennen – ein recht großer Schritt zum Meister der Elemente, immun gegen Radioaktivität, Arthritis und Lungenentzündung. „Clear" zu sein war 1967 schon lange nicht mehr gut genug. Scientology entdeckte ständig neue Stufen auf dem beschwerlichen Weg zur Unsterblichkeit. 1965 wurde zwar behauptet, Hubbard habe die „letzte und wirksame Stufe dieser Entdeckungen" erreicht: „Die langersehnte Brücke zur totalen Freiheit für den Menschen war gebaut."[64] Doch immer wieder türmten sich Hindernisse auf, und neue „Kurse" verlängerten diese Brücke ins Glück. Für die (Auditing-)Kurse, die die Church alle paar Jahre freigibt, werden die Jünger immer wieder neu beschäftigt und zur Kasse gebeten. Wer zum „Operierenden Thetan" aufsteigen will, hat für seine Seminare, Trainingsroutinen und „Rundowns" mit immensen Ausgaben zu rechnen, von denen er beim Eintritt in die Sekte nicht das geringste ahnt. Ein „Studium" des kompletten Kursprogramms, so überschlug es einmal der *stern*, kostet circa 450 000 Mark.[65] Die Preise steigen unerbittlich. Ab Mitte der siebziger Jahre wurden sie beispielsweise monatlich (!) um fünf bis zehn Prozent erhöht. Der nach oben offene OT-Katalog garantiert dem Sektenmanagement einen nie versiegenden Geldfluß. Hubbards gigantisches Gewinnspiel umfaßt heute über 210 Stufen (Kurse) auf der „Brücke", und ein Ende ist nicht abzusehen. Würden die Scientology-Gläubigen klar denken, so müßten sie erkennen, daß sie mit den Verlockungen der „Brücke" veralbert und betrogen werden: Sie können ihr Ziel niemals erreichen. Das perfide Kurssystem selbst hindert sie daran.

Waren es 1980 erst knapp 2 000, so gibt es heute nach Scientology-Angaben bereits 60 000 Clears. Das höchste erreichbare Ziel auf der „Brücke" hieß 1993 noch „New OT-VIII", ein Zustand, den auch etwa 50 Deutsche erreicht haben sollen. Doch schon werden die Sektenjünger auf die ersehnte „Freigabe" der Stufen OT-IX bis OT-XV vorbereitet. Im Frühjahr 1993 begann Scientology eine große Geldsammelaktion, um ein luxuriöses sechsstöckiges Gebäude („über 175 Auditingräume") für die neuen Kurse in Clearwater zu finanzieren, Kostenpunkt 40 Millionen Dollar. Titel der Kampagne: „Super Power Expansions-Projekt". In einem Hochglanzdruck heißt es: „Je schneller das Gebäude gebaut, voll bemannt und die Produktion in Gang gesetzt wird, um so eher kann dieser aufregende neue Rundown für die Lieferungen an die Öffentlichkeit herausgegeben werden – um Scientology und Scientologen in ein ganz neues Reich der Fähigkeit und Macht quer durch alle Dynamiken zu katapultieren." Eine Spende von „1 000 Dollar oder mehr" wird von den Mitgliedern erwartet, denn „Ihre Zukunft und die Zukunft des Planeten hängen davon ab". Am Schluß folgt der dezente Hinweis: „Sprechen Sie mit Ihrem Steuerberater bezüglich der Absetzbarkeit der Beträge vor Jahresende." Was die Adepten bei „Super Power" und OT-IX erwartet, wird ihnen vorher freilich nicht verraten; auch der umfangreiche Sicherheits-Check vor jedem OT-Kurs steigert die Neugier. Berichte von Aussteigern zeigen, daß sie im Thetan-Examen irrationale, nicht nachprüfbare Erfahrungen machen, ähnlich den Halluzinationen eines LSD-Rausches. Experten sprechen von „Reizentzug" und „abnormen Wachbewußtseinszuständen".[66] Der Scientology-

Aussteiger Gunther Träger (OT-V) weiß: „Man wird mit heißen emotionalen Gegebenheiten konfrontiert. Ich habe schon erlebt, daß Leute ziemlich zu Boden gegangen sind."[67]

Wer durch Straßenwerbung, Interesse an der Dianetik, den sogenannten Persönlichkeitstest oder eine Stellenanzeige in die Sekte geraten ist, wird mit subtilen Mitteln dazu gebracht, an die „Brücke" zu glauben. Die Hauptrolle dabei spielt das Auditing, das Hubbard in den fünfziger Jahren zu seiner jetzigen Form entwickelte. Der „Gründer" verband seine ursprüngliche Therapie mit einem technischen Apparat, der das Löschen von Engrammen aus „früheren Leben" scheinbar wissenschaftlich mißt. Das sogenannte E(lektro)-Meter war das passende Werkzeug für den Science-Fiction-Kult. Friedrich-Wilhelm Haack nannte es eine „Freiheit produzierende Glaubensmaschine".[68] Scientologen verehren den schlichten Apparat als heiligen Gegenstand und rituelles Werkzeug – Magie des 20. Jahrhunderts. L. Ron Hubbard euphorisch über seine „Erfindung": „Im Vergleich ... zu existierenden Geräten ist es, als würde man durch ein Elektronenmikroskop statt durch einen Quarzstein schauen."[69]

Tatsächlich ist das E-Meter nichts weiter als ein schlichtes Meßgerät (Wheatstonesche Meßbrücke), das Veränderungen der elektrischen Hautwiderstände registriert, wenn man die zwei Metalldosen anfaßt und damit Teil eines Stromkreises wird. Ein Gutachten der Universität Tübingen kam 1976 zu einem vernichtenden Urteil. Das E-Meter sei technisch veraltet und entspreche nicht den elektrischen Sicherheitsbestimmungen: „Bei Anwendung des Gerätes mit angeschlossenem Ladekabel kann für den Probanden Lebensgefahr bestehen."[70] Viele Menschen in unserer Techno-Kultur lassen sich trotzdem durch diesen Apparat davon überzeugen, daß „Scientology funktioniert". Sie fasziniert die Möglichkeit, daß die eigenen Gefühle und psychischen Probleme technisch meßbar und obendrein noch leicht reparierbar sein sollen. Den Scientologen ist das Gerät daher lieb und teuer. Obwohl der Materialwert nicht einmal 300 Mark beträgt, blättern sie für Luxus-Ausgaben wie das „Mark Super VII E-Meter" gut und gerne 10 000 Mark und mehr auf den Tisch.

Das E-Meter dient nicht nur dazu, Engramme zu finden und zu löschen. Sein eigentlicher Zweck entspricht seiner technischen Funktion. Die Sekte nutzt ihr „Mikroskop" auf perfide Weise tatsächlich als Lügendetektor. Mittels Blechbüchsen-Check wird der Proband

(„Preclear") stundenlang über alle intimen Geheimnisse und schmerzhaften Erlebnisse ausgefragt. Ist er aufgeregt, etwa, weil ihm eine Frage unangenehm ist, schlägt die Nadel aus. Nun hat sein Auditor einen klaren Hinweis darauf, daß irgend etwas nicht stimmt; er hakt nach, drängt und droht. Der Auditor soll während des Verhörs keinerlei Mitgefühl zeigen, selbst wenn der „Preclear" unter den Erinnerungen erheblich leidet. Im Gegenteil. L. Ron Hubbard empfahl seinen Vernehmern, cool zu bleiben und zu „lächeln": „Wenn ein Auditor sich geistig so einstellt, daß er ruhig sitzen bleiben und ein Liedchen pfeifen könnte, während Rom vor ihm abbrennt, wird er optimale Arbeit leisten."[71] Der Auditor fertigt nach jeder Sitzung ein Protokoll an, das sorgsam abgeheftet und aufbewahrt wird, wie Zeugen bestätigen. Um bei der Stange zu bleiben, sollen die Probanden am Schluß jeder Sitzung mit einem angenehmen Gefühl beglückt werden. „Mit schwebender Nadel", so befahl Hubbard, seien sie aus dem Auditing zu entlassen – der Fühler des E-Meters soll ein Hoch anzeigen.

Ein ganzes Arsenal weiterer Maßnahmen sorgt anschließend dafür, daß sich der Proband in das scientologische System einfügt und nicht mehr hinausfindet. Geheimnis, Hoffnung und Angst sind der Kitt, der dieses System zusammenhält, so Larry D. Wollersheim, ein ehemaliger Führungskader: „In den Jahren meiner Sektenzugehörigkeit beobachtete ich, wie Mitglieder hoffnungsvoll dahin gebracht wurden, herauszufinden, ‚welches Geheimnis' hinter dem nächsten Vorhang steckte und ihre Probleme lösen würde, aber natürlich pflegte dies nicht dauerhaft zu sein. Angst und Hoffnung werden dem Sektenmitglied absolut eingetrichtert. (...) Es hat Angst, es jetzt nicht mehr zu schaffen, bevor die Welt untergeht."[72]

Hubbard errichtete einen Staat im Staate – mit eigenen Gesetzen und abgeschottet von der Außenwelt. Wollersheim: „Die Sekte ist ein geschlossenes System, in dem die subjektive Euphorie des einen Sektenmitglieds zum Verkaufserfolg, zur Demonstration, zur Motivation des nächsten Sektenmitglieds wird. (...) Es handelt sich um eine sorgfältig ausgeführte und von der Sekte geschaffene Seifenblase."[73]

Zu dieser künstlichen Welt gehört sogar eine eigene Sprache. Wer zu Scientology kommt, lernt neu zu denken. Ein Außenstehender kann einen Scientologen nicht verstehen. „New Speak" (Neusprech) nannte das George Orwell in seinem beängstigenden Zukunftsroman „1984“, der etwa zur gleichen Zeit entstand, als Hubbard seine Science-Fiction-Welt entwarf. So bedeutet Kommunikation bei Scientology Konfrontation. Und Ethik wird ins Gegenteil verkehrt; ethisch ist alles, was Scientology dient. Sogar der Slogan des Orwell-Staates „Freiheit ist Sklaverei“ findet sich fast wörtlich in Hubbards Richtlinie für künftige Full-Time-Scientologen: „Da Scientology jetzt TOTALE Freiheit bringt, muß sie auch die Macht und Autorität haben, totale Disziplin zu fordern, oder sie wird nicht überleben.“[74]

Die Sekte wird zum Konzern

Ende der siebziger Jahre hatte der Psycho-Multi seine Kinderkrankheiten überwunden. Die erste High-Tech-Religion der Geschichte hatte sich organisatorisch konsolidiert. Es bleibt freilich ein Rätsel, wie es gelingen konnte, nahezu unbemerkt von der Öffentlichkeit zur größten und reichsten Sekte der Welt aufzusteigen. Obwohl Journalisten und diverse Untersuchungsausschüsse akribische Recherchen anstellten, läßt sich die Geschichte der Organisation nur bruchstückhaft rekonstruieren, ähnlich wie Hubbards Biographie. Der Grund: Scientology hat ihre Aktivitäten von Anfang an verschleiert und verdeckt. Es sollten möglichst keine Informationen nach außen dringen.

In den Gründerjahren standen verschiedene „Kirchen“ und Vereinigungen nebeneinander, etwa die *Church of American Science* oder die *Hubbard Association of Scientologists International* (HASI). Doch auch nachdem die eigentliche *Church of Scientology* aufgetaucht war, wurden munter Unter-, Neben- und Tarnorganisationen ins Leben gerufen, zum Teil sicher aus steuerlichen Gründen. Gab es Schwierigkeiten, wie in Australien oder Frankreich, so wurden die dortigen Filialen einfach umbenannt.

Wie weit die „Mutterkirche“ ihre Dependancen anfangs unter Kontrolle hatte, ist unklar. Nach der Flucht aus Amerika war *Saint Hill Manor* in England die erste straff geführte Organisation (Org) und zugleich Zentrum der scientologischen Welt. Hier liefen die Fäden zusammen, bis Hubbard per „Executive Letter of 12 March 1966

Corporate Status" alle ausländischen Filialen (in England, Südafrika, Australien und Neuseeland) der *Church of Scientology of California* unterstellte. Zugleich trat der Chef angeblich von der aktiven Führungsposition zurück. Merkwürdig nur: Er betonte ausdrücklich, daß er „auf jeden Fall Mitglied des Leitungs-Gremiums der Kirche und weiterhin Executive Director der Orgs ist".[75] Wurde ihm das streitig gemacht? Sicher ist: Ebenfalls im März 1966 entstand das *Guardian Office* (Wächterbüro), eine interne Geheimpolizei, die eigentliche „Macht- und Terror-Organisation gegen Kritiker und Zweifler in Hubbards Reich"[76], so der Sektenfachmann Friedrich-Wilhelm Haack. Totale Kontrolle hieß das Stichwort. Das *Guardian Office* sollte Hubbard helfen, „öffentliche Angelegenheiten und Einzelpersonen zu untersuchen, welche die menschliche Freiheit zu verhindern scheinen; damit diese Angelegenheiten enthüllt werden können und Wissenswertes in Erfahrung gebracht werden kann. (...) Man wird sehen, daß die Abteilung all die nützlichen Funktionen einer Spionage- und Propaganda-Agentur hat."[77] Die Gründung des *Guardian Office* beweist, daß man die Potenzen erkannt hatte, die eine straff geführte und kontrollierte Organisation offerierte.

Der Aufbau von Scientology wurde aber nicht nur vernebelt, weil sich „Ron" von Geheimdiensten und Kommunisten verfolgt fühlte. Mitte der sechziger Jahre erschienen erste Berichte über untragbare Zustände in Hubbards planetarischen Heilsbüros. Parlamentarische Untersuchungsausschüsse – etwa in England, Südafrika und Kanada – befaßten sich mit den Praktiken der obskuren Sekte. In Australien wurde die kommerzielle Ausübung von Scientology unter Strafe gestellt. Im sogenannten Anderson-Report von 1965 hieß es dort über die Sekte: „Scientology ist böse; ihre Techniken sind böse; ihre Praxis ist eine ernste Bedrohung der Gesellschaft, medizinisch, moralisch und sozial."[78] An anderer Stelle führten die Autoren aus: „Scientology ist eine schwere Bedrohung der Familie und des Familienlebens. So wie sie finanzielle Härten verursacht, ruft sie Trennung, Mißtrauen und Argwohn unter Familienmitgliedern hervor. Scientology hat viele familiäre Entfremdungen verursacht."[79] Auch L. Ron Hubbard wurde nicht geschont: „Ihr Gründer verfügt über nicht mehr als einen Hauch von Ahnung in verschiedenen wissenschaftlichen Bereichen, und diese Ansätze von Halbbildung sind das Fundament, auf dem er ein verrücktes und gefährliches Gebäude errichtet hat ..."[80]

Nachdem Hubbard 1967 mit seiner Flotte in internationale Gewässer geflüchtet war, begann eine neue Phase der Scientology-Geschichte. Niemand weiß, ob er tatsächlich noch die Zügel fest in der Hand hielt. Es steht aber fest, daß er in großem Reichtum auf seiner „Apollo" lebte und unermüdlich Führungsrichtlinien („Policy Letters") aufs Papier warf. Alle Mitarbeiter der neuen *Sea Organisation* bekamen einen Marinerang – und schnieke Uniformen dazu. Auf Hubbards Schiffen herrschte jedoch keine entspannte Kreuzfahrtatmosphäre, sondern der blanke Terror. Der „Founder" zog sich eine Eliteeinheit aus Kindern heran, die er „Messenger" (Boten – aus dem All) nannte, um seine Befehle der Schiffscrew und den Scientology-Orgs zu übermitteln. Es waren Geschöpfe nach seinem Willen, Werkzeuge der Psycho-Diktatur wie in Aldous Huxleys „Brave New World" (Schöne neue Welt), die er wie Privatsklaven behandelte und tyrannisierte.

Ein Messenger, der später ausstieg, berichtet in einer eidesstattlichen Erklärung: „Boten, die ‚für den Commodore einen Botengang machen', müssen die Nachricht oder den Befehl wortwörtlich weitergeben und müssen dies auf die gleiche Art und Weise tun, wie es Hubbard sagt – wenn er wütend auf jemand ist, dann brüllen die Boten es heraus, oder wenn er jemandem einen Befehl erteilt, dann muß er im gleichen Tonfall wiedergegeben werden."[81] Eine andere Botin berichtet: „Ich verschlüsselte und entschlüsselte Nachrichten an Hubbard und solche, die von ihm selbst ausgingen. (...) Persönlich stellte ich Nachrichten zu, über die Aktionen ‚Operation Snowwhite', ‚Operation Freakout' und ‚Operation Goldmine' sowie bei weiteren geheimen und illegalen Scientology-Aktionen."[82] Worum es bei den meisten Operationen ging, macht der Zeuge S. G. deutlich: „Hubbard sprach nie über etwas anderes als Geldmachen. (...) Macht Geld! Das war der einzige Befehl, den wir eigentlich von Hubbard erhielten."[83]

Aus der gefürchteten *Commodore's Messenger Org* (Boten-Organisation) stiegen später die Erben des Hubbard-Imperiums auf. Als der Kapitän wieder an Land ging, wurde die *Sea Org* nicht aufgelöst, sondern blieb – wie auch die *Messenger Org* – als Eliteeinheit bestehen. Für „die nächsten Milliarden Jahre" unterzeichnet noch heute jeder, der bei Hubbards „Marines" anheuert, um sich „dem Zweck zu verschreiben, Ethik auf diesem Planeten und in diesem Universum reinzubringen".[84] Im Stil der Science Fiction, aber mit deutlichen Anklängen an die Elitetruppe eines anderen Diktators lautet der Schlachtruf der *Sea Org*: „Erst dieser Planet, dann dieser Sektor, dann die Galaxis, dann das Universum."[85] L. Ron Hubbard: „Wenn jemand eingeschrieben ist, so ist er an Bord, und wenn er an Bord ist, dann ist er zu denselben Bedingungen hier wie alle anderen von uns – gewinnen oder beim Versuch sterben."[86] Die Kadetten der *Sea Org* werden auf absoluten Gehorsam gedrillt und leben gemeinschaftlich unter oft untragbaren Bedingungen. Nach offiziellen Angaben erhalten sie gerade 50 Dollar Taschengeld pro Woche.[87] 1967 hatte die *Sea Org*-Bruderschaft angeblich 1 000 Mitglieder; heute sollen es laut internen Jubel-Broschüren mehr als 5 000 sein.

Die *Sea Org* blieb auch bestehen, nachdem Hubbard mit seiner Truppe 1976 in Florida am Golf von Mexiko gelandet war und das Hotel Fort Harrison samt Grundstück für 2,8 Millionen Dollar erworben hatte. Der „Commodore" nannte den neuen Besitz *Flag Land Base*, um zu symbolisieren, daß sein Flaggschiff nun gelandet war; Scientologen aus aller Welt galt es fortan als Wallfahrtsort. Bestimmte, besonders teure Dienstleistungen („OT-Kurse") konnten nur hier absolviert werden. Zugleich wurde *Flag* zum Trainingszentrum und zur eigentlichen Machtzentrale der Scientology-Organisation ausgebaut, streng von der Öffentlichkeit, aber auch nach innen abgeschirmt. „Im Fort Harrison waren draußen ‚Security Guards' (Sicherheitswachen, d.Ü.) aufgestellt, um zu verhindern, daß jemand ausflippte. Ausflippen (to blow, d.Ü.) bedeutet: Scientology zu verlassen", bezeugt ein ehemaliger Insasse.[88] 750 Elite-Scientologen unterwerfen sich in *Flag* der strengen *Sea-Org*-Disziplin. Das gesamte Konzernmanagement rekrutiert seine Leitungskader aus diesem militärisch geführten „Orden". Hubbard: „Wir sind die vielleicht einzige wirklich wirksame westliche Streitmacht."[89]

Gegen Ende der siebziger Jahre war der Psycho-Multi ausgewachsen – ein Riesenkonzern, der, wie der Scientology-Dissident Franz Dunkel* schreibt, „nichts anderes im Sinn hatte, als den Planeten zu übernehmen".[90] Inzwischen gab es Missionen in zahlreichen Ländern der Welt. Nicht nur die US-amerikanischen, auch die europäischen Filialen begannen mächtig zu expandieren. Immer neue Kurse versprachen den Mitgliedern geistige Heilung. Franz Dunkel weiß: „OT-III war nach wie vor die heiße und gerüchteumwobene magische Stufe, von der man sich einfach alles versprach. Und die Kirche, jederzeit bereit, jedermann mit telepathischen, legalen oder illegalen Mitteln zu bekämpfen, befand sich auf dem besten Weg, ein weltumspannendes Big Business zu werden, ein monopolisierender Magie-Konzern." Scientology, so der Dissident, habe sich mehr als je zuvor wie ein „selbstbeweihräuchernder Insiderclub" gegeben, „wo man eine Marineuniform trug" und „sich faschistoid aufführte".[91]

Nach eigenen Angaben hatte die Church 1978 bereits 5,4 Millionen Mitglieder, die fanatisiert und auf unbedingten Gehorsam gedrillt waren. Gründervater L. Ron Hubbard, wie Howard Hughes in seine Traumwelten versponnen, war nicht mehr in der Lage, die Leitung energisch in die Hände zu nehmen. Scientology war wie eine Armee ohne Napoleon, wie eine Kaderpartei ohne ZK. Das allerdings sollte sich ab 1978/79 grundlegend ändern.

Managementwechsel und Säuberungsaktionen

In Washington standen 1979 neun hohe Scientology-Funktionäre vor Gericht. Obenan Mary Sue Hubbard (48), die dritte Ehefrau des Sektengurus. Der Vorwurf der Staatsanwaltschaft lautete auf Einbruch in Regierungsgebäude, Diebstahl von Dokumenten und Verschwörung gegen die Vereinigten Staaten. Am 26. Oktober 1979 fällten die Richter ihr Urteil: schuldig. Aus ihrer Begründung: „Die dem Gericht vorgelegten Beweise zeugen von haarsträubenden Verbrechen gegen private und öffentliche Institutionen sowie Einzelpersonen. Unter dem Deckmantel der Religionsfreiheit haben die Scientology-Funktionäre alle Regeln der menschlichen Gesellschaft mit Füßen getreten."[92] Die Angeklagten erhielten teilweise lange Haftstrafen; Mary Sue Hubbard wanderte für fünf Jahre ins Gefängnis. Hubbard selbst sowie 24 weitere Scientology-Anhänger wurden als nichtangeklagte Mitverschwörer bezeichnet.

Was war geschehen? 1976 hatten FBI-Beamte zwei Agenten des *Guardian Office* mit falschen Papieren nachts im US-Justizministerium aufgegriffen. Sofort setzten Ermittlungen ein. Als ein verhafteter Scientologe Interna über die geheime Aktion „Schneewittchen" ausplauderte, schlug die amerikanische Bundespolizei zu. In einer Großrazzia durchsuchten 134 FBI-Beamte die Scientology-Filialen in Los Angeles und Washington. Sie stellten etwa 40 000 Seiten Akten mit belastendem Material sicher, Beweise für mehr als 130 Operationen gegen Einzelpersonen und Behörden. Die Staatsanwaltschaft konnte unglaubliche Vorgänge aufdecken. Die hubbardistische Sicherheitspolizei hatte zwischen 1973 und 1976 Agenten in Regierungsbüros eingeschleust, Ausweise gefälscht und Abhöranlagen installiert, um eine regierungsamtliche Untersuchung von Scientology zu sabotieren.[93]

Die Church spielte die Ereignisse zwar offiziell herunter, der Schock saß dennoch tief und hatte für die Sekte weltweite Konsequenzen. So warnte etwa der Autor einer geheimen Direktive aus deutschen Scientology-Agentenkreisen im Jahr 1983 vor kriminellen Aktionen gegen die Regierung: „Einschleusung bei Regierungsstellen: NO WAY. Niemals, ist illegal und darf niemals gemacht werden oder ins Auge gefaßt werden.“[94]

Doch hinter den Mauern der Organisation ging es rund. Im Duktus stalinistischer Schauprozesse wurde das *Guardian Office* einer falschen Linie bezichtigt. Im Wortlaut: „Unglücklicherweise hat das *Guardian Office* über die Jahre hinweg sich abgewendet. Tatsächlich wuchs das Phänomen, außerhalb von Policy zu sein und außerhalb der Quellen, über die Jahre an.“[95] Wieso war bloß niemandem aufgefallen, daß Mary Sue Hubbard „außerhalb von Policy“ war?

Offenbar hatte eine Gruppe um den gerade zwanzigjährigen David Miscavige aus der *Messenger Org* nur auf die Gelegenheit gewartet. Nach „Ron“ wurden jetzt auch Mary Sue Hubbard und Jane Kember entmachtet, die einflußreichen Leiter des *Guardian Office*. Der ehemalige Scientology-Manager Norbert Potthoff erwähnt sogar Gerüchte, nach denen Miscavige selbst für die Verhaftung von Mary Sue gesorgt habe, um das *Guardian Office* aufzulösen – die letzte Bastion des Hubbard-Clans.[96] David Miscavige war ein Ziehsohn Hubbards. Als Kind zweier Scientologen war er in die *Messenger Org* gelangt und hatte von „Ron“ persönlich immer mehr Aufgaben übertragen bekommen.

Nach heftigen Richtungskämpfen setzten sich David Miscavige und sein Führungsstab 1982/83 an die Spitze des Psycho-Konzerns. 85 Millionen Dollar sollen die Aufsteiger für die Rechte an den Warenzeichen L. Ron Hubbards bezahlt haben. Wirtschaftsunternehmen kann man kaufen, und offenbar haben gewiefte Jungmanager genau das mit der „Kirche“ getan. Als erste Maßnahme installierte das neue Management ein oberstes Leitungs- und Kontrollgremium – das *Religious Technology Center* (RTC). Franz Dunkel: „Das RTC wurde von einer Handvoll hochrangiger Kirchenmanager gegründet. Es war nicht von Hubbard durch Führungsrichtlinien angekündigt worden, was sonst immer der Fall gewesen war, wenn eine neue administrative Körperschaft gegründet wurde. Einem Gerücht zufolge hatte man Hubbards Unterschrift gefälscht, um ein ordnungsgemäßes Gründungsdokument zu produzieren. Über das RTC gewannen die Gründungsmitglieder Zugang zu allen Fonds und Ressourcen der Kirche und damit zu höchster Machtposition in einem internationalen Multimillionen-Dollar-Unternehmen.“[97]

Parallel zur Firmenübernahme starteten die siegreichen Kader eine großangelegte Säuberungsaktion auf allen Leitungsebenen, um den Apparat auf ihre Linie zu bringen; fast das gesamte Personal des *Guardian Office* wurde zu „unterdrückerischen Personen“ erklärt. Wie Franz Dunkel berichtet, seien Missionsdirektoren nach Amerika beordert worden und hätten sich für ihre „Verbrechen“ verantworten müssen. „Tausende von Scientologen“ seien zu Abweichlern und Feinden („Unterdrückern“) erklärt worden und hätten daraufhin aus Protest die „Kirche“ verlassen. „Die Mehrzahl von ihnen“, so Dunkel, „hatte hohe Positionen im administrativen Netzwerk innegehabt ...“[98]

Mit anderen Worten: Die hohe und mittlere Managementebene wurde ausgetauscht. Die neuen Konzernherren gaben offenbar allen Altscientologen, die ihnen gefährlich werden konnten, den Laufpaß und setzten ihre eigenen Leute auf die freiwerdenden Posten. Franz Dunkel nennt Details: „Eine ganze Generation von Scientologen, die Hubbard lebhaft in Erinnerung hatten, wurde innerhalb weniger Monate hinweggefegt ... Einige von ihnen wurden wochenlang an einem geheimen Ort (Gilman Hotsprings, Happy Valley) in der kalifornischen Wüste unter Bedingungen festgehalten, die denen von Gefangenenlagern nicht unähnlich waren ...“[99] Der hochtrainierte Scientologe Dave Taps schilderte damals öffentlich, was dort vor sich ging: „Man benutzte Gehirnwäschetaktiken, um jeden einzelnen dazu zu bringen, die Verbrechen des anderen zu gestehen.“[100] Taps und andere führende Sektenmitglieder, aber auch „kleine“ Scientologen in aller Welt stiegen damals aus und gründeten Dissidentenorganisationen. Diese Splittergruppen, die in Deutschland auch als „Freie Zone“ oder „Advanced Ability Centre“ auftreten, berufen sich auf die „ursprünglichen Ideen“ Hubbards; sie bieten das fragwürdige Auditing immerhin viel billiger an. Vom Scientology-Imperium werden sie als Feinde, „Verbrecher“ oder „Sqirrels“ (Eichhörnchen) erbittert bekämpft.

Weltweite Vermarktung des Copyrights

Heute macht Scientology ihr Geld vor allem durch die Vermarktung von Copyrights. Scientology, Scientologe, Hubbard, LRH, Dianetik, OT, Flag, die „Brücke“, das Scientology-Kreuz, E-Meter, die Hubbard-Unterschrift und sogar das Wort „Truth revealed“ (Wahrheit enthüllt) – alles ist urheberrechtlich geschützt. Wer diese Begriffe benutzt, muß Lizenzgebühren bezahlen. Ständig wird das Copyright-Imperium weiter verschachtelt. Welch gewaltige Summen durch dieses Geschäft täglich an das RTC fließen, kann man nur vermuten. Experte Norbert Potthoff: „Seit das neue Management aktiv geworden ist, ist Scientology eigentlich nur noch eine Schutzmarke, ähnlich wie Coca-Cola.“ Die meisten Angestellten und Anhänger des Psycho-Multis reagierten auf die neue Unternehmensführung passiv und folgsam. Potthoff erklärt uns, warum: „Die Leute in totalitären Systemen sind ja darauf abgerichtet zu gehorchen. Und das verschafft einem wie Miscavige die Grundlage, praktisch im Handstreich das komplette System zu übernehmen.“

Der Gründer des Sekten-Konzerns hatte mit all dem offenbar nichts mehr zu tun. L. Ron Hubbard hatte schon lange die Kontrolle über seine schöne neue Welt verloren (wie Lenin in seinen letzten beiden Lebensjahren). „Seine Macht“, so Dunkel, „war von dem Apparat, den er gebaut hatte, übernommen worden. Der Apparat war seinem Schöpfer über den Kopf gewachsen.“ Seine Texte wurden kanonisiert, er selbst – mit oder ohne sein Wissen – von den neuen Machtstrategen geschickt als Ikone benutzt.[101] Die *Church of Spiritual Technology*, eine 1982 eigens gegründete Organisation, wacht seitdem über die geistigen Schätze des Science-Fiction-Propheten und soll „das Überleben der Religion“ selbst für „wandernde Barbarenstämme“ nach einer zukünftigen Menschheitskatastrophe garan-

Die Führungscrew des Copyright-Konzerns mit ihren selbstverliehenen Titeln (v.l.n.r.): Norman Starkey (Commander, Trustee of LRH Estate); Heber Jentzsch (Ensign, President of the Church of Scientology); Mark Ingber (Captain, Commanding Officer of the Commodore's Messenger Org International); David Miscavige (Captain, Chairman of the Board Religious Technology Center); Guillaume Lesèvre (Executive Director International); Mark Yager (Inspector General for Administration RTC); Ray Mithoff (Captain, Inspector General for Technical RTC).

tieren. Zu diesem Zweck wurden die heiligen Schriften des Meisters inzwischen auf rostfreien Stahl geätzt, in spezielle Titanium-Behälter gepackt und angeblich in atombombensicheren Bunkern eingelagert.[102] „An stalinistischen Persönlichkeitskult mahnende Züge", so Dunkel, „verschärften sich. Seit damals und bis heute applaudiert man vor der Fotografie des Gründers, erzählt sich Anekdoten und Legenden über ihn, macht sein Werk zum Evangelium. Darüber zu witzeln ist bei Strafe verboten. Ein System gegenseitiger Bespitzelung sorgt dafür, daß keiner ausbricht."[103]

Dem RTC gehören neben Miscavige sechs „International Executives" an: Heber Jentzsch, Norman Starkey, Mark Ingber, Guillaume Lesèvre, Mark Yager und Ray Mithoff. Die internen Machtstrukturen in diesem imperialen Zentrum sind undurchschaubar. Auf Fotografien aus dem Jahr 1993 fehlte Mithoff plötzlich; er war durch „Commander" Greg Hughes, „Watchdog Committee Member for WISE" ausgetauscht worden.[104] Im gleichen Jahr tauchte ein Marty Rathbun auf, der als „President of the Board RTC" bezeichnet wurde und als Pressesprecher auftrat.

Heber Jentzsch, ein alter Kämpe aus Hubbards Zeiten, wurde der Öffentlichkeit nach dessen Tod als neue Galionsfigur und Präsident der Church vorgeführt. Er bekam zwar den Ehrentitel „Commodore", dient aber vermutlich nur als Strohmann. Potthoff beschreibt ihn als eine Art „Bundespräsidenten, harmlos, silberhaarig". Erst nachdem Jentzsch 1988 in Spanien vorübergehend verhaftet worden war, trat Miscavige selbst öffentlich in Erscheinung. Im April 1992 erschien er sogar bei der Oscar-Verleihung als Begleiter des Schauspielers Tom Cruise. Miscavige wird als kleiner humorloser Mann beschrieben, der zur Gewalt neigt und angeblich „besonders laut brüllen" kann. Norbert Potthoff: „Ein Cäsarentyp". Laut *Time Magazine* beliebt er, mit einem großkalibrigen Revolver auf Fotos seiner Feinde zu schießen.[105]

David Miscavige und sein RTC-Management haben den Psycho-Konzern gründlich verändert. Sie haben das ökonomische und totalitäre Potential von Scientology erkannt und genutzt. Mit einer knallharten Strategie setzen diese Machiavellisten auf „Expansion".

Hollywood-Stars als Werbeträger

Macht Auditing erfolgreich? Der Hollywood-Schauspieler John Travolta („seit 15 Jahren Scientologe") ist davon überzeugt: „Man überlebt besser, als man jemals zuvor überlebt hat. Es ist großartig."[106] Auch Anne Archer, Shooting-Star der Saison 1991/92, glaubt daran. „Nachdem ich das erste Mal ‚Auditing' gemacht hatte", gibt sie zu Protokoll, „bekam ich meine erste große Rolle. Danach nahm ich noch einen Kurs, kriegte noch einen weiteren Film. Und nach einer weiteren Sitzung kam die Rolle in ‚Eine verhängnisvolle Affäre'."[107] John Travolta und Anne Archer sind nicht die einzigen Hollywood-Stars, die auf Scientology schwören. Die Liste der prominenten Anhänger ist lang: Topstar und Aushängeschild Tom Cruise („Die Firma"), Sharon Stone („Basic Instinct"), Priscilla Presley („Dallas"), Shirley MacLaine, Kirstie Alley („Guck mal, wer da spricht"), Brad Pitt („Thelma and Louise") und Linda Blair („Der Exorzist"). Nicht nur Schauspieler finden Hubbard einfach toll. Auch Künstler wie der Pianist Chick Corea, der Maler Gottfried Helnwein oder die Sopranistin Julia Migenes sind bekennende Scientologen, wie aus einer Werbebroschüre der Organisation zu ersehen ist (siehe Seite 65). Es ist wie eine Sucht. Immer mehr Berühmtheiten steigen bei der Sekte ein. Sie suchen Erfolg, eine Lobby für die Karriere und regelmäßige Seelenmassage. „Durch den inzuchtartigen Betten- und Partnerwechsel im kleinsten Hollywood-Kreis geraten immer mehr Stars in den Bann von Scientology", schrieb die *Bunte* im Juli 1992 und versuchte ihre Behauptung mit zahlreichen Beispielen zu belegen.[108] Unbelegt blieb dagegen der Versuch des Sat-1-Fernsehmagazins *Akut*, den bekannten deutschen Showmaster und Entertainer Thomas Gottschalk als Scientologen zu „outen".[109]

L. Ron Hubbard hatte 1955 das „Project Celebrity" höchstpersönlich gestartet, als er eine Wunschliste von Stars aufstellte, die er für Scientology gewinnen wollte. Ganz oben standen Orson Welles, James Stewart, Greta Garbo, Walt Disney und Cecil B. DeMille. Der Sektenmeister richtete sogenannte *Celebrity-Centers* (Berühmtheitszentren) in den größeren Städten ein, die ausschließlich den Sekten-VIPs offenstehen. Hubbard: „Der Zweck von Celebrity Centers ist es, die Expansion und Verbreitung von Scientology voranzutreiben."[110] Auch der neue Scientology-Boß David Miscavige und seine

Clique haben längst erkannt, wie wertvoll die Topstars sein können. Neben millionenschweren Bankkonten bringen sie ein unbezahlbares Kapital mit: ihren Bekanntheitsgrad. Idole wie Tom Cruise oder Sharon Stone sorgen dafür, daß das gravierende Image-Problem der Sekte abnimmt. Sympathische Stars bringt schließlich niemand mit Gehirnwäsche in Verbindung. Im Gegenteil: Der Werbeeffekt ist ungeheuer. Die Promis passen haargenau in die Erfolgspropaganda und die aggressiven Vermarktungsstrategien von Miscavige & Co. Daher werden sie umsorgt und gehätschelt. Garniert mit ein paar Hubbard-Elogen („Er entdeckte die grundlegenden Prinzipien der Ästhetik ...") und allgemeinen Plattheiten („Eine Kultur ist nur so groß wie ihre Träume"), geht es dabei offensichtlich nur um eines: ums Geschäft.

Dreh- und Angelpunkt ist Hollywood. Das *Celebrity Center* in der Franklin Avenue ist ein schloßähnliches Multimillionen-Objekt mit luxuriösen Räumlichkeiten, eleganten Suiten, eigenen Theatern und einem Top-Restaurant, wo den Schauspielern jeder Wunsch von den Augen abgelesen wird. Man trifft sich, man wird gesehen, bekommt Kontakte – ein exklusiver Club. Die Scientology-Berühmtheiten revanchieren sich gern für die Protektion. Kirstie Alley ist Sprecherin von *Narconon International*, der angeblichen Drogenentzugseinrichtung von Scientology; aus dem Einspielergebnis von „Guck mal, wer da spricht" flossen 100 000 Dollar als Spende an *Narconon*, und Tom Cruise zeigte sich mit seinem „Freund" Miscavige auf Galadiners.[111] Nach Angaben der US-Zeitschriften *L.A. Magazine* und *Premiere* achtet Cruise besonders darauf, daß auf seinen Sets Scientologen und Scientology-Firmen beschäftigt werden.[112] Der Schauspieler hat sich zum prominentesten Werbeträger der Sekte gemausert. Wie *Premiere* berichtet, flog er mit dem Produzenten Brian Gazer und dem Drehbuchautor Bob Dolman sogar per Hubschrauber zu einem Treffen mit Miscavige nach „Gilman Hotsprings", der Scientology-Ranch in der kalifornischen Wüste.

Aggressiv wird um Stars wie Emilio Estevez, aber auch um „Meinungsführer", Politiker und Manager geworben, die auf einer internen Rekrutierungsliste stehen.[113] Nach *Premiere*-Recherchen erhalten die Sektenwerber hohe Prämien für jeden eingefangenen Prominenten. Die wichtigste Rolle spielen weibliche Lockvögel: Tom Cruise wurde Sektenmitglied, nachdem er die Scientologin Mimi

„Captain“ David Miscavige auf dem Titelbild der scientologischen Zeitschrift „Impact“.

Rodgers geheiratet hatte. Ein anderer Weg ins *Celebrity Center* führt über eine prominente Schauspielschule, die von einem Scientologen geleitet wird. Wer aber in Hollywood gegen Scientology aufmuckt, muß damit rechnen, durch Detektive bespitzelt, von Sektenjüngern bedrängt und mit nächtlichen Telefonanrufen genervt zu werden. Klatschreporter wagen nicht, über die Scientology-Connection kritisch zu berichten. Mit Drohungen, Psychoterror und angedrohten Klagen wurde sogar erreicht, daß ein harmloser Witz über Scientology aus dem Film „Delirious" (1990) geschnitten wurde. Produzent Richard Donner berichtet über anonyme Anrufe und einen mysteriösen Einbruch: „Nichts war gestohlen, aber alles von oben nach unten gekehrt. Als ob man sagen wollte: Wir können jederzeit in dein Haus kommen." Als *Premiere* den Scientology-Präsidenten Heber Jentzsch befragte, gab er kund: „Wir helfen den Prominenten. Wir helfen ihnen, fähiger und ethischer zu werden. Scientology-Stars sind eben erfolgreich!"[114]

Will jemand – wie John Travolta – aus dem PR-Karussel aussteigen, bekommt er umgehend die Macht der Sekte zu spüren. „Wenn man die Kirche verlassen will, fangen die sofort an, die Akten auszupacken", weiß der ehemalige Exekutivdirektor William Franks.[115] Inzwischen ist Travolta reumütig zu Miscavige zurückgekehrt. Laut Franks hatte man begonnen, Gerüchte über seine Homosexualität zu streuen.

Hierarchische Befehlsstrukturen

Showbusineß, Geld, Macht – und Hollywood als Symbol für den Erfolg: Zur Jahreswende 1989/90 feierte das Scientology-Management mit 7 000 geladenen Gästen eine rauschende Party in Los Angeles. An diesem Abend entstand ein Foto, das die sieben Mitglieder der Führung eitel posierend vor einer großen glitzernden Zahl „1990" zeigt; in der Mitte steht selbstbewußt und mit einem Anflug von Lächeln David Miscavige. Ein Diktator mit Hollywood-Touch.

Das Geld für solche Feste und für die Geschäfte der Sekte schaffen die Mitglieder in täglicher Fronarbeit heran. Wie Franz Dunkel berichtet, reiste 1982 die neueingerichtete *Finance Police* des internationalen Managements durch die Welt und „preßte riesige Geldsummen

Was sagen Künstler über Scientology?

"Scientology ist der größte Durchbruch in der Geschichte der Erforschung menschlichen Denkens und Verhaltens. L. Ron Hubbards Erkenntnisse und Methoden waren nicht nur 1950, sondern sind auch heute noch der Zeit weit voraus. Galileo Galilei hatte recht, als er behauptete, daß die Erde eine Kugel sei, auch wenn er mit dieser Behauptung an den Grundfesten des damaligen Weltbildes rüttelte und die gesamte geistige Elite seiner Zeit gegen sich hatte. Dr. Ignaz Semmelweis, der Entdecker des Kindbettfiebers, hatte sich die gesamte berühmte Wiener Ärzteschaft zu Todfeinden gemacht. Warum? Weil seine Lösung zu einfach, zu 'unwissenschaftlich' war. Er hatte verfügt, daß sich die Ärzte und Schwestern in seinem Krankenhaus die Hände waschen mußten, und hatte mit dieser simplen Maßnahme das Kindbettfieber besiegt und Millionen Frauen das Leben gerettet. Scientology ist imstande, die Welt zu verändern. Es könnte eine Welt ohne Geisteskrankheit, ohne Kriminalität und ohne Krieg sein."

Gottfried Helnwein, Maler

"Ich bekenne mich dazu, weil Scientology mich gelehrt hat, meine Fähigkeiten als geistiges Wesen voll zu entwickeln. Weil sie mir Kraft gibt und die Gewißheit, mehr aus mir herausholen zu können. Aber auch, weil ich dadurch gelernt habe, mehr Verantwortung für meine Mitmenschen zu zeigen. Man lebt einfach viel bewußter. Auch ich war zunächst voller Mißtrauen. Doch nach einiger Zeit stellte ich fest, daß ich lernte, das Leben positiver zu sehen, daß ich stärker, selbstbewußter wurde, daß ich lernte, auch etwas zu wagen."

Julia Migenes, Sopranistin

"Haben Sie ein Buch von L. Ron Hubbard gelesen? Gibt es irgendetwas in Scientology, was Ihnen einigermaßen Sinn macht? Dann legen Sie los. Scientology löst einfach die Rätsel des Lebens. Das ist vielleicht für viele Leute schwer zu glauben, aber es ist einfach so. Zumindest hat es meine Fragen beantwortet. Es ist so aufgebaut, daß jeder in seiner eigenen Geschwindigkeit mehr Wissen und größeres Verstehen erlangen kann.
Ich bin jetzt seit 15 Jahren Scientologe. Scientology und Dianetik sind vollständig unschätzbar - und das spricht für sich selbst. Man überlebt besser, als man jemals zuvor überlebt hat. Es ist großartig."

John Travolta, Schauspieler

"Es war damals für mich sehr wichtig, die Schriften von L. Ron Hubbard zu entdecken. Viele Dinge in meinem Leben und in meiner Musik wurden mir dadurch klarer. Für mich ist die Entdeckung der Dianetik und der Scientology genauso bedeutsam, wie für mich die Entdeckung von Johann Sebastian Bach als Musiker war."

Chick Corea, Jazzpianist

Gottfried Helnwein, Julia Migenes, John Travolta, Chick Corea: Künstler, die für Scientology werben.

aus einzelnen scientologischen ‚Missionen' wegen angeblicher Finanzverbrechen heraus".[116] Seitdem fegt das RTC mit eisernem Besen durch die Scientology-Welt, um den Umsatz anzuheizen. Die internen Richtlinienbriefe sprechen eine klare Sprache. Hubbard hatte seine rüden Orders noch mit literarischen Einsprengseln verziert. Jetzt wird nichts mehr verschleiert. Hatte der „Gründer" darauf bestanden, „Dienstleistungen" anzubieten, um „Preclears zu auditieren" oder „Studenten auszubilden"[117], so sprechen die neuen Orders nur noch von „Verkauf" und „Expansion". Gut möglich, daß der „Stifter" hier nicht mehr selbst die Feder führte. Besonders in den neuen „Bulletins des Internationalen Managements" bricht sich ein erstaunlich offener, brutal-diktatorischer Stil Bahn. Es geht nur noch um Geld und die Sicherung der Macht.

So verschickte die amerikanische Zentrale am 9. Januar 1983 ein „Bulletin Nr. 3" an alle Orgs mit einer unzweideutigen „Kriegserklärung gegen Off-Policy-Aktionen", also gegen Abweichler: „Das Jahr 1982 brachte folgende nackte, harte Tatsache ans Licht: Nur diejenigen Mitarbeiter und Orgs, die sich in ihren Aktionen unerbittlich an Policy (die offizielle Linie, d.A.) halten, expandieren und gedeihen."[118] Aus nur „dürftig expandierenden Orgs", heißt es, seien sogenannte SPs (Feinde) zügig entfernt worden.

Zwischen den Zeilen dieser strengen Direktiven kann man Hinweise auf die anhaltenden Machtkämpfe im Scientology-Apparat entdecken. Am 31. Januar 1983 heißt es in einem HCO-Richtlinienbrief: „Kürzliche Forschungen haben folgendes bestätigt: Mit dem Universum selbst ist nichts verkehrt. Aber unterdrückerische Personen und Gruppen haben sich darauf spezialisiert, Leute in einen ‚Cave-in' (Zusammenbruch, d.Ü.) zu treiben."[119] Ein zehnseitiges Strategiepapier vom 13. Februar 1983 offenbart Mißwirtschaft, Unterschlagungen, Betrug und Renegatentum. „Captain" Guillaume Lesèvre, der internationale Chef der Mitgliederorganisationen, rechnet darin mit Abweichlern und „Halsabschneidern" ab. In dem geheimen Dokument, Überschrift: „Auswertung zum europäischen Boom", geht es in Wahrheit um die Säuberung der europäischen Sektenfilialen. Wie das Gutachten feststellt, seien die Statistiken dort „ins Wanken" geraten, Mitarbeiter hätten die Organisation dazu benutzt, „große Summen unverdienter Gelder ... in die eigene Tasche zu stecken", und es sei sogar zu Fällen von „Out 2D" (unerlaubter Sex, d.A.) gekommen.

Offensichtlich ist seit September 1982 in Europa eine neue Führung am Werk, die die harte Linie des Internationalen Managements unterläuft. Selbst die Geheimpolizei *Guardian Office* verhält sich unbotmäßig. Guillaume Lesèvre empfiehlt daher seinen Vasallen unnachgiebiges Durchgreifen: „Verbieten Sie jegliche Anweisungen in die Organisationen seitens des *Guardian Office*, einschließlich aller Einheiten, die in Ordnung sind. Entfernen Sie in jedem Land die Rädelsführer außenstehender einflußnehmender Gruppen. (...) Schikken Sie die Special Unit Mission nach EU (Europa, d.A.) ... Diese Mission ... stellt sicher, daß alle örtlichen GOs (*Guardian Offices*) vollständig von jeglichen Verbrechen gesäubert sind."[120]

Während gesäubert und aufgeräumt wird, sollen die Org-Mitarbeiter auf die neue Linie eingeschworen werden. Im „Bulletin des Internationalen Managements Nr. 7" schreibt Führungsmitglied Marc Yager: „Der einzige Grund, warum LRH die Kirche gründete und mit ihr arbeitete, bestand darin, den Leuten dieses Planeten direkt on-policy und in-tech Dianetik und Scientology zu verkaufen und zu liefern, da er es allein nicht schaffen konnte, 2,5 Milliarden Leute auszubilden und zu auditieren. Das ist der einzige Grund, warum es die Kirche gibt." Es folgt der verräterische Satz: „Und das ist der einzige Grund, warum wir sie managen." Allen „kirchlichen" Mitarbeitern wird eingehämmert: „Denkt immer daran: Ihr seid da, um Material und Dienstleistungen an die Kunden zu verkaufen und zu liefern."[121] Wehe den Untergebenen, die dieses Tempo nicht mithalten: „Niemandem, von dem festgestellt wird, daß er dies nicht aktiv unterstützt oder tut, wird Gnade gewährt werden." Die Planvorgaben für den Buch- und Kursverkauf sind in der Tat unbarmherzig. Eine „5,4 fache Steigerung und Expansion eurer Organisation – schnell" verlangt etwa das Papier über den „europäischen Boom".[122]

Diese Bulletins sind Dokumente einer grenzenlosen Machtbesessenheit. Ehemalige Scientology-Mitarbeiter können sich noch gut an die Zeit des Umbruchs erinnern: Plötzlich wehte in ihren Orgs ein noch schärferer Wind. Die „Staff Members" (Angestellten) mußten um jeden Preis ihre Statistiken in die Höhe treiben, die Kontrollen verschärften sich, und die Strafen für mangelnden Umsatz waren rigoros. „Die täglichen Forderungen, Abschlüsse und Buchverkäufe zu steigern, lösten bei den einzelnen Mitarbeitern Panik aus", schreibt der Ex-Scientologe Norbert Potthoff. „Angst vor Versagen und Mißtrauen gegen jeden, der Erfolg hatte, ließen eine Atmosphäre der Mißgunst entstehen. Jeder, der Druck bekam, versuchte diesen Druck, so gut es ging, nach unten weiterzugeben. Erfolge wurden fingiert oder die anderer eingeheimst, nur damit sich die eigene Statistik sehen lassen konnte."[123] Die Anforderungen haben seitdem nicht nachgelassen, eher ist das Gegenteil der Fall. Die Stuttgarter Scientology-Expertin Helga Lerchenmüller weiß: „Mir scheinen die Sitten noch rauher zu werden. Der Druck auf die Leute, Geld heranzuschaffen, scheint viel größer als zu Hubbards Zeiten."[124]

Um mehr Umsatz zu erreichen, wurde die Organisation des Konzerns gestrafft. Seit jeher ist die Sekte strikt hierarchisch aufgebaut. Alle Entscheidungsstränge des Psycho-Multis verlaufen wie in einer Loge von oben nach unten. An eine demokratische Kontrolle ist daher schon gar nicht zu denken. Dem RTC gelang es, Nebenherrscher wie das frühere *Guardian Office* komplett auszuschalten. In der Informationsbroschüre „The Command Channels of Scientology" (Die Befehlsstrukturen von Scientology) definiert die Sekte: „Das RTC ist der Protektor der Scientology-Religion. Es besitzt alle Warenzeichen und Dienstleistungsmarken und überwacht die Lizenzvergabe und Verwendung derselben." Über die Aufgaben des Managements dieser angeblichen Kirche heißt es im gleichen Dokument in entwaffnender Offenheit: „In unserem Fall tun wir nichts anderes, als ein Produkt zu verkaufen und zu liefern. Wenn wir dies tun, haben wir einen Planeten. Wenn nicht, dann nicht."[125]

Vermittelt durch das sogenannte *Watchdog Committee* (Wachhund-Ausschuß; oberstes Kontrollorgan) und eine zweite Führungsebene (Exekutivausschuß Internationales Management) befehligt Miscavige mit seinem RTC aus der Kommandozentrale in Los Angeles (sieben große Immobilien, 2 500 Mitarbeiter) die verschiedenen Sektoren des Unternehmens. Die wichtigsten sind die *Church* (Kurse, Bücher etc., Sitz in *Flag* und Los Angeles), das *World Institute of Scientology Enterprises* (WISE, zuständig für Wirtschaft) und die *Association for Better Living and Education International* (ABLE, „soziale" Tarnorganisationen). Die meisten Scientologen sind zugleich Mitglieder der *International Association of Scientologists* (IAS, Sitz in Saint Hill), die als ideologische Kontrollinstanz fungiert und die Zeitschrift *Impact* herausgibt. Kontrollfunktion hat auch das scientologische Medienimperium: *Golden Era Productions*, *New Era Pu-*

blications, *Bridge Publications* – die sekteneigene Buch-, Film- und E-Meter-Produktion überwacht zugleich Verkauf und Vertrieb ihrer Ware. Die Geheimdienste *Office of Special Affairs* (OSA) und *Finance Police* sorgen für Gehorsam und den vertikalen Fluß der Information. Für die kontinentalen Untergliederungen, etwa USA/Weststaaten oder Europa, sind eigene Kommandozentralen zuständig. Die europäische Führung sitzt in Kopenhagen. Am anderen, dem unteren Ende der verzweigten Struktur stehen die Mitglieder-Organisationen (Klasse-V-Organisationen = Orgs) und die (kleineren) Missionen. Sie werden durch die *Church of Scientology International* (CSI) und die *Scientology Missions International* (SMI) geleitet und beaufsichtigt.

Eine Vielzahl weiterer Gremien kontrolliert die Durchsetzung der Management-Befehle und sorgt dafür, daß jede Org und jedes Mitglied die finanziellen Planvorgaben unter allen Umständen erfüllen. In diesem System überwacht jeder jeden. Das einzelne Mitglied erfährt jedoch nur soviel, wie es für seinen engen Bereich benötigt. Informationen werden streng selektiert. Den einzigen Kontrollmonitor beobachtet indes „Big Brother“: das RTC. Die Konzernführung hat sich über verschiedene Befehlsstränge (etwa das OSA oder die gefürchtete *Commodore's Messenger Org*) den direkten Zugriff auf kontinentale, nationale oder regionale Büros gesichert. Ein ausgeklügeltes System treibt die Abteilungen auf allen Ebenen der Hierarchie in einen gnadenlosen Konkurrenzkampf um ständig steigende Umsätze.

Als Stütze seiner Macht hat das neue Management 1983 eine gigantische zentrale Computerbank installiert. Auch dieses *International Network of Computer Organized Management* (INCOMM) nahe Los Angeles ist direkt dem RTC unterstellt. Über das INCOMM-Netz werden alle finanziellen Operationen des Konzerns koordiniert und die Statistiken jeder einzelnen Org überwacht: wieviel Geld wurde kassiert, wieviele Bücher und Kurse verkauft. Tausende von Daten laufen hier auf superschnellen Modems jeden Tag ein; rund 250 Mitarbeiter halten den Datenfluß in Gang. Nach Scientology-Angaben benutzen sie sogar eine eigene Software, die den Hubbard-Richtlinien entspricht. In einem internen Dokument von 1983 heißt es: „Das Personal der höchsten Ebene des Scientology-Managements hat jetzt Zugang zu über 6 Millionen Statistiken. Sie können jede beliebige Statistik-Kurve einer jeden Org für jede Zeitspanne anfordern und sie unmittelbar auf dem Bildschirm gezeigt bekommen. INCOMM kontrolliert und überprüft alle Statistiken gegeneinander und findet augenblicklich jegliche falschen Statistiken und korrigiert ihren Ursprung! (...) Warten Sie bloß mal ab, bis irgendein Direktor für Ausbildung eine Nachricht vom Computer über Hans Hansen bekommt, der zu lange auf seinem Kurs ist!"[126] Auch der interne Geheimdienst OSA dürfte Zugriff auf dieses Netz haben. Vermutlich sind dort Millionen sensibler Daten – unter anderem die Adressen von Politikern und „Einflußagenten" aus aller Welt – gespeichert. Die Zukunft sieht so aus: „Mit INCOMM soll ein großes internationales Management-Computer-System eingerichtet und betrieben werden, mit welchem die standardmäßige Anwendung der Scientology-Politik und -Technik durchgesetzt und damit die schnelle Expansion über den ganzen Planeten hinweg erreicht werden soll."[127]

Das kaum verschleierte Ziel der schlagkräftigen Kaderorganisation heißt Weltherrschaft. Unter der Überschrift „Scientology 1992 – das Jahr der Expansion" schreibt der scientologische *Auditor*: „Mit der Dissemination auf breiter Front und unseren 1991 durchgeführten öffentlichen Informationskampagnen hat das Bewußtsein in der Öffentlichkeit für Dianetik und Scientology enorm zugenommen. Untersuchungen bestätigen, daß wir zu einer maßgeblichen Kraft in allen Bereichen der Gesellschaft geworden sind. Mehr als in jedem anderen Punkt in unserer Geschichte stehen uns nun alle nötigen Elemente zur Verfügung, um Scientology zu boomen und 1992 einen großen Schritt in Richtung auf unser Ziel, die Klärung des Planeten, zu tun. Und genau das werden wir tun. Dies ist der BIG PUSH. ALLE Scientologen spielen eine Schlüsselrolle bei der Realisierung dieses Vorhabens."[128] Der Dissident Franz Dunkel bestätigt die Erfolge des neuen Konzeptes: „Trotz allem, was sich gegen die Kirche sagen ließe, muß man ihr eines lassen: Sie brachte es fertig, sich als weltweites Geschäftsunternehmen zu etablieren und sich in Gestalt von prunkvollen Gebäuden, Hochglanzmagazinen und pompösen ‚Flag Events' (Werbeveranstaltungen, d.Ü.) in Szene zu setzen."[129]

Der Geheimdienst OSA

„Ich habe über mehrere Monate keine Produkte mehr gebracht und trotzdem krampfhaft meine falsche PR aufrechterhalten“, schreibt der Sekten-„Patron“ Stephan Koenig aus Hamburg in einem Selbstbezichtigungsbrief. „Da ich eine Out 2D mit einem SO-Member begangen hatte, habe ich versucht, mich vor Ethik zu drücken. Ich habe veranlaßt, daß ich ein Fax aus *Flag* bekomme, das ich dann verändert habe, um den Eindruck zu erwecken, daß ich unantastbar bin. (...) Ich habe böse Absichten gegenüber anderen Gruppenmitgliedern gehabt. (...) Ich habe versucht, jedem anderen, der mächtig war, ein Bein zu stellen, damit er mir nicht gefährlich werden konnte.“ Koenig hatte das Machtspiel überzogen; nun mußte er zu Kreuze kriechen und untertänig „um Wiedereintritt in die Gruppe“ bitten. Als Sühne für seine Verfehlungen stand dem jungen Manager eine entwürdigende Prozedur bevor: Jedes Mitglied seiner „Gruppe“ mußte ihm ein „Okay“ geben. Sonst hätte er seinen Sektenrang („Patron“) eingebüßt und sich neue Wiedergutmachungsarbeiten ausdenken müssen.

Geständnisse wie diese erinnern verdächtig an das System der verordneten Selbstkritik unter Stalin. Die Parallelen sind in der Tat frappierend. L. Ron Hubbard hat ein perfides Kontroll- und Überwachungssystem geschaffen, das sich hinter dem Schlagwort „Ethik“ versteckt. Während Ethik normalerweise die Lehre von den sittlichen Werten und Normen bezeichnet, bedeutet der Begriff bei Scientology geradezu das Gegenteil. Im „Handbuch für den Ehrenamtlichen Geistlichen“ definierte L. Ron Hubbard: „Der Zweck von Ethik ist: Gegenabsichten aus der Umwelt zu entfernen. Nachdem das erreicht worden ist, hat sie zum Zweck, Fremdabsichten aus der Umwelt zu entfernen. Dadurch ist Fortschritt für alle möglich.“[130] Unter Fremdabsichten verstand Hubbard alles, was von der scientologischen Weisheit abwich. Und wer Fremdabsichten hegt, so zitiert ihn Sektenexperte Friedrich-Wilhelm Haack, „ist das Angriffsziel“.[131] Zusammengefaßt: Ethik ist die Beseitigung aller anderen Meinungen. Daher ist die Freiheit des Gewissens kein Thema bei Scientology – die Sekte bestimmt, was gut und schlecht ist. Hubbard nannte seine Ethik „die Dampfwalze, die die Straße ebnet“.[132] Er führte aus: „Wenn es dem einzelnen nicht gelingt, Ethik bei sich selbst anzuwenden, dann unternimmt die Gruppe Aktionen gegen ihn. Das nennt man Justiz."[133]

Tatsächlich bringt eine eigene Sektenjustiz Individualisten und Quertreiber wieder zur Raison. Geringste Vergehen wie „fallende Statistiken", „schlechte PR" (Public Relation) oder Anflüge von Skepsis führen zu Minuspunkten und Sanktionen. Für solche Fälle hat der „Gründer" einen detaillierten Ethik-Katalog geschaffen. Wenn Mitarbeiter seiner Church gegen die Disziplinarordnung verstoßen, werden sie in bestimmte mindere „Zustände" auf Hubbards Ethik-Skala versetzt und bestraft. Die Liste reicht von „Power" (Macht = positiv) bis zu „Treason" (Verrat = negativ). Dem Delinquenten im Zustand „Liability" (Verpflichtung) verordnete der Meister beispielsweise: „Minimale Essenspausen. Einfache Arbeitsuniform oder Kleidung. Dürfen während diesem Zustand keine freien Tage oder Urlaub erhalten. (...) Muß ein graues Armband am linken Arm tragen."[134] Erschreckende Berichte über die scientologische Strafjustiz sind nicht selten. Nicht nur in Fort Harrison existieren Strafkompanien. Vergleichsweise harmlos, wenn auch erniedrigend sind Strafen wie Nachsitzen, Flure putzen oder Wände mit der Zahnbürste schrubben. Zu den „Wiedergutmachungen" gehört es aber auch, „einen wirksamen Schlag gegen die Feinde der Organisation zu führen". In einer Schrift beschreibt die „Aktion Bildungsinformation" aus Stuttgart, was das heißt: „Dieser kann im Verteilen der Zeitschrift *Freiheit* bestehen, aber auch in Morddrohungen gegen Kritiker ..."[135] Betroffene berichten sogar von stundenlanger „psychischer Folter" durch „E-Meter-Drills" und „Strafauditings".

Das untere Ende der Hubbard-Skala bilden die Zustände „Enemy" (Feind), „Treason" (Verrat) und – später hinzugefügt – „Confusion" (Verwirrung). Verräter und Feinde heißen im Sektenjargon SP (Suppressive Person, Unterdrücker). Scientologen, die mit einem SP – etwa einem Scientology-Gegner aus der eigenen Familie – in Kontakt stehen, werden PTS (Potential Trouble Source, Potentielle Schwierigkeitsquelle) genannt und mit Liebesentzug bestraft (etwa Ausschluß vom Auditing). Zeitlebens fühlte sich „Ron" von Verrätern und „Unterdrückern" verfolgt. Deshalb verbrachte er viel Zeit damit, sie aufzuspüren und zu bestrafen oder abzuservieren. Zum SP kann in dieser paranoiden Welt schon werden, wem „an einem ernsthaften Studium (der Scientology) nichts liegt".[136] Hubbard in einem

Richtlinienbrief: „In einer Org manifestiert sich das mit ‚die Leute sollten auch mal ein bißchen leben', ‚man muß sich von Scientology auch mal erholen', ‚man sollte auch noch etwas anderes tun'. Lauter solches Zeug. (...) Junge, Du markierst es besser auf den PC Foldern von Mitarbeitern. Du hast nämlich einen SP an Bord. Vielleicht auch sechs davon."[137] Ein Unterdrücker ist per Definition „Antiscientologe", was geisteskrank und kriminell meint.[138] Die Scientology-Ideologin Ruth Minshull stellte unzweideutig fest: „Sie können fast immer davon ausgehen, daß der Unterdrücker ein chronischer Gesetzesbrecher ist."[139] In langen Katalogen werden die „unterdrückerischen Handlungen" solcher Störenfriede aufgelistet. So führt ein Richtlinienbrief 72 Verbrechen und „Schwerverbrechen" auf, von „2. Sexuelles oder sexuell abnormes Verhalten ..." über „7. Das Organisieren von Splittergruppen ..." oder „33. Meuterei" bis hin zu „52. Das Zurückhalten von hochwichtiger Information".[140] Für den schlimmsten Fall gab Hubbard folgenden Ratschlag: „Lokalisiere die möglichen Ärgernisverursacher, indem Du nach Leuten Ausschau hältst, die Gerüchte verbreiten. Finde dann den Unterdrücker und ‚drück ab'."[141]

Verbalradikalismus oder nicht, sicher ist: Um „Unterdrücker" zu „handhaben" (in den Griff zu kriegen), wurden die Geheimdienste *Guardian Office* und – nach dessen Zerschlagung – das *Office of Special Affairs* (OSA) gegründet. Der ehemalige hochrangige Scientologe Larry D. Wollersheim beschrieb das frühere *Guardian Office* als „weltweites Netz von tausenden speziell ausgebildeter und völlig fanatischer Agenten und Detektive; es ist in seiner Arbeitsweise mit dem CIA und dem KGB ... in hohem Maße vergleichbar". Als Ziele dieser Geheimpolizei nannte er: „Expansion, Feindbekämpfung und Selbsterhaltung der Sekte".[142] 1988 verkündete das RTC stolz: „An vier verschiedenen Orten der Welt sind jetzt komplette Sicherheitsabteilungen aktiv, und weitere werden zur Zeit etabliert."[143] Der „Generalinspekteur für Ethik" aus dem OSA-Hauptquartier in Los Angeles und seine Offiziere (interne Bezeichnung: „Blauhemden") sorgen dafür, daß „jegliche Störungen von außen" unterbleiben. Scientology-Experte Ralf Bernd Abel nennt das OSA „eine lächelnde Stasi". Das neue Management rief zusätzlich die *Finance Police* ins Leben, die finanzielle „Unregelmäßigkeiten" ahndet. Die *Zeit* berichtete über den Fall eines scientologischen Steuerberaters, der

„in die Mangel der Finanzpolizei geraten“ sei, weil er 1. Klasse statt 2. Klasse geflogen war (Mehrkosten ca. 90 Mark).[144] Hat eine Organisation rückläufige Finanzstatistiken, so taucht die Finanzpolizei auf und ermittelt die Schuldigen. Für jeden Untersuchungstag, so schrieb der Züricher *Tages-Anzeiger*, verrechnet sie der jeweiligen Filiale 15 000 Dollar.[145]

In Deutschland nennt sich das OSA *Department für Spezielle Angelegenheiten* (DSA). Es wird auch als *Presse- und Rechtsamt* bezeichnet. In Hamburg arbeiten für diese spezielle Abteilung 15 Leute, in München sind noch einmal 20 mit der „Unterdrückung der Unterdrücker“ befaßt. Gegenüber den *Stuttgarter Nachrichten* erklärte ein ehemaliger OSA-Mitarbeiter: „Es läuft praktisch ab wie bei der Mafia.“[146] Das OSA werde selbständig tätig, sobald Kritik oder Negativschlagzeilen auftauchen. Dabei werde der „Riesenwirbel gegen die vermuteten Feinde“ den Scientology-Missionen stets in Rechnung gestellt – „horrende Summen, wodurch sie dann in der Schuld von OSA stehen und damit natürlich jederzeit von OSA unter Druck gesetzt werden können“. Der Aussteiger konnte nach eigenen Angaben in der Münchener OSA-Abteilung Aufzeichnungen über Mitarbeiter einsehen, die am E-Meter darauf überprüft worden waren, ob sie „eine Gefahr für die Organisation“ seien. Ferner habe er Akten „mit intimsten Offenbarungen“ gelesen, die „fast wie Pornos“ gewirkt hätten. Der ehemalige OSA-Mann zu den *Stuttgarter Nachrichten*: „Ich bin bereit, dies jederzeit unter Eid vor Gericht auszusagen.“

Nach „Unterdrückern“ wird auch gefahndet, wenn die „Statistiken“ (Arbeitsergebnisse) absinken oder – was vorkommt – falsche „Statistiken“ gemeldet werden. In den Richtlinien heißt es: „Wenn es eine Menge schlechter Anzeichen gibt – niedrige oder nach unten fallende Statistiken, ‚versaute Fälle‘ – sind wir sehr schnell mit unseren Befragungen und setzen das Gebiet sehr nahe an Kriegsgesetzmäßigkeiten.“[147] Wie die *Stuttgarter Nachrichten* berichteten, erging Ende April 1992 ein Geheimbefehl an ausgewählte Scientology-Mitglieder, 37 namentlich genannte Personen auf Schwachstellen zu untersuchen, damit anschließend der „Sicherheitsdienst“ in Aktion treten könne. Als Devise wurde ein Hubbard-Wort beigefügt: „Wenn Dinge schlecht sind, ist es sehr heilsam, jemanden auf den Galgen zu schicken. Wir nennen es ‚einen Kopf auf die Spitze des Speeres zu stecken‘.“[148]

Die OSA-Abteilungsleiter und Schnüffelspezialisten der Sekte heißen offiziell „Ethik-Offiziere". In der Scientology-Zeitschrift *KSW news* werden ihre Aufgaben folgendermaßen beschrieben: „Ein voll ausgebildeter Ethik-Officer kennt viele Werkzeuge und setzt diese ein, um seinen Posten kompetent zu handhaben: Inspektionen, Untersuchungen, Berichte, E-Meter-Überprüfungen ..."[149] Die Dossiers, die solch ein Ethik-Offizier anlegt, werden folgerichtig als „Ethik-Akten" bezeichnet. Wie Aussteiger bestätigen, enthalten diese Ethik-Akten alles, was die Sektenjünger in den hochnotpeinlichen Auditing-Verhören ausplaudern: intimste Geheimnisse und kompromittierende Erlebnisse. Eine hochrangige Aussteigerin, die selbst als Ethik-Offizier im Einsatz gewesen war, sagte uns: „Wer heute von Stasi-Akten spricht, der weiß nichts von Scientology-Ethik-Akten." Die Scientologen-Dossiers sind in der Regel nicht auf elektronischen Datenträgern gespeichert. Weil Datenschutzbeauftragte aber – aus guten Gründen – nur EDV-Dateien kontrollieren dürfen, sind den Behörden die Hände gebunden. Die genannte Aussteigerin bestätigt, daß die Ethik-Akten bei Bedarf auch zur Erpressung mißliebiger Personen verwendet werden. Etwa im Fall abtrünniger Sektenjünger, denn für sie gilt Hubbards Direktive: „Es ist ein Schwerverbrechen, die Scientology öffentlich zu verlassen."[150]

Kampf gegen Kritiker

Doch nicht nur „unsoziale Persönlichkeiten" aus den eigenen Reihen geraten in das Blickfeld der scientologischen Geheimpolizei. Alles andere als nett geht die Sekten-Abwehr auch mit öffentlichen Zweiflern und Kritikern um, wenn sie beispielsweise „Falschberichte" in die Presse bringen. „Ihre letzte Stunde hat geschlagen", drohte die Hamburger Scientology-Sprecherin Gisela Hackenjos dem Journalisten Uwe Birnstein im Juli 1992, nachdem er einen kritischen Artikel veröffentlicht hatte.[151] Hellen Kiefel, die Sprecherin der Scientology-Kirche Berlin, gibt zu, daß ihre Organisation in Hamburg eine Truppe „zur Abwehr von Feinden" unterhalte, „die sich OSA nennt".[152] Auch Franz Riedl, der Vizepräsident der Scientology-Kirche Hamburg, bestätigt die Existenz des OSA. Er räumt ein, daß es Leute gebe, die ganz gezielt beobachtet würden.[153]

Weil „Unterdrücker" laut Hubbard die Schuld am schlechten Zustand der Welt tragen und verhindern wollen, daß Scientology „den Planeten übernimmt", müssen sie gefunden und ausgeschaltet werden. Hubbard: „In dem Moment, wo Sie den Unterdrücker unfehlbar identifiziert haben, fällt Ihnen unter Umständen auf der Stelle eine schnelle Lösung des Problems ein. Leider ist sie ungesetzlich." Der „Gründer" sah dies als „ethisch" an: „Wir sind nicht an der Tugendhaftigkeit der WOG-(„Stiefellecker"-)Welt interessiert. Wir sind nur daran interessiert, Scientology am Laufen zu halten."[154] Daher werden ehemalige Mitglieder eingeschüchtert, kritische Journalisten observiert, mit Gegendarstellungen und Unterlassungserklärungen überzogen. Die „Kirchenführer" geben offen zu, daß sie immer noch Privatdetektive einsetzen, um ihre Feinde zu bespitzeln. „Ich habe kein Problem damit", erklärt etwa Marty Rathbun vom RTC.[155] Die schärfste Waffe der Scientology-Organisation sind jedoch ihre Anwälte; 20 Millionen Dollar sollen sie die Sekte jährlich kosten. Die Advokaten decken Kritiker und Feinde, in den USA sogar Richter mit Prozessen ein, frei nach dem Hubbard-Wort: „Prozesse führt man mehr, um zu zermürben und abzuschrecken, als um recht zu bekommen."[156] Wie wahr. Scientologen haben in letzter Zeit zahlreiche einschlägige Verfahren in Deutschland verloren.

Um gegen Kritiker vorgehen zu können, sammeln die Hubbardisten verwertbares Beweismaterial. Welcher Methoden sich die Sekte bedient, wird in einem scientologischen Geheimdienstpapier genau beschrieben. Da ist beispielsweise die Rede von Telefonrecherchen im Umfeld der Zielperson, dem „Kontaktieren von natürlichen Feinden" oder der sogenannten „Dust Bin Collection". Auf deutsch: Die Mülltonnen verdächtiger Personen sollen nach interessanten Papieren, Briefen und Dokumenten untersucht werden. Der Agent solle „vorzugsweise nachts um 2.00 Uhr" vorbeigehen oder eine Person schicken, die „wie ein Penner gekleidet" ist und „vielleicht eine ‚Fahne'" hat. Weiter wird vorgeschlagen, Kritiker zum Beispiel in ihrer Lieblingskneipe aufzusuchen und „zufällig" auszufragen: „Z.B. weiß man, daß Herr Mucha gern am Freitag ins Jazzlokal geht, nun gut, man geht dann eben auch dort hin, studiert einiges über Jazz und setzt sich dann zufällig an seinen Tisch und plaudert ein bißchen über ‚Rockjazz', ‚Blues' etc. und hat so die Möglichkeit, auf privater Ebene sich kennenzulernen." Von Zeit zu Zeit sollten die Spione bei

Sektenbeauftragten und Elterninitiativen anrufen „und nachfragen, ob etwas geplant ist. Auf diese Art und Weise haben wir schon die tollsten Tips erhalten." Das sind klassische Geheimdienst-Methoden. Kein Wunder, daß der anonyme Verfasser des Strategie-Papiers seine Agenten zur Weiterbildung auf das Buch „Methodik des Geheimdienstes" von Christopher Felix verweist.[157]

Das Repertoire scientologischer Aufklärungs- und Abwehrmethoden ist reichhaltig und weitgefächert. „Lautstarke Untersuchung" (Noisy Investigations) heißt beispielsweise ein anderes Anti-Kritiker-Programm. Dabei geht es darum, Feinde der Sekte anzuschwärzen und zu verleumden. „Ron" selbst schrieb die Anleitung für den Agenteneinsatz: „Du findest heraus, wo er oder sie arbeitet oder gearbeitet hat, wer sein oder ihr Arzt ist, Zahnarzt, Freunde, Nachbarn; jeden rufst du an und sagst: ‚Ich stelle im Falle von Herrn/Frau ... Untersuchungen an, ob er/sie mit kriminellen Aktivitäten versucht hat, meine Religionsfreiheit einzuschränken.' (...) Sei nur geräuschvoll – es ist zunächst nur komisch, funktioniert aber ganz phantastisch."[158] Hubbard an anderer Stelle: „In der PR-Tätigkeit oder im Werbefach gibt es eine Grundregel, nach welcher eine Meldung immer und immer wieder wiederholt werden muß, um auf eine vorhandene Zielgruppe einzuwirken."[159] Dazu sollen Scientologen regelrechte Pressekampagnen anzetteln. „Schreibe einen Leserbrief, der nicht beleidigend sein sollte, aber in dem Du Deinem Herzen richtig Luft machst", heißt es in einer speziellen Anleitung, um „negative Presse zu handhaben". Scientologischen Schreibeifer weckt die Aussicht auf eine Belohnung: „Für jeden Leserbrief von Dir, der gedruckt wird, erhältst Du 20 Bonus-Punkte." Auch Besuche bei Redakteuren sollen vorher richtiggehend eingeübt werden: „Drille Deinen Besuch ..., bis Du Dich gut darüber fühlst."[160]

Weitere Mittel der Kritikerbekämpfung fungieren unter so sprechenden Titeln wie „Dirty Tricks" (schmutzige Tricks) oder „Schwarze Propaganda". Unter „Schwarzer Propaganda" verstand Hubbard Verleumdungen und Flüsterkampagnen: „Der komplizierteste Gebrauch von PR ist ihr versteckter Gebrauch, um den Ruf von Personen und Gruppen zu vernichten. Der korrektere Fachausdruck dafür ist SCHWARZE PROPAGANDA. (...) Eine verborgene Quelle läßt Lügen und herabsetzende Daten in die Öffentlichkeit einfließen."[161] An anderer Stelle wurde er noch deutlicher: „Der Politiker A stellt sich in einem Parlament auf die Hinterbeine und kreischt nach der Verdammung der Scientology. Wenn wir uns ihn genau ansehen, finden wir Verbrechen – Bestechungsgelder, moralische Fehltritte, Begierde nach kleinen Knaben – schmutziges Zeug."[162]

Es bleibt nicht bei der Theorie. Die Staatsanwaltschaft München stellte in einer Verfügung vom 4. November 1986 fest, daß sogar Prämien ausbezahlt wurden, wenn einem „Unterdrücker" ein Ermittlungsverfahren angehängt werden konnte.[163] Und weiter: „Mit dem Ziel, die berufliche Existenz eines ehemaligen hohen Funktionärs zu ruinieren, wurden über diesen bei seinem Arbeitgeber bewußt Falschinformationen verbreitet. Das gleiche geschah mit einem Beamten." Im baden-württembergischen Kultusministerium ging ein anonymes Schreiben ein, das den Landes-Sektenbeauftragten Hartmut Hauser denunzierte.[164] Über jeden prominenten Scientology-Kritiker in der Bundesrepublik werden herabsetzende Gerüchte gestreut, deren Herkunft niemand kennt. Der eine wird als Säufer schlechtgemacht, ein anderer soll angeblich Kontakt mit rechtsradikalen Kreisen haben, ein dritter sexuelle Ausschweifungen pflegen. Das OSA führt regelrechte „schwarze Listen" von Feinden, wie Aussteiger berichten. Die Sekte verschickt sogar Verzeichnisse, in denen solche defätistischen Zeitgenossen ordentlich alphabetisch aufgeführt werden.

Um Informationen zu erhalten, ist jede Quelle recht. Renate Hartwig, die Chefin der Organisation „Robin direkt", wurde auf einer ganzen Seite der Scientology-Publikation *Freiheitsspiegel* als Feindin Nummer eins ausführlich gewürdigt.[165] Das Blatt mit ihrem Foto hing, so Frau Hartwig im Gespräch mit uns, „wochenlang in den Missionen und Orgs am Schwarzen Brett". Gegen die Kritikerin wurden noch weitergehende Maßnahmen eingeleitet, fast wie in einem Spionageroman. Nach Angaben der *Südwestpresse* fand sich bei einem Polizeibeamten eine komplette Liste mit den Autonummern von Hartwig-Besuchern. Der Beamte – als Scientologe bekannt – sollte möglicherweise die Halter der Fahrzeuge ermitteln.[166]

Wie in geheimen Instruktionen empfohlen, kommt es auch vor, daß Privatdetektive für Schnüffelaufträge angeheuert werden – nach dem Motto: Irgend etwas hat jeder zu verbergen. So geschehen 1984 bei dem Münchener Kreisverwaltungsreferenten Peter Gauweiler, heute bayerischer Staatsminister. Er hatte als Vertreter der zuständigen Ordnungsbehörde erreicht, daß Scientology in München die Rechtsfähigkeit entzogen und kurz darauf ein Gewerbeverbot erteilt wurde – eine der schlimmsten Niederlagen, die die Sekte in Deutschland je hinnehmen mußte. Ein scientologisches Geheimdienstpapier nennt folgenden Ermittlungsauftrag: „Welche weiteren Pläne verfolgt Herr Gauweiler? (...) Was wissen Gegner von Herrn Gauweiler über ihn?" Der Detektiv sollte „alles rausfinden, das irgendwie gegen ihn verwendbar wäre".[167] Auch für derlei Vorgehen existiert eine Hubbard-Richtlinie: „Stimme niemals einer Untersuchung der Scientology zu. Stimme nur einer Untersuchung der Angreifer zu."[168]

Die Aktion gegen Peter Gauweiler ist kein Einzelfall. Bei einer großangelegten Durchsuchung der Münchener Org fiel den Ermittlungsbehörden ein „Plan für Untersuchung in Deutschland" in die Hände. Der Plan, so heißt es darin, solle „gemäß der Strategie der Spezialeinheit" dabei helfen, „die Hauptprobleme, die wir in Deutschland haben, zu lösen". Besonders der Scientology-Kritiker Ingo Heinemann geriet ins Visier der selbsternannten Geheimpolizei. „Heinemann ist auf jeden Fall Zielscheibe, und falls man ihn behandelt, werden die anderen leichter zu behandeln sein ..." Um Heinemann zu „handhaben", sollte wieder ein Schnüffler verpflichtet werden. Das Ziel, so schreibt der ungenannte Auftraggeber, sei, „ihn mit dem gesamten Material a) vor Gericht zu bringen oder b) ihn so zu diskreditieren, daß man seinen Aussagen keinen Glauben mehr schenkt".[169]

Der amerikanischen Schriftstellerin Paulette Cooper entwendeten Scientologen sogar das Briefpapier. Auf den Bögen mit Coopers Fingerabdrücken gingen anschließend bei Scientology-Zentren Bombendrohungen ein. Der Scientology-Fachausdruck für die Operation: „Dirty Tricks". Die Schriftstellerin, die eines der ersten Bücher über die Sekte („The Scandal of Scientology") geschrieben hatte, sollte – so hatte es der Geheimdienst beschlossen – entweder in der Psychiatrie oder im Knast landen. Fast wäre das auch gelungen. Erst nach zweijährigem Prozessieren erwies sich Paulette Coopers Unschuld. Die Rechtfertigung für ihr Vorgehen gegen Kritiker beziehen die Scientologen aus Hubbard-Worten wie diesen: „Wir haben im Sinn, alles aus dem Weg zu räumen, das aus dem Weg geräumt werden muß, ganz egal, wie groß es auch sein mag, um eine Zivilisation zu schaffen, die tatsächlich überleben kann."[170] Werden Sektenmitglieder aber erwischt und wegen derartiger Straftaten verurteilt, distanziert sich die Organisation sofort von ihnen. Nach dem Prozeß gegen das *Guardian Office* in den USA gab der Leitende Direktor William Franks die Parole aus: „Alle kriminellen Aktivitäten wurden von einer Handvoll Personen, nicht von der Kirche ausgeführt.“[171] Die Münchener Staatsanwaltschaft kam angesichts des vorliegenden Belastungsmaterials zu folgendem Schluß: „Scientology ... benutzt zur Abwehr innerer und äußerer Gegner der Organisation auch geheimdienstliche Methoden, operiert im Grenzbereich zur Illegalität und scheut gegebenenfalls auch nicht vor kriminellen Aktionen zurück.“[172] Seit dem großen Prozeß in den USA und ähnlichen Vorgängen – etwa der spektakulären Massenverhaftung von 71 führenden Scientologen in Spanien 1988 – ist die Sekte allerdings vorsichtiger geworden. Die öffentlichen Gerichtsverhandlungen haben ihrem Image schwer geschadet. Vor offener Gewaltanwendung schrecken sie daher – jedenfalls in Deutschland – zurück. Wer „ehrenwert“ sein will, kann sich nicht zuviel schlechte PR erlauben.

Keine gutes Bild machte der Psycho-Multi auch mit einer reißerischen Broschüre, die am 15. Februar 1993 in einer Auflage von 200 000 Stück „weltweit“ simultan verteilt wurde. Verheißen wurde „das Ergebnis einer Recherche, das die Augen der Welt auf Deutschland richten wird“. Titel: „Hass und Propaganda. Dokumentation der Hetzkampagne gegen die Scientology-Gemeinschaft“. In infamer Verdrehung der Tatsachen vergleicht die Sekte darin ihre Situation in Deutschland mit der der verfolgten Juden im Dritten Reich. Antisemitischer Propaganda aus dem Nazi-Hetzblatt „Stürmer“ („damals“) werden jeweils bundesdeutsche Zeitungsberichte („heute“) über Scientology gegenübergestellt. Tausende Menschen würden verfolgt, „deren einziges ‚Verbrechen‘ darin besteht, der Scientology Religion anzugehören“. Intern wurde man noch deutlicher. Kurt Weiland, Kommando-Offizier der OSA, sprach in einem Interview mit der Scientology-Zeitschrift *Impact* von den „modernen Nazis“, deren „finstere Intentionen“ erkannt und in der Broschüre veröffentlicht worden seien. Aber, kein Problem: „Diese Unterdrücker sind nur wenige, und ihre Aktionen gegen die Church und gegen Scientologen haben nicht mehr Wirkung als das Heulen eines zahnlosen Hundes. Die Mehrheit der Deutschen steht Scientology sehr aufgeschlossen gegenüber.“[173]

Das alles ist nichts Neues, sondern bei Scientology und anderen Sekten eine übliche PR-Masche, die vor allem die eigenen Jünger bei der Stange halten soll. Der Zentralrat der Juden in Deutschland reagierte entsetzt und stellte ebenso Strafanzeige wie einige der Scientology-Kritiker, die in der Schrift steckbriefartig als Kriminelle, Agitatoren oder Anti-Scientologen vorgestellt werden. In Bayern beschlagnahmte die Kriminalpolizei zahlreiche Broschüren. Begründung: „Verdacht auf Volksverhetzung und Beleidigung".[174]

Bedrückender noch als die „Hass-Broschüre" ist die Tatsache, daß sich die amerikanische KSZE-Kommission von der Sekten-Propaganda beeindrucken ließ. In ihrem offiziellen Bericht über „Menschenrechte und Demokratisierung im vereinigten Deutschland" verurteilte sie nicht nur rassistische Gewalt und Mord von rechts, sondern in einem Atemzug auch die angebliche Verfolgung von Scientologen: „Es scheint klar, daß Deutschlands Vorgehen zum Ziel hat, extremistisch ... empfundene Gruppen auszugrenzen oder auszumerzen."[175] Der Arm des Psycho-Konzerns muß bereits ziemlich weit reichen, wenn amerikanische Politiker allen Ernstes erklären, in Deutschland würden Scientologen wegen ihres Glaubens staatlich verfolgt.

Religion oder Wirtschaftskonzern?

„Der Krieg ist vorbei", jubelte Scientology-Chef David Miscavige vor 20 000 Anhängern in der Sportarena von Los Angeles.[176] „Ein großer Gewinn" war den Jüngern zuvor geheimnisvoll versprochen worden. Fürwahr: Am 1. Oktober 1993 konnte die größte und gefährlichste Psycho-Sekte der Welt in den USA einen sensationellen Erfolg verbuchen. Die amerikanische Steuerbehörde IRS (*Internal Revenue Service*) hatte Scientology mit sämtlichen Filialen als Religion anerkannt, für gemeinnützig erklärt und von der Einkommensteuer befreit. Steuerfreie Profite können in Zukunft nicht nur die Orgs und Missionen, sondern auch der OT-Liner „Freewinds", der Medienriese *Golden Era* oder Tarnorganisationen wie *Narconon* einfahren. Scientology, so erklärte uns Frank Keith von der US-Finanzbehörde per Telefax, habe durch umfangreiche Unterlagen nachgewiesen, daß die Organisation „ausschließlich für religiöse und wohltätige Zwecke arbeitet". Entsetzt kommentiert Ex-Scientologe Norbert Potthoff den Steuer-Deal: „Das übersteigt meine schlimmsten Befürchtungen."

Für den Sekten-Konzern bedeutet der überraschende Dispens jährliche Steuereinsparungen in zweistelliger Millionenhöhe, denn Scientologen zahlen bekanntlich zehntausende von Dollars in die Kassen ihrer Orgs und Missionen, um die „totale geistige Freiheit" zu erwerben. Frohe Kunde für die angehenden US-Thetanen: Jetzt können sie die Kosten der horrend teuren Psychokurse – als Spenden deklariert – sogar von der Steuer absetzen. In Los Angeles rief David Miscavige den Gläubigen daher triumphierend zu: „Unser Weg zu unbegrenzter Expansion ist jetzt weit offen."[177]

Doch die Steuerbefreiung ist nur Teil eines umfassenden Friedensabkommens von Sekte und Staat, an dem beide Seiten zwei Jahre gearbeitet haben. 2 000 Steuerprozesse, die zwischen Scientology und den Bundesbehörden anhängig sind, sollen vom Justizministerium „bereinigt" werden. Wie die *Los Angeles Times* berichtete, wollten jedoch weder das Ministerium noch die sogenannte Kirche Einzelheiten der Abmachung mitteilen. „Kein Kommentar", hieß es in Washington und in Los Angeles, dem Hauptquartier des Sekten-Imperiums.[178] Nebeneffekt der Einigung: Der Oberste Gerichtshof der USA wird die langerwartete Entscheidung, ob Scientology Religion oder Gewerbe sei, jetzt vermutlich suspendieren. Wo kein Kläger, da kein Richter.

Um die Steuerbefreiung zu erreichen, hat Scientology den US-Behörden sogar erstmals ihr Vermögen offenbart, das sich demnach auf 400 Millionen Dollar beläuft; geschätztes Jahreseinkommen: 300 Millionen Dollar. Scientology-Chef David Miscavige bezog 1991 angeblich nur ein Gehalt von 62 683 Dollar (104 000 Mark). Die IRS hält es damit für „ausreichend" belegt, daß persönliche Bereicherung bei den Aktivitäten der „Kirche" nicht im Vordergrund stehe. Doch sind Zweifel erlaubt, ob die Sekte das gesamte, raffiniert verschachtelte Imperium und seine Vermögenswerte offengelegt hat. Experte Ingo Heinemann: „Zwar haben wir jetzt erstmals Zahlen, aber sie sind nach unserer Schätzung viel zu niedrig. 400 Millionen Dollar sind allein die Immobilien wert."

Wieso hat die US-Regierung den Kuhhandel mit dem Psycho-Konzern geschlossen? An mangelnder Aufklärung kann es nicht liegen – keine andere Sekte ist in den amerikanischen Medien heftiger kritisiert worden. „Die amerikanische Wirtschaft ist nach meinen Informationen bereits massiv von Scientologen durchdrungen“, erklärt uns der Scientology-Aussteiger Norbert Potthoff.

Offenbar hat die Sekte die Meinungsbildung der US-Ämter mit ihren ganz speziellen Methoden befördert. Das jedenfalls deutete Franz Riedl an, der Vizepräsident von Scientology Hamburg: „Wir haben die Verbrechen der IRS ans Tageslicht gebracht. Diese Leute sammeln auch schon mal die Steuern mit dem Maschinengewehr ein oder verprügeln einen Familienvater.“ 1991 erschienen in amerikanischen Zeitschriften ganzseitige Anzeigen mit der Überschrift: „IRS – eine Behörde außer Kontrolle“.[179] Darin machte die Organisation einzelne Rechtsverstöße des Finanzamtes bekannt – schwarze Propaganda wie aus dem Lehrbuch von L. Ron Hubbard. Der hatte in einem seiner Richtlinienbriefe geschrieben: „Wir interessieren uns für die strafbaren Handlungen jener Leute, die danach trachten, uns zu stoppen. Wenn sie sich der Scientology in den Weg stellen, werden wir sofort nach ihren strafbaren Handlungen schauen – und werden sie finden und bloßlegen.“[180] Diese Anleitung im Hinterkopf riefen die Scientologen Mitte der achtziger Jahre sogar eine „Nationale Koalition“ der IRS-Ankläger ins Leben. Als der amerikanische Kongreß mutmaßliche Fehltritte hoher IRS-Funktionäre untersuchte, lieferte die ominöse „Koalition“ dazu belastendes Material. „Die Behörden hassen es wie die Pest, wenn man die Wahrheit über sie veröffentlicht, und deshalb haben sie sich dann mit uns an den Verhandlungstisch gesetzt“, erzählte uns der Hamburger Sekten-Mann am Telefon.

Vierzig Jahre lang hatten die Thetanen verbissen gegen die Steuerbehörde gekämpft. Seit den 50er Jahren fühlte sich Hubbard von der IRS verfolgt – zu Recht, denn die Behörde bezweifelte den gemeinnützig-religiösen Charakter von Scientology und versuchte mehrfach, ihr die Steuerprivilegien, wie sie in den USA für Kirchen üblich sind, wegzunehmen. Tatsächlich war es wohl nichts als ein Schutzmantel für ungestörtes Geldscheffeln, daß Hubbard seine Erfindung eine „Religion“ genannt hatte. Ein deutliches Indiz, daß das religiöse Gehabe der Scientology lediglich die wirtschaftlichen Aktivitäten eines aggressiven internationalen Konzerns tarnen soll, liefert auch die Entstehungsgeschichte ihrer „religiösen“ Zeremonien. Als ein amerikanisches Bundesgericht Hubbards medizinische Thesen 1971 für Humbug erklärte, sattelte dieser praktisch von einem Tag auf den anderen auf „Kirche“ um. „Seine Mitarbeiter banden sich Priesterkragen um, aus den Filialen wurden ‚Missionen‘, und Hubbards seltsame Kosmologie verwandelte sich in ‚Heilige Schriften‘“, faßt die Zeitschrift *Das Beste aus Reader's Digest* zusammen.[181] Wie ein schlechter Witz muten daher neuere Scientology-Publikationen an, in denen von „Geistlichen“, „religiösen Zeremonien“ und „kirchlichen Feiertagen“ die Rede ist.[182] Wenn bei Scientology gebetet werde, dann höchstens um mehr Geld, meint Norbert Potthoff. Der ehemalige Scientology-Manager S. G. bestätigt dies: „Hubbard sprach von Scientology niemals als Religion. Ich erfuhr, daß Scientology als Religion dargestellt werden mußte, um gewisse gesetzliche Erfordernisse zu erfüllen.“[183]

Es dauerte über zehn Jahre, bis die Finanzbehörde 1967 erstmals einer Scientology-Filiale das Privileg der Steuerbefreiung entzog. Als die IRS gemeinsam mit dem Justizministerium Mitte der 70er Jahre eine offizielle Untersuchung der Sekte vorbereitete, startete der Hubbard-Clan die kriminelle „Operation Schneewittchen“ (s.o.). Eine interne Direktive befahl damals, mit „allen Mitteln“ dafür zu sorgen, „unseren steuerfreien Status der Gemeinnützigkeit zu erhalten“. Die Verbrechen führten nicht nur zu einem katastrophalen Imageverlust, sondern auch zu restriktiven Gerichtsentscheiden. 1984 urteilte das US-Steuergericht, der kalifornische Scientology-Zweig habe ein Geschäft aus der Religion gemacht und „fast ein Jahrzehnt dafür konspiriert, die Vereinigten Staaten zu betrügen“.[184] Die Steuerfreiheit wurde aberkannt, 1,3 Millionen Dollar Steuern mußten nachgezahlt werden. Da die Sekte nach außen hin aber in viele rechtlich selbständige Organisationen aufgespalten ist, betraf das Votum nur diese eine Scientology-Niederlassung. Andere Dependancen fühlten sich keinesfalls verpflichtet, nun an den Fiskus abzuführen. Zahllose Prozesse waren die Folge. Um so erstaunlicher ist die radikale Kehrtwendung der IRS-Politik. Scientologe Franz Riedl aus Hamburg nennt das Abkommen sogar den „ganz großen Durchbruch“ und erwartet Ähnliches für Deutschland: „Es macht doch jetzt keinen Sinn mehr, daß wir hier 'ne kriminelle Vereinigung sind und in Amerika eine Bona-Fide-Religion.“

Auch in der Bundesrepublik versuchen die Hubbard-Jünger seit je, als religiöse Vereinigung zu erscheinen. Um den Schutz von Artikel 4 des Grundgesetzes zu genießen und ihre Bilanzen nicht offenlegen zu müssen, bezeichnen sie ihr profitables Kurssystem als „Glaubensgemeinschaft“ und werden bisher in der Regel auch als Idealvereine geführt. Die Rechtsprechung ist jedoch nicht einheitlich; einzelne Gerichte haben den Eintrag ins Vereinsregister abgelehnt. Aufgrund der deutschen Steuergesetze ist leider auch kaum nachprüfbar, welche Scientology-Vereine als gemeinnützig anerkannt sind und damit indirekt vom Staat subventioniert werden.

Aber in den letzten Jahren neigte sich die Waage gegen den Psycho-Kult. So befand die Münchener Staatsanwaltschaft schon 1984: „Der Öffentlichkeit gegenüber gebraucht die Organisation anders als im internen Sprachgebrauch für das Auditing und den Auditor eine religiöse Terminologie. (...) Diese für die Öffentlichkeit geschaffene Terminologie ist offensichtlich eine Maßnahme im Rahmen der Hubbardschen ‚Redefinitions‘-Taktik ..., die die gewerbliche Seite dieser Organisation völlig verschweigt, offensichtlich ..., um den Schutz der verfassungsrechtlichen Garantien für Religionsgemeinschaften zu erlangen ...“[185]

Selbst die Bundesregierung ist der Auffassung, „daß die ‚Scientology-Sekte‘ weder eine Religionsgemeinschaft noch eine Weltanschauung ist“.[186] Es wird deutlich, daß die Väter des Grundgesetzes noch nicht ahnen konnten, daß eine „Religion“ ihre Anhänger auch „ausbeuten, terrorisieren und das Böse zum Lehrprinzip machen kann“.[187] Ein Gericht in Lausanne entschied 1991 sogar, daß die folgende Behauptung ungestraft verbreitet werden dürfe: „Scientology ist ein pseudoreligiöser, terroristischer Kult“.[188]

Im Juli 1993 stufte das Oberlandesgericht Hamburg die Psycho-Sekte als gewinnorientiertes Wirtschaftsunternehmen ein – ein wegweisendes Votum. Nach dem Richterspruch muß die Sekte in der Hansestadt künftig den Verkauf von Büchern und Kursen als Gewerbe anmelden, die finanziellen Verhältnisse offenlegen und Steuern zahlen. Für Scientology bedeutet das Urteil, daß die Zeiten härter werden. Schadensersatzansprüche lassen sich leichter durchsetzen. Der Schleswiger Rechtsanwalt Ralf Bernd Abel schreibt in einem Aufsatz: „Die Organisation befaßt sich in so überwältigendem Umfang mit Geldverdienen, daß der gewerblich/geschäftliche Charakter völlig im Vordergrund steht, sämtliche Tätigkeitsbereiche des

Vereins durchzieht und daher von der Glaubens- und Bekenntnisfreiheit nicht geschützt wird. Es ist nun einmal etwas grundsätzlich anderes, ob durch sonntägliches Glockengeläute zum Gottesdienst gerufen (‚geworben') wird oder ob Mitarbeiter von Scientology Straßenwerbung zum Verkauf von Kursen und Dienstleistungen betreiben. Scientology kann sich daher auf die Religionsfreiheit *nicht* berufen, was auch die Rechtsprechung inzwischen einheitlich anerkennt."[189] Abel meint wie andere Experten, daß das Hamburger Urteil Konsequenzen für das gesamte Bundesgebiet haben müsse.

Einstieg in Deutschland

Scientology bekam den lukrativen deutschen Markt erst relativ spät in den Griff. Zwar hatten einige Berliner Esoteriker bereits in den fünfziger Jahren Hubbards Elaborate entdeckt, notdürftig übersetzt und als Anleitung fürs private Auditing benutzt. Die Sekte hatte aber zunächst einen Bogen um die Bundesrepublik gemacht und sich auf den Vormarsch in englischsprachigen Staaten beschränkt. Als die Organisation wegen ihrer umstrittenen Praktiken in Australien, England oder Südafrika Schwierigkeiten bekam, änderte sie ihre Strategie und setzte auf weltweite Ausbreitung. Dabei rückten zunächst die liberalen Länder Skandinaviens ins Visier. „In Schweden und Dänemark waren die Scientologen fest etabliert, bevor es überhaupt die erste deutsche Adresse gab", erklärt uns Sektenexperte Ingo Heinemann aus Bonn. 1970 war es dann soweit. Konspirative Zirkel bereiteten sich darauf vor, die ersten deutschen Scientology-Missionen zu gründen.

Seit am 15. Oktober 1970 die Münchener Church of Scientology begann, Deutschland zu missionieren, ist das Land zum Dreh- und Angelpunkt der europäischen „Expansion" aufgestiegen. Die Zentren liegen in Hamburg, München, Stuttgart und Frankfurt a. M. In Deutschland betreibt der Psycho-Multi sieben „Kirchen", 22 Missionen und vier *Celebrity Centers* für Künstler, Politiker und Manager. 800 hauptamtliche Mitarbeiter reparieren die Seelen der – nach eigenen Angaben – etwa 30 000 Mitglieder. Experten gehen von weit höheren Zahlen aus. Sie berufen sich auf die Erfolgsbilanzen, die Scientology regelmäßig vorlegt. So heißt es in einem Brief vom November

Das Scientology-Gebäude in Hamburg. Von hier aus fährt der gelbe Dianetik-Bus auf Mission nach Osten.
Sprecherin Sabine Titzel von der Hamburger Org auf Propaganda-Tour; neben ihr der Arzt Friedrich Gröschler.

1992 über die Planerfüllung des laufenden Jahres: „12 neue Scientology-Gruppen wurden etabliert, 3 000 neue Scientology-Mitglieder wurden gewonnen, 700 Scientologen schlossen eine Ausbildung als Seelsorger ab, 65 000 Menschen besuchten Scientology Kirchen und Missionen." Ingo Heinemann taxiert: „Bei linearer Hochrechnung der Scientology-Angaben kamen wir schon 1979 auf etwa 150 000 Anhänger." Aber die Scientologen verschleiern die absolute Zahl, vermutlich aus taktischen Gründen. Obwohl Jahr für Jahr stolze Rekrutierungserfolge gemeldet werden, geben sie die Zahl der Mitglieder in Deutschland seit 1972/73 konstant mit 30 000 an. Heinemann befürchtet, daß die rabiate Sekte heute etwa 500 000 Anhänger im deutschsprachigen Raum hat (zum Vergleich: Die CDU hat 751 163 Mitglieder, die FDP 137 853 Mitglieder, Dezember 1991).[190] Heinemann: „Bei Scientology werden natürlich auch alle Leute mitgezählt, die einen ersten oder zweiten Kurs gemacht haben und jetzt für weitere Kurse erst mal sparen müssen." Aus der Anzahl der deutschsprachigen Scientology-Großspender („Patrons") – fast genausoviele wie in den USA – schließt der Experte: „Es muß enorme Neuzuwächse geben. Nach unseren Informationen ist Deutschland das wichtigste Operationsgebiet nach den USA. Wir schätzen, daß etwa 25 Prozent der Scientology-Anhänger in Deutschland leben."

Der Schritt über die Alpen: Schweiz und Österreich

Die Münchener Scientology-Mission bestand bereits drei Jahre, als sich die ersten Psychojünger auf „rohes Fleisch" in der Schweiz stürzten. 1973 gründete sich die erste Mission in Bern, ein Jahr später eine „Kirche" in Zürich – Beginn einer rasanten Ausbreitung. Heute gibt es Scientology-Kirchen und Orgs in allen wichtigen Städten des Landes. Nach eigener Zählung kommen die Scientologen in dem reichen Alpenland mittlerweile auf etwa 5 000 Mitglieder; 300 Mitarbeiter gehen in 15 Niederlassungen der Missionierung und dem „Studium der Seele" nach. Im Mai 1992 eröffneten sie ein siebenstökkiges Dianetik-Zentrum in Zürich mit Platz für rund 200 Mitarbeiter, inzwischen die größte Org Europas. Nach Berichten in der Züricher Presse sollen sie nur für dieses Bürohaus jährlich über zwei Millionen Franken Miete auf den Tisch legen. Immer wieder gerät die Sekte in Konflikte mit Anwohnern, Stadtrat und Gerichten wegen ihrer aggressiven „Gassenwerbung" und der gewaltigen Summen, um die sie ihre „Kunden" erleichtert. Neben Deutschland ist die Schweiz inzwischen zur wichtigsten europäischen Stütze der Scientology-Organisation aufgestiegen.

Auch Österreich wird von der Sekte umworben. In Wien zogen Anfang der siebziger Jahre Insider und Nachtschwärmer in das „Zentrum für Kunst und Kommunikation", wo neben literarischen Abenden, Ausstellungen und Konzerten auch die „Kommunikationskurse" des L. Ron Hubbard auf dem Programm standen.[191] Das „Zentrum" war die Keimzelle aller Scientology-Missionen im Land der Mehlspeisen und Schlagobers. Prominente Scientologen aus Österreich waren Gottfried Helnwein, exzentrischer Grafik-Star, und Bernhard Paul, der spätere Gründer des Zirkus „Roncalli".[192] Silbenweise rückwärts gelesen ergibt Roncalli – I call Ron (Ich rufe Ron). Dieser häufig in der Presse geäußerten Lesart ist Bernhard Paul mit der Begründung entgegengetreten, daß der Name Roncalli gemeinsam mit dem österreichischen Aktionskünstler André Heller entwickelt worden sei. Er entstamme, so Paul, einem Drehbuch „Sarah Roncalli – Die Tochter des Mondes" (an anderer Stelle: Die Witwe des Mondes). Außerdem sei der Name von Papst Johannes XXIII. inspiriert worden, der mit bürgerlichem Namen Angelo Giuseppe Roncalli hieß. Egal ob Mondtochter, Mondwitwe, Papst oder Ron – Bernhard Paul jedenfalls will heute mit Scientology nichts mehr zu tun haben und distanziert sich von der Sekte. Doch die Sekte nicht von ihm. Im Hamburger Dianetik-Zentrum ist ein Raum mit Roncalli-Plakaten und -Fotos tapeziert.[193] „Scientologen finden Roncalli eben gut", erklärte Sprecherin Sabine Titzel dem *Deutschen Allgemeinen Sonntagsblatt*.[194] In der Zeitschrift *College* des *Stuttgarter Dianetik College e.V.* aus den 70er Jahren heißt es: „In Wien gibt es den ersten Scientology-Zirkus der Welt. Gründer ist Bernhard Paul. Mit von der Partie ist der inzwischen weltberühmt gewordene André Heller."[195] Und merkwürdig: Noch in Zirkusprogrammen aus dem Jahr 1982 dankte Bernhard Paul ausdrücklich L. Ron Hubbard. Wofür eigentlich?

Der Maler Gottfried Helnwein behauptet, er habe „kein Amt, keinen Posten und keine Funktion oder aktive Mitgliedschaft in irgendeiner Sekte, insbesondere nicht bei Scientology", auch sei keine Sekte autorisiert, ein Bild seiner Person „zu Werbezwecken zu verwenden". Trotzdem verbreitet Scientology immer noch Broschüren, in denen Helnwein als Werbeträger erscheint. Und das scientologische Prominentenmagazin *Celebrity* stellte ihn seinen Lesern 1993 mit Foto als „Class IV Auditor" vor.[196] Helnwein dazu: „Das ist falsch, die dürfen das nicht behaupten." Aber der Maler unternimmt, soweit bekannt, keine gerichtlichen Schritte gegen diese Veröffentlichungen.

Wann genau die erste Org Österreichs (in Wien) eingerichtet wurde, ist unklar. Die Legende will, daß 1972 „ein Sea Org Member namens Bertie van Hoecke (jetzt Flag Staff) auf Mission nach Wien geschickt" wurde.[197] So jedenfalls kolportiert Eveline Morell, leitender Direktor der Wiener Scientology-Org, den Gründungsmythos. 1 000 Österreicher sollen sich bislang dem Kult „Rons" verschrieben haben. Seit 1976 kämpfen sie vergeblich um die Anerkennung als Religion.

Als internationale Organisation kennt Scientology keine engen Ländergrenzen. Die Missionen organisieren sich selbst nach dem Grundsatz der Filiation, ähnlich wie Mönchsorden im Mittelalter. So lenken Basel und Zürich die Expansion in Südbaden und im Schwarzwald. München hält Leipzig an der Leine, in Salzburg schmieden Ober-Scientologen die Pläne für Dresden, und Wien pflegt die Kontakte nach Prag und Budapest. Scientology ist auf den europäischen Binnenmarkt gut vorbereitet.

Auf der Jagd nach Mitgliedern

Missionierung in Sachsen

Wer in Sachsens Messestadt eintrifft, spürt dieses erregte Brodeln. Als hätte jeder nur eines im Sinn: sein eigenes Unternehmen zu gründen, von der Imbißbude bis zur Elektronikfirma. In den glitzernden Einkaufspassagen erstehen Gutbetuchte aus West wie Ost im Dezember 1992 letzte, teure Kleinigkeiten zum Weihnachtsfest. Der eine oder andere Gast nimmt auch Souvenirs mit, die daran erinnern, daß Leipzig einmal pathetisch „Heldenstadt" getauft wurde. Doch von den großen Worten aus der Zeit der Montagsdemonstrationen ist wenig geblieben. Die Kerzen sind erloschen. Es ist kalt geworden. Selbst in den Straßen rings um die berühmte Mädler-Passage herrschen zwischen edlen Restaurants und Nobelgeschäften Trostlosigkeit und Suff.

Wir sind nach Leipzig gefahren, um eine Frau zu treffen, die auch zu denen gehört, die nicht auf der Gewinnerseite der Einheit leben. Quer durchs westliche Industriegebiet, durch Leipzig-Leutzsch, gelangen wir nach Grünau. Das Neubaugebiet wirkt in dem fahlen Winterlicht besonders trostlos. In den Höfen pfeift ein eisiger Wind.

„Frau Nietsche kommt bestimmt gleich", sagt Sören Bartsch, der uns schon auf der Treppe begrüßt. Sören Bartsch leitet die „Eltern- und Betroffeneninitiative gegen psychische Abhängigkeit Sachsen e.V." (EBI), die erste Hilfsorganisation für Scientology-Opfer in den neuen Bundesländern. In seiner kleinen Küche warten heißer Kaffee und Pfefferkuchen.

Kurz danach klingelt es. Die 30jährige Frau sieht müde und erschöpft aus. Sie hat Ringe unter den Augen und wirkt älter, als sie ist. „Was ich im Sommer hier erlebt habe, werde ich nie vergessen", sagt Elke Nietsche. Wenn sie über ihre Erfahrungen redet, zittert ihre Stimme. Sie spricht abgehackt, als müßte sie alles auf einmal loswerden. Dann denkt sie nach und fängt ganz von vorn an. Ihre Geschichte ist eine graue Geschichte, grau wie Leipzig im Winter. „Ich bin gelernte Wirtschaftskauffrau. Schon bald nach der Wende wurde ich arbeitslos." Viele haben in der DDR diesen Beruf gelernt, zu viele. „Also ließ ich mich umschulen. Aber meine Chancen haben sich dadurch nicht verbessert." Jeden Tag studiert Elke Nietsche, die allein mit ihrer achtjährigen Tochter Friederike lebt, die Stellenanzeigen. Vielleicht ist ja doch mal was für sie dabei.

Wie gewohnt schlägt sie an einem Junitag 1992 die *Leipziger Rundschau* auf. Plötzlich liest sie folgende Anzeige: Arbeitslos? Wir bieten Tätigkeit im sozialen Bereich. „Schaden kann's ja nicht, dachte ich und habe mich beworben." Diesmal scheint sie Glück zu haben. Schon nach einer Woche liegt die Antwortkarte in ihrem Briefkasten. Ein Olaf Ganze teilte ihr verheißungsvoll mit: „Wegen der Fülle der Arbeitsgebiete können wir Sie nur in einem persönlichen Gespräch über die Dianetik informieren. Kommen Sie bitte am 30.6.1992 um 17.00 Uhr ins Dianetikzentrum. Unsere fachgerechte Beratung wird Ihnen helfen, das Richtige für Sie zu finden." Absender ist die „Scientology-Kirche Bayern e.V., Gemeinde Leipzig, Moschelesstr. 13". Elke Nietsche hat noch nie von der Scientology-Kirche gehört, und auch unter einem „Dianetik-Zentrum" kann sie sich nichts Rechtes vorstellen. Aber es klingt irgendwie wissenschaftlich, und „vor allem klang es, als ob ich dort Arbeit kriegen könnte".

Das Vorstellungsgespräch fällt ernüchternd aus. Das Dianetik-Zentrum ist nichts weiter als die Privatwohnung des Herrn Ganze. Noch seltsamer: die „fachgerechte Beratung" findet aus Platzmangel im Schlafzimmer statt. Von der versprochenen „Fülle von Arbeitsgebieten" keine Spur. „Ich habe gedacht: bloß weg hier. Deshalb habe ich schnell für 14,80 DM das Buch gekauft und bin raus aus der Wohnung", erinnert sich Elke Nietsche.

Zu Hause blättert sie in dem erstandenen Wälzer. „Dianetik" steht in goldenen Lettern auf dem Umschlag; ein Bestseller soll das sein. „Anfangs bin ich schwer reingekommen. Aber dann hatte ich das Buch doch in drei Tagen durch. Das Auditing interessierte mich, denn ich wollte etwas über meine Vergangenheit erfahren." Irgendwie aufgewühlt, versucht Elke, „mit anderen darüber zu reden, aber es waren ja alle so beschäftigt". Nun füllt sie den Persönlichkeitstest aus, den ihr Büro-Leiter Ganze mitgegeben hat, und vereinbart einen

Die Leipzigerin Elke Nietsche verließ nach sieben Wochen die Sekte.

neuen Gesprächstermin. Zwei Wochen später wird sie im Dianetik-Zentrum schon erwartet. Drei Herren aus München sind extra angereist, um die Kandidatin in Augenschein zu nehmen. Eher lustlos wertet einer den Test aus, während ein anderer schon den Mitarbeitervertrag aufsetzt. „Mir ging das viel zu schnell", erzählt uns Elke. „Die drängten mich zuerst, den Vertrag zu unterschreiben. Aber das gestaltete sich dann schwierig, weil ich wahrheitsgemäß angegeben hatte, daß ich vor zehn Jahren mal in psychotherapeutischer Behandlung war." Eine ungeahnte Komplikation, denn nichts ist Scientologen mehr zuwider als psychoanalytische Therapiemethoden. Eine scientologische *Kommission für Verstöße der Psychiatrie gegen Menschenrechte e.V.* bekämpft mit großem Getöse die Psychiater und ihre Behandlungsverfahren. Fieberhaft suchen der Schlafzimmer-Dianetiker Ganze und seine auswärtigen Genossen nach einem Ausweg. Schließlich wird das Problem nach München delegiert; es kann nur höheren Orts entschieden werden.

Doch die Antwort läßt auf sich warten. Während man in München die Hubbard-Folianten nach der passenden Ausnahmeregel durchsieht, wird Elke Nietsche erst mal ausgiebig getestet. „Wegen der psychotherapeutischen Behandlung mußte ich einen Hör-, Seh- und Empfindungstest absolvieren. Und gleich hinterher noch einen Intelligenztest, 80 Fragen in 30 Minuten." Wieso sie das alles mitmacht? „Die waren so zwingend. Man konnte sich nicht entziehen", versucht Frau Nietsche eine Erklärung. In ihrem Tagebuch notiert sie: „Enormer Informationsfluß während des dreistündigen Aufenthalts."

Obwohl München noch kein Okay gegeben hat, wird Elke Nietsche schon mal zum Auditing geladen, gleich an den folgenden drei Tagen. Warum sie hingeht, weiß sie heute nicht mehr zu sagen. Vielleicht, weil sonst nichts zu tun ist, vielleicht, weil hier überhaupt Leute sind, die sich um sie kümmern. In ihrem Tagebuch steht: „Auditing – Verlauf sehr verwirrend. Zu viel Negatives. Aufforderung zur Aktivität." Jeden Abend „studiert" Elke Nietsche nun im Dianetik-Zentrum die Werke des großen L. Ron Hubbard.

Mitarbeitervertrag als Lockmittel

Da sie die 130 Mark für ihren ersten Kurs nicht hat, darf sie tagsüber sogenannte „Flyers" unter die Leute bringen, Werbezettel mit dem Bild Albert Einsteins und dem verlockenden Satz „Wir nutzen nur zehn Prozent unseres geistigen Potentials". Elke: „Ich sollte 5 000 Flyers verteilen. Für 1 000 Stück bekam ich 15 Mark. Die Stapel wurden und wurden nicht kleiner. Es war sehr mühsam." Als sie sich eines Abends wieder im Dianetik-Zentrum einfindet, um Vollzug zu melden, kommt freudige Nachricht aus München: Der Mitarbeitervertrag kann abgeschlossen werden. „Ich wollte das eigentlich gar nicht", sagt sie etwas kleinlaut, „aber sie haben Druck gemacht, es war schon spät, und deshalb habe ich alles ausgefüllt. Erst hinterher habe ich gemerkt, daß ich gar keine Kopie erhalten habe."

Elke Nietsche ist jetzt „Staff Member", sie bekommt sogar den persönlichen Ausweis der *International Association of Scientologists* überreicht. Arbeit gibt es auch, allerdings weniger im sozialen Bereich. Der Leipziger Missions-Chef Ganze betreibt ein Reisegewerbe. Mit seinem blauen Dianetik-Trabi grast er die Märkte um Leipzig ab und verscherbelt Tinneff. Elke Nietsche muß für ihn einen Stand betreuen und Dinge verkaufen, die keiner braucht, zum Beispiel „Blumenaquarien und Handspieltiere. Zunehmend mußte ich länger arbeiten, von acht bis achtzehn Uhr, für 20 bis 25 Mark am Tag." Olaf Ganze steht oft neben ihr und redet, erzählt von Dianetik, „ursprünglichen Fähigkeiten" und „einem glücklicheren Leben", den ganzen lieben Tag lang. Ohne daß sie es recht merkt, gerät sie zunehmend tiefer unter seinen Einfluß.

Doch immer wieder herrscht sie der Scientologe an, daß sie nicht genug Geld in die Kassen bringe. Ganze erklärt kategorisch, Geld müsse fließen. Als Belehrungen den Umsatz nicht steigern, werden ihr „Hilfen" angeboten. Die Ehefrau des Leipziger Geschäftsmannes erteilt sogar einen Finanzkursus. „Immer, wenn mein Umsatz nicht hoch genug war, bekam ich Übungen, zum Beispiel ‚Geld und seine Dynamiken'. Dabei mußte ich Geldscheine zerknüllen und hochwerfen, wieder einsammeln, zerknüllen, hochwerfen usw." Wie hart das Regiment ist, steht in Elkes Tagebuch, beispielsweise am 6. August: „Sonnenallergie macht mir zu schaffen. Das zählt nicht. Muß Umsatz machen. Anschließend studieren."

Während sie immer mal wieder die Akten umsortiert, erhält sie auch Einblick in die eigentliche Arbeit des Dianetik-Zentrums. Ihr Bericht: „Pro Woche wurden 300 Briefe abgeschickt, an Leute, die das Dianetik-Buch gekauft haben. Über diese Leute existiert auch eine Telefonkartei. Hin und wieder werden sie angerufen, anschließend werden Berichte geschrieben. Über jeden, der das Buch gekauft hat, existiert eine Akte. Psychiatrische Fälle und Kritiker werden gesondert abgelegt."

Glücklicherweise meldet sie sich nicht beim Arbeitsamt ab, obwohl Familie Ganze darauf drängt. „Dann hätte ich keine eigenen Einnahmen mehr gehabt. Aber ich mußte doch für mein Kind sorgen."

Der schnelle Aufstieg zum Auditor

Um richtig auf Kurs zu kommen, soll Elke Nietsche so schnell wie möglich zur Weiterbildung nach München. Tage später ist es soweit. Fix und fertig vom Herumstehen auf dem Leipziger Flohmarkt und der langen Fahrt kommt sie nachts um zehn in der bayerischen Hauptstadt an. Ohne lange nach dem Woher und Wohin zu fragen, beordert man sie umgehend in den ersten Kurs, „Staff Status 0" genannt. Zur „Orientierung in der Org", wie das hier heißt. „Erschöpfung gibt es bei Scientology nicht. Wenn du müde wirst, kann das nur einen Grund haben: daß du ein Wort nicht verstanden hast. Dieses Wort muß dann mit dem Kursüberwacher geklärt werden."

Um Mitternacht wird sie entlassen, weil sie ihr entlegenes Quartier aufsuchen muß, eine Wohngemeinschaft von Scientologen. Am nächsten Morgen beginnt das Trainingsprogramm um 9.30 Uhr. Eine Ober-Scientologin überreicht Elke den TIP mit den wichtigsten Exerzitien. Wie alle anderen „Studenten" hetzt sie von einer Übung zur nächsten, zwölf Stunden täglich. „Zum Nachdenken bin ich nicht mehr gekommen", erzählt Elke Nietsche. „Nach jedem Kurs wurde ich an den E-Meter angeschlossen und mußte Erfolgsberichte schreiben." Tatsächlich erzielt sie schnell Fortschritte. Schon nach drei Tagen darf sie sich „Auditor" nennen, „nun konnte ich selbst auditieren". Kam ihr das nicht verdächtig vor? „Eigentlich nicht. Aber ich habe solche Überlegungen gar nicht mehr angestellt. Man war ja nie allein. Man ist ja geistig nicht ganz da. Und alles ist immer gut, super, toll!“ Trotzdem fühlt sich die Leipzigerin fremd in dieser seltsamen Welt von Kursen, Studierorders, Ethikmaßnahmen und redefinierten Wörtern. „Ich habe kaum jemanden verstanden, weil die alle mit Fachausdrücken nur so um sich warfen.“

Um auch etwas Praktisches zu lernen, entschließt sich Elke, den Kurs „Testauswerter Mini Hut“ zu absolvieren. Darin lernt sie, den Persönlichkeitstest, das wichtigste Lockmittel der Sekte, auszuwerten. Aber hier beginnt sie zu rebellieren, sie fängt sich Minuspunkte und Rüffel ein. Sie soll sich nämlich mit den „Kunden“ zusammensetzen und sogenannte Auswertungsgespräche führen. Warum sie sich geweigert hat, erklärt sie uns so: „Ich fand es nicht in Ordnung, anderen Menschen solche aggressiven Sätze entgegenzuschleudern. Ich wußte doch viel zu wenig von dem, der mir da gegenübersaß.“

Günstigenfalls wird dabei der Testperson bescheinigt: „Sie sind zu gutherzig. Sie werden herumgeschubst.“ Aber der „automatisierte Auswertungstest vom OCA Computer Testing System“ mit Datum vom 16. August 1992 enthält im wesentlichen Sätze von ganz anderem Kaliber. Wer seine Kreuzchen an den passenden Stellen gemacht hat, erfährt zum Beispiel (Kategorie „G 4“): „Sie sind absolut verantwortungslos. Sie klagen andere dessen an, Ihr Leben beherrscht zu haben und es zu dem gemacht zu haben, was es ist, aber es ist tatsächlich Ihr eigener Fehler.“ Entspricht ein „Kunde“ der Kategorie „H 4“, muß er sich folgende „Wahrheiten“ anhören: „Sie sind eine ausgesprochen kritische Person. Sie schlagen mündlich oder mental auf jene Ihrer Umgebung und auf Ihre Umwelt ein und machen sich selbst zu einer Person, in deren Gegenwart sich aufzuhalten beinahe unmöglich ist. Sie mögen die Meinung haben, daß Sie auf konstruktive Weise kritisch oder realistisch sind. Jedoch sind Sie im Grunde genommen bösartig und niederträchtig.“

Wer sich solche Frechheiten ruhig sagen läßt und nicht handgreiflich wird, ist reif für die Sekte. Das Auswertungsgespräch wird trainiert wie eine Schauspielszene. Alle Details sind präzise vorgeschrieben, jede mögliche Reaktion wird berücksichtigt. Eine Aussage soll so lange formuliert werden, „bis sie der Person real ist“ und angenommen wird. „Sobald Sie eine Einwirkung erreicht haben, schauen Sie der Person in die Augen und sagen Sie mit Absicht: ‚Scientology kann Ihnen dabei helfen‘.“

Schließlich heißt es in den Richtlinien: „Der Testauswerter lehnt sich zurück und sagt ‚Das war's'. Neuankömmling sitzt auf Kohlen. Falls Neuankömmling etwas sagt, wie z.B. ‚Was kann ich diesbezüglich tun?' sagt der Testauswerter: ‚Das ist sehr löblich. Das spricht für Sie, daß Sie etwas tun möchten. Sehen Sie, ich bin ein technischer Mitarbeiter hier. Ich habe nichts mit dem Verkauf zu tun oder Kursen, aber falls Sie einen vertraulichen Tip haben wollen, es gibt hier verschiedene Kurse und Dienstleistungen vollzeit. Ihr sicherster Tip ist, eine der billigeren Dienstleistungen zu nehmen und herauszufinden, was Scientology Ihnen bieten kann. Das wird Sie davon abhalten, zu sehr verwickelt zu werden.'" Nach spätestens einer Viertelstunde, so die Vorschrift, soll der Kandidat einen scientologischen Kurs belegen oder mindestens ein Buch kaufen. Elke Nietsche mag das nicht. „Dafür wurden mir Schuldgefühle eingeimpft."

Verstrickt und gefangen

Sie wird von Kurs zu Kurs gejagt, muß Aufsätze schreiben und lernt, mit „Knet-Demos" Figuren zu formen. Um die teuren Lernmittel – Bücher und Kassetten im „Kurs-Pack" – zu kaufen, muß sie sich Geld leihen. Denn ohne Fibel keine „geistige Gesundheit". „Sie fragten, ob ich nicht noch Geld auf dem Konto hätte. Ich habe dann sogar eine Überweisung von meinem Konto geschrieben und meine letzten Ersparnisse angegriffen." Zuletzt erfährt sie im „BSM-Kurs", was „mißverstandene Wörter" sind und wie man sie „klärt". Um alle Mißverständnisse auszuräumen, hilft das „Fachwortverzeichnis Scientology und Dianetik" für 50 Mark. Wer dort beispielsweise unter „Entlasten" nachschlägt, ist jedoch hinterher auch nicht schlauer: „Da ein Basik auf keiner Kette sofort zur Verfügung steht, entlastet man es gewöhnlich, indem man spätere Engramme, Secondaries und Locks läuft" – was immer das sein mag.[1] Elke Nietsche geht es nicht anders. Nach einer Woche intensiven Studiums ist sie weniger denn je in der Lage herauszufinden, worum es sich bei Scientology eigentlich handelt. Um diese Erfahrung reicher und ein paar hundert Mark ärmer fährt sie nach einer Woche wieder nach Leipzig zurück und meldet sich im Dianetik-Zentrum dienstbereit. Wieder muß sie Blumenaquarien feilbieten, erhält von Familie Ganze ihre Auditing-Stunden und muß hinterher oft noch bis 23 Uhr studieren. „Ich war wie gebannt. Ich wurde völlig in diese Welt hineingezogen. Ganze ließ mich ja auch gar nicht mehr aus den Augen."

Als ob das alles nicht reicht, erhöht Olaf Ganze noch den Druck, der auf ihr lastet. Statt ihre eigene Tochter zu hüten, soll sie am Wochenende die Kinder des Scientologen beaufsichtigen. Auch die Arbeitszeiten werden verlängert. „Meine Verkaufszahlen waren miserabel. Sinkender Umsatz ist überlebensfeindlich, sagte Ganze dazu." Wieder muß sie mit Geldscheinen jonglieren, um deren „Dynamik" zu erproben. Als das alles nichts hilft und sie dann auch noch zu spät zur Arbeit kommt, verliert der Büroleiter die Beherrschung. Wer sich so zersetzend verhält, muß Hintermänner haben. „Mich könne er nicht mehr auf den Markt schicken, brüllte er. Ich sei eine PTS, meine Tochter sei eine PTS, meine Eltern seien PTS." Eine solche „Potential Trouble Source" (Potentieller Unruhestifter) ist nach Sektengründer Hubbard jemand, der „sehr eng mit Personen verbunden ist (wie z.B. eine eheliche oder Familienbindung), von denen bekannt ist, daß sie ... gegen Scientology eingestellt sind". Wie bereits ausgeführt, ist es „ein Verbrechen, PTS zu sein". Ist ein „PTS" erst mal identifiziert, muß er umgehend „gehandhabt" werden, durch Trainingsverbot, Auditingentzug oder radikale Trennung von den „unterdrückerischen" Angehörigen.[2]

Elke Nietsche erhält aber noch eine Chance, „Kritik und Selbstkritik" zu üben. Übers Wochenende schickt man sie noch einmal nach München. Dort absolviert sie den sogenannten „Integritätskurs" und lernt den „Ehrenkodex" der Scientologen kennen, in dem es beispielsweise heißt: „Verlasse niemals eine Gruppe, der Du Deine Unterstützung schuldig bist."[3] Auch Auditing gehört zum Rehabilitationsprogramm. „Ich sollte von Taten aus der Vergangenheit erzählen, wo ich falsch gehandelt habe. Ganz genau, mit Geschehnis, Ort und Zeit. Sie sagten, das wäre geheim. Das würde mir helfen. So haben sie viele Informationen über meine Schwächen bekommen."

Kursteilnehmern, die sich weigerten auszupacken, „wurde dann klargemacht, daß irgendwas mit ihnen nicht stimmte", erzählt Elke Nietsche. „Die mußten dann zum ‚Interview'. Als ich das mitkriegte, habe ich lieber geredet." Und siehe da, es hilft. „Ich fühlte mich besser. Ich war anerkannt. Ich wußte einiges und verstand mich mit vielen." Es hat sieben Wochen gedauert, aber nun sitzt Elke Nietsche in der Falle.

Das ist der Zeitpunkt, wo man sie in einige Geheimnisse der Organisation einweiht. In München hört sie zum ersten Mal von den böswilligen „Attacken auf Scientology". Claudia Kauer, hochgestellte „Patron of the Association" und in leitender Position beim scientologischen Geheimdienst OSA, weiß ihren Zuhörern jedoch zu versichern, jedwede Verleumder und Unterdrücker „würden alle ihre gerechte Strafe erhalten". Beifall. „Sie sagte: ‚Die Presse verbreite nichts als Lügen. Vor Gericht ist Scientology ungeschlagen. Wir gewinnen jeden Prozeß.'" Elke Nietsche ist beeindruckt. Sie kann nicht verstehen, wieso überhaupt Kritiker dieser „modernen Wissenschaft" existieren und was die eigentlich wollen. Aber danach fragt hier auch keiner. Hier nicken und lächeln alle nur. Großer Beifall.

Am liebsten möchten sie die netten Leute in München ganz dabehalten. Als Elke äußert, sie müsse nach Hause zu ihrer Tochter, versucht ein wildfremder Mann, sie zu beruhigen: Das würde Olaf Ganze in Leipzig schon regeln. „Man redete auf mich ein, ich solle doch dableiben", erinnert sich Elke. Ein „Clear" namens Günter setzt sich mit ihr zum Auditing. „Er hat mich immer weiter auf der Zeitspur zurückgeschickt. Ich mußte Geschehnisse erzählen, die mir wehgetan haben. Immer weiter ging er zurück. Ich weiß nicht mehr, was ich alles erzählt habe." Als das Auditing vorbei ist, erschrickt Elke. „Es hatte nicht zwei oder drei Stunden gedauert, sondern von 19 Uhr bis drei Uhr früh. Günter sagte zum Schluß, daß wir morgen und übermorgen weitermachen würden. Aber ich wollte doch nach Hause!"

Elke Nietsche verliert fast den Boden unter den Füßen. Das Auditing hat sie verwirrt. Soll sie lieber in der Org bleiben? Sie hat Schwierigkeiten, sich zurechtzufinden. Aber der Gedanke an Friederike läßt ihr keine Ruhe. „Irgendwie habe ich es geschafft, nach Leipzig zurückzufahren."

Angst vor dem Ausstieg

Olaf Ganze gibt ihr drei Tage, um ihre Sachen zu ordnen und Friederike unterzubringen, „dann sollte ich wieder nach München". Der sächsische Scientologe hat wohl Großes mit ihr vor. „Er sagte, wir – die Scientologen – seien die einzigen, die in Leipzig momentan etwas verändern könnten." Was das heißen soll, sagt er allerdings nicht.

Als Elke ihre Tochter bei der Schwägerin abholt, legt sie zufällig einen Prospekt über den „Reinigungs-Rundown" auf den Tisch. Die Schwägerin blättert darin herum. Plötzlich wirkt sie ganz aufgeregt und geht zum Telefon. „Auf dem Prospekt stand irgendwo das Wort Scientology. Darüber hatte meine Schwägerin mal eine Sendung gesehen. Sie war außer sich und sagte zu mir, am Abend käme jemand zu mir, der mir was erzählen würde."

Sören Bartsch stellt sich als Leiter der „Eltern- und Betroffeneninitiative" (EBI) vor. Er versucht, Elke einige unangenehme Wahrheiten nahezubringen. Elke reagiert mißtrauisch. „Ich war erst mal erschrocken, daß das eine Sekte sein sollte. Aber seine Sätze sind an mir abgeprallt. Da stand Aussage gegen Aussage. Ich dachte nur, da mußt du in Zukunft etwas besser aufpassen." Ein anderer Mitarbeiter der EBI sitzt den ganzen nächsten Vormittag mit Elke zusammen und widerlegt ihre Einwände Punkt für Punkt. Er nennt Fakten und Hintergründe. „Da setzten langsam meine Besinnung, mein Gewissen wieder ein", beschreibt Elke diesen schwierigen Prozeß. „Ich habe angefangen zu vergleichen: Was hat er gesagt, was sagt Scientology. Er hat mich total verunsichert."

Vielleicht ist ihr Bruder noch überzeugender. „Er stellte sich einfach hin, schaute mich an und sagte nur: Du mußt da raus." Der Bruder hat inzwischen im Dianetik-Zentrum angerufen und sich beim Leiter nach dem Tätigkeitsfeld seines Vereins erkundigt. Olaf Ganze brüllt und tobt. Elke Nietsche soll sofort ins Dianetik-Zentrum kommen. „Aber ich habe noch am gleichen Tag mein Kündigungsschreiben aufgesetzt und die Löschung aller persönlichen Daten über mich verlangt."

Da sie inzwischen mehr über die Praktiken der Sekte gegenüber Aussteigern erfahren hat, fürchtet sie sich vor der Reaktion ihrer ehemaligen Kollegen aus dem Dianetik-Zentrum. Sie fürchtet sich vor einer Begegnung, vor dem unheimlichen Sog, der von ihnen ausgeht. „Ich hatte Angst, in meine Wohnung zu gehen, bin ein paar Tage nicht nach Hause. Ich dachte immer, die würden kommen und mich holen." Wenn das Telefon klingelt, bekommt sie Angst. Jeder blaue Trabi jagt ihr Furcht ein; es könnte das Dianetik-Vehikel sein. „Das war ein richtiger Verfolgungswahn. Auch meine Tochter hat nach wie vor Angst."

Nach zwei Wochen, am 16. Sptember, bekommt sie Post von Olaf

Ganze. Scheinheilig bedauert er, daß Friederike nun „in so einer Umgebung aufwachsen muß, in der sie nicht die leiseste Chance hat, ihre Fähigkeiten zu entfalten". Dann kommt er zur Sache (Tonsteigerung): „Du solltest wissen, daß Du seit der Ankunft Deiner Briefe, die ich übrigens an die Rechtsabteilung weitergeleitet habe, von sämtlichen Posten in der Scientology-Kirche enthoben bist. (...) Dein Ansprechpartner wird in Zukunft die Ethik-Abteilung der Scientology-Kirche sein." Grummelnd schließt der Dianetik-Leiter: „Dienstleistungen der Scientology sind Dir für immer verschlossen, bis Du Deine Ethik in Ordnung gebracht hast." Als Pfand hat Ganze Elkes Fahrrad behalten. „Hätte ich es selbst geholt, hätten sie mich vielleicht wieder in den Griff bekommen." Zum Glück findet sich eine beherzte Frau vom „Bürgerverein Bachviertel", die ins Dianetik-Zentrum stürmt und das Rad kurzerhand mitnimmt.

Elke Nietsche beginnt wieder, selbständig zu denken. Aber sie ist noch keineswegs befreit. Ihr Denken und Fühlen ist verschoben; wie genau, das kann sie selbst nicht erklären. „Das Geld, was ich für Scientology-Kurse und Bücher ausgegeben habe, das ist nicht so schlimm – aber was psychisch mit mir passiert ist", sagt Elke ganz leise. Sie muß die Sprache neu erlernen, das Denken. „Realität ist doch bei Scientology ein ganz anderes Wort als sonst." Zum Glück hat sie eine Therapie bei der Evangelischen Lebensberatung beginnen können. Im Rückblick ist es ihr unbegreiflich, wie sie in diesen Strudel geraten konnte. Unsicher und traurig sitzt sie mit uns in der Küche.

Angriff auf Mecklenburg-Vorpommern

Schwerin, 21. Oktober 1992. In den Gymnasien der Landeshauptstadt sind dicke Bündel Scientology-Flugblätter aufgetaucht. „Beginnen Ihre Probleme vor der Geburt?" fragen die Verfasser und versprechen Hilfe bei Ängsten, Hemmungen, Krankheiten und persönlichem Ärger. Die Urheber der Werbeaktion sitzen offenbar im frisch eröffneten „Dianetik-Büro" Schwerin, in der Severinstraße 21. Sofort läßt die Schulbehörde die Druckwerke einziehen und erteilt Scientology-Werbern Hausverbot. Trotzdem liegt am nächsten Tag wieder ein Flugblatt-Stapel im Lessing-Gymnasium, diesmal inklusive Persönlichkeitstest.[4]

Scientology-Werbung in Dresden: Der „Geistliche“ Holger Hackenjos kommt!

Ein unerhörter Skandal? Nichts Besonderes im vereinigten Deutschland. Es ist wie eine Seuche: Scientology ist da, flächendekkend und gefährlich. Was Elke Nietsche erlebt hat, kann morgen schon dem Lehrer in Rostock oder der Sekretärin in Chemnitz passieren. Nur ein paar Tage, nachdem sie die Sekte verlassen hatte, bejubelte ein „Offener Brief – Good News" neue Rekrutierungserfolge in der sächsischen Großstadt. „Leipzig: 14 Testauswertungen an einem Tag und 2 Staffs davon rekrutiert!" hieß es darin.

Unfreiwillig zynisch kommentierte das Blättchen *Neue Zivilisation* aus dem Hamburger Dianetik-Zentrum die Ost-Offensive: „Es ist unsere Verantwortung, diese Menschen nicht von einer Unterdrückung in die andere laufen zu lassen."[5] In einem internen Schreiben kündigten Sektenstrategen an: „Wir werden die Szene im Osten gründlich verändern." Was damit gemeint war, ist inzwischen bekanntgeworden. Noch in der Nacht, als in Berlin die Mauer fiel, waren die Scientologen zur Stelle. „Die standen sofort mit ihren Dianetik-Büchern an den Grenzübergängen", weiß der Berliner „Sektenpfarrer" Thomas Gandow. Angeblich brachten sie allein am folgenden Tag 10 000 Hubbard-Bände unter die staunenden Ostler. Die Verkaufsstatistiken explodierten geradezu. Eine Scientologin schilderte ihre Erlebnisse in einer Postille der Sekte: „Voller Dankbarkeit für den wunderbaren Empfang im Westen umarmten sie uns, und das Verlangen nach Dianetik-Büchern und Scientologymaterialien war einfach ohne Ende. Im Null-Komma-Nichts wurde unsere Org von allen Seiten belagert." Das Berliner *Magazin der Dianetik* suchte damals dringend „Leute auf dem ganzen Planeten, die eine Mission in der DDR aufbauen wollen". Denn nichts sei wichtiger, als „daß wir direkt vor Ort Hilfe bieten auf dem Weg in die Freiheit".[6] Keine andere Sekte drängt seitdem mit solcher Gewalt nach Osten.

„Jetzt Entgiftung und Rehabilitation. Powervolle Selbsthilfegruppe *Narconon*. Der Weg lohnt sich", werben unscheinbare kleine Annoncen regelmäßig in der *Ostsee-Zeitung* für die berüchtigte Scientology-Tarnorganisation.[7] Aber nicht nur Kleinanzeigen, die Arbeit, Heilung und „die Chance des Lebens" versprechen, suchen „rohes Fleisch" für den Psycho-Konzern. Bürger aus Rostock, die irgendwann mal von lächelnden Sekten-Drückern angesprochen wurden, fischten 1992/93 Monat für Monat folgendes Schreiben aus ihrem Briefkasten: „Das DIANETIK-Zentrum in Ihrer Nähe kommt!

Helfen Sie uns beim Erwerb eines geeigneten Grundstückes, Ladenlokals mit Schaufenster im Stadtzentrum." Wer einmal seine Adresse hinterlassen hat, kann die penetranten Sektierer kaum wieder abschütteln. Ihre Briefe nerven noch Jahre nach dem Erst-Kontakt und preisen die „einfache Technik" an, die angeblich über alle „Schwierigkeiten des Lebens hinweghilft". Wie die Zeitschrift CHIP enthüllte, verwaltet allein Scientology München per Computer die Adressen von 90 000 „Kunden", die ahnungslos den Persönlichkeitstest gemacht, ein Dianetik-Buch gekauft oder einen Kurs belegt haben.[8]

Nicht nur in Rostock, auch in Wolgast, Anklam, Stralsund und Güstrow kündigen große Plakate Informationsabende über die „Pläne der Scientology Kirche in den neuen Bundesländern" an. Veranstaltungstitel: „Scientology: Was ist es wirklich?" Vortragsreisende sind „Vizepräsident" Franz Riedl, „Sprecherin" Sabine Titzel und „Geistlicher" Holger Hackenjos aus der Hamburger Scientology-Zentrale. Wer hingeht, darf sich dann Weisheiten anhören wie „Geschlechtsverkehr während der Schwangerschaft zeugt Kriminelle" und soll möglichst nicht ohne Dianetik-Bibel für 14,80 DM wieder entschwinden. Über die konkreten Pläne im Osten schweigen sich die PR-Scientologen aber lieber aus.

Die Missionierung der Ostgebiete wurde der vorgeblichen „Kirche" leichtgemacht. Ohne groß nachzufragen, stellten Verwaltungen und Behörden Kulturhäuser und frühere Partei-Bildungsstätten zur Verfügung. In Dresden mieteten Scientologen gleich das komplette Hotelschiff „Elbresidenz", um ihre „Religion" vorzustellen. Der gelbe Dianetik-Bus kurvt durch die Ortschaften zwischen Zwickau und Wismar und wirft tonnenweise „tolle" Postillen unters Volk. Buchhandlungen in den entlegensten Ortschaften Mecklenburgs präsentieren Hubbards „Bestseller" im Schaufenster, weil man ihnen außergewöhnliche Provisionen verspricht. Öffentliche Bibliotheken werden – als selbstlose Spende deklariert – mit buntem Hubbard-Ramsch überschwemmt. Und Hunderttausende von Ostdeutschen finden regelmäßig den scientologischen Persönlichkeitstest in ihren Briefkästen.

Obwohl einiges ans Tageslicht kommt, ist es „doch nur die Spitze des Eisberges", so Pfarrer Thomas Gandow, der Sektenbeauftragte der evangelischen Kirche in Berlin-Brandenburg. Inzwischen haben die Hubbard-Jünger zwar ihre Filiale in Schwerin mangels Zulauf wieder geschlossen, sich aber in Rostock, Dresden, Leipzig und Suhl fest etabliert. Schon wurden erste Fälle bekannt, in denen Ostdeutsche alles stehen und liegen ließen, um sich und ihr Vermögen ganz der „Brücke zur totalen geistigen Freiheit“ zu widmen. Der brandenburgische Innenminister Alwin Ziel schätzte im Januar 1993, daß bereits 5 000 bis 10 000 Menschen in seinem Bundesland Scientology-Kurse absolviert haben.[9] Scientologen benutzen in ihren Broschüren gern das Wort „Wahnsinn“, wenn sie sich über die Ost-Expansion auslassen; „toll, toll, toll“, kommentierte der „Offene Brief“ aus Leipzig die Fortschritte.

Doch im Vergleich zum Aufwand ist der Erfolg der Straßenwerbung („body-routing“) letztlich eher mäßig, wie Insider einräumen und Journalisten feststellen. „Zu drei uns aus jüngster Zeit bekannten Veranstaltungen in Schwerin kamen nur die Medien oder Beobachter der ‚Gegenseite‘“, konstatierte beispielsweise die *Schweriner Volkszeitung* am 22. Oktober 1992. Obwohl sie keine Erfahrungen mit Psycho-Sekten haben, sind die Ostler nicht ganz so arglos und unbedarft, daß sie jedem Heilsbringer auf den Leim gehen. Vielleicht haben sie in ihrem Leben genug hehre Worte auf FDJ-Treffen, Vertrauensleute-Vollversammlungen und Kampfdemonstrationen gehört. Vielleicht können sie auch – aus naheliegenden Gründen – die penetrante Ausforschungsmanie der Scientologen schlecht verknusen.

Hier fehlt offenbar noch eine Klientel, wie sie die saturierte Gesellschaft des Westens zu Tausenden hervorbringt: frustrierte Angestellte, genervte Mittelständler oder Leute, die um jeden Preis nach oben wollen. Der Rechtsanwalt und Scientology-Experte Ralf-Bernd Abel beschreibt sie so: „Es sind nicht ausgefallene und ausgeflippte Leute, die große Probleme mit sich und der Umwelt haben, sondern es sind eigentlich diejenigen, die möglicherweise in einer bestimmten Lebensphase das Gefühl haben, nicht ganz den Erfolg zu haben, den sie sich selbst vom Leben erträumt haben, die Partnerprobleme (oder) sonst Probleme mit ihrer Umwelt haben.“[10] Und Sekten-Experte Michael Haupt aus Berlin urteilt: „Das soll jetzt keine Herabwürdigung sein: Der Mensch, der acht Stunden am Fließband steht, wird dort nicht hingehen, weil er das durchschaut. Aber der Akademiker, der wird es tun. Wie bei Baghwan.“

Mit Persönlichkeitstests auf Kundenfang

„Ich bin Anfang 1981 durch Kunden an Scientology geraten", erzählt der Grafiker und Verleger Norbert Potthoff (42) aus Krefeld. „Die haben mir etwas von einer angewendeten und anwendbaren Philosophie erzählt, sehr geheimnisvoll und interessant dargestellt. Da wurde ich neugierig und bin mit ihnen nach Düsseldorf gekommen, in das Scientology-Center. So geriet ich nichtsahnend in etwas hinein, was sich später als sehr bitter und übel herausstellen sollte." Norbert Potthoff sitzt an seinem Schreibtisch und sortiert die Post. Mit seinen langen Haaren und der stets korrekten Kleidung sieht er seltsam unmodern aus, fast wie ein Edelmann aus der Zeit der Musketiere. Es ist schwer zu verstehen, wie ausgerechnet dieser ausgeglichene Mann auf die raffgierigen Sektierer hereinfallen konnte. Denn Norbert Potthoff war nicht nur Mitglied oder normaler Angestellter („Staff Member"), sondern fünf Jahre lang Top-Manager der Düsseldorfer Scientology-Org. Seine Aufgabe: Werbung und Aufbau neuer Missionen. Seine Gesichtszüge sind heute so zerfurcht, daß man förmlich spürt, was er durchgemacht hat. „Ich war neugierig darauf, im Leben besser zurechtzukommen und einfach besser zu verstehen, warum Menschen so sind, wie sie sind – wo komme ich her, wo gehe ich hin, wer bin ich eigentlich."

Wie im Fall Potthoff verläuft der Weg in die Sekte meist unspektakulär. „Bei einem Besuch meiner Verwandten bekam ich erstmals das Dianetik-Buch in die Hand", erzählt eine junge Frau, die seit ihrem Ausstieg unter starken Depressionen leidet. „Ich wurde auf der Straße angesprochen und zu einem Persönlichkeitstest eingeladen", erinnert sich Werner Schmidt* aus Hamburg. Und eine ehemals hochgestellte Scientologin aus Süddeutschland sagt: „Eine Freundin hat mir von Scientology erzählt, ich hatte gerade nichts zu tun, da bin ich mitgegangen." Was zufällig und harmlos aussieht, ist jedoch in Wahrheit durchorganisiert und genau geplant. Die Mitgliederwerbung folgt, so Norbert Potthoff, „ausgeklügelten Marketingstrategien" und dem Grundsatz: „Macht durch Masse". Oftmals ahnt man gar nicht, daß man angeworben wird, schreibt der amerikanische Psychologe und Sekten-Experte Steven Hassan: „Der Freund oder Verwandte hat einfach einige sagenhafte Einsichten gewonnen und Erfahrungen gemacht und möchte diese mit Ihnen teilen. Oder er möchte ‚nur Ihre Meinung dazu hören' und tut so, als brauche er Ihre Hilfe, während er in Wahrheit versucht, Sie in eine Indoktrinationsveranstaltung zu locken."[11]

Wer möchte schließlich nicht die restlichen 90 Prozent seines geistigen Potentials kennenlernen? Das Dianetik-Buch ist billig, die Werbung dafür auf moderne Bedürfnisse ausgerichtet. Als „Selbsthilfe-Ratgeber" und „Leitfaden für den menschlichen Verstand" wird es in einem Werbeblatt angepriesen: „Dianetik ist ein Abenteuer. Behandeln sie es als Abenteuer. Und mögen Sie nie wieder derselbe sein." Der ehemalige Spitzen-Scientologe Gunther Träger: „Eine Faustregel besagt, daß auf 25 verkaufte Dianetik-Bücher ein neuer Scientologe kommt." So lockt auch das verquaste Buch Orientierungssuchende ins fragwürdige „Abenteuer" Sekte; der wichtigste Köder ist jedoch der Persönlichkeitstest alias „Oxford-Persönlichkeits-Analyse" alias „ARK-Fähigkeits-Test", der in verschiedenen Farben und unter verschiedenen Namen auftaucht, aber immer den gleichen Inhalt hat. „Singen oder pfeifen Sie oft einfach so zum Spaß?" – „Sind Sie ein langsamer Esser?" – „Müßten Sie sich eindeutig anstrengen, um über Selbstmord nachzudenken?" 200 dieser seltsamen Fragen sollen „verborgene Stärken und Schwächen", angeblich aber auch „Eignungen und Fähigkeiten" zum Vorschein bringen. Schwarz auf Weiß bekommt der Getestete seine „Lebenskurve" dargestellt. Sekten-Experte Thomas Gandow bewertet den Fragebogen jedoch kurz und bündig als „Mumpitz". In einem Gutachten der Psychiatrischen Klinik der Uni München heißt es: „Die in der Scientology-Vereinigung geübte Praxis, einer quasi unbekannten Versuchsperson nur aufgrund des mittels Oxford-Fragebogen erhobenen Profils eine Suizidgefährdung vorzuhalten, muß aus fachpsychologischer Sicht als sehr bedenklich beurteilt werden."[12] Psychologische Tests, so die Verfasser, gehörten nicht in die Hand von „Nichtfachleuten". Mit anderen Worten: Wer sich auf den angeblich wissenschaftlichen Test einläßt, erhält nicht nur Probleme bescheinigt, er wird auch unweigerlich welche bekommen.

Denn der Test ist nur dazu da, unbefangene „Kunden" in die Kurse der Sekte zu locken; in den Sektenrichtlinien heißt das „Handhaben von Bewerbern". Karl-Heinz Schneider, ein Münchener Experte, hat den Test einmal getestet: „Es ist letztlich ohne Belang, welche Ergebnisse die Testperson erzielt. Hauptsache ist, er hat Daten preisgege-

Scientology-Werbung mit Einsteins Bild.

ben und konnte für die ‚neue Sache' interessiert werden."[13] Viele verblüfft die schnelle Test-Auswertung. Der neue elektronische „OCA-Testcounter" („zwei Jahre mit Erfolg in der Münchener Org getestet und optimiert") schafft es sogar in „max. 1 Minute". Das wirkt professionell und wissenschaftlich. Das Opfer erfährt dann von freundlichen, sehr überzeugenden Menschen, daß er sich in punkto „Kommunikation" verbessern müsse. Ein „Kommunikationskurs" (für 100 bis 230 Mark) könne seine Probleme lösen. „Scientology leitet das Individuum heraus aus den Problemen und Barrieren des täglichen Lebens hin zu geistiger Befreiung", verspricht die Scientology-Kirche viel- und nichtssagend zugleich in einer „auf chlorfreiem Papier" gedruckten Broschüre.[14] Therapie ohne die Mühen und Härten einer Psychotherapie – das ist das scientologische Versprechen.

Steigt der „Kunde" jetzt ein, hat er jedoch einen Pakt geschlossen, dessen Konsequenzen er nicht überschaut. Der Neuling wird sofort intensiv betreut und umhegt („bestätigt"). Er bekommt ständig nette Anrufe und Besuche; die Scientologen schreiben ihm auch sehr persönliche Briefe oder schicken Gutscheine „für eine Probesitzung". Sie lassen ihn nicht mehr aus den Augen und versuchen, möglichst viele Informationen zu sammeln: Wer sind seine Freunde, wie steht's um Ehe und Beruf, wieviel Geld liegt auf dem Konto. Der Kandidat wird täglich bearbeitet, um sich „zu verbessern" und „Fortbildungskurse" zu belegen, vor allem aber – um zu zahlen. In einem Scientology-Bulletin von 1983 heißt es in aller Offenheit: „Der einzige Grund, aus dem es Orgs gibt, ist die Aufgabe, Materialien und Dienstleistungen an die Öffentlichkeit zu verkaufen und zu liefern und Leute aus der Öffentlichkeit hereinzuholen, an die man verkaufen und liefern kann. Die Zielsetzung ist total befreite Kunden!"[15] Allein auf der ersten Ebene – vor den sogenannten „Einführungsrouten" – werden 18 verschiedene Kurse und Seminare angeboten. Zahlreiche Anweisungen des Meisters und des neuen Managements („HCO Policy Letters") beschäftigen sich nur mit diesem Thema. So bleute Hubbard 1968 seinen Untergebenen ein: „Das Losungswort ist DIENSTLEISTUNG. Mir ist es egal, wieviele Regeln Sie brechen, wenn sie zur Lieferung von uneigennützigen Dienstleistungen an jemand anderen und Leuten aus der Öffentlichkeit gebrochen werden. Wir leben für Dienstleistungen und nicht für Regeln."[16]

Auf die billigen Anfänger-Übungen folgen bald richtig teure Kurse, vom „Selbsterfahrungs-" zum „Stabilisierungskurs". Und immer fängt der Kurs, den man gerade braucht, „genau heute" an. Ein eigener „Reisepaß" weist den Scientologen auf der „Brückenkarte" die „exakten Schritte" zum Heil. Wer den langen Marsch auf die „Brücke" einschlägt, sollte allerdings vorher ein paar Jahre sparen, denn billig ist die „völlige Freiheit" nicht.

Verschuldungshilfe statt Lebenshilfe

Irina K. (22) aus Berlin, deren Eltern eine gutgehende Firma betreiben, brach 1990 ihr Chemiestudium ab, um Scientology „richtig helfen zu können". Das nötige Kleingeld gaben die Eltern. „Irina litt sehr unter ihrem Übergewicht, wollte es in den Griff bekommen. Deswegen waren wir bereit, die teuren Kurse zu bezahlen", erinnert sich ihre Mutter, die zunächst keine Ahnung hatte, an wen das Geld floß. Knapp 500 000 Mark überwiesen die Eltern auf die Konten der Sekte. Dünner wurde dabei nur ihre Brieftasche. Weil die Eltern nach zwei Jahren nicht mehr zahlen wollten und Irina baten, die teure Sekte zu verlassen, kündigte sie ihnen die Freundschaft. Inzwischen hat sie sich völlig von ihren Eltern getrennt und bezeichnet sie als „Feinde".[17]

Peter S., ein Polizeibeamter aus einer Kleinstadt in Baden-Württemberg, geriet 1991 über eine Annonce an Scientology. Im Persönlichkeitstest wurden ihm seine Probleme erklärt; er bekam sofort ein „Reinigungsprogramm" und drei intensive „Lebensreparaturen" – Gebühren 10 000 Mark – gegen seine gesundheitlichen Beschwerden verschrieben. Peter S. nahm dafür seinen ersten Kredit auf; als das Geld verbraucht war, besorgte er sich den nächsten über 40 000 Mark. Da er sich nochmals „reinigen" wollte, seine Bank aber nicht mehr mitspielte, fuhr er über die Grenze und lieh sich bei einem Geldinstitut in Österreich weitere 65 000 Mark; die Adresse hatten ihm Scientologen gesteckt. Inzwischen war sein Gesundheitszustand schlechter als je zuvor, und bei der Arbeit unterliefen ihm Fehler. Die Schulden türmten sich auf über 140 000 Mark, Kursgebühren für 300 Stunden Auditing. Er hatte immerhin Glück im Unglück. Seine Familie hielt zu ihm und half ihm auszusteigen.

Ende September 1990 verschwand Werner T. (47) aus Zürich, ohne eine Spur zu hinterlassen. Der wohlhabende Ingenieur war seit drei Jahren Anwärter auf der „Brücke". Er wollte möglichst schnell „Clear" werden. Deswegen zahlte er Unsummen in die Sektenkasse. Für ein „L-11-Auditing" legte er insgesamt 30 000 Franken hin. Er sponsorte Scientology-Aktionen mit 40 000 Franken. Ein Aufenthalt auf dem *Sea-Org*-Kreuzer „Freewinds" im Sommer 1989 kostete ihn mehrere 10 000 Franken. Scientology reichte das noch nicht, die Sekte wollte ihn ganz: Nach drei Jahren mußte er Kredite aufnehmen und wurde „gebeten", nach Dienstschluß in der Org zu arbeiten. Der Züricher *Tages-Anzeiger* beschreibt die Auswirkungen: „Die zeitliche Belastung war nun total, täglich arbeitete er nun bis um Mitternacht oder ein Uhr im Zentrum. Bald mußte er seinen lukrativen Nebenerwerb abbauen und die reguläre Arbeit reduzieren oder vernachlässigen. Das Einkommen schwand, die hohen Fixkosten (Alimente, teure Wohnung, Scientology-Kurse und Kreditraten) überstiegen die Einnahmen."[18] Er war finanziell ruiniert und psychisch erledigt. Zum Verhängnis wurde ihm ein letzter Kredit von 150 000 Franken, den er nicht mehr ablösen konnte. Ohne Geld und ohne Hoffnung setzte er sich in den Firmenwagen und tauchte unter. Seiner Mutter hinterließ er folgenden Brief: „Liebes Mami, bitte entschuldige mein Verschwinden. Es hat nichts mit Dir zu tun, ich schaffe es nicht mehr, meine Probleme zu lösen."[19]

Der Psycho-Kult versucht mit allen Tricks, die Mitglieder dazu zu bringen, ihre Konten restlos abzuräumen. Wenn dort nichts mehr zu holen ist, müssen Verwandte und Bekannte angepumpt werden. Die Freunde von der Sekte kommen dann auch mal mit in die Bank, um beim Kreditantrag zu helfen. Um „geistig frei" zu werden, häufen viele Scientologen horrende Schulden an. In der Beschlußvorlage der deutschen Justizministerkonferenz vom Mai 1992 heißt es: „Viele Betroffene verschuldeten sich auf diese Weise selbst bei kurzer Mitgliedschaft mit Beträgen zwischen 50 000 und 100 000 DM."[20] Hubbard selbst konnte darin nichts Unrechtes sehen. Sein lakonischer Kommentar: „Die Preise, die wir verlangen, sind Preise für unbezahlbare Güter: Persönliche Fähigkeit, Gesundheit und Unsterblichkeit. Das Wohlergehen einer Gruppe. Ein geretteter Planet. Noch vor 21 Jahren hätte man nicht einmal mit 100 Milliarden Dollar eine einzige weitere Stunde Leben kaufen können. Für ein paar hundert oder tausend Dollar kann man jetzt ein längeres Leben und persönliche Unsterblichkeit erwerben ... Wieviel ist einem an die Finsternis dieser Erde gefesselten Wesen die Unsterblichkeit wert? Genau. Sie ist unbezahlbar. Es gibt gar nicht so viel Geld."[21] Mit diesen Worten im Ohr setzen sie Millionen um, die Strategen vom Hamburger Steindamm, der Züricher Badenerstraße und der Münchener Beichstraße. In Zürich wurden die Psycho-Kurse sogar einem Geistesbehinderten aufgeschwatzt.[22]

Diese Beutelschneiderei hat der Sektengründer persönlich geradezu genüßlich und in allen Einzelheiten verordnet. Eine Scientologin, die für Hubbard als Marketing-Sekretärin tätig war, bezeugte schon 1980, welche Verkaufstricks Hubbard befahl: „Die Öffentlichkeit ist zu befragen, und es ist herauszufinden, was sie braucht. Wenn man weiß, was sie will, dann ist der Öffentlichkeit zu sagen, daß Scientology diesen Bedarf decken wird. Das ist einzuhämmern. (...) Man nehme einen laufenden Scientology-Kurs und zerlege ihn in mehrere Teile. Dann verkaufe man jeden einzelnen Teil für mehr Geld, als der ursprüngliche Kurs kostet. Wenn wir einen Kurs erweitern, ohne jeglichen neuen Inhalt hinzuzufügen, dann machen wir mehr Geld. Wir verdreifachen die Einnahmen, ohne irgend etwas Zusätzliches zu bieten."[23] Klare Worte.

Nach diesem Rezept werden Kurse (und Preise) ständig verändert, aufgespalten, neu definiert und umbenannt. Der „Hubbard-Mini-Kursüberwacherkurs" ist mit 1 500 Mark noch relativ preiswert zu haben, der „Hubbard-Key-to-Life-Kurs" kostet schon 11 000 Mark, doch ab dem „Akademie-Clear-Paket" für 19 000 Mark oder dem „Hubbard-Organisationsführungskurs" (Org Exec Course) für 37 750 Mark wird es richtig teuer (Preise vom November 1991).[24] Im Florida-Schulungshotel *Flag* gelten auch solche Kursgebühren immer noch als Krümelkram. Hier blättert der „Student" schon mal 1 000 Dollar für eine Seminarstunde hin. Seit 1989 gibt es „eine Anpassung der Spendenbeiträge für Dienstleistungen" um fünf bis 30 Prozent![25] Scientology-Kritiker Ingo Heinemann („Aktion für geistige und psychische Freiheit", Bonn) spricht deshalb ohne Umschweife von „Wucher": „Die Sekte beutet planmäßig die Unerfahrenheit ihrer Kunden in bezug auf die Wirksamkeit (psychologischer) Verfahren und Geräte aus und erzielt dadurch Einnahmen, die in auffälligem Mißverhältnis zum tatsächlichen Wert der Leistungen und Waren stehen.“ Und die „Mutterkirche“ verdient bei jedem der grotesk überteuerten Kurse, bei jedem verkauften Buch kräftig mit. „10 % der Bruttoeinnahmen müssen als Verwaltungsausgaben an die Mutterkirche abgegeben werden“, heißt es beispielsweise in der Satzung des Vereins „Scientology Berlin e.V.“.

Gehirnwäsche mit Auditing

„Wenn die Leute von vornherein wüßten: dieser Kommunikationskurs ist die Gehirnwäsche, dann würden viele davon die Finger lassen“, vermutet Norbert Potthoff. „Aber die Scientologen sagen: wir machen keine Hypnose, wir machen keine Gehirnwäsche, wir machen nur Kommunikationstraining. Das ist Etikettenschwindel.“

Das eigentliche Geheimnis von Scientology ist die Psycho-Technik Auditing. Die Scientologen haben sich mit dem Auditing nicht nur eine infame Verhörmethode geschaffen, um belastende Informationen und schmerzhafte Erinnerungen abzufragen; das Auditing ist auch ein Manipulationsverfahren. Im „Kommunikationskurs“ und im Auditing lernt man, einem anderen unverwandt in die Augen zu starren, ohne zurückzuweichen oder wegzuschauen – in Wahrheit keine Kommunikations-, sondern eine Konfrontationstechnik, die auf Unterordnung und Gehorsam zielt. Laut einem Scientology-Werbeblatt lernt man auch, „eine Äußerung abschließend zu bestätigen, so daß eine andere Person es nicht für nötig hält, das Thema zu wiederholen oder weiterzuverfolgen“ und „scheinbar zu antworten, ohne die Frage wirklich zu beantworten“ – seltsame Kommunikation.[26] Anfänger müssen endlos einfältige Dialoge wiederholen, wie zum Beispiel: „Fliegen Vögel?“ Antwort: „Ja, danke.“ – „Fliegen Vögel?“ Antwort: „Nein, danke.“ – „Fliegen Vögel?“ Antwort: „Vielleicht“.[27] Sie müssen sich anschreien und beleidigen lassen, ohne selbst zu reagieren, sie lernen zu „bestätigen“ („Gut! Fein! Toll!“), und schließlich müssen sie auch selbst Kommandos brüllen. Sie werden von ihrem Auditor in eine hypnotische Trance versetzt, in der sich Traum und Realität vermischen; heftige Gefühlsausbrüche eingeschlossen. Viele Menschen haben am Anfang durchaus den Eindruck, mit dem Auditing ihr Selbstbewußtsein zu stärken, und behaupten daher, daß „Scientology funktioniert“. Aber sie durchschauen weder die Sekten-Organisation noch die körperlich-seelischen Mechanismen des Psycho-Trainings.

Auditing-Übungen erstrecken sich oft über viele Stunden, sie werden rücksichtslos bis zur totalen körperlichen Erschöpfung und bis zum psychischen Kollaps getrieben. „Während dieser Übung erfaßte mich zum ersten Mal das Gefühl, mich von meinem Körper zu lösen“, schreibt Potthoff in einem Artikel. „Es begann meist mit einer Art innerem Rütteln, so als wolle man ein Bäumchen aus dem Boden reißen. Dann folgte ein Ruck, der in einen sanften Rauschzustand überging. Es war seltsam, befremdlich, aber der Trip schien mir damals keineswegs gefährlich oder unangenehm.“[28] Ein Aussteiger aus Süddeutschland berichtet: „Auditing und manche Kurse vermitteln eine Art geistigen Rausch.“[29] Dem Züricher Psychiatrie-Professor Hans Kind gab eine Klientin zu Protokoll, daß sie nach dem Auditing „vollkommen fertig gewesen“ sei, „in gewisser Hinsicht aber auch erleichtert“.[30] Andere schildern die Wirkung als Erweckungserlebnis. So der Hollywood-Schauspieler John Travolta („Saturday Night Fever“): „Als ich vor 15 Jahren meinen ersten Film ‚Nachts, wenn die Leichen schreien‘ drehte, ging es mir schlecht. Da verhalf mir Scientology zur Lebensweise des Lächelns.“[31]

Potthoff führt den Auditing-Rausch auch auf das Durchbrechen einer biologischen Schranke zurück: „Im Aufzug beispielsweise ist es unheimlich peinlich, so eng zu anderen Menschen zu stehen. Im Kommunikationstraining lernt man, daß man es aushalten kann. Wenn ein Mensch gezwungen wird, einem anderen zwei Stunden intensiv in die Augen zu schauen, dann passiert etwas mit dem Menschen.“ Der Krefelder Verleger ist der Ansicht, daß ein brisanter Cocktail von körpereigenen Stoffen das Gehirn der Auditierten überschwemmt: Der massive Streß produziere Adrenalin, das anschließend – wenn nichts mehr geht – mit Morphinen gekontert werde. Neue Erkenntnisse der Psychologie stützen Potthoffs Theorie; tatsächlich können die körpereigenen chemischen Stoffe ähnlich „high“ machen wie illegale Drogen.[32] Norbert Potthoff: „Auditing, das ist meiner Erfahrung nach in der Praxis die Aneinanderreihung von ‚Gipfelerlebnissen‘, eine Wiedergeburt pro Sitzung sozusagen. Und es geht dabei nicht mehr um Veränderungen im wirklichen Leben, sondern um das Erleben von Wunschvorstellungen.“[33]

Sicher ist: „Kommunikationskurs“ und Auditing verändern das

Wesen eines Menschen, und zwar schnell und extrem, so daß er in kürzester Zeit bereit ist, Tausende und Abertausende für den kurzen Rausch hinzulegen. Aussteiger berichten, daß sie schon nach wenigen Sitzungen den Wunsch hatten, weiterzumachen und das beglükkende Erlebnis zu wiederholen. In euphorischen Berichten äußern Auditierte etwa Folgendes: „Gerade habe ich die Behandlung eines ‚Ethik'-Zyklus mit dem MAA abgeschlossen, und es ist wahrscheinlich das beste, was mir jemals passiert ist. Ich habe festgestellt, daß meine Ethik weg war, seit ich zu Scientology kam, und weil dies so war, ging die Tech nicht in mich hinein, also konnte ich nicht den Nutzen daraus ziehen, den ich hätte erzielen sollen. Nun, ich kann jetzt sagen, daß ich wirklich ein Scientologe bin, und ich weiß, daß die Tech L. Ron Hubbards die größte auf der Welt ist."[34] Der Schauspieler Kent Davis über das sogenannte L-Auditing: „Die Ls sind unglaublich, unbeschreiblich, total anders, Sie haben noch nie etwas Derartiges erlebt. Es hat mit Ihrer eigenen Expansion zu tun, hinauf und hinaus ins Universum und in riesengroße Gewinne hinein."[35]

Wichtiger als Essen, Trinken, Freundschaft oder Geld wird es, zum „Clear" oder „Operierenden Thetan" aufzusteigen, um angeblich das „ursprüngliche Potential an Selbstbestimmung, Fähigkeit, Verantwortung und Glück"[36] neu zu erwerben, in Wahrheit aber eine Marionette der Sekte zu werden. Der Auditor funktioniert dabei wie ein „Heroindealer" (Potthoff): Er verabreicht die Droge, macht Appetit auf mehr und immer teurere Kurse. Der Züricher Psychiatrie-Professor Hans Kind entlarvt die scientologische Seelenbeichte jedoch als „völlig unpersönliche, ja ‚unmenschliche' Prozedur" und urteilt, „daß Auditing durch die rücksichtslose Art, wie es nach der Anweisung von L. R. Hubbard betrieben wird, zu Angstzuständen, Depressionen, Selbstwertkrisen, ja psychotischen Zusammenbrüchen führen (kann). Besonders bedenklich ist dabei, daß solche Zustände von den Scientologen gar nicht als solche wahrgenommen werden und deshalb auch keine adäquate Hilfe geleistet wird."[37] Reale Konflikte, die sich in den angeblichen Engrammen verbergen, werden nicht verarbeitet oder therapiert.

Unverzichtbar beim Auditing ist das berüchtigte Blechbüchsen-Meßgerät (E-Meter), das den Klienten vorgaukelt, die Psycho-Tortur wäre wissenschaftlich und objektivierbar. Eine Fülle ominöser Praktiken kommt hinzu. Hubbard-Jünger müssen z.B. unglaubliche

Auditingszene in einem Propaganda-Material der Sekte: die scientologische Antwort auf die Psychotherapie.

Mengen von Vitamin-Pillen (Niacin) verspeisen und tagelang in der Sauna schwitzen („Reinigungs-Rundown"), um sich gegen Drogen, Gifte, Homosexualität und radioaktive Strahlung zu wappnen. Hubbard: „Ganz abgesehen von dem körperlichen Wiederaufleben, das man auf dem Reinigungs-Rundown erlebt, wenn er vorschriftsmäßig und vollständig gemacht wird, gibt es den Nebeneffekt, daß er die Folgen zukünftiger Strahlungseinwirkung vermindert. (...) Und dies zeigt die interessante Möglichkeit auf, daß in Gebieten, die in einem Atomkrieg schwerem radioaktivem Niederschlag ausgesetzt sind, nur Scientologen ihrer Tätigkeit nachgehen werden."[38]

Die Gruppe wird zur Ersatzrealität

Gleichzeitig werden neue „Klienten" ununterbrochen bearbeitet und möglichst keinen Moment mehr allein gelassen. Die „Gruppe" wird zur Ersatzrealität, der einzelne zum Rädchen im Getriebe. Psychiater nennen das „Depersonalisierung". Selbständiges Denken schwindet, je mehr die abstruse Science-Fiction-Ideologie Hubbards in die Köpfe dringt. Als „Wortklären" bezeichnete der Sektengründer euphemistisch seine Technik, mit der Begriffe der „normalen" Sprache in ihr Gegenteil verkehrt oder umdefiniert werden. Wie bei Orwell soll der Mensch neu „programmiert" werden. Man müsse nur, so Hubbard, eine „neue Definition so oft wie irgend möglich" wiederholen, bis mit bestimmten Worten die gewünschten „anderen Gefühle und Symbole" verbunden seien.[39] Der Erfolg ist in der Tat verblüffend. Die Hubbardisten sind schon nach kurzer Zeit in der veränderten Begrifflichkeit gefangen. Ihr Denken folgt nun den immergleichen Schablonen und Mustern. Es dreht sich im Kreis. Nun ist es Zeit, alle Brücken zur Welt der „antisozialen Persönlichkeiten" – der Nicht-Scientologen – abzubrechen.

Eine Hamburger Mutter berichtet über ihren Sohn, der 1987 bei Scientology gelandet war: „Inzwischen hatten wir uns öffentlich gegen Scientology engagiert. (...) Da hat er massiv versucht, uns unter Druck zu setzen, unsere Aktivitäten gegen Scientology einzustellen. Die haben ihn ganz gezielt an Heiligabend geschickt. Wir haben gesagt: Das werden wir nicht tun. Er antwortete: ‚Es tut mir leid, dann müssen wir uns trennen.' Das war der Trennungsbefehl. ‚Die Mutter ist der schlimmste Mensch', haben sie ihm eingebleut."[40] Der „Trennungsbefehl" existiert tatsächlich, wie zahlreiche Briefe von Scientologen belegen – wenn Familienmitglieder Ärger machen und Kritik an den neuen Freunden üben. Für solche „Unterdrücker" soll sich der Adept schämen, man droht ihm sogar mit dem Ausstoß aus der Sekte, wenn er nicht für „Ruhe" sorgt.

Während der Neu-Scientologe Bekannte und Verwandte irgendwann einfach nicht mehr versteht, wird er unaufhaltsam in die Scientology-Gruppe gezogen, deren Sprache er spricht und wo er sich aufgehoben fühlt. Doch mit dem Wohlbefinden ist es schnell vorbei. Sobald die Leute eingewickelt sind und Scientology ihr Vermögen teilweise oder ganz übereignet haben, geraten sie in totale Abhängigkeit. Der 1993 ausgestiegene Top-Scientologe Gunther Träger weiß: „Wenn jemand jetzt wirtschaftlich weitgehend ruiniert ist, wenn er ein Umfeld hat, wo er sich erstmal freundlich behandelt fühlt, dann wird er natürlich wieder da hingehen, weil er woanders ja kaum noch viel machen kann."[41]

Deswegen oder um mehr für ihre „Kirche" zu tun, unterschreiben viele – wie Elke Nietsche – einen Mitarbeitervertrag. Nach dem Motto: „Wenn Sie nicht jeden Tag mit Volldampf Bücher verkaufen, wird Ihre Org ins Wanken geraten",[42] kommen sie in einen Arbeitsstreß, den jede Gewerkschaft der Welt sofort mit einem Streik beantworten würde. Die Sechs-Tage-Woche mit 13-Stunden-Einsatz plus „Studium" ist keine Seltenheit. Die Mitarbeiter verbringen fast ihre gesamte Zeit damit, neue Opfer zu werben, Bücher zu verkaufen oder PR zu machen; nach wie vor verdienen manche nur etwa 300 Mark monatlich. Sie vertrauen darauf, im Gegenzug ein „kostenloses Studium" zu erhalten. Aber im Hinblick auf das Dienstleistungsangebot bleiben auch die Mitarbeiter immer „Kunden", die sich auf der „Brücke" weiterqualifizieren müssen. So fließt ihr Gehalt oftmals postwendend wieder zurück in die Sektenschatulle. Ehemalige „Dianetiker" berichten von Knebelverträgen, Leistungsdruck, unerträglicher Konkurrenz und permanenter Überwachung. Das Leben in der totalitären Org besteht in erster Linie aus Opfer und Schmerz. „Treibt Orgs dazu an, daß sie den Buchverkauf vorantreiben, und seid nicht mild dabei. (...) Ihr seid die Leute, die jeden Aufschwung herbeiführen oder aufhalten ...", peitscht das Management seine Untergebenen nach vorn.[43] In dieser Welt gibt es keinen Platz für

Schwache. In den Mühlen von Scientology kann es niemand wagen, persönliche Schwächen zu zeigen oder gar krank zu werden. Viele Mitarbeiter sind nicht einmal sozialversichert.

Das „Prinzip der steigenden Statistik“ zwingt die Mitarbeiter, ihre Leistung unaufhörlich zu steigern und beispielsweise ihre eigenen Dianetik-Bücher gleich im Dutzend zu kaufen. „Jeden Donnerstag um 14 Uhr ist Statistik-Schluß in so einer Organisation“, erzählt uns Norbert Potthoff, „und spätestens am Abend kommen die neuen Anweisungen. Wenn meine Abteilung in einer Woche 60 Bücher verkauft hatte, dann mußten in der nächsten Woche mehr als 60 verkauft werden. Scientology lebt mit der Vorstellung der ständig steigenden Statistik. Wenn jemand unter scientologischen Gesichtspunkten geistig gesund ist, dann steigt seine Statistik sowieso. Und wenn das nicht der Fall ist, ist er krank. Dann muß er repariert werden. Dann gibt's eine Ethik-Behandlung. Das einzige, was für das Management zählte, war die Statistik. Mein persönliches Befinden war völlig uninteressant.“ Besonders perfide: Auch bei körperlicher Krankheit fällt die „Statistik“, und dem Delinquenten werden Strafarbeiten und sogar Geldbußen zugeteilt. Wer trotzdem krank bleibt, solle lieber „freiwillig“ die Organisation verlassen, empfahl Hubbard – eine Katastrophe für Sektensklaven, deren Denken und Fühlen auf die Gruppe programmiert ist, also eine Art verschlüsselter Selbstmordbefehl. Hubbard schrieb: „Desgleichen unterwirft sich der Mensch, der sich durch Krankheit unfähig macht oder sich in einen Unfall verwickelt, selbst der Ethik, indem er seine Fähigkeit, Schaden anzurichten, verringert, oder vielleicht sogar, indem er sich ganz aus der Umgebung entfernt, der er geschadet hat.“[44]

Das schleichende Gift, mit dem der Einsteiger in die Sekte gezogen wird, beschreibt der Aussteiger Robert Kaufmann: „(Mir) wurde klar, daß die Scientology-Bewegung ihre tief hypnotisierende Wirkung nicht durch ein einziges machtvolles hypnotisches Kommando erreichte. Vielmehr war es die Summe vieler kleiner Schritte, die diesen Effekt herbeiführte, wobei der ganze Humbug sich mit der Auditiertechnik unmerklich vermischte. Zuerst zeigt man dem PC (Preclear, d.A.) etwas, das er gern haben möchte. Vielleicht will er keinen E-Meter kaufen, aber er möchte sein Gedächtnis stärken oder Schmerzen vermindern ..., indem er sich ... auditieren läßt. (...) Aber wenn der Preclear erst einmal dazu verführt worden ist, an ... den angeblichen Hauptgewinn (zu glauben), dann ist er bereit für den Power-Prozeß. Das ist dann der endgültige Übergang in das Niemandsland der Scientology. (...) Schließlich ist sein Glaube so groß, daß er aufs Stichwort elektrische Schocks zu spüren glaubt. (...) Als ich dazu nicht länger bereit war, verloren auch die einzelnen Bestandteile die mystische Faszination, die sie auf mich ausgeübt hatten: die Zeit-Spur, die Bomben-Vorfälle, die Bürde der Milliarden Jahre – dies alles erschien mir immer mehr als das, was es in Wirklichkeit war: ein kommerzielles Unternehmen."[45] Das Wunderland der Scientology „funktioniert" nur in der scientologischen Welt.

In der nichtöffentlichen Anhörung des Bundestagsausschusses für Frauen und Jugend am 9. Oktober 1991 zog Dr. Jürgen Keltsch vom Oberlandesgericht München ein erschreckendes Fazit: „Als biologische Wesen sind wir genauso wie Tiere dressierbar und im Rahmen unserer angeborenen Fähigkeiten durch programmiertes Lernen, durch Strafe und Belohnung in unserem Verhalten änderbar. (...) Die Mißbrauchsgefahr dieser Techniken ist erheblich, da hierdurch nicht nur psychische Störungen behoben werden können, sondern auch das ethische Verhalten eines Menschen ‚umprogrammierbar' ist. Verfolgt der Lebenshelfer, der ein Verfahren der operanten Konditionierung (z.B. Auditing, d.A.) benutzt, eigennützige Zwecke, kann der Hilfesuchende beliebig als Werkzeug mißbraucht werden. Mit Hilfe dieser Methoden erscheint die Errichtung einer therapeutischen Diktatur keine Utopie mehr."[46]

Tarnorganisationen für den Vormarsch in die Gesellschaft

Eine „therapeutische Diktatur" besonderer Art erlebten zwei junge Schweizer im Sommer 1991.[47] Die Eltern des Fixers Peter S. aus Zürich hatten ihm eine Drogentherapie in Bayern vermittelt. Ein Mitarbeiter der Rehabilitierungseinrichtung holte den Kranken und seine Freundin wenig später mit dem Auto ab. Erst unterwegs erfuhren die beiden, wohin die Reise ging: in ein Haus der Organisation *Narconon* am Schliersee. Peter S. bekam sofort einen Riesenschreck, denn er kannte die Verbindung zwischen *Narconon* und Scientology. Die zwei Schweizer baten ihren Chauffeur, sie umgehend zurückzufahren, doch er reagierte nicht darauf. Kaum am Schliersee angekommen, wurden Peter S. und seine Freundin gründlich durchsucht, und vier *Narconon*-Mitarbeiter begannen damit, sie „zu bearbeiten".[48] Vier Tage wurden die beiden festgehalten, bevor sie – ohne Ausweise und Gepäck – flüchten konnten. Das Schlierseer „Drogenzentrum" kam inzwischen noch öfter in die Schlagzeilen. Der *Spiegel* berichtete im Oktober 1991, daß dort Drogensüchtige für teures Geld mit dubiosen „Reinigungs-Rundowns" traktiert und zu Sektenjüngern „therapiert" würden.[49] Statt Heroin hätten sie Alkohol und Haschisch konsumiert: „Als Junkie hin, als Alkie raus", formulierte es ein ehemaliger Insasse, der laut *Spiegel* inzwischen „wieder voll auf der Nadel" ist. Über die dort praktizierten Therapiemethoden urteilt Klaus Behrendt vom Hamburger Allgemeinen Krankenhaus Ochsenzoll: „Medizinisch alles Müll". Aber es bleibt nicht bei der Tortur fragwürdiger Entzugsmethoden. Wie es scheint, erzeugt *Narconon* neue Abhängigkeiten. Laut Axel Seifert von der städtischen Drogenberatungsstelle in Hamburg findet per „Kommunikationskurs" eine „Suchtverlagerung" statt – von der Droge auf die Sekte. Und mehr: „Die Leute von *Narconon* sind selbst süchtig", zitiert der *Spiegel* einen Fixer, „süchtig nach Geld". Ein Tag *Narconon*-Behandlung kostet etwa 120 Mark.

Narconon therapiert aber nicht nur im Voralpenland, sondern auch in Hamburg, Kopenhagen und zahlreichen anderen europäischen Städten. Die meisten Eltern von Drogensüchtigen, die dem Verein ihre Kinder anvertrauen, ahnen nicht, daß es sich dabei um eine Tarnorganisation der berüchtigten Sekte handelt. *Narconon* ist nicht der einzige Verein, der das Markenzeichen Scientology gar nicht oder nur versteckt verwendet. Meist merken die Betroffenen viel zu spät, wem sie dort auf den Leim gegangen sind. In der Schweiz betätigt sich seit längerem schon der Verein ZIEL (*Zentrum für individuelles und effektives Lernen e.V.*). „Engagierte Lehrer" haben sich dort zusammengefunden, um die Unterrichtsmethoden und die „Studiertechnologie" des „großen Denkers" L. Ron Hubbard zu verbreiten.[50] ZIEL ist seit 1979 auch in der Bundesrepublik und in Österreich am Werk. Schon Kleinkinder werden in den „Studier-" und „Lernfibelkursen" mit Weisheiten und „geklärten Wörtern" aus Hubbards humanistischer Bildung malträtiert. Seit 1990 häufen sich die Versuche von Scientologen, bereits Kinder für die Sekte zu rekrutieren. In Hoisdorf bei Hamburg plante die Psycho-Organisation 1990, ein eigenes Internat zu errichten. Auf bereits gekauftem Grund und Boden sollte wohl „Kinder-Dianetik" in großem Stil betrieben werden. Als die Absichten und ihre Hintermänner bekannt wurden, gründeten besorgte Eltern und Anwohner eine Bürgerinitiative. Sie erzeugten soviel öffentlichen Wirbel, daß sich die Scientologen wieder zurückzogen. In Stuttgart konnten engagierte Bürger 1993 verhindern, daß ein scientologischer Kindergarten eingerichtet wurde.

Nicht nur *Narconon* oder ZIEL, sondern eine Vielzahl weiterer „Sozialeinrichtungen" oder „Bürgerrechtsorganisationen" sollen unter dem Deckmantel scheinbar hehrer Ziele das scientologische Gedankengut unmerklich in der Gesellschaft verbreiten. Seriöse Organisationen und Einzelpersonen werden über die Hintergründe getäuscht und vor den Karren der Sekte gespannt. Auch kostenlos an Radiosender verschickte Hörspiel-Kassetten, Film- und Musikproduktionen des scientologischen Medienriesen *New Era Productions* sowie Bücher ohne sofort erkennbaren Scientology-Bezug werben verdeckt für die Ideologie der Sekte.

Via Tarnorganisationen versuchen sich Scientologen in die Gesellschaft zu drängeln. So kämpft der Psycho-Konzern unter dem irreführenden Titel *Kommission für Polizeireform* gegen die „Verletzung der Grundrechte" und „Hetzkampagnen". Der Grund: Das Bundeskriminalamt (BKA) hatte gegen Scientology ermittelt. In zahlreichen Publikationen versuchte Scientology die internationale Polizeiorganisation Interpol als „öffentliche Bedrohung" darzustellen, da sie angeblich „in kriminelle Aktivitäten verwickelt" sei.[51] Interpol hatte Scientology ins Visier genommen. Die *Kommission für Verstöße der Psychiatrie gegen Menschenrechte e. V.* führt wie erwähnt einen Krieg gegen psychiatrische Methoden und Psychopharmaka. Ihre Alternative: „clear" werden mit Scientology. Und die Organisation *Criminon* „rehabilitiert" Strafgefangene, die nicht ahnen, daß sie dabei vom Regen in die Traufe geraten.

Auch die Tarnorganisationen stehen natürlich unter der Kontrolle des internationalen Managements. Es gibt eine eigene Abteilung, die den verdeckten Vormarsch in die Gesellschaft steuert: ABLE – die *Association for Better Living and Education International* (Internationale Assoziation für besseres Leben und Bildung). In den „Befehlsstrukturen der Scientology" wird ihre Aufgabe als „Unterstützung der Expansion der verschiedenen Aktivitäten zur Gesellschaftsreform" beschrieben, um mit „der Technik von L. Ron Hubbard ... die schlimmsten sozialen Probleme der Gesellschaft anzugehen", nämlich: „Drogenmißbrauch", „Kriminalität", mangelhaftes Bildungswesen und die allgemein schlechte „Moral". ABLE International soll „gesunden Verstand in eine gestörte und sterbende Gesellschaft" bringen.[52] Mit welchen Methoden, das zeigt das Beispiel *Narconon*.

Auf der anderen Seite dienen Feldzüge wie „Sag Nein zu Drogen" auch als Alibi, um die wahren Ziele der Sekte zu verschleiern. Scientology braucht Vorzeigekampagnen, um bei negativen Schlagzeilen auf ihr angeblich soziales Engagement verweisen zu können. L. Ron Hubbard gab dafür folgenden Kampfauftrag: „Denke daran, Kirchen werden als Reformgruppen angesehen. Also müssen wir handeln wie eine Reformgruppe. Wir protestieren gegen Sklaverei, Quälerei, Mord, Perversion, Kriminalität, politische Gründe und alles, was die Menschheit unfrei macht. Der einzige Fehler, den wir machen können, ist, unsere Ermittlungen zu verzetteln."[53]

Tod unter ominösen Umständen

Angehörige fanden den 37jährigen Wilhelm Mack erhängt in seiner Werkstatt. Mit geronnenem Blut im Ohr, einer Stoffbinde um den Kopf und einem Knebel im Mund. Wie der Journalist Horand Knaup (Freiburg) recherchierte, hatte der Mann aus dem schwäbischen Dorf Großbettlingen innerhalb von fünf Wochen 70 000 Mark für Kurse, Bücher und Vitamintabletten an das Stuttgarter Scientology-Zentrum überwiesen. Dann kam er zur Besinnung und forderte sein Geld zurück. Der Journalist zitiert aus dessen Schreiben: „Da ich nun etwas Abstand zu Euch gewonnen habe, weiß ich erst recht, auf was ich mich da eingelassen habe. Leider! (...) Das Auditing und die Kurse haben mir in der Praxis erheblich mehr geschadet als evtl. genützt. Deshalb möchte ich mich davon trennen."[54] Trotz der mysteriösen Todesumstände erfolgte keine Obduktion, und die Ermittler gingen so schlampig ans Werk, daß sich das Stuttgarter Justizministerium, wie Knaup herausfand, später sogar bei der Familie entschuldigte.

Wilhelm Mack ist nicht der einzige Scientologe, der unter ominösen Umständen sein Leben ließ. Ein baden-württembergischer Polizeikommissar berichtet uns von den Schwierigkeiten, auf die die Ermittler stoßen: „Da fällt einer vom Dach. Nachbarn wollen einen zweiten Mann gesehen haben, die Obduktion ergibt jedoch Selbstmord. Wir entdecken Hinweise auf eine Scientology-Mitgliedschaft, müssen die Nachforschungen aber einstellen, weil wir keine Indizien für eine Straftat finden." Der Beamte weiß „von mehreren seltsamen Todesfällen". Untersuchungen verliefen jedoch regelmäßig im Sande, „keine Zeugen, keine Beweise". Der katholische Sekten-Experte Christoph Bussen (Speyer) berichtet aus seiner Praxis: „Ich kenne mehr tote Aussteiger als solche, die es überlebt haben. Erschreckend ist, daß es meines Wissens keine Abschiedsbriefe von denen gibt, die sich umgebracht haben." Sicher ist: Wer die Sekte verlassen will, dem wird es schwergemacht.

Der hochrangige amerikanische Aussteiger Larry D. Wollersheim („Flag Field Staff Member", Zustand „Power") notierte in seiner eidesstattlichen Erklärung 1980: „Ich befinde mich in höchster Gefahr, weil ich die gefährlichsten Geheimnisse der Sekte enthülle." Er listete Punkt für Punkt auf, welche Maßnahmen Scientology wahrscheinlich gegen ihn ergreifen würde, etwa: „Auf geheimer Ebene wird man mich zum ‚Freiwild' erklären." Man werde versuchen, ihn „mit Drogen, Verbrechen und sexueller Perversion in Verbindung zu bringen" und ihn in „ständige Belästigung und Angst" versetzen. Seine schlimmste Befürchtung: „Sie könnten sehr wohl eine ‚Belohnung' für mich aussetzen. Da ich mich aber in der Öffentlichkeit bewege, könnte – wenn mir etwas zustößt – dies auf die Sekte zurückgeführt werden und würde die Sache nur noch schlimmer machen. Also wählen sie einen Stil, der geheim ist, der sich langsam entwickelt und unaufspürbar ist. Vermutlich werden sie ein Gift oder chemische Stoffe nehmen (könnte ich mir vorstellen), wodurch ‚natürliche' Krankheiten hervorgerufen werden."[55]

Wollersheim, elf Jahre Sektenmitglied, wußte, wovon er sprach. L. Ron Hubbard selbst hinterließ folgende Anweisung: „Wir beginnen, die Leute aufzuhängen, und bleiben dabei, die Schlinge in einer fachmännischen Art und Weise zu knoten, genau bis zu dem Moment, wo wir die Tech reinbekommen, was wahrhaft die Schlinge überflüssig macht. Wenn aber die Tech überhaupt nicht reingeht, dann hängen wir die Leute vollständig."[56] Der Fall Wollersheim ging jedoch glimpflich aus. Ein Gericht sprach ihm 2,5 Millionen Dollar Schadenersatz zu.

Ortswechsel. Zürich, im Sommer 1991. Erleichtert schließt Frau T. ihren Sohn Daniel in die Arme. Er hat eine Horror-Kreuzfahrt hinter sich. Sein Bruder, ein Scientologe, hatte dem gelernten Matrosen einen „attraktiven Arbeitsplatz mit Aufstiegschancen" besorgt. Offizier sollte er werden – auf der „Freewinds", dem Scientology-Liner in der Karibik. Dort wurde Daniel T. jedoch ruck,zuck! als Mitglied der Eliteeinheit *Sea Org* rekrutiert. Sein Vertrag hatte wahrhaft faustische Ausmaße. Er war gleich auf eine Milliarde Jahre ausgestellt. Damit nicht genug, war Daniel T. – nach dem bekannten Muster – innerhalb kurzer Zeit hoch verschuldet, da er wenig für die christliche Seefahrt tat, sondern vor allem „Kommunikationskurse" absolvierte. Als er dagegen rebellierte, wurde er zum „Feind" erklärt und im Auditing „gehandhabt". Sein „Ethik-Offizier" entzog ihm den Paß, kürzte die Heuer und ließ ihn nicht mehr an Land gehen. Daniel T. war gefangen, wie die lebendig Begrabenen auf B. Travens „Totenschiff". Dennoch gelang es ihm, einen Hilferuf an seine Mutter zu senden: „Wenn ich einen Paß oder eine Identitätskarte hätte, wäre ich schon längst verduftet. (…) Mami, je länger, je mehr habe ich Angst, daß ich es nicht schaffe." Recherchen des Züricher *Tages-Anzeigers* machten den Scientologen Beine. Nach dreieinhalb Monaten ließen sie den Matrosen fahren. Nicht jedoch das Geld. Kurz nach seiner Rückkehr fand Daniel T. eine Rechnung über 11 000 Franken in der Post. Noch unter Schock, kratzte er das Geld zusammen und überwies die Summe. Für das unfreiwillige Abenteuer mußte er nicht nur mit Schulden, sondern auch mit Psycho-Problemen bezahlen. „Seit einiger Zeit muß ich gegen starke Selbstmordabsichten kämpfen", berichtete er dem *Tages-Anzeiger*. „Vor meiner Zeit bei Scientology kannte ich solche Gedanken und Gefühle nicht."[57]

Reto S. war 34 Jahre alt, als er sein Auto nahe der Brücke abstellte, über das Geländer kletterte und in die Tiefe sprang. Der junge Schweizer wurde nach einem „katastrophalen Ergebnis" im Persönlichkeitstest von Sektenmitgliedern zu einer Auditing-„Therapie" gedrängt. Er gab viel Geld für eine Behandlung aus, die ihn in Wahrheit erst aus dem seelischen Gleichgewicht brachte. Hugo Stamm vom Züricher *Tages-Anzeiger* hat den Fall akribisch recherchiert. „Was habt ihr mit mir gemacht? Ich bin nicht mehr der gleiche Mensch", zitiert der Journalist aus Retos Notizbuch.[58] Reto S. litt plötzlich unter Wahnvorstellungen und Selbstmordabsichten. Er mußte mehrfach in eine psychiatrische Klinik eingeliefert werden. In einer stabilen Phase gelang es ihm, Schadenersatz gegenüber der Sekte geltend zu machen. Der Psychiater Hans Kind kam damals in seinem Gutachten zu dem Schluß, daß die Erlebnisse bei Scientology als Auslöser für die Psychose angesehen werden müßten. Reto S. driftete jedoch immer mehr in eine Scheinwelt ab, er wirkte auf seine Mitmenschen wie in Trance. „Die Scientologen haben mich, sie sind an mir dran", klagte er kurz vor seinem Tod, so Hugo Stamm. Eines Tages kam Reto S. nicht mehr nach Hause. Es war der 25. August 1991.

Schwierige Rückkehr in die Wirklichkeit

Gut möglich, daß die Scientologen wirklich an Reto S. „dran waren". Aussteiger berichten immer wieder, daß ihre früheren Genossen alle Tricks anwenden, um sie wieder in die Sekte zu zwingen. Da werden „zwanglose" Begegnungen organisiert oder auch mal handfeste Drohungen gestreut. Der ehemalige Scientologe Heinrich Steiden aus Wien erinnert sich: „Langsam begann die Hubbardsche ‚Rückholmaschinerie' zu arbeiten: In den ersten Monaten nach meinem Ausstieg läutete sehr oft das Telefon. Diverse Jung-Scientologen versuchten mich zuerst telefonisch und dann auch schriftlich in die Mission zurückzuholen. Sie wollten mit mir sprechen, Mißverständnisse aufklären, Ethiksitzungen arrangieren und alles Erdenkliche tun, um mich wieder zu einem aktiven Scientologen zu machen. Ich blieb jedoch in dieser Sache hart und lehnte jeden Kontakt ab."[59]

Auch Norbert Potthoff hatte nach seinem Ausstieg erhebliche Probleme. Wie er berichtet, wurde seine Frau, die noch bei Scientology war, als regelrechtes Lockmittel und Pfand mißbraucht. Wollte er die Sekte verlassen, war er gezwungen, sich auch von seiner Frau zu trennen. „Ich habe sehr darunter gelitten", erzählt er uns, „aber ich hatte Scientology als ein totalitäres System erkannt, das sich mit meiner Grundmoral, meiner christlichen Erziehung und Ethik nicht mehr vereinbaren ließ." Potthoff fand in die Realität zurück, als sein Bruder ihm klar und deutlich sagte: „Ich rede nicht mehr mit Dir, solange Du bei den Faschisten mitmachst." Potthoff: „Da setzte bei mir das Nachdenken ein. Meine Frau ist letztlich dringeblieben und hat sich dann von mir trennen müssen. Man hatte sozusagen als Beute meine Frau, und mich hat man dann fahren lassen." Viele Aussteiger haben Angst vor Repressionen oder Erpressung. Da werden Namen nicht genannt, Treffpunkte nicht eingehalten. Nur wenige trauen sich, wie Norbert Potthoff auszupacken. Hat er denn keine Angst? „Nein, sie müssen mich hüten wie ihren Augapfel. Mir darf nichts zustoßen, denn man könnte sich an den Fingern einer Hand abzählen, wer dahinter steckt."

Nicht nur Angst vor den Praktiken der Sekte macht das Aussteigen schwer, sondern auch Furcht vor der fremd gewordenen Wirklichkeit. Norbert Potthoff erläutert im Gespräch dazu: „Wenn man erst mal relativ tief drin ist, ist es einfacher, sich dem Druck zu beugen und drin zu bleiben als rauszugehen. Man hat nach einigen Monaten nur noch scientologische Freunde. Man wird beherrscht von dem Denkgebäude dieses Systems. Die Sprache ist scientologisch geworden. Emotional fühlt man sich vollkommen kontrolliert, aber wiederum auch sicher. Da bleiben die meisten lieber in dem System, das sie kennen, als in die Gesellschaft zurückzugehen, aus der sie ja ursprünglich ausbrechen wollten und die sie jahrelang bekämpft haben."

Das System der Bewußtseinskontrolle

Warum lassen sich Menschen von destruktiven Kulten wie Scientology versklaven? Eine überzeugende Theorie dazu legte 1992 der amerikanische Psychologe Steven Hassan in seinem Buch „Ausbruch aus dem Bann der Sekten" vor.[60] Hassan war selbst zwei Jahre Mitglied der Mun-Sekte, bevor er nach einem schweren Autounfall den Ausstieg schaffte. Seitdem hilft er als „Ausstiegsberater" Menschen, den Weg aus den Sekten zu finden.

Steven Hassan bezeichnet das Sekten-Manipulationssystem als „Bewußtseinskontrolle" (mind control). Es handelt sich „um den systematischen Einsatz von modernen psychologischen Techniken, mit dem Ziel, den Willen des Individuums zu schwächen und Gewalt über sein Denken, Fühlen und Handeln zu erlangen". Sie gehen seiner Ansicht nach auf Methoden der „Gehirnwäsche" zurück, die von

Ex-Scientologe Norbert Potthoff.

den chinesischen Kommunisten an Gefangenen praktiziert wurden. Der Unterschied: Damals wurde mit Gewalt und Folter manipuliert. Die modernen Sekten jedoch nehmen Menschen seelisch gefangen, ohne daß diese selbst es richtig merken. Hassan behauptet, daß letztlich niemand gegen die Seelenfänger gefeit ist, wenn er von ihnen – etwa in einer Krisensituation – angesprochen wird. Meist sind es ja auch keine Fremden, die einen anwerben, sondern Freunde, Familienmitglieder, Kollegen oder Kommilitonen. Oft reicht schon ein Besuch im Sektenzentrum, ein Wochenendseminar, ein „Festessen“ oder ein „Kommunikationskurs“, um unmerklich, aber rasend schnell in den Psychostrudel gezogen zu werden. Hassan: „Man muß sich immer wieder klarmachen, daß in den meisten Fällen die Leute nicht den Sekten beitreten: *Die Sekten werben die Leute an.*“[61]

Bewußtseinskontrolle funktioniert nach dem einfachen Prinzip, daß Menschen immer versuchen, mit ihrer Umgebung im Einklang zu leben. Wird der Bezugsrahmen für die Wahrnehmung der Realität durch die Sekte verändert, werden ankommende Informationen anders interpretiert; die Menschen verlieren ihre Entscheidungsfähigkeit. Dann kann „Ethik“ plötzlich ihr Gegenteil bedeuten, und nur die Gruppe als „sicher“ gegenüber der Außenwelt gelten. Die vier wichtigsten Techniken, ihre Mitglieder unter Kontrolle zu bekommen, sind ausgeklügelt und perfid.

Verhaltenskontrolle bedeutet, daß die Umwelt des Menschen kontrolliert wird – wie er lebt, wie er sich kleidet, was er ißt, wieviel Schlaf er benötigt, was er arbeitet, welche Neigungen er hat. Die Freizeit in den destruktiven Kulten wird so beschränkt, daß kein Entscheidungsspielraum mehr besteht. Ständig wechseln Belohnung und Bestrafung, so daß die Mitglieder nie zu ihrem inneren Gleichgewicht finden.

Gedankenkontrolle sorgt dafür, daß die Sektenjünger die eigenen Gedankenprozesse manipulieren. Die Doktrin der Gruppe übernimmt für sie das Denken; die Sondersprache trennt sie von der Außenwelt. Die Mitglieder werden darauf trainiert, jede kritische Information über die Gruppe abzublocken und für unwahr zu halten. Sie lernen Gedankenstopp-Rituale wie konzentriertes Beten, Meditieren oder Singen, um sie „beim leisesten Anflug von Zweifel, Sorge oder Unsicherheit sofort zu aktivieren“ – bis sie nicht einmal mehr merken, einen „schlechten“ Gedanken gehabt zu haben.[62]

Gefühlskontrolle: Ein System von Schuld und Angst erzieht die

Menschen zu konformen, gehorsamen Sklaven. Ihnen werden Selbstvorwürfe, Schuldgefühle und Ängste vor äußeren Feinden (etwa Psychiatern oder Sektenexperten) eingeimpft. Gefühle wie Glück werden neu definiert: Glück bedeutet dann vor allem, den Weisungen des Oberhauptes zu folgen.

Informationskontrolle: Die Sekte sorgt dafür, daß ihr Mitglied nur noch bestimmte – vor allem keine kritischen – Informationen erhält und wahrnimmt. Zusammen bilden diese Techniken „ein totalitäres Netz, das selbst die willensstärksten Menschen manipulieren kann", meint Hassan.[63]

Er beschreibt den Ablauf der Bewußtseinsveränderung als dreistufigen Prozeß: Zerbrechen, Verändern und neu Fixieren. Zunächst wird die Persönlichkeit des Aspiranten verwirrt und überwältigt – dazu zählen ein „Ruin" im Persönlichkeitstest der Scientologen, hypnotische Techniken wie Auditing und – sehr verbreitet – Schlafentzug. Das entstandene Vakuum wird nun mit neuen Verhaltensweisen, Denkweisen und Emotionen gefüllt. Dazu werden die Menschen in „Seminaren" und „Kursen" systematisch belogen und wiederum mit Hypnosetechniken – oft als „Meditation" bezeichnet – manipuliert. Anschließend wird der Mensch, der jetzt schon im Sinne der Sekte denkt und fühlt, wie ein Foto im Labor „fixiert". Der „neue Mensch" wird geboren; er muß sein altes Selbst verleugnen. Viele Gruppen – etwa Scientology – verlangen, daß sich das Mitglied von seiner Vergangenheit löst, und verbieten ihm Kontakte zu kritischen Familienmitgliedern und Freunden. Jetzt bildet die Gruppe die wahre Familie des Mitglieds.

Schließlich ist der Sektenjünger total auf die Propaganda-Lehre des Gurus programmiert. Er hat eine neue künstliche Identität angenommen, neue Werte und eine neue Sprache gelernt. Er sieht die Umwelt nur noch mit den Augen der Sekte und hat krankhafte Ängste vor dem Ausstieg. Er ist letztlich ein ferngelenkter Roboter geworden, der nicht mehr weiß, was er da eigentlich tut. Doch seine alte Persönlichkeit wurde zwar zurückgedrängt, aber nicht zerstört. Deshalb spricht Hassan von der „zweifachen Identität" der Sektenopfer. Für einen Ausstieg – der auch nach Jahren noch möglich ist – versuchen Ausstiegsberater, die alte, verdeckte Persönlichkeit anzusprechen und zu aktivieren. Aber auch Gerettete haben noch einen langen Weg vor sich, bis sie wieder gesund sind.

Das gilt besonders für Scientology. Selbst wer den Ausstieg „geschafft“ hat, ist damit noch lange nicht über den Berg. Ihrer Science-Fiction-Sekte entronnen, stehen „Ehemalige“ der Welt wie Außerirdische gegenüber. „Ich habe nahezu sechseinhalb Jahre geistig ganz abgeschaltet geschlafen“, berichtete eine Aussteigerin den amerikanischen Psychologen Conway und Siegelman. „Seit dem ersten Tag, an dem ich die Kult-Übungen ausführte, habe ich mich persönlich, geistig oder gefühlsmäßig nicht mehr entwickelt. Ich war augenscheinlich irgendwie gelähmt oder hypnotisiert.“[64] Viele Ex-Sektierer berichten von Zwangsvorstellungen, Angstzuständen und Depressionen. Über zwei Jahre dauert es im Durchschnitt, so Conway und Siegelman, um in die Gesellschaft zurückzufinden. Wie die beiden Psychologen herausfanden, leiden dabei 22 Prozent an sexuellen Störungen und 28 Prozent an Wahnvorstellungen und Sinnestäuschungen. 44 Prozent der Ex-Scientologen unternahmen Selbsttötungs- und Selbstverstümmelungsversuche – mehr noch als Aussteiger aus anderen Sekten.[65] „In der therapeutischen Beratung war wiederholt ein Vakuum erkennbar, welches beim Verlassen der Sekte entstanden ist“, erklärt der Psychiater Prof. Dr. Norbert Nedopil von der Uni-Nervenklinik Würzburg.[66] Wie ehemalige Drogenabhängige müssen Sektensüchtige ganz langsam wieder an die normale Umwelt gewöhnt werden.

„Auch ich habe zwei Jahre gebraucht, um mich einigermaßen aus der Scientology-Welt zu lösen“, erzählt uns Norbert Potthoff, „es hat mir sehr geholfen, die Werke der Weltliteratur zu lesen: Goethe, Dostojewskij, Honoré de Balzac.“

Widerstand in der Öffentlichkeit

Seit zehn Jahren ist das Terrain für die Seelenfänger steiniger geworden. Wo immer die „Thetanen“ operieren, müssen sie inzwischen mit Widerstand rechnen. 50 000 Unterschriften sammelten Mitglieder von „Eltern- und Betroffeneninitiativen“ für ein Verbot der Scientology-Organisation. Selbsthilfegruppen wie die Leipziger EBI unterstützen Aussteiger und Angehörige von Scientologen mit Informationen und Beratung. Ihr Job ist mühsam, oft fühlen sie sich alleingelassen. Eine Betroffene erklärte der Wiener *Abendzeitung* wütend: „Die Politiker schieben diese Aufgabe weit weg. Sie sind froh, daß wir uns mit dem Problem der ‚Jugendreligionen' auseinandersetzen. Dafür ernten wir Schulterklopfen, aber um die notwendigen Mittel müssen wir jedes Jahr auf's neue kämpfen."[67] Während die Sekte mit einer millionenschweren „Kriegskasse" gegen ihre Feinde – Medien, Geheimdienste, Interpol – zu Felde zieht, müssen sich engagierte Kritiker wie der populäre „Sektenpfarrer" Thomas Gandow aus Berlin mit geradezu lächerlichen Etats begnügen, um Informationen zu verbreiten. Gandow gehörte zu den ersten, die nach dem Mauerfall im Osten Deutschlands vor Scientology & Co. warnten: „Nehmt euch in acht vor Leuten, die mit dem bekannten Satz ‚Wir lieben euch doch alle' kommen."

In der Tat: Obwohl das deutsche Bundeskriminalamt bereits 1975 befand, Scientology sei eine „kriminelle Organisation", hatte dies für den Psycho-Multi keine Konsequenzen. Im Gegenteil. Noch im August 1992 erließ das Verwaltungsgericht Stuttgart auf Scientologen-Antrag ein Urteil, demzufolge der „Aktion Bildungsinformation" (ABI) keine staatlichen Zuschüsse mehr zuständen. Damit saßen die Initiativen auf dem Trockenen. Obwohl sie sich auf den „Verbraucherschutz" beriefen, erhielten sie keine Mark mehr aus öffentlichen Kassen. Am 21. Januar 1993 konnten die Aktivisten der ABI vorläufig aufatmen: Der Verwaltungsgerichtshof Baden-Württemberg hob die einstweilige Anordnung wieder auf. Doch vielleicht hat das vorausgegangene Urteil doch ein Gutes. Der ganze Vorgang zeigt, daß auch der Staat in Sachen Aufklärung und Hilfe gefordert ist. Er kann den Schutz der Sekten-Opfer nicht mehr nur privaten und kirchlichen Gruppen überlassen.

Auch die Justiz tat sich bislang schwer, da sich die Scientologen immer noch auf die Religionsfreiheit berufen und Straftaten im Einzelfall nachgewiesen werden müssen. Viele Richter haben kaum Informationen über die Sekte und die Bedeutung der Bewußtseinssteuerung, stochern hilflos im Nebel der verschachtelten Organisationen oder sind nicht darauf eingestellt, daß man sie völlig ungeniert beschwindelt. Im bisher spektakulärsten Verfahren ermittelt die Staatsanwaltschaft Stuttgart gegen die „Verantwortlichen der Scientology-Kirche Deutschland e.V.". Die Vorwürfe lauten auf Verstoß gegen das Heilpraktikergesetz, auf Körperverletzung und Betrug. In einem Schreiben des Bundesjustizministeriums vom 4. Mai 1992 heißt es dazu: „Auffällig ist die Zahl der Personen, bei denen nach Kontakten mit Scientology laut Angehörigenberichten eine psychiatrische Behandlung notwendig war oder die Selbstmord begingen. Die Staatsanwaltschaft Stuttgart hat ca. 15 Psychiatriefälle und ca. 10 Selbstmordfälle im süddeutschen Raum in die Ermittlungen miteinbezogen."[68] Die Ermittlungen waren im Dezember 1993 noch nicht abgeschlossen.

Öffentlicher Druck und spektakuläre Enthüllungen führten dazu, daß 1992 in punkto Public-Relation ein schlechtes Jahr für die Sekte war. Selbst verschlafene Institutionen wie der deutsche Verfassungsschutz, der beispielsweise das rasante Coming Out der Neonazis schlichtweg ignorierte, mußten Scientology nun zur Kenntnis nehmen. Ein „vertrauliches" Gutachten des Bundesamtes für Verfassungsschutz kam zu einem eindeutigen Urteil. Der *Spiegel* veröffentlichte im Dezember 1992 Auszüge aus dem Papier. Darin befanden die obersten Verfassungsschützer, daß es sich bei Scientology um eine „Ideologie mit ausgeprägten totalitären Grundprinzipien" handele.[69] Die Scientologen, so fand der Dienst heraus, seien „Kapitalisten reinsten Wassers". Sie hätten zwar kein politisches Programm, ihre „Zielsetzung" sei jedoch „im erheblichen Maße" politisch. Scientology (SC) verfolge mit ihrer Methode Bestrebungen, „die auf die Abschaffung der durch Artikel 1 des Grundgesetzes gewährleisteten Unantastbarkeit der Würde des Menschen" hinausliefen. Nach Auffassung der Verfassungsschützer will Scientology „keine Volkssouveränität ..., keine Gewaltenteilung ..., keinen Grundsatz der Unabhängigkeit der Gerichte anerkennen ..., keine Verantwortlichkeit der Regierung akzeptieren ..., letztlich das Mehrheitsprinzip und damit auch das Mehrparteienprinzip und das Oppositionsrecht und die Chancengleichheit der Parteien nicht anerkennen, sondern muß diese abschaffen. Denn damit würde die Zielsetzung der SC als ablösbar anerkannt und somit relativiert: Das wäre mit dem Absolutheitsanspruch der SC nicht vereinbar."[70]

Nach einigem Hin und Her gab die deutsche Innenministerkonferenz im Dezember 1992 grünes Licht für die Observation der Scientology-Organisation. Als erstes Bundesland setzte das Saarland seine Schlapphüte auf die Sektierer an. Sie durften die „Ethik-Offiziere", Großspender und andere Spezis nun mit nachrichtendienstlichen Mitteln ausspähen. Im Februar 1993 legte die saarländische Behörde erste „Ergebnisse“ der streng geheimen Observation vor. Richard Dewes, saarländischer Staatssekretär, gab das geradezu umwerfende Ergebnis bekannt: Die Überwachung habe ergeben, daß sich die Scientologen bei Kursen und bei der Schulung potentieller Mitglieder der Gehirnwäsche und Geräten wie dem Lügendetektor bedienten. Diese Methoden aber seien verfassungswidrig.[71] Offenbar hatten die Verfassungsschützer nichts anderes getan, als Zeitungsartikel und die einschlägigen Bücher über die Sekte zu studieren. Damit erweist sich das ganze streng geheime Observationsprogramm als Wassertreterei: ein ABM-Projekt für arbeitslose Geheimagenten. Um Scientology wirksam zu bekämpfen, ist auch aus grund(ge)sätzlichen Überlegungen nicht der Verfassungsschutz, sondern die Kriminalpolizei gefordert.

Die Sekten-Strategie für Europa

Im Sommer 1986 verkündete Scientology eine „Strategie für den Kontinent Europa“ – „Clear Europe“. Ein Jahr später fiel in der Europa-Zentrale Kopenhagen der Startschuß für ein weiteres Projekt: „Clear Deutschland“. Die neue Kampagne dient dem Ziel, „durch die Aktivierung eines optimalen Überlebensziels Vertrauen und Sicherheit in dem deutschen Volk wiederherzustellen und seine wertvolle Power freizusetzen“ – 1 000jährige Sprachfloskeln, modern aufbereitet.[72] Anfang 1990 wurde bekannt, daß Spender bereits 80 Millionen Mark in die „Kriegskasse“ eingezahlt haben, mit der die Kampagne finanziert werden soll. Regelmäßig erscheinen seitdem im scientologischen Magazin *Impact* Listen, auf denen auch die deutschen Großspender ehrenhalber verzeichnet sind. Wer 40 000 Dollar in die „Kriegskasse“ eingezahlt hat, wird zum „Patron“ ernannt, ein 100 000-Dollar-Spender darf sich „Patron with Honors“ nennen. Für 250 000 Dollar gibt's ein Sternchen und den Titel „Patron meritorius“ (Gönner mit besonderen Verdiensten). Bisher haben über 1 000 Scientologen weltweit ihr Scherflein beigesteuert, um den „Krieg“ zu finanzieren, und die Namensliste wächst monatlich.

„Wir befinden uns tatsächlich in einem Krieg; das hat Scientology schon 1981 erklärt.“ Experte Norbert Potthoff weiß: „‚Clear Deutschland‘ heißt, daß zehn bis 15 Prozent der politischen Meinungsführer in Deutschland für Scientology gewonnen werden sollen. Indirekt, daß sie der Sache positiv gegenüberstehen, und direkt, daß sie für Scientology Position beziehen und im Sinne von Scientology arbeiten." Im Interview warnt Potthoff vor den Konsequenzen: „Wenn es den Scientologen gelingen sollte, 15 Prozent der Meinungsführer auf ihre Seite zu ziehen, wird die politische Macht in Deutschland in Frage gestellt. Kein Politiker kann dann noch ein Gesetz durchsetzen, daß den Scientologen nicht paßt." In der Beschlußvorlage des baden-württembergischen Justizministeriums für die deutsche Justizministerkonferenz heißt es 1992: „Nach den Angaben eines ehemaligen Mitglieds, das bereits im ‚Hauptquartier' in Florida tätig war, ist das erklärte Ziel die Kontrolle über die Regierungsgewalt in der Bundesrepublik."

Wie die *Zeit* erfuhr, forderte Heber Jentzsch, Chef der internationalen „Abteilung für Religiöses", 1988 alle Scientologen auf, ihm mitzuteilen, ob sie „mit führenden Persönlichkeiten der Regierung, der Medien, des Finanzwesens oder anderer Religionen persönlich oder gesellschaftlich Kontakte pflegen".[73] Dies war, so vermutet die *Zeit*, Ursprung der umfänglichen Adressenkartei (gespeichert im scientologischen Computernetzwerk INCOMM) und zugleich Ausdruck der neuen Sekten-Strategie, die darauf zielt, Einfluß in Wirtschaft, Gesellschaft und Politik zu gewinnen. Zu Silvester 1989 rief Hubbard-Nachfolger David Miscavige in Los Angeles die „totale Expansion" für die neunziger Jahre aus. Guillaume Lesèvre, der dritte Mann in der Scientology-Führung, präzisierte das Ziel für die deutschen Orgs am 31. März 1990. In einem Telex mit dem Titel „Here is to Clear Germany" (Jetzt Deutschland klären) fordert er sie auf, 10 000 „Lifetime-Members" (Mitglieder auf Lebenszeit) zu rekrutieren, um als Körperschaft öffentlichen Rechts anerkannt zu werden.

Ein Großteil des Geldes aus der „Kriegskasse" wird für gezielte Werbung verpulvert. Nach der Barschel-Affäre erhielten Bundestagsabgeordnete und Minister Post vom scientologischen „Verband verantwortungsvoller Geschäftsleute", der ihnen „Wert und Sinn moralischen Handelns" nahezubringen suchte. Als weiterführende Lektüre war die Hubbard-Broschüre „Der Weg zum Glücklichsein" beigefügt. Anfang 1991 bekamen zahlreiche Führungskräfte aus Presse und Politik hübsche kleine Päckchen mit Hubbard-Video und einem Prospekt, in dem der Prophet als Philosoph, Philantrop, Pädagoge, Management-Experte, Forscher, Schriftsteller und Künstler vorgestellt wird. Die Sekten-Bücher werden allerorten verteilt; zur großen Expansion gehört auch das Ziel, innerhalb der nächsten fünf Jahre „auf einen Anteil von (mindestens) fünf Prozent des Weltmarktes an verkauften Büchern" zu kommen.[74] Norbert Potthoff: „Fünf Prozent – das sind gigantische Summen!" Im Sekten-Blatt *The Auditor* wurde 1992 zum „Jahr der Expansion" erklärt; „große Verbreitungskampagnen" seien geplant.

In diesem Rahmen macht der Plan „Clear Deutschland" offenbar gute Fortschritte, denn am 29. Juli 1992 konnte auf dem Luxus-Liner „Freewinds" die erste „Deutschland-Woche" der Scientology-Organisation begangen werden. Sinn und Zweck des Meetings war es, „die Expansion von Scientology in Deutschland durch Einrichtung stabiler Daten und Kommunikation" zu besprechen.[75]

Während die Spitzenkader in der Karibik über Deutschland konferierten, riefen „1 000 Schweizer Scientologen" zum „Clear Schweiz Kongreß". Am 29. August traf man sich dann in Biel, um unter anderem folgendem Referat zu lauschen: „Wie wird die Schweiz zum ersten geklärten Land der Welt?"[76] Prozentual zur Bevölkerung wohnen in der Schweiz die eifrigsten Spender für die „Kriegskasse". Während in Deutschland mehr als 200 Scientologen ihren Beitrag zur „war chest" leisteten, wollten schon in Italien nur etwa 30, in England gar nur zwanzig auf die „Liste der Besten". Dagegen schmücken mehr als 140 Schweizer Namen die Ehrentafel. Solche (Finanz-)Kraft gibt Selbstbewußtsein. Stolz verkündet das Clear-Schweiz-Komitee: „Wer klärt die Schweiz? Wir. Zusammen." Doch hinter dem Vorhaben, Europa, den Planeten, ja das ganze Universum zu „klären", verbirgt sich nichts anderes als die scientologische Strategie zur Unterwerfung der Erde.

Eine wesentliche Rolle in all diesen Plänen spielt ein geheimnisvoller Zweig des Scientology-Imperiums, der seit 1987 erheblich an Bedeutung gewonnen hat: WISE – das *World Institute of Scientology Enterprises*.

Ein weltweites Wirtschaftsimperium

Ganze Branchen werden unterwandert

Die Ministerin gab sich ahnungslos. Ein Sprecher ihrer Behörde erklärte gegenüber der *Berliner Zeitung*, es könne „von keinem Ministerium der Welt erwartet werden, die religiösen Neigungen derer zu überprüfen, die den Druck der Grußworte in die Hand nehmen".[1] Bundesbauministerin Irmgard Schwaetzer (FDP) stolperte im Januar 1993 in einen handfesten Skandal. Sie hatte sich nicht nur mit lobenden Worten in der Hauszeitschrift einer Immobilienfirma vergriffen. Auch in dem Buch „Faszination Fertighaus" setzte sie ihre Stellung und Protektion verkaufsfördernd ein. Ein bedenklicher Vorgang an sich, aber es kam noch schlimmer. Der „Bauherren-Ratgeber" – Autor: Hans Weber, ein Fertighausunternehmer – ist im *Moewe Verlag* (Idstein) erschienen. Als Inhaber des Verlagshauses fungiert Horst Mehler, ein Scientologe und Lizenznehmer der mysteriösen Organisation WISE. Der *Moewe Verlag* ist einschlägig bekannt. Einige seiner Publikationen hofieren ranghohe Scientologen und stellen sie als Paradeunternehmer dar („Immobilienprofis, 1990"). Mehler selbst kam bereits 1990 in die Schlagzeilen. Er hatte dem bedeutenden Wirtschaftsverlag *Moderne Industrie* ein Kuckucksei untergejubelt. Sein Buch „Macht und Magie der Public Relation" pries unverhohlen Hubbards „Schwarze Propaganda" an. Erst als das Elaborat bereits im Handel war, merkten die Herausgeber, welche Konterbande sie da in Umlauf gebracht hatten. Sie nahmen das Buch vom Markt. Ähnlich erging es dem *Heyne-Verlag* mit einem weiteren Werk des Scientologen, Titel: „Handbuch für Führungskräfte". Auch dieses Buch wurde aus dem Verkehr gezogen.

Das alles konnte Ministerin Schwaetzer nicht unbedingt wissen. Aber die Reaktion ihres Hauses auf die Enthüllungen beweist, wie arglos oder ignorant selbst mächtige Politiker einer Organisation begegnen, die nach Meinung von Experten der italienischen Mafia kaum nachsteht. „Korrupt, sinister und gefährlich" nannte etwa Richter Sir John Latey am High Court London das Sekten-Unternehmen.[2]

Wie gefährlich es sein kann, wenn Scientologen in die Wirtschaft eingreifen, mußten im Sommer 1992 die deutschen Augenoptiker erkennen. Es schien, als ob eine ganze Branche einer Verschwörung zum Opfer gefallen war. Auch in dieser Affäre tauchte wieder der Name Horst Mehler auf.

Verschiedene Titel aus seinem Verlagshaus bieten Rat und Hilfe bei Problemen des Alltags, etwa „Denke nach und werde schlank", „Heilerfolge bei Hautproblemen" oder „Umweltmedizin – Ein neues Zeitalter der Gesundheit". Um den Vertrieb dieser Lebenshelfer kümmerte sich unter anderem Sabine Haible aus Blaustein bei Ulm, eine Scientologin, die hauptberuflich Probleme mit Bügelfalte und Make-up löst. Denn Sabine Haible nennt sich Farb- und Stilberaterin, ein Beruf, der stark im Kommen ist, weil er das Image verbessert und Selbstbewußtsein schafft. Farb- und Stilberater wissen beispielsweise, welche Brille zu welchem Typ paßt, welche Farbe das Ausgeh-Kostüm haben oder wie das neue Seidentuch besser nicht aussehen sollte. Sie haben mit vielen Menschen zu tun, lernen die Probleme ihrer Klienten kennen und sind an möglichst zahlreichen Kontakten interessiert. Sabine Haible ist freilich nicht die einzige Scientologin in der zukunftsträchtigen Modebranche. Ihr Handwerkszeug hat sie vielmehr von Genossen aus der Sekte gelernt – beim Marktführer in punkto Farb- und Stilberatung, der Firma *SN Colours J. E. Erdtmann GmbH* mit Stammsitz in Krefeld.

Womöglich hätte niemand etwas gemerkt, wäre Dr. Stefan Erdtmann, zu jener Zeit Geschäftsführer bei *SN Colours*, nicht sofort an die Decke gegangen. Das Singener *Wochenblatt* hatte sich unter der Überschrift „Farb- und Stilberatung durch Scientologen" erdreistet, seine Firma madig zu machen.[3] Erdtmann drohte umgehend mit Schadenersatzforderungen, er verlangte Gegendarstellung und Widerruf. Stattdessen handelte er sich Ärger ein. Das zuständige Gericht lehnte den Antrag ab. Das *Wochenblatt* konnte bei seiner Darstellung bleiben.

Damit hatte die Zeitung in ein Wespennest gestochen. Nicht nur Stefan Erdtmann ist Scientologe, sondern seine ganze Familie hat kräftig in die „Kriegskasse" der Sekte gezahlt. Mit mindestens 85 000 Mark unterstützen Stefan, Johanna und Lothar Erdtmann den Kampf der „Thetanen". Johanna und Lothar Erdtmann – das ist seit Jahren bekannt – gehörten nicht nur zu den ersten deutschen Scientologen, sondern auch zu den Pionieren der Düsseldorfer Scientology-Org und des (scientologischen) *Verbandes Engagierter Manager* (VEM).

Allerdings scheinen die Augenoptiker von all dem nicht den geringsten Schimmer gehabt zu haben. Über 400 Augenoptiker standen 1992 bei Erdtmanns unter Vertrag. Sie hatten die Seminare der Firma besucht und besaßen nun eine Lizenz zur Farb- und Stilberatung – nach der eigens konzipierten *SN-Colours*-Methode. Der riesige Erfolg bei den Optikern ließ *SN Colours* seit 1985 zum Marktführer in Sachen Styling und Imageverbesserung aufsteigen. Aber das Unternehmen *SN Colours* setzte nicht nur die Devise „Halten Sie Ihr Aussehen so vorteilhaft wie möglich"[4] stilvoll in die Tat um, sondern diente offenbar noch ganz anderen Zwecken. „Wie kleide ich mich, um Erfolg zu haben", die Maxime seriöser Farb- und Stilberater, paßt nur zu genau zur Philosophie des L. Ron Hubbard. Da wundert es eigentlich nicht weiter, daß Erdtmanns in einigen ihrer Seminare offenbar auf dessen „Technologie" zurückgriffen.

„Wir gratulieren Ihnen zum Erfolg des Kurses ‚Erfolg durch Kommunikation'. Sie haben einige der praktischen Kommunikationstechniken gelernt, die in der Dianetik und der Scientology angeboten werden", konnte eine überraschte *SN-Colours*-Kursteilnehmerin in ihrem Zeugnis lesen. „Die wirkliche Herausforderung ist es jetzt, diese praktischen Übungen weiterhin im Alltagsleben anzuwenden", erfuhr sie, und weiter: „Wenn Sie jemals die grundlegenden Geheimnisse der Kommunikation lernen wollten …, dann sollten Sie einen professionellen Ausbildungskurs in der Dianetik oder Scientology machen."[5] Man mag sich kaum vorstellen, wie schnell angehende Farb- und Stilberater den Weg zu Scientology fanden, wenn sie solch warme Empfehlungen beherzigten. Es scheint, daß bei *SN Colours* versucht wurde, ahnungslose Seminarteilnehmer mit scientologischem Gedankengut zu beglücken. Wie die Optiker-Zeitschrift *Focus* berichtete, empfahl *SN Colours*-Chefin Johanna Erdtmann in ihren Farbseminaren auch schon mal Kurse der Scientologen-Firma *Schmitt & Partner* aus Telgte.[6] Dort konnte ein ausgeschlafener

„SN Colours"-Gesellschafter Dr. Lothar Erdtmann warb in der Broschüre „Die Scientology Kirche" für die Sekte.

Augenoptiker allerhand über das „ARK" lernen – scientologische Kindergarten-Philosophie im Zeichen des Dreiecks, des Lieblingssymbols aller Hubbardisten.

Über 700 Lizenznehmer arbeiteten 1992 nach dem speziellen Verfahren der Firma. Beim Abschluß ihres Lizenzvertrages mußten sie sich nicht nur verpflichten, Farb- und Stilberatungen „ausschließlich nach der Methode von *SN Colours* durchzuführen" und sämtliches Material nur von *SN Colours* zu beziehen. Es herrschte auch strikte „Geheimhaltungspflicht" über „alle bei der Farbberatung ... erworbenen Kenntnisse und Fähigkeiten".[7] Dies diente einerseits dazu, die Geheimnisse der *SN-Colours*-Methode zu schützen. Offenbar sollte aber auf diese Weise auch verschleiert werden, daß die künftigen Stilberater mit obskurem Kursmaterial geschult wurden. Doch es kommt noch toller.

Im Lizenzvertrag der Firma hieß es bis Juni 1992: „Der Lizenzteilnehmer verpflichtet sich, vor und nach jeder Farbberatung vom Kunden einen Fragebogen ausfüllen zu lassen, der statistischen und technischen Zwecken dient und zur Auswertung an *SN Colours* geschickt wird."[8] Was für statistische Auswertungen das sein sollten, erfuhr der Kunde nicht. Der Rechtsanwalt und Datenschutzexperte Ralf-Bernd Abel urteilte daher: „Da scheint ein Verstoß gegen den Datenschutz vorzuliegen." Was mit den dabei gewonnenen Daten – nicht nur Informationen über Schminke und Lippenstift – passierte, hat niemand kontrolliert, und niemand wird es noch kontrollieren können. „Ausgelagert" seien die Fragebogen-Jahrgänge vor 1992, erklärte eine Sekretärin auf Nachfrage, und die Klausel, so Stefan Erdtmann in einer Gegendarstellung, sei aus dem Vertrag gestrichen worden.

Der Skandal vom Sommer 1992, der die Augenoptiker in Krefeld und anderswo beschäftigte, betraf offenbar nicht nur *SN Colours* in Krefeld. Möglicherweise ist eine ganze Branche in Gefahr, scientologisch unterwandert zu werden. So gehört die Münchener Farbberatungsfirma *Beauty Colours International* ebenso einer Scientologin wie das *Studio Pur Farb- und Stilberatung* in Hamburg. Die Zeitschrift *Der Augenoptiker* zitierte aus der eidesstattlichen Erklärung einer ehemaligen Scientologin: „*SN Colours* Frankfurt beispielsweise wird ebenfalls von Scientologen, einem Ehepaar Bernd und Elke Conradi, geleitet. Beide haben bei Scientology den Status OT VIII" –

ein ausgesprochen teurer Erleuchtungsgrad. Die Aussteigerin weiter: „Über andere Mitglieder von Scientology werden dort Nichtsahnende auf Farbberatungen angesprochen, die dann beispielsweise in Nebenzimmern von Gasthäusern stattfinden und vornehmlich der Gewinnung neuer Adressen dienen. Ich kann mir nicht vorstellen, daß es irgend jemand bei *SN Colours* geschafft haben sollte, Scientology nicht beizutreten ...“[9] *SN Colours* war offenbar weniger eine Imagehilfe als eine Firma, die im Sinne von Scientology funktioniert. Lothar Erdtmann (63), Unternehmensberater und seinerzeit Mitgesellschafter bei *SN Colours*, führte den „Erfolg im Beruf“ in der Hochglanzbroschüre „Scientology – Resultate und Erfolge“ denn auch auf seine „Religion“ zurück.[10] Dort bekannte er außerdem, jetzt „keine Kommunikationsprobleme mit anderen Menschen“ mehr zu haben. Auch Johanna Erdtmann pries noch 1992 in der Juli-Ausgabe einer Schweizer Optiker-Zeitschrift wortreich die Scientology-Lehre als „Basis einer fundierten Kundenrelation“ an.[11] Als die Scientologen-Connection durch die Presse ging, dementierten Erdtmanns ihre Sekten-Mitgliedschaft nicht, erklärten sie aber – na, was wohl – zur „Privatsache“. In ellenlangen Gegendarstellungen bestritten die drei Scientologen, eine wirtschaftliche Tarnorganisation von Scientology zu betreiben: „Wir haben im Rahmen unserer geschäftlichen Tätigkeit noch nie den Versuch unternommen, irgend jemanden für Dianetik-Kurse und/oder Persönlichkeitstests zu interessieren.“[12] Als Johanna Erdtmann der Presse gerichtlich untersagen lassen wollte, ihre Scientology-Mitgliedschaft zu benennen, fiel sie jedoch auf die Nase. Das Oberlandesgericht München urteilte am 13. August 1993, daß der „Eingriff in die negative Bekenntnisfreiheit“ (niemanden geht meine Religion etwas an) „nicht objektiv rechtswidrig“ war: „Das Gericht vermag nicht von einer scharfen Unterscheidung zwischen den Lehren des L. Ron Hubbard im Managementbereich einerseits und im weltanschaulichen Bereich andererseits auszugehen.“[13]

Zahlreiche Farbberater und die Optikerverbände reagierten auf den Fall *SN Colours* mit Entsetzen. „Daß *Der Augenoptiker* sich irgendwann einmal mit einer Pseudoreligion beschäftigen müßte, hätten wir selbst nicht gedacht“, schrieb die Fachzeitschrift im August 1992 und äußerte die Hoffnung, daß deshalb nicht gleich der ganze Berufsstand diskreditiert sei.[14] Der Autor resümierte: „Jeder Augenoptiker muß sich klar darüber sein, welche Folgen es für ihn haben kann, auch nur in die Nähe der Unterstellung zu geraten, seine Beratung mit Mitteln der Gehirnwäsche zu verbinden oder die Daten seiner Kunden zu anderen als originär augenoptischen Zwecken zu verwenden. Muß man eine besonders blühende Phantasie haben, um sich zu überlegen, wer diese Daten inzwischen haben könnte?"[15] Wie aber den Methoden der Scientologen beizukommen sei, wußte auch *Der Augenoptiker* nicht. Er konnte nur mitteilen, daß ein „großer Brillenhersteller" seine Zusammenarbeit mit *SN Colours* umgehend „ausgesetzt" habe. Damit war eine gedeihliche Zusammenarbeit schlagartig beendet. Denn nicht zuletzt durch die Kooperation mit der Fellbacher Firma *A.D.M Silhouette* war *SN Colours* zum Marktführer aufgestiegen. Nach dem Skandal hatte die Brillenfirma Probleme, Ersatz zu finden. Aber Friedhelm Koppert, *Silhouette*-Sprecher, machte sich vor allem Gedanken um den ideellen Schaden: „Entscheidend ist der Vertrauensverlust sowohl bei den Augenoptikern wie bei den Kunden. Ich hoffe, wir können das in Grenzen halten."[16] Auch für *SN Colours* hatte die Affäre ein unerwartetes Nachspiel. Im März 1993 verkaufte Familie Erdtmann überraschend sämtliche Anteile der Firma an ein Marketing und Investment-Unternehmen in Holland. Der neue Geschäftsführer Friedrich F. Schaller ging sofort gegen die angeblich „wettbewerbsseitig geschürten" Gerüchte vor und erklärte in einem Schreiben vom 11. November 1993: „‚Verbindungen' zwischen der Scientology Sekte und unserem Unternehmen hat es weder in der Vergangenheit noch in der Gegenwart gegeben." Doch laut Handelsregister Krefeld war Stefan Erdtmann noch im Oktober 1993 weiterhin Geschäftsführer.

WISE – die geheime Macht im Hintergrund

Lausanne, 5. Oktober 1990. Die *International Association of Scientologists* (IAS) begeht ihre sechste Jahresfeier. Knisternde Kongreßatmosphäre. Hunderte von Scientologen aus ganz Europa sitzen gespannt auf den Stühlen, als die Kapitäne des Konzerns in tadellos sitzenden Uniformen den Saal betreten. Ganz klein sehen sie vorn auf der Bühne aus, aber die Videowand holt sie überlebensgroß ins Bild.

Psycho-Diktator David Miscavige tritt ans Mikrophon: „Bis jetzt haben Sie an diesem Abend von unseren Bemühungen gehört, die Unterdrücker auf diesem Planeten mundtot zu machen", setzt er unmißverständlich an, um dann ebenso forsch fortzufahren: „Und Sie haben ebenfalls von der Expansion der Scientology in der Öffentlichkeit gehört und auch darüber, die Technologie von LRH zugänglicher und bekannter zu machen. Es gibt einen anderen Bereich, in dem die LRH Technologie in unglaublicher Weise Anwendung erfährt ..., und das ist das weltliche Gebiet. Vielleicht haben Sie schon von WISE ... gehört."

WISE bedeutet *World Institute of Scientology Enterprises* und ist der geheimnisvollste Zweig des Scientology-Imperiums. Über Organisationsstruktur, Finanzgebaren und personelle Führung ist wenig bekannt. Sicher ist nur: WISE wurde 1979 gegründet, wird aus der Konzernzentrale in Clearwater gesteuert, macht aber erst seit 1982/83 von sich reden. WISE ist das „Wirtschaftsministerium" der Sekte, eine angegliederte Organisation, aber offiziell selbständig. Der Scientology-Aussteiger Norbert Potthoff erklärt: „WISE ist zuständig für den gesamten Bereich Handel, Banken, Industrie." Warum braucht der Sekten-Konzern überhaupt eine extra Wirtschaftsabteilung?

„Wir leiden heute unter weltweiter Idiotenwirtschaft", stellte L. Ron Hubbard im Februar 1982 fest, „glauben Sie aber nicht, daß nichts daran gemacht werden könne und daß es keinen besseren Weg gäbe."[17] Hubbards Gegenmittel hieß „Ethik". Was aber „Ethik" – übertragen in die Wirtschaft – bedeuten soll, formulieren die WISE-Manager in aktuellen Info-Blättern vage und tautologisch: „WISE ist eine Mitgliederorganisation, deren Ziel es ist, die Verwaltungstechnik von L. Ron Hubbard auf breiter Basis zu verbreiten und im Geschäftsleben ein hohes Niveau der Ethik und Integrität zu halten, indem sie die Ethik, Grundsätze, Gesetze und Doktrinen der Scientology-Religion in die gesamte Geschäftswelt einbringt." Schließlich, so will es die Konzern-Propaganda, habe L. Ron Hubbard die „einzige voll funktionierende, kodifizierte und globale Verwaltungstechnik auf diesem Planeten entwickelt". Im Klartext: Die Wirtschaft soll weltweit auf die kruden Theorien Hubbards eingeschworen werden („Clear Planet") – getreu der Devise des Ur-Scientologen: „Erobern Sie, egal wie, die Schlüsselpositionen. (...) Die Fabriken, die Zentren des Handels, die Gemeinden, das sind Orte, wo wir ausgebildete

Scientologen haben wollen."[18] Diesem Ziel dienen auch die (bisher neun) *Hubbbard Colleges of Administration*: Sie sollen die scientologische „Technologie" weltweit – etwa in Rußland – verbreiten. Hubbards Betriebswirtschaftslehre beinhaltet im wesentlichen Erfolgsstatistiken, massive Kontrolle und eine rabiate Befehlsstruktur: mehr oder weniger die Doktrin des deutschen Wirtschaftsliberalismus.

Was die WISE-Strategen als „ethische Wirtschaft" lobpreisen, ist nichts anderes als blanke Ausbeutung. In geradezu erfrischender Klarheit bestätigt dies der scientologische „Verband Engagierter Manager" (VEM) in einem Werbeblatt vom April 1991: „Der Begriff Ethik hat für viele von uns den Beiklang von Moral. Um es ganz klar zum Ausdruck zu bringen: ‚... Ethik ist die Vernunft und Erwägung in bezug auf optimales Überleben'. (...) Das ist das Ziel des VEM als Team!" Im Dschungel des Kapitalismus verspricht WISE seinen Mitgliedern Schutz und Hilfe; ein eigenes *WISE-College* in Clearwater macht sie fit für den Gebrauch der Ellenbogen. Norbert Potthoff bekräftigt: „Ein Manager, der scientologisch trainiert ist, kennt nur noch das Gesetz der freien Wildbahn: Der Stärkere setzt sich durch, der Schwächere stirbt ab." Er fügt hinzu: „Man darf lügen und betrügen, wenn es nur der Sache dient. Die Hauptsache ist der Profit."

Nicht von ungefähr führt WISE daher eine Löwin mit zwei Jungen im Briefkopf. „Es ist ein hartes Universum", erklärte Hubbard am 27. August 1980, „der soziale Anstrich läßt es mild erscheinen. Aber nur die Tiger überleben."[19] Markige Sprüche wie diese hatte Hubbard ursprünglich nur für den internen Gebrauch in der Church, also der eigentlichen Scientology-Organisation, geschrieben – wie auch seine rigiden Management-Anweisungen. „Erst sein Nachfolger Miscavige hat sie neu interpretiert und in die Wirtschaft transportiert", sagt Ex-Scientologe Norbert Potthoff. Seit Miscavige an der Macht ist, wurde WISE als Quelle gewaltiger Profite entdeckt und systematisch ausgebaut: als eine Art Geldgenerierungsapparat. Inzwischen stellen die Gewinne der WISE-Gruppe, die ihren Mitgliedern selbstverständlich auch Auditing und andere scientologische „Dienstleistungen" anbietet, die Erlöse aus dem Verkauf von Kursen und E-Metern in der Church in den Schatten. Experte Potthoff weiß uns zu bestätigen: „Miscavige hat den Wandel zu einem gigantischen Management-Konzept vollzogen. Die tragende Säule von Scientology ist heute WISE." Die Münchener Staatsanwaltschaft sieht das ähnlich. Sie kam zu dem Urteil: „Die Scientology-Sekte ist ein riesiger multinationaler Wirtschaftskonzern."[20]

In Lausanne hat David Miscavige seine kurze Ansprache beendet. Nun tritt der Europa-Chef des Konzerns, „Captain" Marc Yager, vor das Publikum. „Danke schön und Hallo", sagt er frohgestimmt und erzählt seinen staunenden Zuhörern, wie erfolgreich WISE in der Geschäftswelt agiert: „Wir haben mittlerweile viele Einflußbereiche innerhalb der Gesellschaft durch die Anwendung von LRH-Technologie auf vielen verschiedenen Gebieten. Solch ein Gebiet ist die Geschäftswelt, in der wir einen Dschungel von Out-Ethik durch die standardgemäße Verwaltungstechnologie von L. Ron Hubbard ersetzen. Das geschieht durch das World Institute of Scientology Enterprises – WISE ..."

Die erfolgreiche Wirtschaftsstrategie läßt inzwischen die Gewinne dieses Konzerns förmlich explodieren; er setzt Milliarden um. Die Bundestagsabgeordnete Renate Rennebach (SPD) urteilte im September 1992: „Insbesondere der Verknüpfung von geistiger Heilslehre mit einer eigenen, knallharten und rigorosen Wirtschaftspolitik verdankt die Scientology, daß sie als internationales Wirtschaftssyndikat von der breiten Öffentlichkeit nahezu unbemerkt und somit auch fast ungehindert zu ihrer kaum vorstellbaren Größe und Stärke gelangen konnte."[21] Der WISE-Trick, um die Öffentlichkeit zu täuschen, ist so subtil wie einfach: Nicht Scientology selbst übernimmt die Firmen, sondern linientreue Unternehmer, die im Franchise-System WISE-Lizenzen erwerben oder ihre Betriebe nach scientologischen Richtlinien oder Befehlsstrukturen führen.

Ihre geschäftliche Basis bilden vor allem mittelständische Betriebe aus Branchen, in denen in kurzer Zeit viel Geld und Rendite zu machen ist. Es sind immer wieder die gleichen Geschäftszweige, in denen – meist junge – Manager plötzlich an Thetanen, Engramme und LRH-Tech glauben: Immobilienhandel, Versicherungswesen, Unternehmens- und Personalberatung, Managementtraining, Public Relations, Farb- und Stilberatung, Computer- und Softwarehandel. Im internen WISE-Mitgliederverzeichnis von 1991 wurden 75 deutsche Firmen verschiedener Branchen aufgelistet, 1992 schon 135 Firmen und Einzelpersonen.[22] Möglicherweise sind es auch doppelt so viele, meinen Fachleute wie Ralf-Dietmar Mucha von der Düsseldorfer „Aktion Psychokultgefahren"[23] – nicht gerechnet die zahllosen Firmen, in denen die Infiltration noch verdeckt abläuft. Weltweit besitzt WISE nach Scientology-Angaben 2 700 Mitglieder in 32 Ländern; allein 1992 hätten 157 000 Manager und Angestellte WISE-Kurse besucht.[24]

Die letzten drei bis vier Jahre haben gezeigt, daß sich scientologische Manager auf ganz bestimmte Wirtschaftsräume konzentrieren: Hamburg, Stuttgart und München in Deutschland, Zürich und Basel in der Schweiz, Wien in Österreich. Helga Lerchenmüller von der Aktion Bildungsinformation (ABI) in Stuttgart weiß: „Es gibt keinen Überblick, aber die räumlichen Schwerpunkte sind da, wo das Geld ist."[25] Nirgendwo außerhalb der USA sind die Thetanen im Nadelstreifen derart aktiv wie in Deutschland. Allein in Baden-Württemberg gibt es nach Informationen des ehemaligen Landes-Sektenbeauftragten Hartmut Hauser 25 bis 30 Unternehmen, die nach Grundsätzen des Sektengründers Lafayette Ron Hubbard geführt werden; in einer Reihe weiterer Firmen bekleiden Scientologen Führungspositionen.[26] Der Schweizer Scientology-Sprecher Jürg Stettler spricht von 200 Firmen unter scientologischer Leitung.[27] Auch aus Österreich kommen beunruhigende Nachrichten; die Wirtschaftsmagazine *Cash Flow* und *Wirtschaftswoche* konnten 1991 eine Reihe scientologisch geführter Betriebe aufzählen. Das genaue Ausmaß der Unterwanderung kennt aber wahrscheinlich nur der innere Führungszirkel in Clearwater und Los Angeles.

Wer als Unternehmer einen WISE-Vertrag unterschreibt, ist kein „Privatmann" mehr. Er muß sich in der Regel einer strikten Disziplin und externen Anordnungen unterwerfen. In der WISE-Mitgliederliste heißt es: „Alle Firmen, die in diesem Verzeichnis aufgezählt sind, wenden die Verhaltensregeln und die Ethik an, wie sie enthalten sind in dem Buch ‚Einführung in die Scientology Ethik' und dem Buch ‚Der Weg zum Glücklichsein'."[28] Norbert Potthoff erläutert uns: „Das Muster, das Hubbard für die Church entworfen hat, wird auf jede einzelne Firma übertragen – das Prinzip der steigenden Statistiken, die strenge Hierarchie, das Organisationsschema mit vier Führungssekretären, der Ethik-Offizier usw. Es mag Unternehmer geben, die relativ selbständig arbeiten, die meisten sind aber sehr stark kontrolliert. Sicher ist: WISE-Mitglieder sind automatisch Scientologen." Erreicht ein WISE-Unternehmer die geforderten Erfolgsquoten nicht, greift der Ethik-Offizier ein. Er verhängt Strafar-

Titel des Scientology-Magazins „Impact“: Der Kritiker sieht immer böse aus.

beiten und Geldbußen oder – Horrorvorstellung jedes Thetanen – sorgt dafür, daß ihm seine teuer erkauften scientologischen Erleuchtungsgrade aberkannt werden.

Scientology gibt an, daß weltweit bereits 18 000 Unternehmen mit der „Hubbard-Technologie“ arbeiten, Tendenz steigend. „Der WISE-Sektor beinhaltet ein enormes Expansionspotential“, heißt es – wohl kaum untertreibend – im Informationsblättchen des „Verbandes Engagierter Manager“. Der Kampfauftrag ist absolut ernst gemeint.

„Captain“ Marc Yager kann seinen Zuhörern in Lausanne eine stolze Bilanz vorlegen. „Mit Tausenden von Mitgliedern schafft sich WISE einen immer größer werdenden Einfluß auf die Gesellschaft“, sagt er. Seine Liste liest sich wie ein „Who is Who“ der internationalen Wirtschaft: „Eine Anzahl großer Weltfirmen haben von WISE-Mitgliedern Dienstleistungen erhalten. Ich werde Ihnen eine Liste von nur ein paar davon vorlesen: *Bell Telephone, Honeywell, All State Insurance, Budget Rent a Car, 3 M Corporation, American Express, Avis Rent a Car, Caterpillar, Chrysler, Dow Corning, Digital Equipment Corporation, Electrolux Appliances, Elf Oil Company, Bosh Electrical Equipment, Carlier, Europa Bank, General Electric, General Motors, Nordiska, Craft, Motorola, Ford, Renault, Rothschild Bank, Swiss Bank Corporation, Credit Suisse, Toyota, Volvo, Volkswagen, Saab, Shell Oil Company, Hertz Rent a Car, Visa and City Corp*. Wie ich sagte, es sind nur einige. Die Gesamtzahl der Unternehmen, die allein im vergangenen Jahr LRHs Managementtraining erhielten, übersteigt die Zahl von 75 000.“

Prima Geschäfte in der Schweiz

„Am Anfang hat man bei diesen Kursen keine Ahnung, daß es um die Scientology-Sekte geht. Erst als später über Scientology-Gründer Hubbard diskutiert wurde, kamen bei einigen Angestellten Bedenken auf.“[29] H. war Angestellter bei der Immobilienfirma *Prim AG* aus Gelterkinden bei Basel. Nicht nur er kam während seiner Arbeit ins Grübeln. Die meisten Kollegen hielten es nicht mal ein Jahr in dem Betrieb aus. Denn der schwerreiche Firmenchef Hannia Bretislav J. Mrkos, ein „Operierender Thetan“ und großzügiger Förderer der Scientology-„Kriegskasse“, triezte seine Untergebenen jahrelang mit überaus merkwürdigen Praktiken. Obwohl sie nur 14 Mitarbeiter hatte, war die *Prim AG* in drei Stabsstellen, sieben Abteilungen und 20 Bereiche eingeteilt. Wie in einer drittklassigen Kopie von „Raumpatrouille" wurden „Bestehende Anweisungen" herumgereicht und tägliche Arbeitspläne als „Battle Plan" (Kampfplan) bezeichnet. Beispiel eines Tagesbefehls („Bestehende Anweisung Nr. 2 der Abteilung 7"): „Der tägliche Arbeitsplan muß Produktionszyklen im Detail, Resultate, Statistik und Zustand im Vergleich zum selben Tag der vorherigen Woche beinhalten."[30] Was Bretislav Mrkos hier einführte, war das scientologische „Statistik"-Prinzip.

Mrkos, der aus seiner Hingabe an Scientology keinen Hehl machte, organisierte seine Firma strikt und wortwörtlich nach den Richtlinien der Science-Fiction-Sekte. Der Journalist Peter Basler konnte 1989 aufdecken, daß Mrkos die Angestellten bis spät in die Nacht arbeiten ließ, Mieter auf die Straße setzte und Angestellte „unter sanftem Kündigungsdruck zu sogenannten Weiterbildungskursen in Deutschland und Österreich" nötigte. Wie Mrkos in einer weiteren „Bestehenden Anweisung" (Abteilung 7 Nr. 4, November 1986) seinen Untergebenen mitteilte, verwendete seine Firma „schon 4 Jahre sehr erfolgreich" die „Organisationslehren ... von L. Ron Hubbard". Der Chef dekretierte: „Wir erwarten von Ihnen, daß Sie nach Bedarf bereit sind, Studiertechnik und Management-Daten von Hubbard zu studieren und anzuwenden." Drohend fügte er hinzu: „Die Gruppe akzeptiert jedoch keine Versuche, vor Scientology zu warnen, Scientology schlecht zu machen oder Lügen darüber zu verbreiten."[31]

Wer da nicht mitmachen wollte, flog. Bauführer R., von Mrkos gekündigt, gab zu Protokoll: „Ich hatte mich geweigert, einen Kommunikations-Kurs am deutschen Tegernsee zu besuchen. Denn mit solchen Kursen sollen *Prim*-Mitarbeiter für die Scientology-Sekte gewonnen werden." Eine ehemalige Angestellte: „Die machen dich fertig, bis du am Boden zerstört bist."[32]

Kritische Zeitungsberichte wollte Mrkos mit einstweiligen Anordnungen verhindern, noch bevor eine Zeile veröffentlicht war. Das brachte ihn jedoch erst richtig in die Schlagzeilen – nicht zu seinem Vorteil. 1992 wurde bekannt, daß Mrkos dem Sekten-Konzern „dank der Einnahmen der Gelterkinder Firma bisher mindestens 780 000 Franken überwiesen" hatte. Das versetzte der Firma den Todesstoß. Sie war bankrott.[33]

Die *Prim AG* aus Gelterkinden ist kein Einzelfall. In scientologisch geführten Firmen weht ein scharfer Wind: Überstunden, extreme Arbeitsbelastung, massiver Erfolgsdruck. Daß Angestellte „auf Kurse" geschickt werden – oft sogar mit Firmendarlehen – gehört zur Strategie. In der Regel kommen die Mitarbeiter erst nach einer gewissen Zeit dahinter, wem sie dabei auf den Leim gehen. Zu spät für einige der Opfer.

Doch scientologische Unternehmer wissen genau, daß sie ihre Untergebenen im „Kommunikationskurs" nicht der Heilsarmee anvertrauen. Nicht umsonst gehen sie mit aller Schärfe gegen Presseberichte vor, die ihre Verbindung zu dem Psycho-Multi aufdecken, und betrachten dies – wie Mrkos – ausdrücklich als „kreditschädigend". Stereotype Auskunft: „Glaubensfragen sind Privatsache". Es sind merkwürdige Privatiers, die wie Mrkos oder Erdtmann dafür werben, daß Angestellte oder Kunden den Weg zu ihrer Ideologie finden, und die viele tausend Dollar in eine „Kriegskasse" einzahlen, die dazu dient, Scientology-Kritiker zu bekämpfen. Zu Recht schrieb die Zeitschrift *Wirtschaftswoche*: „Damit wird (die) angebliche Privatsache zu einer öffentlichen Angelegenheit."[34]

„Bleibe Deinen eigenen Zielen treu", heißt es im Ehrenkodex der Scientologen. Diese Maxime befolgt auch Klaus Kempe, Düsseldorfer Immobilienmakler mit zweistelligen Millionenumsätzen und außerdem Autor von Büchern wie „Der Millionencoup", in denen er seine Ideologie anderen Managern nahebringt. Seit er 1980 zu Scientology fand, spendete er viel Geld in die „Kriegskasse" und sorgte in seinen Firmen *Kempe Immobilien* und *Perimag* für scientologische Prinzipientreue. Wie Mrkos trug er seinen Angestellten auf, penible Produktivitätsstatistiken zu führen, und schickte sie auch mal auf Sekten-Trainings, etwa im *CCI Institut* seines Scientologen-Bruders Reinhold Stricker. Um richtig auf Zack zu kommen, müssen sie dort zum Beispiel Aschenbecher anbrüllen. Viele Angestellte reagierten auf diese neuen „Technologien" verstört. Sie kündigten freiwillig, darunter ein Geschäftsführer, den Kempe für den „Profi-Manager überhaupt" gehalten hatte. Jahre später brandmarkte Kempe – inzwischen WISE-Mitglied und Vorsitzender des „Verbandes Engagierter Manager" – den Fahnenflüchtling in einem Buch als unternehmerische „Bazille".[35]

Noch drastischer ging es in der *Vanessa-Textilhandel GmbH* aus

Bracht bei Mönchengladbach zu. Dieter Schulz, der Inhaber der Boutiquenkette mit 32 Filialen und rund 150 Angestellten, fand eines Tages Gefallen an der rabiaten Sekte. Er ließ sich in Düsseldorf auditieren und belegte „Fortbildungskurse“ in *Flag*. Wenig später modelte er seinen Betrieb gründlich um. Mitarbeiter, per „Orientierungsdrill“ auf die neue Linie getrimmt, sprachen von einer drastischen Änderung des Betriebsklimas, von einer „Atmosphäre der Angst und des Mißtrauens“. Jeder überwachte jeden, kontrolliert von der „Ethik“-Abteilung. Alle Angestellten mußten den berüchtigten Persönlichkeitstest absolvieren. Die 21jährige Anke Wender, als Einkaufsassistentin neu eingestellt, gab 1990 zu Protokoll: „Man sagte mir, man hätte aus dem Test erkannt, daß ich geistig krank sei.“ In Vorgesprächen wurde ihr angedeutet, daß man die Teilnahme an Fortbildungsveranstaltungen erwarte. Daß es sich dabei um Scientology-Kurse handelte, sagte man ihr nicht. Allerdings drückte ihr der Chef vorab schon mal die „Einführung in die Ethik der Scientology“ in die Hand. In einem Rundbrief verkündete *Vanessa*-Schulz freiweg das neue Motto seiner Firma. Er hatte es direkt bei Hubbard abgeschrieben: „Wir haben dich lieber tot als unfähig.“ Als der Spruch durch Indiskretion in die Schlagzeilen geriet, eierte Schulz herum: „Das ist eine Mitarbeitermotivation, überspitzt lustig ausgedrückt.“[36]

Josef Wagner aus Niederösterreich hat dagegen vergeblich versucht, die ominöse „Verwaltungstechnologie“ einzuführen. „Meine Mitarbeiter sind nicht darauf eingestiegen“, erklärt er bedauernd, „es hat nicht funktioniert.“ Der Baumeister, seit 17 Jahren Scientologe und „Operierender Thetan“ der Stufe III, findet das schade und klagt: „Bis jetzt haben mich die Menschen noch nicht verstanden.“[37]

Wo die Chefs auf dem Sektentrip sind, stehen sie unter dem Zwang zu missionieren. In der Schweiz fiel unter anderen das Allschwiler Möbelgeschäft *Venzin + Venzin* durch scientologische Propaganda auf. Ein Gratisblatt namens *Basler Bebbi*, das seitenlang scientologische Kurse und Geschäfte (darunter Mrkos' *Prim AG*) anpries, sorgte für ein „dynamisches“ Image. Im österreichischen Waldviertel stellte der Musiker und Steuerberater Erwin Annau im April 1990 eine Ausstellung „Kult und Magie“ zusammen. Neben Wahrsagerei, Schamanismus und Voodoozauber erfuhren die Besucher mehr darüber, wie der menschliche Geist sich eines Tages in anderen Galaxien materialisieren wird (Hubbard: „Ein Clear könnte im Weltraum überleben"). Hinter dem 30-Millionen-Schilling-Projekt stand Annaus Firma *Pyramid Multi Media Ges.m.b.H.*, die inzwischen in Konkurs gegangen ist. Als *Pyramid*-Gesellschafter fungiert neben Annau der Scientology-„Patron" Fritz Spohn, „Operierender Thetan" Stufe VIII und hauptberuflich Unternehmensberater (*Spohn & Partner*). Beide – Annau wie Spohn – sind nach Informationen der *Wirtschaftswoche* Mitglieder bei WISE und in undurchsichtige Geschäfte verwickelt. Ihre *Pyramid Music Tonstudio Ges.m.b.H. und Co. KG* engagiert sich im „Kampf gegen Alkohol am Steuer", eine Kampagne „mit freundlicher Unterstützung vom Bundesministerium für Öffentliche Wirtschaft und Verkehr".[38] Die Unternehmensberatung *Spohn & Partner* trainiert ihre Manager im übrigen ganz offiziell mit der Verwaltungstechnologie L. Ron Hubbards. Auch Bretislav Mrkos, der *Prim-AG*-Chef, schickte seine Angestellten in Spohns „Kommunikationskurse".[39]

In Erwin Annaus Unternehmen sollen mittlerweile alle Angestellten „auf Linie" sein. Um seinen Betrieb à la Hubbard umzukrempeln, greift manch Sekten-Unternehmer sogar tief in die eigene Tasche. Der Dortmunder Werner Braunmüller lobte monatliche Prämien aus, damit die 130 Mitarbeiter seiner *Braunmüller Keks- und Waffelfabrik GmbH & Co* scientologische Kurse belegen oder sich zum „Auditor Klasse IV" qualifizieren konnten. Wer die Prüfung bestand, erhielt einen Zuschlag von bis zu 2 500 Mark auf seinen Monatslohn. Aussteiger – im Sektenjargon SP („Unterdrücker") genannt – verdonnerte Braunmüller allerdings dazu, mehrere 1 000 Mark für die erhaltene „Ausbildung" zurückzuzahlen. Offenbar hatte Braunmüller die Sekte aber zu üppig mit Spenden bedacht, denn inzwischen war seine Firma tief in die roten Zahlen gesackt. Der neue Geschäftsführer Peter F. Peeters versucht nun zu retten, was zu retten ist. Als erste Maßnahme setzte er alle Scientologen auf die Straße, weil sie „unfähig waren und keine Ahnung von Unternehmensführung hatten".[40]

Einflußnahme über Managementberater

Norbert Potthoff kann sich ein Lächeln nicht verkneifen. „Genau das Geschäft, in dem wir jetzt hier stehen, sollte ich vor zehn Jahren unterwandern", erzählt er. Es ist November 1992, und wir wollen dem

Aussteiger ein Video vorführen, das uns der besorgte Inhaber einer Elektronikfirma zugespielt hat. Potthoff besitzt keinen Videorecorder, also sind wir kurzerhand in das HiFi-Fachgeschäft in der Nähe seiner Krefelder Wohnung gezogen.

In dem Zehn-Minuten-Film sieht man, wie ein Berliner Scientologe namens Peter-Uwe Krumholz Manager schult. „Also wann immer ich mit der Polizei zu tun habe“, verrät der „Unternehmerberater“ da mit elegantem Hüftschwung, „oder wann immer ich mit Steuern zu tun habe, werde ich müde. Ja solche Sachen – wenn etwas vor mir liegt, eine Situation, die gehandhabt werden muß“, er holt Luft, „daß ich schauen kann. Die Fortsetzung daraus ist, wenn ich richtig schauen kann – die brillante Idee.“ Potthoff schließt aus der gesamten Vorlesung, die auch „praktische Übungen“ beinhaltet: „Krumholz tritt hier hundertprozentig als Scientologe auf. Er treibt die Leute in etwas hinein, das sie nicht überschauen können. Sie werden gehirngewaschen, sie werden indoktriniert, sie werden hypnotisiert und lernen Manipulationstechniken, um diese dann bei ihren Gesprächspartnern, bei ihren Verhandlungen anzuwenden. Und das ist mehr als unehrenhaft.“

Peter-Uwe Krumholz ist nicht der einzige Scientologe, der Manager unterrichtet. „Handhaben und verbessern Sie die Leute, denen Sie begegnen“, verlangt ein Sektenbrevier mit dem Titel „Was wir von einem Scientologen erwarten“.[41] Während Unternehmer wie Bretislav Mrkos oder Klaus Kempe das „Handhaben“ ihrer Bediensteten ganz offen angehen, schmuggeln andere wie Krumholz ihre verquaste Ideologie als Konterbande. Ihr Ziel: die scientologische „Verwaltungstechnologie“ möglichst breit zu streuen und vielen Führungspersönlichkeiten einzuflößen, ohne daß diese es ahnen. Denn das Warenzeichen Scientology wird zunächst verschwiegen. Das hat Methode, wie ein Ex-Scientologe weiß: „In den siebziger und achtziger Jahren haben sich Scientologen voll zu ihrer Weltanschauung bekannt und sich offen als Anhänger von L. Ron Hubbard deklariert. Erst seit 1989, seit einem Gespräch der internationalen Führungsspitze auf dem schwimmenden Stützpunkt der *Sea Org* … ging man offiziell auf Tauchstation.“[42]

Scientology, sagt Experte Ralf Bernd Abel, „verbirgt sich … in der Gesellschaft, in der Wirtschaft und versucht, Einfluß zu gewinnen, ohne es laut zu sagen. Scientology versucht, die Wirtschaft zu unterwandern …, indem sie Schaltstellen besetzt und sich nach dem Motto

‚Befehl und Gehorsam' von diesen Schaltstellen aus bemüht, Einfluß zu nehmen ... Hier werden Verbraucher mit einer Mogelpackung getäuscht." Wie einfach der Einstieg meist ist, erläutert Ex-Scientologe Gunther Träger: „Die Unternehmensberatung geht von der Voraussetzung aus, daß jede Firma Probleme hat. Stimmt irgendwie immer, und das ist die Einflugschneise."[43] Meist empfiehlt der scientologische Berater zunächst, das Statistik-System einzuführen: Es soll die Produktivität hochtreiben, erlaubt aber vor allem eine bessere Überwachung der Mitarbeiter. Später folgen externe Kommunikationskurse, und auch dabei werden Hubbbard oder Scientology anfangs nicht erwähnt. In punkto Unternehmensberatung haben die Scientologen in den letzten Jahren hohe Marktanteile erobert.

„Wir leben auf einem klappernden Planeten. Um zu überleben, brauchen wir eine Management-Technologie", heißt das Credo von Gunter Gach, den die Zeitschrift *Forbes* als „seriös wirkenden Unternehmer mit einem mechanischen Lächeln im Gesicht" beschreibt. Gunter Gach verrät auch, welche: „LRH-Management-Technologie und effektive EDV-Lösungen". Gach, der vor zehn Jahren mal den „Persönlichkeitstest" ausfüllte, hat es inzwischen zum „Clear" gebracht und wird als scientologischer „Patron" (40 000-Mark-Spende an die „Kriegskasse") aufgeführt. Mit seiner Firma *Dr. Gach + Partner Management Consultancy* aus Dinslaken gehört er zur WISE-Gruppe und zum *Verband Engagierter Manager*. Er ist überzeugt, die „einzige Lehre, die funktioniert", anzuwenden, und gibt sie daher an seine Geschäftspartner weiter.[44]

Das ist natürlich nicht umsonst zu haben. WISE-Lizenznehmer müssen – so Norbert Potthoff – zehn Prozent vom Umsatz und fünf Prozent des Gewinnes für das sekteneigene Managementmaterial („LRH Admin Tech") und Fortbildungskurse hinlegen. Sie zahlen im Grunde klassische Lizenzgebühren, die jedoch – als „Spende" deklariert – steuerfrei bleiben; auf den Sektenkonten addieren sie sich zu gigantischen Summen.

Um die Führungskräfte der Wirtschaft rangeln sich neben Krumholz und Gach noch eine Reihe weiterer Scientologen. Etwa die WISE-Mitglieder Martin Kolb und Dirk Braun mit ihrer *Akademie für Management und Kommunikation* (AMK) in Wiesloch bei Heidelberg, die auch schon mal auf der Straße werben und die Kunden – darunter Manager aus großen Unternehmen wie *Bayer* oder

Siemens – in ihren Seminaren diskret auf die Weiterbildung in Scientology-Missionen hinweisen.[45] Norbert Potthoff glaubt sogar, daß die AMK die gesamte WISE-Arbeit in Deutschland koordiniere. Wie andere scientologische Unternehmer bestreiten die Wieslocher jedoch direkte Kontakte zur „Kirche".

Oder Axel Fehling, „Operierender Thetan" Stufe IV, der mit seiner Beratungskette *On Top Management* Filialen unter anderem in Hamburg, Heidelberg, Frankfurt am Main und München betreibt. *On Top* kann sich auf einen illustren Kundenstamm berufen – *Henkel, Daimler Benz, BASF, Bonnfinanz, Kodak, Vereinte Versicherungen* oder *Siemens*. „Der verläßt das Terrain nicht, wenn er dort nicht mindestens zwei seiner Leute implantiert hat", sagt Scientology-Kritiker Ralf-Dietmar Mucha über Fehling.[46]

Auf den schlichten Charme der Hubbardschen Betriebsführungslehre vertrauen auch *Berang & Partner Consulting*, *Business Contact Service, Learntec, Ulrich Lenzke Training GmbH* oder *Stahl & Partner* in Deutschland, *Spohn & Partner* in Österreich, *TCM Tschuppert* in der Schweiz oder der Firmenberater Martin Ostertag, der lange Jahre die Stuttgarter Scientology-Mission leitete.[47] Viele Kunden seiner *Delta Werbung GmbH* seien „inzwischen selbst Scientologen", läßt man sich dort stolz vernehmen.[48]

Bei soviel Nähe zu der Sekte oder ihren Tarnorganisationen wundert es nicht, daß viele solcher Beratungs- und Consultingfirmen den scientologischen Persönlichkeitstest, vornehm als „Oxford Capacity Analysis" bezeichnet, im Programm führen. Als besonders effektive Entscheidungshilfe soll er die Personalauswahl vereinfachen.

Als sich der Friedrichshafener Manfred Müller beim Ravensburger Immobilienbüro *Bernd Kollmus & Partner GmbH & Co. KG* bewarb, mußte er betrübt zur Kenntnis nehmen, daß ihm sein Testergebnis „Depressivität" bescheinigte. Um wieder obenauf zu kommen, sollte er Kurse der Firma *S. Markus Vogel Management & Personnel Consulting* in Göppingen besuchen. Er willigte ein, um beruflich voranzukommen, bis er erkannte, daß „die Kurse in Wahrheit unmerklich die Ideen der Scientology-Kirche vermitteln sollten". Auch Sylvio Markus Vogel ist WISE-Mitglied und „Patron" der *International Association of Scientologists* (IAS). Bei ihm kostet der Persönlichkeitstest, den normale „Staff Members" umsonst in Fußgängerzonen feilbieten, 275 Mark pro Exemplar. Vogel verteidigt den

Wucher mit den Worten: „Er hilft den meist grenzenlos überforderten Personalchefs bei der Beurteilung eines zukünftigen Mitarbeiters."[49]

Bei der Management- und Personalberatungsfirma *Choice International* aus Frankfurt am Main heißt der gleiche Test schlicht „OCA/Leadership". Der Test soll Seriosität vorgaukeln; die Beratungsfirma wertet ihn per Computer aus und schickt das Ergebnis dem Kunden. Die Eigenschaften des Bewerbers werden als Kurve dargestellt, von „gründlich und zielstrebig" bis zu „Depressionsneigung". „Nicht selten", so der Journalist Egmont Koch über einen ähnlichen Fall, „bekommt der Kunde dann aber einen Scientologen ins Nest gesetzt."[50] Denn Scientologen beherrschen den Test natürlich aus dem Effeff.

Choice verweist auf 20 Filialen im In- und Ausland und inseriert in so seriösen Blättern wie der *Frankfurter Allgemeinen Zeitung*, der *Süddeutschen Zeitung* oder der *Welt*. Das Firmennetzwerk operiert aggressiv und plant laut interner „Verwaltungsskala", mit seinem Franchisenetz „bundesweit und europaweit der Branchenspezialist Nr. 1" zu werden. Je nach Gebietsgröße zahlen die Lizenznehmer 15 000 bis 45 000 Mark Franchise-Gebühr; ein Zehntel des Gesamtumsatzes müssen sie an die Zentrale abführen, die in der „Scientology-Stadt" Clearwater/Florida residiert.[51] Mit zehn Dependancen trugen sich *Choice*ler 1991 in die WISE-Listen ein; im Jahr 1993 waren es bereits zwanzig. Der standardisierte Franchisevertrag, den neue Mitglieder unterschreiben, enthüllt in seltener Klarheit scientologische Eroberungspläne für eine ganze Branche.

„Jeder Franchisenehmer muß Mitglied von WISE werden", heißt es dort („Richtlinien", Punkt 4). Besonderen Wert legt man darauf, „daß Gewinner zu Gewinnern kommen" und „Verlierer von den Linien unserer Kunden fernbleiben". Als Expansionsziel wird angestrebt, „völlige Marktdurchdringung im eigenen Gebiet zu erreichen", „die Tür zu öffnen für weiteres Verlangen nach WISE Tech" und vor allem daran „mitzuwirken, daß *Choice International* das effektivste europäische Personalberatungsnetz wird". Bis in Einzelheiten schreibt *Choice* seinen Kopfjägern vor, welche Bestandteile der schlicht-schematischen „roten und grünen Tech" sie wo und wie einführen müssen. Leseprobe: „Anwenden der LRH-Tech wie zum Beispiel die zuverlässigen Personaltests, Einschätzungstechniken wie die Tonskala, die ‚2-Minuten-Psychometrie', die Kommunikations-Verzögerung, die Hubbard Karte der menschlichen Einschätzung, das Buch ‚Wissenschaft des Überlebens', die PTS/SP Tech, Marketing und PR-Policies, Positioning Tech, Personal Serie." Rein scientologische Vokabeln, die mit gängigen Begriffen aus der Betriebswirtschaftslehre nicht das geringste zu tun haben. „PTS/SP Tech" beispielsweise beschreibt, wie man „Unterdrücker" – Leute, die sich gegen Scientology wenden – aus dem Betrieb wirft. Trotzdem kann die Firmengruppe *Choice* in einem Erfolgsbericht vom November 1991 darauf verweisen, daß das „*Choice* Management Kontakte mit der größten deutschen Zeitarbeitsfirma aufgenommen" habe. „Diese Firma, mit zahlreichen Büros in ganz Deutschland, ist auf der Suche nach einem kompetenten Partner in Sachen Personalberatung für Fach- und Führungskräfte … Interessant für jede Choice, nicht wahr?"

Interessant für die Kunden ist offenbar der Slogan „Wir besorgen Ihnen Gewinner", mit dem etwa *Choice* Düsseldorf wirbt. Wie die *Wirtschaftswoche* im Juli 1993 berichtete, war Joachim Deprez, Geschäftsführer des Ratinger Service-Unternehmens *D-Krantechnik* (mehr als hundert Mitarbeiter) zunächst schwer beeindruckt, als er 1992 Kontakt mit einem *Choice*-Vertreter aus Düsseldorf aufnahm.[52] Deprez, der für seinen Betrieb zusätzliche Ingenieure suchte, hatte sich an ein forsches Werbeschreiben der Firma erinnert. Der *Choice*-Berater machte einen durchaus professionellen Eindruck, verschwieg aber, daß er Bewerber nicht nur per Zielgruppenanalyse und Zeitungsannonce suchte, sondern auch gezielt im Scientologen-Umfeld nachfragte. So fragte er in einem Rundschreiben „an alle Choicer" Anfang 1992 nach Bewerbern für 19 Positionen. Neben vier Stellenbezeichnungen soll handschriftlich „möglichst Scientologen" gestanden haben, so die *Wirtschaftswoche*. Für die Gestaltung der Stellenanzeigen war laut internem Vertrag offenbar die *Delta Werbeagentur* des Stuttgarter *Choice-International*-Chefs Martin Ostertag vorgesehen, ebenfalls eine WISE-Firma. Deprez wachte erst auf, als ihm seine *Choice*-Berater einen individuellen Zeitmanagementkurs bei *On Top*, dem Trainingsunternehmen des Münchener Scientologen Axel Fehling aufschwatzen wollten. Zufällig erwähnten die Berater, daß sie Scientologen seien. Deprez zur *Wirtschaftswoche*: „Da fiel bei mir der Groschen. Ich sagte alle Vorstellungsgespräche mit den Choice-Kandidaten ab und warf die Scientologen hochkantig raus."[53]

Zahlreiche Führungskräfte werden schon von scientologischen Firmen wie *Choice* angeworben und vermittelt; offenbar fühlen sich Manager durch deren Versprechungen („Gewinner zu Gewinnern") angesprochen. Länger als *Choice* im Geschäft, aber ebenso erfolgreich ist die 1984 gegründete Personalberatungskette *U-Man International* mit Zentrale in Kopenhagen. Für die deutsche *U-Man*-Lizenz sollte der Scientologe und „Patron" Thomas Ganz 1991 ganze 525 000 Mark auf den Tisch legen. In purem Hubbard-Deutsch empfahl der Hamburger Scientologe seinen Kunden Seminare, „die Ihnen ermöglichen, mehr und mehr Ursache über Ihre Firma zu werden". Das Scientologen-Chinesisch bedeutet: Der Kunde soll seinen Betrieb perfekt in der Hand haben. Thomas Ganz selbst versuchte allerdings vergebens, „Ursache zu werden". Während er die *U-Man*-Lizenz erwarb, ermittelten nämlich die Staatsanwälte gegen ihn wegen „Konkursverschleppung und gezielter Ausblutung" seiner Immobilienfirma *I.G. Wohnbau* „zugunsten der Scientology Church".[54]

Bei *U-Man* kosten zehn der nun *„U-Test"* genannten Ausforschungsbögen 7 200 Mark, ab 50 Stück gibt es Rabatt. *U-Man*-Franchisebetriebe verweisen zufrieden auf „9 000 Kunden" in 19 Ländern und rühmen sich der Zusammenarbeit mit Unternehmen wie *Karstadt, Edeka, Hauni-Werke* oder *Nürnberger Versicherung*. Die *Zeit* enthüllte, daß zehn Prozent der Bruttoeinnahmen an *U-Man International* abgeführt werden und weitere sechs Prozent an WISE. Das Berliner Stadtmagazin *Prinz* konnte im August 1990 aufdecken, daß auch die Berliner *U-Man*-Niederlassung zahlreiche Firmen mit dem scientologischen Persönlichkeitstest beliefert hatte, darunter die *Deutsche Krankenversicherung*, eine *Ford*-Niederlassung und die Elektronik-Kette *Radio Wegert*. Für 100 *U-Test*-Analysen verlangte Firmenchef und Scientologe Farhad Raschidi 48 000 Mark. Bei *Radio Wegert* konnte ein Scientologe sogar Assistent der Geschäftsleitung werden und die Personalauswahl beeinflussen.[55]

U-Man ist auch in der Schweiz und in Österreich aktiv. Zu den prominenten Kunden gehören (laut Eigenwerbung) *Renault, Nixdorf, Avis*, die *Schweizerische Volksbank* oder *Migros*. Via Personalberatung haben renommierte Unternehmen schnell die Scientologen im Haus. Am Ziel sind *U-Man* oder *Choice* aber offenbar erst, wenn diese Unternehmen scientologisch geleitet werden und kräftig zahlen.

Verdeckter Angriff auf die Schaltstellen

AMK, U-Man, Choice – mit Hilfe der Personalberatung gewinnt das WISE-Syndikat Einfluß auf immer mehr Unternehmen. Was ein scientologischer Berater im Betrieb des Kunden erfährt, wandert sofort in die Ethik-Akten. Über Firmen wie U-Man können die Strategen in Clearwater und Kopenhagen gezielt Scientologen in leitende Managementpositionen schieben. Dieses Vorgehen deckt sich perfekt mit jener „Verwaltungsanordnung ED 1040 INT", mit der L. Ron Hubbard seine Fünften Kolonnen in die Welt schickte. Die Anordnung beschreibt detailliert den Plan für die Ausweitung von Scientology auf das Geschäftsleben. Sie sieht folgenden Ablauf vor:

„1) Suche dir ein Geschäft aus, welches bereits sehr gut arbeitet. 2) Wende dich an den höchsten Direktor und verbreite Scientology. 3) Lokalisiere SP's („Unterdrücker", d.A.) in der Organisation und wirf sie hinaus. 4) Auditiere die leitenden Angestellten und zeige ihnen, um was es sich handelt, das wird dann den Zyklus in Gang setzen: Die leitenden Angestellten werden die Jungmanager und das andere Personal dazu drängen, Auditing zu nehmen."[56]

Ziel ist es, die Kontrolle über die jeweilige Firma zu erreichen, um sie zu weiterer „Expansion" zu führen oder gnadenlos auszupressen, bis am Schluß nur noch ein hohler Torso übrigbleibt. Geschickt wird zunächst versucht, die Managementebene mit Scientologen zu besetzen, um so über das ensprechende innerbetriebliche Machtpotential zu verfügen.

Für das Vordringen von Scientologen in die Betriebsleitung gibt es untrügliche Anzeichen: Der scientologische Berater übernimmt die Geschäftsführung und führt eine Verwaltungsskala („Admin-Scale"), eine Organisationstafel („Org-Board") und tägliche Statistiken ein. „Mit diesen drei Management-Werkzeugen können Sie jedes Unternehmen zu Power bringen", behauptet Unternehmensberater Gunter Gach.[57] Eher ist das Gegenteil der Fall. Scientologen programmieren eine Firma um und zerstören sie oftmals – wie ein Virus die menschliche Zelle.

So geschehen 1992 in der Münchener Computerfirma *MLR Soft GmbH*. Als das Unternehmen gegründet wurde, waren zwei erklärte Scientologen dabei, von denen einer alsbald die Geschäftsführung an sich riß; seine Begründung: „Nur einer kann der Führer sein." Bald kam der Scientologe mit seinem Monatsgehalt – immerhin 13 000 Mark – nicht mehr aus. Schließlich, so Geschäftsführer Lutz Meier, „plünderte er die Geschäftskonten". Der Scientologe hinterließ, sagt Meier, „falsche Statistiken, die den wahren finanziellen Zustand des Unternehmens im unklaren ließen".[58] Jetzt ermittelt die Staatsanwaltschaft.

Einen anderen Fall schildern die *VDI-Nachrichten*. Ein Ruhrgebietsbetrieb mit 300 Mitarbeitern wurde fast in den Ruin getrieben. Nach Geschäftsschluß kamen oft fremde Besucher, schritten unmittelbar zum Büro des Firmenchefs und blieben dort stundenlang. „Sie benahmen sich wie Gott in Frankreich", sagt Geschäftspartner Norbert Kröger*. Der Firmeninhaber war unter scientologischen Einfluß geraten, verlor den Blick für seine Aufgaben und war oft gar nicht erreichbar. Er vernachlässigte sogar seine Tagesgeschäfte und hielt seinen Betrieb nur noch für nebensächlich. Schließlich nahmen die Probleme so überhand, daß er Kröger als Geschäftsführer einsetzte. Kröger brauchte Monate, um „die Maulwürfe" der Sekte aus dem Unternehmen zu werfen.[59]

Tragisch endete die Scientology-Karriere des Düsseldorfer Stahlhändlers Rudolf Willems. Der Unternehmer ließ sich Anfang der achtziger Jahre zu Scientology bekehren und begann sofort, seinen Betrieb radikal auf den Kopf zu stellen. Seine Mitarbeiter schickte er auf „Kurs" nach Schloß Philippseich, leitende Angestellte sollten sich für fünf Jahre zur „Durchführung eines Scientology-Kursprogrammes" verpflichten, eine eigene „Hauptabteilung 1 Kommunikation, Abteilung 3 Ethik und Untersuchungen" sorgte für Kontrolle und Disziplin. Wie in vielen scientologisch verseuchten Betrieben waren die Folgen verheerend. Ein 54jähriger Prokurist, der 26 Jahre bei dem Unternehmen beschäftigt war, wollte die Psycho-Spiele nicht mitmachen. „Das war wie eine Gehirnwäsche", erklärte der Mann. Seine fristlose Kündigung wurde vom Arbeitsgericht aufgehoben, er bekam eine Abfindung. Andere Mitarbeiter kündigten freiwillig. Nach drei Jahren war die Firma pleite. Der Konkursverwalter führte den Niedergang des Unternehmens auf „hohe und unvertretbare" Entnahmen aus der Firmenkasse zurück. Rund 5,5 Millionen Mark Gesamtschulden waren aufgelaufen. Allein 400 000 US-Dollar hatte Willems aus seiner Firmenkasse in scientologische

Bücher investiert. Schließlich sah Rudolf Willems nur noch einen Ausweg. Ende 1987 hat er sich erschossen.[60]

Schleichweg Computerservice

Als Schleichweg in die Betriebe nutzen Scientologen zunehmend die EDV- und Softwarebranche. Die Berliner Elektronik-Fachfirma *Logware* hat diese Erfahrung gemacht. Geschäftsführer Hans-Jürgen Heck berichtet: „Wir haben es 1989 bis 91 erlebt, wie vier Leute im Betrieb versucht haben, hier den Laden zu übernehmen." Ohne es zu wissen, hatte die Firma eine Scientologin eingestellt, der es in kurzer Zeit gelang, eingesessene Mitarbeiter in die Sekte zu holen. Geschäftsführer Heck: „Wir waren 25 Leute. Der Befall ging sehr schnell, bald waren sechs Leute Scientology-infiziert." Nach dem üblichen Schema hatten diese Angestellten bald hohe Schulden. Aber Ziel der Scientologen war es offenbar nicht nur, die Mitarbeiter auszupressen und die Firma in den Griff zu bekommen, sondern den Betrieb zu weiterer „Expansion" zu nutzen. „Die haben schon Einfluß bei einigen Kunden gewonnen", erklärt der Firmenchef. Er zog schließlich die Notbremse und begann Kündigungen auszusprechen. „Da sind mit einem Schlag alle gegangen. Jetzt sind sie meines Wissens in anderen Elektronik-Firmen gelandet. Das sind Nepper, Schlepper, Bauernfänger." Hans-Jürgen Heck macht sich Sorgen, was seine ehemaligen Mitarbeiter dort anrichten könnten: „Mir haben die Scientologen auch ein kleines Abschiedsgeschenk hinterlassen. Als sie weg waren, war der ganze Laden hier mit Viren verseucht – Computerviren."

Auch Dieter Bäcker*, Chef einer Firma für elektronische Bauteile aus Hessen, hat Angst vor Manipulationen: „Wir haben die Befürchtung, daß Scientologen im Programm Viren versteckt haben." Sein Unternehmen hatte im Februar 1992 beschlossen, ein neues EDV-Auftragsabwicklungsprogramm zu kaufen. Den 25 000-Mark-Auftrag vergab er an die Firma *Specdata GmbH* aus Grünstadt. Im Oktober 1992 erfuhr Dieter Bäcker aus der Presse, daß der *Specdata*-Chef Dr. P. verhaftet worden war. Dr. P. war gleichzeitig Angestellter beim Chemiemulti *BASF* und soll Betriebsgeheimnisse verkauft haben; die Staatsanwaltschaft ermittelt gegen ihn wegen Industriespionage. Der Clou: Dr. P. ist Scientologe, WISE-Mitglied und „Patron“ (Mindestspende an die „Kriegskasse“: 40 000 Mark). Der Tip eines Scientology-Aussteigers hatte die Staatsanwälte auf seine Spur gebracht. Er hatte vermutlich Geld gebraucht, um seine teuren Scientology-Kurse zu bezahlen.

Als sich herausstellte, daß nicht nur Dr. P., sondern auch einer seiner Programmierer Scientologe war, geriet Dieter Bäcker in helle Aufregung. Er stellte den Programmierer zur Rede. Bäcker: „Er sagte, Scientology sei ein Wirtschaftsunternehmen, das sich – natürlich ehrenhaft – damit befaßt, wirtschaftliche Ausbildungskurse anzubieten. Er selbst habe durch Scientology den Vorteil, einen festen Kundenstamm zu haben. Diese Kunden seien alles Scientology-Firmen, die eine EDV-Betreuung brauchen.“ Der Firmenchef hat bereits eine größere Summe für das neue Programm an *Specdata* gezahlt und vor allem viel Zeit investiert: „Wir haben ein Dreivierteljahr in das neue Programm gesteckt. Wir sind darauf angewiesen, daß es läuft.“ Jetzt muß er jedoch Schlimmes befürchten: „Nun sind wir besorgt, daß durch die Verbindung *Specdata* – Scientology im Programm Viren versteckt sein könnten, die später auf Knopfdruck von Scientology aktiviert werden.“ Bäcker sieht „einen gefährlichen Kreislauf“, weil er inzwischen weiß, daß *Specdata* das Programm mittels der Programmierhilfe DCASE erstellt hat: „Und DCASE wurde, wie wir inzwischen erfahren haben, von einem Hamburger Scientologen entwickelt.“

Die Hinweise auf massive Einbrüche von Scientologen in den expandierenden und renditeträchtigen Computermarkt häufen sich. Norbert Potthoff bestätigt: „Die Anstrengungen sind gewaltig. Vieles deutet darauf hin, daß es Pläne gibt, im EDV-Bereich die marktbeherrschende Position einzunehmen.“ Scientology-Experte Ralf-Dietmar Mucha beobachtet diese Entwicklung schon seit Jahren mit Sorge. In der Bundestagsanhörung zum Thema Sekten erklärte er: „Ganz hoch empfindlich – neben dem Bereich der Unternehmensberatung und der Managerschulung – ist auch der komplette Bereich der Softwareentwicklung. Scientologen sitzen viel mehr in diesem Sektor der Wirtschaft, als es schlechterdings über die Presse transportiert werden kann, weil sich eine Quelle erst nach Jahren erhärtet.“[61]

In den WISE-Mitgliederlisten lassen sich die meisten dieser Elektronikfirmen nicht aufführen; Ausnahmen sind die Hamburger *DCS Computer Service und Handels GmbH* des Scientologen-„Patrons“ Klaus-Peter Spiel und die *Cosmos Computer GmbH* der Scientology-Großspender Detlef Foullois und Stephan Koenig, die die deutschen Orgs mit Hard- und Software ausgestattet und vernetzt hat. Forstet man die WISE-Listen weltweit durch, stößt man immerhin auf 44 EDV-Betriebe, deren Umsatz die Zeitschrift *CHIP* auf „mindestens eine halbe Milliarde Dollar“ schätzt.[62] Darunter sind Unternehmen wie *Realworld Corporation* (Buchhaltungs-, Verkaufs- und Statistik-Software) oder die prominente Firma *Landmark Computers* mit Sitz in Clearwater/Florida, die bekannte Computer-Testprogramme anbietet und eine Filiale in München betreibt. Firmeninhaber Brent Luckman wird als „Patron meritorius“ aufgeführt. Ein solcher Patron leitet auch die amerikanische Firma *Executive Software* (Software für Großrechner, eine Niederlassung in Hamburg). Ihre britische Filiale suchte laut *CHIP*-Recherchen per Anschreiben „voll ausgebildete Scientologen“ als neues Personal. Im Klartext: „Wir brauchen ethisch einwandfreie Leute, die in den L. Ron Hubbard Richtlinien versiert sind und gut englisch sprechen.“[63]

Der Vormarsch auf dem EDV-Sektor hängt vermutlich nicht nur mit den hohen Gewinnspannen zusammen. Computersysteme öffnen vielmehr auch den Zugang zu Daten – Firmendaten, persönlichen Daten. Dieter Bäcker aus Hessen stellt fest: „Die Programmierer hatten hier Zugriff auf alle firmeninternen Daten, sogar auf die Daten unserer chemischen Spezialrezepturen.“

Scientology ist ein Datenfresser, und Adressen potentieller Kunden sind die Grundlage der Expansion. Scientologische Unternehmer und Management-Berater pflegen einen regen Datentransfer mit ihrer Organisation. Jeder Scientologe ist verpflichtet, Wissensberichte zu schreiben, und gibt im Auditing auch Daten von Kollegen, Chefs und anderen Unternehmen preis, wie Aussteiger berichten. Interessant sind besonders Karteien von Berufsverbänden, die mit sensiblen persönlichen Daten hantieren – Zahnärzte, Augenoptiker oder zum Beispiel Heilpraktiker. Auch „Führungspersönlichkeiten“ werden mit Vorliebe abgespeichert. Und immer wieder suchen Scientologen Zugang zu den Dateien der Industrie- und Handelskammern.[64]

Zielgruppe: Topmanager

1991 bis 1993 waren schlechte Jahre für Sabine Titzel und Gisela Hackenjos. Die Sprecherinnen der Sekte kassierten jede Menge Minuspunkte, denn Monat für Monat flogen scientologisch beeinflußte oder unterwanderte Firmen auf. Die Magazine *Der Spiegel*, *Metall*, *Wirtschaftswoche*, *DM*, *Capital*, *Forbes*, *Impulse*, die Wochenzeitungen *Die Zeit*, *Wochenpost* und das *Deutsche Allgemeine Sonntagsblatt* sowie viele Tageszeitungen brachten ausführliche Berichte mit brisanten Enthüllungen. Die Medien sind hellhörig geworden. Bei Beratungsstellen wie der Aktion Bildungsinformation (ABI) in Stuttgart häuften sich die Anfragen besorgter Arbeitnehmer und Firmenchefs. „Bei uns laufen die Telefone heiß", sagt ABI-Beraterin Dr. Helga Lerchenmüller.

Offenbar schwenken mehr und mehr Manager und Mittelständler auf die Hubbard-Ideologie ein. Das kommt nicht von ungefähr. Anders als Hare Krishna oder Baghwan spricht Scientology nicht die an, die aus der Leistungsgesellschaft aussteigen wollen. „Im Gegenteil", sagt Norbert Potthoff, „den Leuten wird versprochen, daß sie noch erfolgreicher sind, noch mehr Power haben, noch mehr Macht." So garantiert der Scientologen-Verband VEM eine Methode, „die optimales Überleben möglich macht"; „mehr Glück und Erfolg" verspricht die *Akademie für Management und Kommunikation* in Wiesloch; „wir entwickeln die Leute aufwärts", verkündete einstmals Hubbard.[65] Einen „Zerrspiegel unserer erfolgsorientierten Gesellschaft" nennt Ralf-Dietmar Mucha von der „Aktion Psychokultgefahren" die Wirtschaftsphilosophie der Sekte.[66]

Wer sich ins Haifischbecken des freien Marktes begibt, muß auf vieles verzichten: private Bindungen, Freunde, Literatur. Das gesamte Leben wird der Sucht nach dem wirtschaftlichen Erfolg untergeordnet. Das macht anfällig für die raffinierte und zugleich schlichte Mischung aus Psycho-Schnellkost und Management-Getue. Denn Scientology umhüllt mit religiösem Brimborium, was sowieso schon Götze ist: Macht, Geld und Gewinn. Profitstreben findet eine spirituelle Rechtfertigung; die hohen Abgaben an die „Kirche" versprechen Absolution. Sie versprechen aber auch praktischen Nutzen. Wer der WISE-Gruppe beitritt, wird in einen elitären, internationalen Konzern eingebunden, der seine Mitglieder mit geschäftlichen

Informationen und Aufträgen versorgt – weltweit. Scientologische Unternehmer treffen sich in exklusiven OT-Kursen und *Celebrity Centers*, sie stehen in ständigem Austausch untereinander und versuchen, sich gegenseitig ins Geschäft zu bringen. Dieses Netzwerk funktioniert und ist besonders für Jungunternehmer attraktiv.

Hinzu kommt: „Scientology rekrutiert sich im Bereich der Unternehmer vielfach aus sogenannten Selfmademen", so Norbert Potthoff. Er erklärt: „Das sind Leute, die eine Marktnische erkannt haben und damit zu Geld gekommen sind. Aber ihnen fehlt irgendwie die Basis, das Know-how. Und jetzt kommt Scientology und bietet ihnen ganz einfache, praktikable Lösungen an. Die greifen begierig danach, um das in ihrer Firma umzusetzen." Dieses Geheimnis bringt beispielsweise Adelheid Rech-Gesche Geschäftsleuten in Düsseldorf bei: „Wer Ihnen einreden will, das Leben sei kompliziert, und nur, wer kompliziert denkt, sei klug, der weiß nichts."[67] Auch Unternehmensberater Axel Fehling meint: „Das Verblüffende an dieser Trainingstechnologie ist ihre Einfachheit. (...) Man nimmt eine Sache in die Hand und erledigt sie sofort." Allerdings muß Fehling einräumen: „Das Handicap in der Praxis liegt leider oft darin, daß eben ein großer Teil der anfallenden Arbeiten praktisch nicht sofort erledigt werden kann."[68]

Der Science-Fiction-Autor Hubbard hat den US-amerikanischen Glauben, nach dem es jeder „vom Tellerwäscher zum Millionär" bringen kann, zum Dogma seiner raffgierigen „Religion" erhoben. Nur wessen „stats" (Statistiken) oben sind, der ist gesund. Der ideale Mensch (und Arbeiter) als perfekte Maschine, die fehlerfrei funktioniert und produziert: nur darf er niemals absinken. Scientology-Experte Ralf Bernd Abel kommentiert: „Die wöchentliche Kontrolle der steigenden Statistiken ist das schädlichste, weil dadurch jede sinnvolle längerfristige Planung im Unternehmen verhindert wird."

Anfangs scheint es oft so, als würde die „LRH-Tech" funktionieren. WISE-Unternehmer können auf das internationale Scientology-Vertriebsnetz zurückgreifen, sie sparen dadurch Personal. Sie sparen zunächst auch Geld, weil ihre scientologischen Mitarbeiter „für einen Hungerlohn bis zum Umfallen schuften", so Norbert Potthoff. Doch die Probleme bleiben nicht aus. „Das Hauptproblem liegt darin, daß die Scientologen nach einer gewissen Zeit Wahnvorstellungen entwickeln, daß sie dann das Gefühl für Realitäten verlieren", erklärt der Ex-Scientologe. „Ein Unternehmer, der Scientology angehört, ist quasi geistig schon abgedreht. Sie können ihn nicht mehr unter die normalen Menschen einordnen. Er sieht die Welt nicht mehr so wie Sie und ich, sondern ist aufgrund dieser extremen Indoktrination mit Gehirnwäsche geistig verändert, deformiert. Er hat nicht mehr die normalen, demokratischen Werte im Kopf, sondern er ist autoritär und totalitär geprägt und kennt nur noch das eine Ziel: Erfolg." Dieser Erfolg muß dokumentiert werden; durch Eintrag in die exklusive „Patron"-Liste, Erwerb horrend teurer, handsignierter Hubbard-Ausgaben und von sonstigem Sekten-Kitsch.

Vor allem aber muß Geld fließen, um die Organisation zu stärken – meist auf Kosten der Mitarbeiter. Potthoff: „In der Art und Weise, wie da mit Menschen umgegangen wird, wie sie für bestimmte Ziele instrumentalisiert werden, liegt die Unmenschlichkeit des scientologischen Systems." Wer am Markt bestehen will, muß sich anpassen können. Das ist mit starren Regeln und einem mechanistischen Verständnis von Wirtschaftsvorgängen nicht möglich. Der Aussteiger erklärt: „Die Vorstellung der Scientologen ist: Ich habe ein Postulat, und das läßt sich durchsetzen. Man muß aber davon ausgehen, daß langfristig keine Firma überleben kann, die scientologisch geführt wird."

Doch nicht nur die Erfolgshungrigen zieht es zu Scientology. Auch Wirtschaftslenker und Führungskräfte, die bereits alles erreicht haben, geraten in die Fänge der Techno-Sekte. Wer scheinbar alles hat, erlebt oft eine Sinnkrise. Dieses seelische Vakuum nutzt Scientology, indem sie eine neue Herausforderung verspricht: nichts weniger als Teilhabe an der Rettung der Welt.

Die Unternehmer-Scientologen sind eine andere Klientel, als sie sich in den Orgs und Missionen einfindet. Sie werden hofiert und an einer etwas längeren Leine gehalten. Nichtsdestoweniger werden auch sie ausgenommen und ihre Firmen geplündert. Denn wer die „Tech" anwendet, gehört zu WISE, und wer zu WISE gehört, hat zu zahlen. Abgaben von bis zu zehn Prozent des Bruttoumsatzes kann kein Betrieb auf Dauer überleben. Wenn Unternehmen also reihenweise in den Konkurs getrieben werden, liegt der Schluß nahe, daß dahinter Methode steckt.

Thetanen sind wie Vampire. Das Blut, das sie saugen, heißt Geld. Und wer gebissen ist, ist „an Bord", so L. Ron Hubbard. „Für eine Milliarde Jahre".[69]

Wilde Spekulationsgeschäfte

Wer für einen langen Zeitraum anheuert, muß ein gesundes Selbstbewußtsein haben. „Setze Dich nie selbst herab und schmälere niemals Deine Stärke oder Fähigkeit", gebietet der Ehrenkodex der Scientologen. Treue, Ehre, Stärke – die scientologische Simpel-Philosophie spricht Machtphantasien an, wie sie in der Industriegesellschaft kaum mehr ausgelebt werden können. Gut möglich auch, daß sich kindliche Tagträume von Kapitän Nemo, Old Shatterhand und Perry Rhodan auf Scientology projizieren lassen. Es wäre ja so einfach: der Kampf der Guten gegen die Bösen, Captain Kirk gegen die Klingonen, Thetanen gegen Unterdrücker. Viele mögen regressive Wünsche à la Karl May oder Steven Spielberg verspüren; ausleben können sie auch bei Scientology nur wenige. Die Praxis der Sekte ist das Gegenteil ihres Versprechens: ein Mächtiger und tausend Betrogene.

Reinhold Stricker ist einer von denen, die die Fäden ziehen. Der ranghohe deutsche Scientologe geht als „Unternehmensberater" in zahlreichen Firmen ein und aus. Tatsächlich sorgt er mit seinem *CCI Institut* dafür, daß scientologische Betriebe „ethisch", also linientreu geführt werden. Als Führungsoffizier von Firmen-Stasis („Ethik-Offiziere") leitet er das sogenannte WISE *Charter Committee Frankfurt*, eine interne Kontroll- und Gerichtsinstanz. „Das einzige, was zählt, sind Resultate", lautet sein knappes Motto. Reinhold Stricker ist ein mächtiger Mann.[70]

Wenn sich kritische Berichte in der Presse häufen, fährt schon mal die Creme der deutschen Scientologen auf Schloß Philippseich bei Frankfurt, seinem Hauptquartier, vor. Bei der geheimen „WISE-Sonderveranstaltung" am 4. Mai 1991 waren unter anderen dabei: der deutsche Scientology-Präsident Helmuth Blöbaum und Claudia Kauer vom internen Geheimdienst OSA. Selbstverständlich nickten die Anwesenden eine Forderung wie „Weite Verbreitung der Hubbard Management Technologie" ab. Natürlich wünschte man sich als „wertvolles Endprodukt" viele „ethische Geschäftsleute". Interessanter wurde es, als Achim Bendig, Sprecher der *International Association of Scientologists* (IAS) 3,3 Millionen Dollar aus der „Kriegskasse" versprach, um eine neue Werbekampagne zu starten. Zum Schluß äußerten die ehrenwerten „WISE Members" die Hoffnung, daß dies die „letzte Schlacht in Deutschland" sei, „denn danach wird es für die SPs (Unterdrücker, d.A.) sehr schwierig werden."[71]

„Das Team überlebt" heißt das Motto des „Verbandes Engagierter Manager". Die führenden Scientologen wie Reinhold Stricker geben sich keinen Phantastereien hin, sondern nutzen das Machtpotential, das ihnen die Scientology-Organisation mit all ihren Verästelungen bietet. Alle bedeutenden WISE-Bosse in Deutschland stehen in engem Kontakt untereinander. Zwar traut keiner dem anderen, und jeder bespitzelt jeden, aber bei Bedarf schließt man sich doch zusammen. In dem Telefonbuch eines Münchener Scientologen, das uns zugespielt wurde, finden sich fast alle führenden WISE-Mitglieder Deutschlands versammelt, von B wie Brase bis V wie Vogel.

Die wahren Träger der Macht sitzen schon lange nicht mehr in den Missionen und Orgs der Church. Dynamische Manager-Typen wie Fehling, Kempe, Stricker oder Gach lenken heute die scientologischen Wirtschaftsoperationen in Deutschland und schaffen das Geld heran. Sie sorgen dafür, daß andere zahlen.

In den letzten Jahren haben scientologische „Macher" Geschäftsgebaren entwickelt, die an die Methoden der Mafia oder Schalck-Golodkowskis erinnern. Spekulationsgeschäfte, Immobilienschiebereien oder windige Deals mit angeblichen Haarwuchsmitteln werden kunterbunt vermischt. Ihr Einfallsreichtum ist unerschöpflich. An vorderster Front stehen beispielsweise Karl-Erich Heilig, Stephan Koenig oder Detlef Foullois aus Hamburg. Ihre Geschäfte hat der Journalist Karl Hermann in einem Artikel ausführlich beschrieben.[72] Das Grundprinzip erläutert er am Beispiel der *Cosmos Computer GmbH* des Stephan Koenig: „*Cosmos* ist in Wahrheit ein hohler Kokon, eine Geldmaschine auf Abruf, die wie die anderen Firmen der Koenig-Kette immer dann angeschmissen wird, wenn sich ein interessantes Geschäft anbahnt. Längst haben clevere Scientologen kapiert, wie man ohne lästige Publicity das Hubbard-Modell zum Laufen bringt. Statt Riesenapparate, die im grellen Scheinwerferlicht der Medien stehen, wird ein kleines Netz von kompliziert miteinander verschachtelten Firmen bedient. Die Mitarbeiter – meist Angehörige der Sekte – werden zwischen ihnen wie Schachfiguren verschoben. Während die *Koenig-KG* ihr Kapital in ein lukratives Geschäft pumpt, ist ein anderes gerade illiquide."

Die geschäftlichen Durchlauferhitzer wechseln häufig Namen und

Adressen. Von einer „Zocker-Mentalität" spricht Norbert Potthoff. Wenn die eine Branche kein Geld mehr abwirft, stürzt man sich auf die nächste. Ständig werden neue Firmen gegründet, andere wieder aufgelöst. Sie heißen *Tome*, *Haus GmbH*, *Cosmos*, *Blito-P-3* oder *Heilig Werbeideen*. Steuerschonend als „Spenden" deklariert, fließen aus ihnen große Summen in die Kassen des Syndikats. Sekten-Patron Stephan Koenig brüstete sich in einem Bittbrief vom 10. Oktober 1991 an die *Commerzbank Hamburg* damit, daß er „Beratungskunden wie den Schleswig-Holsteinischen Ministerpräsidenten" betreue, bevor er gestand: „Ich habe die Fehler gemacht, daß ich eine Menge Geld aus dem Unternehmen genommen und somit meine Liquidität angegriffen habe." Das Zusammenspiel der WISE-Genossen kommentiert Potthoff so: „Scientology bemüht sich, im Rahmen der Legalität, wenn auch bis zu den allerletzten Möglichkeiten, zu bleiben." Die Grenzen werden tatsächlich sehr weit gezogen.

„Wir sind keine Scientologen."[73] In Baden-Württemberg gibt es Immobilien-Firmen, die sich gezwungen sehen, im Frühjahr 1992 eine derartige Aussage unter ihre Anzeigen zu drucken. Der Ring Deutscher Makler (RDM) fürchtet um seinen seriösen Ruf. Zahlreiche Immobilienfirmen im Raum Stuttgart – darunter der Branchenriese *Garant* – sollen scientologisch infiltriert sein. Von „Kartellbildung" ist die Rede, „Preisabsprachen" werden erwähnt. Egon Wetzel, Pressesprecher des württembergischen RDM, äußert im Fernsehen den Verdacht, die Scientologen seien bestrebt, „unseren Verband zu unterwandern und in den Griff zu bekommen". Als der RDM versucht, die Firma *Garant* auszuschließen, stößt er auf heftige Opposition. Ein anonymes Flugblatt wirft dem RDM „Nestbeschmutzung" vor.[74]

Es ist nicht der erste Versuch von Scientologen, mit geballter Kraft wirtschaftliche Ziele zu erreichen. „Die besten Organisationen der Geschichte waren harte, hingebungsvolle Organisationen. Kein einziger weichlicher Haufen Windelhöschen tragender Dilettanten hat jemals etwas zustande gebracht", hatte L. Ron Hubbard seine Jünger ermahnt.[75] Am 12. November 1989 riefen hochtrainierte Thetanen und WISE-Mitglieder ein exklusives *OT-Komitee Stuttgart* (OTC) ins Leben, dessen Gründungsrat sich wie ein „Who is Who" örtlicher Wirtschaftsgrößen liest: Manager, Immobilienhändler, Unternehmensberater und Computerspezialisten, seit Juli 1990 noch von einer speziellen „Expansionsgruppe" unterstützt. Im Gründungsdokument beruft man sich auf Hubbards „Gung-Ho Group Tech", eine spezielle Anweisung zur geheimen Unterwanderung der Gesellschaft. Als ihr Ziel nennen die Top-Scientologen, „eine sichere Umgebung zu schaffen, in der Dianetik & Scientology blühen und gedeihen". Ihre Zukunftsvision sieht laut „Admin Skala" so aus: „Der Großraum Stuttgart ist ein voll aktives Feld und ein sicherer Ort für Scientology und Scientologen. In Verbindung mit der Stuttgarter Org (größte Klasse IV Org der Welt) ist das OTC das stärkste OTC auf dem Planeten. Ein Netzwerk von Scientology-orientierten Aktivitäten, komplett integriert in die Gesellschaft, z.B. Schulen, Kindergärten und Firmen, welche LRH Tech anwenden." Norbert Potthoff erklärt dazu: „Die Scientologen haben flächendeckende Pläne im Rahmen von ‚Clear Deutschland' entworfen. Man schließt sich zusammen, um in Schlüsselindustrien zu kommen und ganze Stadtteile aufzukaufen." Im Verborgenen entsteht eine mächtige Parallelgesellschaft, hierarchisch organisiert und totalitär strukturiert.

Das Stuttgarter *OT-Komitee* koordiniert offenbar wie der *Verband Engagierter Manager* (VEM) oder ähnliche wirtschaftliche Kampforganisationen die scientologische Expansion. „Mafia-Methoden" wirft die Hamburger Scientology-Beauftragte Ursula Caberta der Scientology-Organisation vor: „Für mich ist Scientology eine kriminelle Vereinigung."

Die Journalisten Marc Frey und Jürgen Roth definieren mafioses Verhalten als „in höchstem Maße demokratiezerstörend, sozialschädlich, asozial. Mafioses Verhalten ist eine besonders schäbige und gefährliche Art, die Gesellschaft, den Staat und seine Institutionen zum eigenen Vorteil zu mißbrauchen. Mafioses Verhalten wird auch ermöglicht und gefördert durch den Verfall politischer Kultur, die in diesem Staat von Filz zu Filz, von Affäre zu Affäre, von Skandal zu Skandal führt und eine politische Landschaft geschaffen hat, die bisweilen einer Bananenrepublik gleicht."[76]

Die Syndikat-Masche hat offenbar Erfolg. Die CDU-Bundestagsabgeordnete Susanne Rahardt-Vahldieck schätzt, „daß die scientologischen Tarnvereine jährlich etwa eine Milliarde Mark an der Steuer vorbeiwirtschaften".[77] Das US-Nachrichtenmagazin *Time* berichtete, daß der Scientology-Ableger *Kirche der spirituellen Technologie* allein 1987 insgesamt 503 Millionen Dollar eingenommen haben soll.[78] Nach Schätzungen der Zeitschrift *Wirtschaftswoche* beträgt der weltweite Scientology-Jahresumsatz viele Milliarden. Niemand weiß, was mit dem Geld geschieht. Der Informationsdienst der *Aktion für geistige und psychische Freiheit e.V.* (AGPF) in Bonn berichtete 1989: „100 Millionen DM wurden nach Angaben der Sekte selbst pro Jahr in Immobilien investiert."[79] Bei der großen Polizeiaktion gegen Scientology in Spanien 1988 (Vorwürfe: „Hochstapelei, Fälschung, Steuerhinterziehung" etc.) stellten die Inspektoren des Arbeitsministeriums Geldüberweisungen an Banken in den USA, Luxemburg, der Schweiz und Dänemark fest.[80] Norbert Potthoff: „Es ist sehr schwer, genaue Zahlen zu bekommen. Ich habe eine Information aus Luxemburg erhalten, wonach dort 140 Milliarden Dollar scientologisches Geld auf Banken liegen sollen." Angesichts dieser Schätzungen wirken die 400 Millionen Dollar, die Scientology 1993 der US-Steuerbehörde als Vermögenswert angab, lächerlich untertrieben.

Behörden und Verbände im Fadenkreuz

Christine Kischke-Wohlbrandt galt in der Hamburger Handwerkskammer als eine „sehr tüchtige Frau". Jahrelang hatte die Scientologin mit dem teuren Titel „Operierender Thetan Stufe VIII" Meister in Betriebswirtschaft und Menschenführung fortgebildet. Dabei ließ sie ab und an ein wenig „LRH-Tech" einfließen. Offensichtlich hatte sie jedoch zu dick aufgetragen, denn die Klagen über Sektenpropaganda häuften sich. Sie mußte schriftlich versichern, Hubbard fürderhin nicht mehr zu erwähnen. Zwar wurde sie in die interne „Zukunftswerkstatt" versetzt, durfte aber gleichwohl den Geschäftsführer der Kammer bei seinen Treffen mit ostdeutschen Handwerker-Organisationen begleiten. Doch die Kollegen in Hamburg gingen zunehmend auf Distanz. Kischke-Wohlbrandt kündigte schließlich ihren Arbeitsvertrag im Frühjahr 1991 und unterrichtet nun Führungskräfte an einer Wirtschaftsakademie. Dort ist das Umfeld „ethischer": Die Kollegen sind auch in der Sekte.[81]

Handwerks-, Industrie- und Handelskammern stehen ganz oben auf der Wunschliste der Scientologen. Der *Spiegel* berichtete 1991 über einen Versuch, die *Wirtschaftsakademie Schleswig-Holstein*

(WAK) zu infiltrieren. Das Bildungswerk schult im Auftrag der Industrie- und Handelskammern Führungskräfte großer Unternehmen. WAK-Chef Wolfgang Krickhahn hätte um ein Haar – geblendet von der „verblüffenden Schnelligkeit und Effizienz" des *U-Test*-Verfahrens – einen Beratungsvertrag mit der Firma *U-Man* abgeschlossen. Als ihn ein Bekannter über den Scientology-Hintergrund des Unternehmens informierte, brach er den Kontakt schockiert ab. „Wenn diese Firma bei uns die Personalauswahl übernommen hätte, wäre das verheerend gewesen", zitierte der *Spiegel* den Chef der renommierten Akademie. „Die Scientologen hätten überall ihre Leute plazieren können und vermutlich irgendwann unsere Dozenten gestellt."[82]

Seit 1990 rücken auch besonders sensible Bereiche der Gesellschaft ins Fadenkreuz der Unterwanderungsprofis. Ein Fahnder aus Baden-Württemberg weiß: „Bundeswehr und Polizei haben den scientologischen Virus in ihren Reihen." Er kennt mindestens zwei Fälle, in denen aus Polizeibeamten Scientologen wurden. Ob sie ihrem Auditor Dienstgeheimnisse verraten haben, ist nicht bekannt. Die *Polizei-Zeitung Baden-Württemberg* berichtete im September 1991, daß die „berüchtigte Scientology-Church im polizeilichen Bereich Fuß fassen wolle". Der deutsche Scientology-Präsident Helmuth Blöbaum hatte verschiedenen schwäbischen Polizeirevieren zuvor einfühlsame Briefe geschickt. Darin prangerte er die gestiegene Kriminalität und den Drogenmißbrauch an.[83]

Polizeibeamte sind interessant. Politiker sind interessanter. Zur Erinnerung: 15 Prozent der Meinungsführer wollen die Scientologen mit ihrem „Clear Deutschland"-Plan für sich einnehmen. „Reicht die Krake bis ins Rathaus?" titelte die *Hamburger Morgenpost* im Frühjahr 1991.[84] Zwei prominente Hamburger FDP-Politiker waren durch Immobiliengeschäfte mit einem Scientologen aus der eigenen Partei ins Gerede gekommen. Frank-Michael Wiegand, Makler und FDP-Fraktionsvorsitzender in der Hamburger Bürgerschaft, vermittelte eine Wohnanlage (Wert: 4,85 Millionen Mark). Kai Wünsche, Großkaufmann und „starker Mann des rechten Flügels", half mit einem Darlehen von einer halben Million Mark aus. Empfänger der Wohltaten war Götz Brase (34), FDP-Mitglied und Scientology-„Patron". Auf die Sektenzugehörigkeit Brases angesprochen, zeigten die FDP-Politiker wenig Berührungsängste. Frank-Michael Wiegand: „Wir wollen keine Kaste von Unberührbaren schaffen. Das wäre mit liberalen Grundsätzen nicht vereinbar." Er wisse gar nicht, „was bei den Scientologen los" sei. Als der Skandal hochkochte, reagierte die FDP dennoch unwirsch – es war gerade Wahlkampf. Brase und eine weitere prominente Hamburger Scientologin wurden zum Austritt aus der FDP aufgefordert, wozu sie sich nach längerem Hin und Her 1993 bereitfanden.[85]

Die CDU hatte offenbar mit ähnlichen Problemen zu kämpfen. Der Dresdener Bundesparteitag im Dezember 1991 kam jedoch zu einem wichtigen Beschluß: „Eine Mitgliedschaft bei Scientology ist mit einer Mitgliedschaft in der CDU unvereinbar." Scientologen hatten die Delegierten vorher mit einem Schwall von Flugblättern bombardiert. Auch die FDP hat sich nach langem Hin und Her im November 1992 zu einer ähnlichen Entscheidung durchgerungen. Was dann in der Praxis passiert, steht allerdings auf einem anderen Blatt. Zur CDU, besonders aber zur FDP fühlen sich Scientologen immer wieder hingezogen; hier finden sie mit ihrem „Wirtschaftsprogramm" eher Ansatzpunkte als bei der SPD oder gar den Grünen.

Trotz einiger erfreulicher Entscheidungen verkennen viele Politiker noch immer die Gefahren, die von Scientology ausgehen – und funktionieren damit ungewollt im Sinne von „Clear Deutschland". Das Büro Schwaetzer (s. oben) macht da keine Ausnahme. Grenzenlose Ignoranz und falsch verstandene Toleranz selbst bei den Medien: Der *Ostdeutsche Rundfunk Brandenburg* gab dem PR-Scientologen Franz Riedl in einer Sendung am 15. Dezember 1992 ausführlich Gelegenheit, seine kruden Ansichten zu verbreiten. Kostprobe: „Das Menschenbild der Scientology Kirche ist ganz einfach, und es ist liebevoll, und es ist schön, und es ist großartig ..." Die Frauenzeitschrift *Brigitte* schmückte sich im Dezember 1992 mit einem Porträt der Hamburger Scientology-Beauftragten Ursula Caberta. Aufmerksame Leser mußten jedoch nur wenige Seiten weiterblättern, um auf eine Anzeige der Firma *SN Colours* zu stoßen, die von Scientologen geführt wurde (s. oben).[86] Daß die Gier nach Einschaltquoten scheinbar jedes Verantwortungsgefühl ausschaltet, belegt ein skandalöser Vorfall bei der „Einspruch"-Sendung von Sat-1 am 6. Juli 1993. Nur acht Wochen nach einem Streitgespräch über Scientology durfte dort eine Vertreterin der scientologischen *Kommission für Verstöße der Psychiatrie gegen Menschenrechte* ihre dubiosen Thesen einem Millionenpublikum nahebringen – als „Expertin“ in Sachen „Verführung auf der Psycho-Couch“. Mit keinem Wort wurde die Scientology-Connection erwähnt. Mißbrauchs-Opfer, die sich nun hilfesuchend an die *Kommission* wenden, geraten mit Sicherheit vom Regen in die Traufe; ohne es zu ahnen, landen sie bei der Sekte. Als sich Anti-Scientology-Initiativen bei Sat-1 beschwerten, wurden sie kalt abgebügelt. „Fakten müssen Fakten bleiben“, hieß es in einem Schreiben, und weiter: „Auch renommierte Magazine der öffentlich-rechtlichen Anstalten bedienen sich gerne der Kommission als ‚Fälle-Lieferant‘.“

Auf der Frankfurter Buchmesse 1992 ebenso wie 1993 machten Hubbards Kolonnen Stimmung für ihres Meisters Großliteratur. Der *Stern* berichtete, scheinbar unbeleckt von der öffentlichen Diskussion: „Doch es gibt auch Gewinner auf der Buchmesse. Am Scientology-Stand verkündete eine Tafel: ‚L. Ron Hubbard – 105 000 000 verkaufte Werke‘.“[87] Das Wirtschaftsmagazin *Forbes* lieferte in der Augustausgabe 1992 den Beleg, wie genau Scientology das wichtigste Muster der Wirtschaftsordnung trifft: den Erfolgskult. Während ein ausführlicher und gut recherchierter Beitrag Scientology als „Mafia-Sekte“ entlarvte, fragte ein „Karriere-Test“ im selben Blatt intime Daten ab, ähnlich wie im „Persönlichkeitstest“. Auch Layout und Bildauswahl (lächelnde, nach oben schauende „Siegertypen“) könnten von den Scientologen stammen. Vermutlich haben die *Forbes*-Macher den „Fauxpas“ nicht einmal bemerkt.[88]

So kompatibel Scientology mit der Wirtschaft ist, so wenig kümmert sich die Organisation um Arbeitnehmerinteressen. Bisher ist erst ein Fall bekannt geworden, daß Gewerkschaften von Scientology unterwandert wurden. Im Sommer 1992 wurde der Ludwigshafener BASF-Betriebsrat Dieter Klee als Scientologe enttarnt und später mit Zustimmung der Arbeitnehmervertretung entlassen.[89] Aber auch in diesem Fall ging es weniger um die Rechte der Arbeiter als vielmehr um Missionierung. Es stellte sich heraus, daß der 49jährige – zugleich Landesarbeitsrichter – jahrelang im Unternehmen Mitglieder für Scientology geworben hatte und deswegen schon 1990 abgemahnt worden war. Als Mitglied des BASF-Gesamtbetriebsrates hatte er Zugang zu Tausenden von Arbeitnehmeradressen. Nach seiner Enttarnung forderte die IG Chemie den Mainzer Justizminister Peter Caesar (FDP) auf, Klee aus dem Richteramt zu entfernen, da seine richterliche Unabhängigkeit nicht gewährleistet sei – was jedoch bis Dezember 1993 nicht geschehen ist.[90]

In Wahrheit liegen Scientologen mit den Gewerkschaften über Kreuz. Adelheid Rech-Gesche, Managerin des scientologischen *Celebrity-Centers* Düsseldorf, drückt das unzweideutig so aus: „Mit ihrer Forderung nach Arbeitszeitverkürzung verderben Gewerkschaften die Leute, machen sie unzufrieden."[91] Die Bundestagsabgeordnete Renate Rennebach (SPD) weist darauf hin, daß die gegenwärtige Situation auf dem deutschen Arbeitsmarkt einer „direkten oder indirekten scientologischen Betriebsübernahme sehr entgegenkommt": „Die daraus resultierenden individuellen Ängste und Nöte der Menschen versetzt die Scientology um so besser in die Lage, diese von einer Mitarbeit zu ‚überzeugen'." Sie warnt vor dem „gefährlichen Preis", der dafür zu zahlen ist: „Dieser besteht im wesentlichen aus hoher Arbeitsbelastung, Nichtbeachtung von Arbeitnehmerrechten (z.B. keine Betriebsräte), insbesondere jedoch aus Loyalität, Gehorsam und Unterwerfung unter das repressive System der betrieblichen Befehls- und Sanktionsstrukturen. Geradezu glücklich können sich da diejenigen schätzen, die diesen ‚Deal' erkennen und rechtzeitig aus- bzw. erst gar nicht einsteigen."[92] Ein Sicherheitsrisiko können Scientologen in Betrieben bilden, die mit gefährlichen Stoffen hantieren. Da sie schädliche Umwelteinflüsse oder radioaktive Strahlung bekanntlich mehr für ein geistiges als ein körperliches Problem halten, können sie Mitarbeiter gefährden, indem sie entsprechende Arbeitsschutzbestimmungen nicht genügend ernst nehmen.

Mit ihrer Predigt vom Kapitalismus pur wollen Scientologen verhindern, daß ein demokratischer Ausgleich funktioniert. Experten wie Ralf Bernd Abel sprechen deshalb von „Sozialdarwinismus" und „faschistischen Strukturen". Abel: „Scientology ist totalitär und autoritär."[93] Öffentlich würde die Sekte niemals zugeben, daß sie plant, die Menschenrechte einzuschränken. Aber intern liest sich das schon anders. Im scientologischen Sonnenstaat sollen die Bürgerrechte nur dem optimalen und unfehlbaren Menschen zukommen. Hubbard schrieb: „Nur in einer Gesellschaft von nicht-aberrierten Menschen mit einer Kultur, aus der alle Unvernunft entfernt wurde, kann der Mensch für seine Handlungen wirklich verantwortlich sein, dann und nur dann. (...) Vielleicht ist das Ziel irgendwann in der Zukunft erreicht, wenn nur der Nicht-Aberrierte die Staatsbürgerschaft erlangen und davon profitieren kann."[94] Norbert Potthoff fürchtet daher um „die politische Kultur" in Deutschland: „Wenn WISE nicht gestoppt wird, kommt ein System, das wirtschaftlich wie der Manchesterkapitalismus funktioniert und politisch wie der Nationalsozialismus. Wenn es nicht gelingt, innerhalb der nächsten vier, fünf Jahre Scientology in der Öffentlichkeit eindeutig zu ächten, dann ist der Prozeß soweit abgeschlossen, daß man ihn in kurzer Zeit kaum noch wird umdrehen können."

Expansion in die neuen Bundesländer oder: Der Messias von Usedom

Managertraining für Bauern

17. Januar 1992. Es ist ein Abend, wie es im Winter viele gibt auf der Insel Usedom. Nichts los. Die feuchte Kälte kriecht von der Ostsee auf die Häuser zu. Da bleibt, wer nicht raus muß, lieber im Warmen. Während in den Seebädern noch ab und zu ein Lichtschein aus einer Kneipe dringt, versinken die kleinen Dörfer im Hinterland völlig in der Dunkelheit.

Vor der „Thurbruchklause" in Benz jedoch parken Dutzende Autos. Im Saal sitzen zweihundert Leute, von nichts erwärmt als von ihrer Atemluft, und hören einer ziemlich trockenen Informationsveranstaltung gespannt zu. Mancher Bauer hält die Arme vor der Brust verschränkt und lächelt ausgesprochen finster. „Scientology", das Wort, das heute auf Usedom die Spatzen von den Dächern pfeifen, hätte vor einem dreiviertel Jahr kaum jemand richtig aussprechen, geschweige denn erklären können. Das Wort Arbeitslosigkeit um so mehr.

Rückblende. Im Frühjahr 1991 hat die LPG Dargen/Labömitz nicht mehr als eine Galgenfrist. 500 Bauern stehen kurz vor dem Aus. Die Dörfer am Kleinen Haff sind touristisch nahezu unerschlossen, Gewerbe gibt es kaum, Perspektiven: keine. In diesem trostlosen Frühjahr erscheint, so soll es jedenfalls später der *Usedom-Kurier* vermelden, eines Abends um sieben ein Mann bei Bodo Kasten, dem Bürgermeister von Dargen.[1] Sein Mercedes hat eine Berliner Nummer. Der Mann ist Mitte vierzig, sieht gut aus, ist ausgesprochen redegewandt und wirkt seriös. Er bittet darum, ihm elf Leute aus der Region vorzustellen, mit denen er eine Managementgruppe für ein ABM-Projekt aufbauen möchte. Zwar ist es Freitag abend und der Wunsch des Herrn eher ausgefallen, aber – ungewöhnliche Zeiten erfordern ungewöhnliche Entscheidungen – Bürgermeister Kasten holt ihm tatsächlich binnen einer Stunde die Leute heran. Schon zwei Stunden später sind sich alle einig: „Wir müssen es schaffen. Es gibt keinen anderen Weg."

Peter-Uwe Krumholz, so der Name des Besuchers, setzt seine zwingende Ausstrahlung nicht das letzte Mal ein. Dieser Abend ist der Beginn atemberaubender Aktivitäten, die der Unternehmensberater nun auf der Insel entfaltet. Völlig uneigennützig, wie er mehrfach beteuert. „Vor Ort haben wir festgestellt, daß da große Not ist", erklärt er rückblickend, wie er zur Insel und die Insel zu ihm kam, „und da ich Unternehmerberater bin und also für alle Probleme, die es irgendwo gibt, Lösungen finden muß, haben wir eine Lösung gefunden: Wir machen eine große AB-Maßnahme." 514 Arbeitslose – praktisch alle – sollen in Dargen wieder „in Lohn und Brot" kommen. Kaum ist die Idee geboren, wird sie in die Tat umgesetzt; „das ging immer ruck, zuck!", erinnert sich später Mitarbeiterin Bärbel Stoll.

Etwaige Zweifel werden vom Tisch gewischt. Der Wolgaster Landrat Torsten Reinholdt kann ein Lied davon singen: „In meinem Zimmer gab's am 14. Mai 1991 eine Runde, da stellten das Arbeitsamt und Herr Krumholz dieses ABM-Projekt vor. Ich hinterfragte das. Aber der Leiter des Arbeitsamtes fuhr dazwischen und erklärte: Wir sind uns doch einig darüber, das ist 'ne gute Sache, hier werden Arbeitslose von der Straße geholt. Wir als Arbeitsamt genehmigen das. Darauf antwortete ich, wenn das Arbeitsamt dafür Geld ausgibt, habe ich nichts mehr dagegen zu sagen."

Gekonnt formuliert Peter-Uwe Krumholz nun den ABM-Antrag. Bürgermeister Bodo Kasten, inzwischen seine rechte Hand, unterzeichnet für die Gemeinde Dargen. Schon am 15. Mai reicht er den Antrag beim Stralsunder Arbeitsamt ein. Auch einen werbewirksamen Namen hat das Kind bekommen: „Pilotprojekt Dargen/Usedom", kurz PPDU. Das riecht nach Zukunft, nach Optimismus, nach einem echten Neuanfang.

Die Idee wird in Stralsund geradezu begeistert aufgenommen. Schließlich erwartet man im Sommer eine Arbeitslosenquote von 58,8%. Glückliche Fügung: Vor Monatsfrist hat die Bundesregierung das Gemeinschaftswerk „Aufschwung Ost" verkündet, „damit nicht ganze Landstriche nur noch an der sozialen Strippe hängen" müssen. So jedenfalls beschreibt es der Hamburger Karl-Heinz Klemann, da-

Das „Weiße Haus" in Dargen/Usedom.
Peter-Uwe Krumholz präsentiert das Drei-Delta-Symbol, das den Scientology-Dreiecken verdächtig ähnelt.

mals Aufbauhelfer im Arbeitsamt Stralsund. Die Mittel stehen also bereit, es muß sie nur jemand abrufen.

Das Amt reagiert schnell. Am 30. Mai trifft in Dargen der positive Vorbescheid ein. Das PPDU erhält den behördlichen Segen, und der Mann aus Berlin ist zufrieden. Mit den Ämtern sei „ein nahezu perfektes Arbeiten möglich", lobt Peter-Uwe Krumholz in der lokalen Presse, „kein zögerlicher und unpünktlicher Fluß von finanziellen Mitteln, kein Verschleppen durch bürokratisches Verhalten".[2]

Eine Woche später, am sechsten Juni, treten elf ehemalige LPG-Bäuerinnen und Bauern mit Papier und Bleistift an, um sich zu Managern ausbilden zu lassen. Sie sind die Kader, die das Projekt in die Hände nehmen sollen. Ihre Aufgaben sind hochgesteckt: Das bestehende Gewerbe soll gefördert, neues angesiedelt und die notwendige Infrastruktur dafür auf der Insel geschaffen werden; „Altlasten" will man beseitigen, sanften Tourismus ermöglichen. Und last, but not least: Nach zwei Jahren sollen alle Mitarbeiter festen Boden, sprich Arbeitsplätze, unter den Füßen haben. „Hilfe zur Selbsthilfe" heißt das. 30 Millionen soll das Gesamtprojekt kosten; und die ersten Überweisungen treffen bereits im Juni ein.

Das klingt wie Zauberei und ist auch sowas Ähnliches. Es fehlen Fachleute? Abrakadabra, Herr Krumholz zieht sie aus dem Hut. Zufällig sind sie alle aus der eigenen Familie. Ehefrau Roswitha, geborene Schirnitz und Erbin eines 100-Hektar-Grundstücks bei Katschow nahe Dargen, hat zuvor die *PR+K* (*Public Relations und Kommunikation*) aus der Taufe gehoben. Laut Gewerbeanmeldung beschäftigt sie sich mit „Managertraining und Seminaren" sowie dem „Handel mit allen dafür notwendigen Gütern". Schwiegervater Horst Schirnitz, ein ehemaliger Polizist, gründet im Juni die Beschaffungsfirma *EHS* (*Einkaufs- und Handelsservice*). Sie wird alle für das PPDU erforderlichen Käufe prompt erledigen.

Und schließlich: Auftritt Walter Krumholz (67). Der Vater des Unternehmensberaters beeindruckt mit einem Professorentitel und einer fremdwortreichen Ausdrucksweise; laut Lokalpresse ist er ein eingefleischter Verwaltungsspezialist und namhafter Wissenschaftler. Krumholz senior soll mit seiner fix ins Leben gerufenen *Akademie Berlin-Usedom* das Projekt dokumentieren und wissenschaftlich begleiten. „Das PPDU ohne die Akademie wäre ein totgeborenes Kind", betont die *Ostsee-Zeitung*.[3] Große Namen schmücken, schaffen zusätzliche Reputation: Hanna-Renate Laurien, Präsidentin des Berliner Abgeordnetenhauses, und Dr. Josef Stingl, der ehemalige Präsident der Bundesanstalt für Arbeit, seien Mitglied, heißt es. Aber nur Josef Stingl gehört tatsächlich zu den Gründungsmitgliedern der „Akademie".

Die Bürger am Kleinen Haff finden nun auch regelmäßig ein ansprechend gestaltetes Info-Blättchen in ihrem Briefkasten; zwischen Meldungen über die Trinkwasserqualität und die Dorferneuerung machen die *Katschow-Nachrichten* Stimmung für das „Pilotprojekt". Besonders gern drucken sie Interviews mit „Peter-Uwe Krumholz vom Beraterteam PPDU". Presserechtlich verantwortlich zeichnet Roswitha Krumholz.

Peter-Uwe, der spiritus rector, bleibt indes bescheiden im Hintergrund. In keiner der Firmen taucht sein Name auf. Aus steuerlichen Gründen, wie er sagt. Gleichwohl ist der Macher nach wenigen Wochen inselbekannt. Seine Energie scheint unerschöpflich. „Sein ganzes Auftreten war so: Ich bin was, ich kann was. Es gab keine Tür, die für ihn nicht offen war", bestätigt Bärbel Stoll. Es gelingt ihm, das PPDU zu einer Art Institution werden zu lassen.

Wie ein Fieber greift die Begeisterung für DAS PROJEKT um sich. Als Krumholz die einstigen Bäuerinnen und Landarbeiter, von der Berliner Farb- und Stilberaterin Rose Otto für teures Geld gestylt, am 22. August als „Manager-Gruppe" der Presse präsentiert, scheint die Zukunft ganz nahe. Sechs Abteilungsleiter stellen sich vor, als repräsentierten sie einen mittleren Konzern. Die alte LPG-Molkerei in Dargen, mit weißer Farbe, neuen Teppichen und schnieken Möbeln zum Büro aufgemotzt, heißt nun „Das Weiße Haus". An der Fassade strahlt ein seltsames Signet: drei leuchtendgelbe Deltas auf blauem Grund.

„Wahre Wunder" erwartet die Presse vom PPDU, von einer „historischen Chance" ist die Rede.[4] Nichts, was dieses Projekt nicht sein kann und darf. Reagiert das Arbeitsamt mal nicht schnell genug, taucht Krumholz gleich selber bei Herrn Klemann in Stralsund auf. Die zweite Maßnahme mit achtzig Arbeitskräften, Plansoll 150 Kilometer Wegebau, ist zu groß? Kann so nicht bewilligt werden? Kein Problem! Umgehend werden aus einer großen fünf kleine Maßnahmen, amtlich bestätigt mit Stempel vom 15. Juli. Wieder Dutzende gerettet, diesmal unter das Dach der Gemeinde Garz. Von nun an werden im Wochentakt die folgenden ABM beantragt. Wie am Schnürchen läuft der Betrieb. „Übrigens", läßt sich Krumholz vernehmen, „einen Mißerfolg können wir uns nicht leisten, denn auf unser Projekt hat auch das Bundeskanzleramt sein Auge drauf."

Hätte man zu dieser Zeit auf Usedom einen „Mann des Jahres" gewählt, die Chancen von Peter-Uwe Krumholz wären erstklassig gewesen. „Herr Krumholz ist uns als Berater der absolut kompetente Mann", flötet die ehemalige Lehrerin und Managerin in spe Petra Lenz. „Ohne Herrn Krumholz' Engagement wären wir nicht in der Lage, das jetzt durchzustehen."

Goldgrube ABM

In der allgemeinen Euphorie über den Retter, der wie der Messias auf der Insel erschienen ist, wirken die wenigen Zweifler wie Raben unter weißen Tauben. Nur Detlef Wenzel, der bedächtige Tierarzt, ist nicht so leicht zu beeindrucken. „Der Krumholz", meint er, „der kam uns immer komisch vor. Da hab ich mir gesagt: Mensch, wir müssen vorsichtig sein ... Nix gegen unsere Bauern, ich bin selber Bauer – aber: Wie kann man da Manager draus machen, innerhalb von sechs Wochen?" Die Gerüchteküche kocht. Von sagenhaften Gehältern ist die Rede. Man hört aber auch, daß die Manager im PPDU einander nicht mehr trauen dürfen. Doch Konkretes erfährt niemand, denn die elf sollen über ihre Ausbildung nicht reden. Auch Bodo Kasten hat sich verändert. Auf die Leute im Dorf wirkt er wie hypnotisiert. Mit Krumholz sitzt er nicht selten bis in die Nacht bei der Arbeit. Andere wären da längst umgekippt. Aber die sollen ja Psychotraining machen, erzählen die Leute. „Wir mußten", bestätigt Managerin Bärbel Stoll, „uns in die Augen gucken, minutenlang. Ich hab dann – es ist ja nicht angenehm, jemandem starr in die Augen zu sehen –, ich hab dann hinterm Stuhl mit den Daumen gedreht, hab mich auf die Daumen konzentriert, das hat er aber gemerkt." Zwar kommt es schon mal vor, daß sich einer von den Managern an die Stirn tippt. Aber Peter-Uwe Krumholz schafft es immer wieder, sie alle in seinen Bann zu ziehen.

Inzwischen fühlt man sich im PPDU fast wie eine Außenstelle des Arbeitsamtes. „Es war ja soweit, daß keiner mehr nach Wolgast oder

Stralsund brauchte“, meint Wilfried Geithner, damals Amtsleiter der Verwaltungsgemeinschaft von fünf Dörfern am Kleinen Haff. Immer mehr AB-Maßnahmen werden beantragt und bewilligt. Bis dem Gemeinderat die Sache unheimlich wird und der Geduldsfaden reißt. Was geschieht dort eigentlich? Was für Gelder fließen da, und vor allem – an wen? „Den richtigen Verdacht haben wir Anfang Juli (1991) gekriegt, als durchsickerte, daß er 100 000 Mark kassiert hätte für das Managertraining. Nee, so ein Fieskopp“, empört sich Detlef Wenzel.

Langsam kippt die Stimmung in Dargen. Ende Juli – noch läuft die Schulung – werden die Dimensionen des PPDU langsam sichtbar. „Damals gab es erste Unstimmigkeiten mit Herrn Krumholz, daß er sich als Herrscher aufspielte und die Gemeindevertreter offensichtlich belogen wurden“, erinnert sich Amtsleiter Geithner. Eine effektive Kontrolle findet nicht statt, denn Bodo Kasten unterschreibt alles, was ihm auf den Tisch kommt. „Er hätte aber“, sagt Geithner, „schon wegen fünf Mark die Gemeindevertretung fragen müssen.“

Eine Gruppe von Gemeindevertretern versucht daher, Licht in die Angelegenheit zu bringen. Bodo Kasten soll, so steht es im Protokoll der Gemeinderatssitzung vom 23. Juli 1991, künftig Rechenschaft ablegen, soll Anträge ans Arbeitsamt vorher mit der Kommune absprechen. In drei quälenden Sitzungen wird versucht, Klarschiff zu machen. Der Bürgermeister weigert sich, auf die Forderungen einzugehen. Dafür stellt er überraschend den Antrag, Peter-Uwe Krumholz als sechsten Beigeordneten zu wählen. Aber die Gemeindevertreter durchschauen das durchsichtige Manöver und spielen nicht mit. Das Ergebnis: am 26. Juli tritt Bodo Kasten zurück.

Zwei Wochen später wird Detlef Wenzel zum neuen Bürgermeister gewählt. „Denn“, erläutert er, „ich war nicht darauf angewiesen, im PPDU angestellt zu sein. Ich war früher nicht in der Partei, nicht geschieden, nicht fremdgegangen … Ich war nur im Anglerverein. Schlecht für Krumholz. So konnte er mich überhaupt nicht fassen.“ Wenzel stellt wie Geithner unbeirrt Nachforschungen an und läßt sich auch von der Pressekampagne nicht beeindrucken, die der Berliner nun gegen seine „Feinde“ entfesselt.

Am Kleinen Haff bilden sich Fronten. Die Leute sind verunsichert. Wem sollen sie trauen? Ihrem Bürgermeister Wenzel oder Peter-Uwe Krumholz, der laut Bärbel Stoll so gut reden konnte, „daß man nicht gegen ihn ankam“? Mittlerweile jagt der Berliner vielen auch regelrecht Angst ein. Denn er streut Gerüchte über rote Socken und – ausgerechnet! – Seilschaften aus, holt Auskünfte ein, führt regelrechte Verhöre, mischt sich in alle Belange der Gemeinde. Das ist nicht in Ordnung, finden viele im Dorf, keine Frage. Aber kommt er nicht aus West-Berlin, ist welterfahren, Unternehmensberater? Und hat er nicht einen Vater, Professor an der Freien Universität Berlin, Präsident einer Akademie, der das Vorgehen so klug und wissenschaftlich untermauert? Und steht nicht auch die Presse geschlossen hinter ihm?

Im PPDU selbst regiert Krumholz autoritär, „Widerspruch duldete er nicht“, sagt Bärbel Stoll, „wer nicht mehr linientreu war, den nahm er sich vor. Nein, Strafen gab es nicht – ‚Bauchschmerzen‘ wurden behandelt …“ Als die Gemeindevertretung einen Ausschuß wählt, der die AB-Maßnahmen kontrollieren soll, wirft Krumholz die Aufpasser kurzerhand raus. Begründung: der Ausschuß sei nicht rechtmäßig. „Bis zum September erfuhren wir nichts. Erzählt hat er denen: Die Bevölkerung kann mit solchen Summen nicht umgehen, deswegen Stillschweigen“, so Wenzel. Krumholz beginnt zu diesem Zeitpunkt einen verbissenen Machtkampf mit Wilfried Geithner, dem er PDS-Mitgliedschaft und Amtsmißbrauch vorwirft. Gemeint ist: Amtsleiter Geithner beansprucht für seine Aufsichtsbehörde die Hoheit über die PPDU-Konten, die bislang von den Gemeinden Dargen und Garz geführt, tatsächlich aber vom Krumholz-Clan kontrolliert werden. Und während sich in Dargen mehr und mehr kritische Stimmen artikulieren, kann sich der ABM-Fürst auf den Garzer Bürgermeister Karl-Heinz Schiefelbein uneingeschränkt verlassen, denn der funktioniert wie ehedem Bodo Kasten als sein Sprachrohr und Werkzeug.

Noch einmal, am 31. August, zelebriert der große Zampano einen strahlenden Auftritt. Auf der Gala zum 40. Geburtstag von Frau Roswitha trifft sich, was Rang und Namen hat in der Provinz Usedom. Auf den Fotos, die in der Lokalpresse erscheinen, sieht man den Professor mit dem Landrat plaudern. Auch Peter-Uwe Krumholz ist abgebildet: ein Glas in der Hand, das Dauer-Lächeln im Gesicht, leicht verklemmte Körperhaltung. Nicht nur auf diesem Foto gewinnt man den Eindruck, daß irgend etwas mit dem Mann nicht stimmt: Betont locker steht er da, seine Augen aber beobachten und registrieren genau, was um ihn herum geschieht. Stets ist er eine Spur zu aufmerksam, einen Hauch zu freundlich.

Die Party jedenfalls erfüllt ihren Zweck. Allein das aufgetischte Essen hat man so hier noch nicht gesehen: ein ganzes Schwein, Parmaschinken, riesige Lachse, und alles so wunderbar angerichtet. Das macht Eindruck. Der *Nordkurier* aus Heringsdorf berichtet vier Tage später so respektvoll über das Ereignis, als habe ein Empfang bei Hofe stattgefunden: „Zu den Gästen gehörten beispielsweise der Landrat Torsten Reinholdt nebst Gattin, der Dezernent der Kreisverwaltung Dr. Leist und Familie, natürlich viele Bekannte und Freunde aus der ‚alten Heimat', unter anderem der Haus- und Hofjuwelier von Frau Krumholz. Aber auch – und das sei hervorgehoben – all jene, die sich von Anfang an für das Dargener Pilotprojekt engagierten, also die ‚einfachen' Leute, Einwohner aus dem Hinterland."[5] Ein Gast, der nüchtern geblieben ist, hat die illustre Gesellschaft anders in Erinnerung: „Da waren unheimlich viele Statisten aus der Berliner Szene – ganz klar Mafia, Halbwelt. Ein Auftreten wie auf St. Pauli, Rasierklinge im Ohr, und solche Typen. Das war ein ausgesprochen merkwürdiges Publikum." Detlef Wenzel, obwohl eingeladen, bleibt der Feier wohlweislich fern: „Ich bin nicht hingegangen, weil ich schon wußte, daß sie sowas ausschlachten. Da hätten sie mich unter Garantie fotografiert", sagt er verschmitzt.

Inzwischen liegen 500 ABM-Anträge beim Stralsunder Arbeitsamt. 111 Arbeitskräfte begradigen Wege, entasten Bäume und – stehen immer öfter einfach in der Gegend herum. Denn die ungeklärten Eigentumsverhältnisse versperren den Weg auf so manches Grundstück, auf dem laut Plan und Antrag die Infrastruktur verbessert werden sollte.

Der Schwindel fliegt auf

Gemächlich wachen die Behörden auf. Am 2. September schickt das Arbeitsamt Inspekteure ins PPDU. Krumholz ist alarmiert: Er läuft Gefahr, die Kontrolle über die PPDU-Finanzen zu verlieren. Derart in die Defensive gedrängt, entfesselt er einen beispiellosen Papierkrieg; Pressekonferenz folgt auf Pressekonferenz. Brav halten sich die Lokaljournalisten an sein Drehbuch und drucken seine Äußerungen unkommentiert ab. Sie unterstützen insbesondere die Angriffe auf Wilfried Geithner, den Krumholz als „Seine Majestät" lächerlich zu machen versucht, den er „schlichtweg unfähig" nennt und dessen Amt er als „verfassungswidrig" bezeichnet. „Möge er in Arbeit ersaufen!" schnaubt etwa Uke Meyer im *Wolgaster Anzeiger* und fordert, daß „der Einfluß eines Wilfried Geithners auf ein Maß zurückgeschraubt (wird), das die junge Demokratie verträgt".[6] Zu spät. Denn Geithner macht sich nicht nur Gedanken – er handelt. Ihn daran zu hindern gelingt Krumholz nicht mehr.

Inzwischen ist auch der Landrat in Wolgast hellhörig geworden. „Ich habe gedacht, der Kerl ist ja mit allen Wassern gewaschen, der macht aus Eisen Gold oder aus der Landbevölkerung Manager, aber wohl zugunsten seines Portemonnaies. Bei mir gingen die Antennen erst hoch, als in der Zeitung Bilder gezeigt wurden, auf denen sich die ganze Sache wie ein Ritual darstellte." Bilder von einer Pressekonferenz, mit Kreuz und Kranz und einer Inschrift „PPDU zu Grabe getragen"; darunter die schwermütig dreinblickende Beraterfrau in schwarzer Trauerkleidung.[7] Torsten Reinholdt: „Da dachte ich: Wer clever ist und Geld machen will, der zieht das durch. Wenn er auf die Nase fällt, dann vergißt er's und macht was Neues. Aber hier wurde die ganze Sache ja mit heiligem Ernst abgearbeitet. Das war wie bei einer Sekte. Da hat es erstmals bei mir geklingelt."

Als letztes Aufgebot kommt die *Akademie Berlin-Usedom* ins Spiel. Am 10. September 1991 in Berlin gegründet, beginnt sie just in dieser aufgeheizten Situation eine Vortragsreihe zur Gemeindeverfassung. Am 18. September spricht Professor Walter Krumholz auf Schloß Mellenthin über „Gemeindeautonomie und kommunale Selbstverwaltung". Demokratie, so der Professor in seiner Nachhilfestunde, sei „ein schwieriger Auftrag". Seine rüde Kernthese: Wer sich in seinen Rechten eingeschränkt fühle, könne zur Selbsthilfe greifen. „Durch Bürgerinitiativen und Fraktionsbildungen innerhalb der Gemeindevertretungen ist viel zu erreichen." Mehr als ein Wink mit dem Zaunpfahl.

Aber vergeblich. Am 26. September werden alle Beteiligten ins Arbeitsamt Stralsund zitiert. Chef Fred Steidinger selbst führt die Regie, Landrat Torsten Reinholdt stellt die Fragen, zwei Beamte aus dem Schweriner Innenministerium passen auf. Die Behörde, die das Projekt bislang wohlwollend begleitet hat, spricht nun von „unüblichen Vorgängen und Vergütungen". Walter Krumholz, der die Sache seiner Familie vertreten soll, wirkt nervös; ständig greift er zum Pillendöschen, um sich zu beruhigen. Plötzlich verliert er die Beherrschung. „Der Professor wurde gefragt, was ist denn nun mit den Geldern, und das läuft doch alles nicht richtig", erzählt Landrat Reinholdt, „da zückte er auf einmal einen Scheck und sagte zu Herrn Geithner: ‚Bei dieser Gelegenheit, hier ist ein Scheck. Da ist wohl mal zuviel Geld gekommen'." Reinholdt kann sich auch noch an den Betrag erinnern. 35 000 Mark sollen es gewesen sein. Fast amüsiert schüttelt er den Kopf: „Per Barscheck wollte er das Geld zurückzahlen. Da sind wohl die Nerven mit dem alten Herrn durchgegangen." Walter Krumholz, so der Landrat, habe sich auf dieser Sitzung „regelrecht um Kopf und Kragen geredet. Er wurde rechtlich ausgezogen und konnte keinen Tick dagegensetzen. Ein seltsamer Professor."

Nun wirft der Landrat den Machern des PPDU öffentlich vor, zehn „Schwarzkonten" zu unterhalten. Vier Tage später verfügt Amtsleiter Geithner, daß diese Konten aufgelöst werden. Auch die Kommunalaufsicht des Landes wird eingeschaltet. Peter-Uwe Krumholz sieht sich endgültig von Feinden umstellt. Er klagt: „Reinholdt, Wenzel und Geithner waren von Anfang an gegen mich."

Der letzte Akt spielt wieder in der Gemeindevertretung Dargen. Die Tagesordnung der Sitzung vom 14. Oktober verlangt von Bodo Kasten – immer noch offiziell Leiter des PPDU – konkrete Auskunft über Einnahmen und Ausgaben. Wie sind die Gelder verwendet worden? „Er las lediglich vom Blatt ab, konnte keine detaillierten Zahlen nennen. Es war das blanke Chaos", schildert Wilfried Geithner den Auftritt eines hilflosen Projektleiters. Da nützt ihm auch die kurz zuvor gebildete „Fraktion Für Dargen" nichts mehr. Am nächsten Tag wird er wegen Unfähigkeit entlassen. Peter-Uwe Krumholz sitzt wie immer im Publikum, meldet sich ununterbrochen zu Wort, darf aber nicht reden. Die Sitzung ist spannend und voller Dramatik. Schließlich folgt die Abstimmung über den Tagesordnungspunkt 5: „Beratervertrag für Herrn Krumholz". Das gegenseitige Verhältnis soll endlich geklärt werden. Besitzt Krumholz nun einen Vertrag mit der Gemeinde oder nicht? Bodo Kasten behauptet, es gäbe da eine Aktennotiz. Er soll sie herbeischaffen. Das kann er nicht. „Und wenn das Papier existiert hätte, wäre es ungültig gewesen, denn es gab darüber keinen Gemeinderatsbeschluß", erklärt Geithner. Turbulenzen. Das Pendel schlägt gegen Krumholz aus. Da wird die Abstimmung verschoben. Am nächsten Abend entscheidet die Gemeindevertretung mit zehn zu zwei Stimmen, daß sie keinen Beratervertrag mit Herrn Krumholz eingeht. Zugleich erteilt sie ihm Hausverbot im PPDU. Die Tür zu seinem Büro im alten Stellwerk wird provisorisch versiegelt.

Doch um 23.50 Uhr alarmiert die Nachtwächterin den Bürgermeister: Krumholz schleppe Akten aus dem Turm. Wenzel alarmiert Geithner; auch Polizisten erscheinen auf der Szene. Es kommt zu Rangeleien. Peter-Uwe Krumholz berichtet später, daß „Anweisung von oben bestand, daß man uns von unseren Arbeitsunterlagen trennen sollte, damit wir uns nicht gegen Angriffe verteidigen können. In derselben Nacht wurden meine Frau und ich von einer Schlägertruppe überfallen: ‚Amtsleiter', Bürgermeister, Leiter der örtlichen Polizeistation und zwei Ehefrauen. Der Wenzel rannte wie ein Angestochener um mein Auto rum und versuchte, die Ventile rauszudrehen." Detlef Wenzel hat die Szene anders in Erinnerung: „Da der Verdacht bestand, daß es sich um Gemeindeeigentum handelte, haben wir versucht, ihm den Autoschlüssel zu ‚entlocken'. Als die Polizei kam, hat er die so eingeschüchtert, daß der eine zitterte, der konnte gar nicht mehr schreiben."

Das Ende vom Lied: man überhäuft einander mit Strafanzeigen. Krumholz darf zwar seine Akten behalten, hat sich aber in diesem Tempel der ABM seitdem nie wieder blicken lassen. Jetzt rächt sich für ihn, daß weder er selbst, noch die *PR+K*, noch die *Akademie Berlin-Usedom* einen schriftlichen Vertrag besitzen. Glück für die Gemeinde; sie spart teure Abfindungen. Aber Krumholz diktiert Dienstaufsichtsbeschwerden, droht mit Schadenersatzforderungen in „siebenstelliger Höhe" und empfiehlt dem Landesarbeitsamt Kiel, die Maßnahme nun einzustellen, denn ohne seine Anleitung gehe es sowieso „früher oder später den Bach runter".

Als die Gemeinde verkatert aus dem Abenteuer aufwacht, wird Bilanz gezogen. Insgesamt 3,3 Millionen Mark hat das Arbeitsamt Stralsund für Lohnkosten und Sachmittel schon freigegeben. Und so funktionierte der Krumholz-Trick: Je mehr ABM-Stellen bewilligt wurden, desto mehr Sachkosten mußten gezahlt werden. Zum Datum der Rechnungslegung am 5. Oktober hatte der Krumholz-Clan schon etwa 500 000 Mark auf seine Konten fließen lassen. Bis zu 7 Millionen hätten es werden können, errechnet Bürgermeister Wenzel: „Steinreich wäre der geworden. Im Prinzip war alles darauf geeicht: bloß Geld verdienen. Jetzt haben wir 80 Mann auf dem Hals und wissen nicht, wohin damit."

Exakt 350 000 Mark kassierte die *PR+K*. 93 235 DM, zwanzig Prozent der Sachkosten (plus Mehrwertsteuer), flossen an die *Akademie*, obwohl sie keinerlei Vertrag besaß und noch nicht einmal eingetragen war. 45 550 Mark Architektenhonorar bekam der Krumholz-Spezi Dieter Krahe als „begleitender Ingenieur" und für den „Umbau" der LPG-Molkerei überwiesen. Bei deren Einrichtung schien Geld keine Rolle gespielt zu haben. Genau 164 620 Mark kosteten Möbel und andere Ausstattung, die Schwiegervaters Firma *EHS* auf Kosten des Arbeitsamtes in der Molkerei aufbaute. Dieser Betrieb, so ergeben es interne Unterlagen, hat allein 20 000 Autokilometer mit zwei Mark pro Kilometer in Rechnung gestellt – „Taxipreise, aber mit Rückfahrt", meint „Managerin" Bärbel Stoll. Ein EDV-Spezialist, der die Computerprogramme interessehalber mal unter die Lupe nahm, wundert sich noch heute: „Wenn man in die Dateien kommt, sieht man doch sofort, was da gekauft wurde und daß dabei Beschiß vorkam." So kostete etwa ein Tagesausflug an den Timmendorfer Strand, auf den Krumholz sogar höhere Mitarbeiter aus der Kreisverwaltung mitnahm, lässige 18 000 Mark.

Zwar wurde das alles „pfenniggenau" aufgeschrieben, wie Peter-Uwe Krumholz betont. Aber die Rechnungen selber bleiben voller Rätsel: Was sind „Vorplanungskosten" für 300 000 Mark, was „Planungskosten" für 49 860 Mark? Was verbirgt sich hinter dem „Training on the job", das der Professor veranstaltete? Sven-Okke Struwe, Referatsleiter im Kieler Landesarbeitsamt Nord, weiß es auch nicht: „Die Rechnungen wurden zwar ordnungsgemäß eingereicht, aber wir haben das Problem, das das alles nicht weiter aufgeschlüsselt ist. Das sind Pauschalangaben." Selbstkritisch fügt er hinzu: „Die Überprüfungen waren damals wohl nicht tief genug. Im nachhinein müssen wir das feststellen." Seitdem wird nun geprüft, bis Herbst 1993 allerdings ohne konkretes Ergebnis.

Sicher ist aber: Im Stralsunder Arbeitsamt liegt einer der Schlüssel, um den Skandal aufzuhellen. Torsten Reinholdt: „Es gibt keine vernünftige Erklärung dafür, warum alles so schnell genehmigt wurde. Auffallend ist auch das langsame Tempo, mit dem die Aufklärung in der Arbeitsverwaltung vorangetrieben wurde." Und wieso hat eigentlich niemand nach der Qualifikation des „Beraterteams" gefragt? Zwar beschlagnahmte eine Sondereinheit aus Kiel die vorhandenen Akten, aber erst im Frühjahr 1992 forderte das Arbeitsamt sein Geld zurück und erstattete Anzeige – eine Flucht nach vorn, um die Vorgänge endlich überprüfen zu lassen. Im April des Jahres schaltete sich schließlich auch die Staatsanwaltschaft ein.

Peter-Uwe Krumholz kommentierte die Geldrückforderung in einem Brief vom 29. Januar 1993 jedoch gelassen und zynisch: „Wer immer noch davon träumt, daß das Arbeitsamt Stralsund in dieser Sache neutral und ordentlich vorgegangen ist und vorgeht, der muß eben die Schläge einstecken. (...) Ich persönlich habe keinen Pfennig Geld erhalten und auch nicht berechnet." „Die ganzen Gerichtsverfahren werden noch Jahre dauern", vermutet Detlef Wenzel. Denn Peter-Uwe Krumholz hat seinen Abgang mit Strafanzeigen gepflastert. Brieflich führte er aus: „Das gerichtliche Nachspiel für die Gemeinde Dargen zumindest kommt, wie das Amen in der Kirche. Und es werden achtstellige Summen sein, um die es dann geht."

Der Skandal erschütterte das politische Leben im Landkreis Wolgast. Die Nachwehen sind selbst im Herbst 1993 noch zu spüren. Ob und wie das PPDU fortgeführt wird, ist ungewiß. Die Zeche bezahlen die Menschen, deren Hoffnungen enttäuscht wurden. „Ich fühle mich ganz schön mißbraucht", erklärt Bärbel Stoll. „Wir trauen niemandem mehr, schon gar nicht aus dem Westen", gibt der Feuerwehrmann Walter Schnell in Dargen die Stimmung wieder.

Ein dubioser Familienclan

„Herr Krumholz, Sie sind doch Mitglied dieser Scientology-Kirche?" – „Also meine Religionsgemeinschaft, egal welcher Art, ist wirklich meine Sache. Ich habe auf der Insel nichts Religiöses gemacht." Was Peter-Uwe Krumholz am Telefon erzählt, stimmt. Aber es ist nicht die ganze Wahrheit. Denn der Provinzkrimi gibt – dem Augenschein nach – nur die Kulisse ab für ein größeres Stück. Und darin spielt Scientology die Hauptrolle.

Am 21. November 1991 läuft im 3. Fernsehprogramm des WDR ein Film über das PPDU. Die Fernsehjournalisten sind durch einen Tip auf eine heiße Spur geraten. Peter-Uwe Krumholz, so weisen sie nach, ist Scientologe. Er war 1977 in Berlin ins Gerede gekommen. Der Vorwurf: er habe Drogenabhängige zu Sektenjüngern gemacht und sei für einen großen Betrug am Berliner Senat und an Privatzahlern verantwortlich. Unter dem Vorwand, Drogensüchtige zu entziehen, hatte Krumholz damals erreicht, daß 1,3 Millionen öffentliche Fördergelder in die Kassen der Scientology-Tarnorganisation *Narconon* geflossen waren. Anfang der siebziger Jahre agierte der rührige Berliner als Präsident des *Scientology Berlin e. V.* Sektenintern bekleidete er den Rang eines „Reverend". In einer Sendung des Berliner Regionalfernsehens führte der forsche junge Mann bereits 1975 aus: „Es trifft zu, daß ich *Narconon* für Deutschland leite. Es trifft weiterhin zu, daß ich Geistlicher der Scientology-Kirche bin."

Nach dem *Narconon*-Skandal verlor sich die Spur des seltsamen „Geistlichen" zunächst. Von einer Informantin erfahren wir: Weil er seiner Sekte schlechte Schlagzeilen gebracht hatte, wurde Peter-Uwe Krumholz offenbar degradiert und zu Strafarbeiten verdonnert. In der englischen Scientology-Niederlassung *Saint Hill* nahe London soll er Felder umgegraben und Flure geputzt haben. Ein Sektengenosse will ihn wenig später in *Flag* gesehen haben.

Peter-Uwe Krumholz ist ein hochintelligenter Mensch. Ein ehemaliger Mitschüler aus Berlin erinnert sich: „Er hatte ein fotografisches Gedächtnis, das war phänomenal." Seine frühere Ehefrau Marion Bauer erzählt, sie habe Krumholz 1979 „von *Narconon* weggeholt. Er wollte ins bürgerliche Leben zurück." Peter-Uwe Krumholz habe sie mit seiner rhetorischen Begabung fasziniert. Sie charakterisiert ihn so: „Er ist außerordentlich talentiert. Aber er hat eine Profilneurose, er ist sehr berechnend. Er funktioniert wie ein Computer. Weil er so intelligent ist, ist er gefährlich. Er kann wirklich andere Leute manipulieren und zieht sie dann über die Rolle."

Schon früh verschrieb er sich der rabiaten Heilsreligion. Er brach das Jura-Studium nach sechs Semestern ab, um seine Karriere als operierender Scientologe voranzutreiben. Was ihn nicht daran hinderte, bei passenden Gelegenheiten als „Rechtsbeistand" oder sogar „Rechtsexperte" aufzutreten. Die Liste seiner Tätigkeiten ist lang und schillernd: Er gab sich nicht nur als Drogen-, Ehe- und Unternehmensberater aus, sondern betätigte sich auch als Immobilienmakler, Abschreibungskünstler, Computerexperte, Finanzberater und Export-Import-Geschäftsmann. Ein Kumpel faßt zusammen: „Ach

Gott, der macht alles und nichts. Es ist ein Broker-Dasein. Gucken, was der Tag bringt. Frei nach dem Motto ‚the show must go on‘."

Manchmal laufen die Geschäfte gut, oft enden sie im Desaster. Auf der Nordsee-Insel Sylt war Krumholz in den achtziger Jahren in den Zusammenbruch der Immobilienfirma *Stückrath* verwickelt, wo er als Projektleiter beschäftigt war. In Nordfriesland, so hat der Wolgaster Landrat Torsten Reinholdt recherchiert, „hat er guten Unternehmen, die wirtschaftlich auf sicheren Füßen standen, Abschreibungsgeschäfte verkauft, die schließlich zum Konkurs geführt haben. Diese Firmen sind persönlich an Peter-Uwe Krumholz kaputtgegangen." Ex-Ehefrau Marion Bauer kennt das aus eigener Erfahrung: „Alles, was er anfaßt, geht nach hinten los. Er arbeitet immer nach dem gleichen Schema: Er stellt Leute an die Front, und wenn es schiefgeht, zieht er sich aus der Schußlinie", oder, wie es ein Kumpan formuliert: „Heiße Luft und tote Fliegen". Fragt sich nur, wo die erheblichen Summen geblieben sind, die der „Geistliche" während seiner Laufbahn kassierte. Möglicherweise hat er viel Geld „als Wiedergutmachung", so Marion Bauer, an seine Sekte abgeführt.

Denn seine eigenen Kassen sind leer. Wie Frau Bauer bezeugt, hat ihr einstiger Mann einen Schuldenberg hinterlassen, als er 1985 – mit einer Freundin – nach sechs Jahren Ehe in Richtung Heidelberg entfleuchte. Sie ist sich sicher, daß er in Weinheim an der Bergstraße sogar einen Offenbarungseid leistete, wohl um nicht belangt zu werden. „Er hat Steuerschulden in immenser Höhe. Den Banken schuldete er mindestens 1,5 Millionen Mark aus Bauherrenmodellen der Firma *Stückrath*. Er hat meine Eltern zu einer Bürgschaft überredet und um viel Geld gebracht, ihre Alterssicherung." Bevor er verschwand, habe er ihr „fürsorglich" die Geschäftsführung der gemeinsamen Beratungsfirma übertragen – und damit die gemeinsamen Schulden aufgebürdet. „Ich kriege noch mehr als 40 000 Mark von ihm, Steuern, die ich für ihn bezahlt habe. In dieser Sache ist ein Mahnbescheid ergangen, dem er nicht widersprochen hat. Die Klage ist in Vorbereitung." Die finanziellen Probleme sind vermutlich der Grund, daß Peter-Uwe Krumholz nie persönlich einen Auftrag entgegennimmt oder eine Rechnung schreibt. Sie sind wohl auch die Ursache, warum er sich stets hinter der Kleinfirma seiner dritten Ehefrau Roswitha versteckt. Der Top-Manager ist offensichtlich nicht in der Lage, seine eigenen finanziellen Angelegenheiten zu regeln.

„Wenn man die Anzahl der Jahre bedenkt, dann hat er mindestens schon 500 000 Mark für Kurse in die Scientology-Kassen eingezahlt", vermutet der Aussteiger Norbert Potthoff. Aus dem gesamten Auftreten des Berliner Scientologen folgert er: „Jetzt ist er einer der Top-Scientologen in Deutschland." Peter-Uwe Krumholz scheint nicht mehr an die strenge Sekten-Hierarchie gebunden zu sein. Ein Vertrauter aus Berlin: „Er kann z.B. Leute aus der Sekte entlassen, er sagt, das koste ihn einen Anruf."

Ob Roswitha Krumholz vor ihrer Hochzeit mit der Sekte zu tun hatte, ist zweifelhaft. Kollegen vom *Sender Freies Berlin*, wo sie vor ihrer Heirat in der Werbeabteilung beschäftigt war, berichten, sie habe sich stark verändert: „Seit Roswitha mit Krumholz zusammen ist, hat sie viele alte Kontakte abreißen lassen." Sie sei eine etwas strenge, aber doch lebenslustige Frau gewesen, „mit einem Hang zu reichen Männern". Peter-Uwe Krumholz habe sie im Sommer 1990 regelrecht eingefangen und anschließend keine Sekunde mehr aus den Augen gelassen.

Ein kitschiges Hochzeitsvideo zeigt die beiden beschwingt flanierend und eng umschlungen beim Ringetausch auf dem Berliner Teufelsberg. Roswitha gibt sich ganz locker, mit offenem Haar; sonst trägt sie es altmodisch hochgesteckt. Krumholz wirkt stellenweise etwas gestreßt, kann er doch kaum mit ihr Schritt halten – Roswitha ist einen Kopf größer und hat längere Beine. Höhepunkt der langatmigen Film-Romanze: Mit dem gemieteten Rolls-Royce fahren die Verliebten am Standesamt Schmargendorf vor. Am Schluß geht die Sonne rotglühend über Berlin auf – Finale und pompöse Orchestermusik.

Möglicherweise war bei dieser Traumhochzeit nicht nur Liebe im Spiel. Denn obwohl sich die beiden angeblich schon seit dreizehn Jahren kannten, heirateten sie erst im Dezember 1990, ein halbes Jahr, nachdem feststand, daß Roswitha das Familiengrundstück bei Dargen erben würde.

Roswitha Krumholz gibt als Beruf Heilpraktikerin an. Tatsächlich hat sie die renommierte *Schwarz-Schule* in Berlin besucht, aber offenbar nicht abgeschlossen. Auch ihr Vater Horst Schirnitz ist in Heilpraktiker-Kreisen nicht unbekannt. Der pensionierte Polizeihauptkommissar, der noch in der „International Police Association" mitmischt, war drei Jahre lang Geschäftsführer des „Bundes deutscher Heilpraktiker" und hatte dort Zugang zu Personaldateien. Auf mögliche Scientology-Verbindungen von Heilpraktikern angesprochen, reagierten Verbandsfunktionäre entsetzt: „Das muß sofort geklärt werden. Der Schaden wäre unermeßlich."

Während Peter-Uwe Krumholz zahlreiche Spuren hinterließ, lebte sein Vater eher unauffällig. Walter Krumholz, der seine Familie früh verließ, so daß die drei Söhne bei der Mutter aufwuchsen, studierte am Otto-Suhr-Institut für politische Wissenschaften (OSI) an der Freien Universität Berlin. Ende der fünfziger Jahre schloß er sein Studium ab, anschließend arbeitete er in der Dokumentationsabteilung des Institutes. Er leitete Einführungsveranstaltungen und Übungen für Erstsemester. Damals lernte er auch Josef Stingl kennen, der als Dozent am OSI wirkte. Am regulären Lehrbetrieb nahm er offenbar nur am Rande teil; Vorlesungen oder Hauptseminare hat er anscheinend nie abgehalten. Das Vorlesungsverzeichnis führt ihn Uni-intern als „Honorarprofessor".

Pilotprojekt für die Sekte?

Vor dem Hintergrund dieser Informationen erscheinen die Usedomer Vorgänge in einem neuen Licht. Etwa das Verhalten von Bodo Kasten. „Ein Scientologe kann auf Dauer nicht mit Nicht-Scientologen zusammenarbeiten", erklärt dazu der Aussteiger Norbert Potthoff. „Der Scientologe wird stets versuchen, ihn einzubinden." Völlig verändert sei Bodo Kasten, nicht mehr ansprechbar, wie in einer anderen Welt, sagen die Dorfbewohner. Amtsleiter Geithner kommt er regelrecht „hörig" vor: „Aus ihm guckte Krumholz, aus ihm sprach Krumholz, er hörte wie Krumholz." Nach wie vor scheint der ehemalige Bürgermeister unter dem Einfluß des Scientologen zu stehen. Wilfried Geithner: „Bodo Kasten war ein Mensch, der in seiner Gemeinde große Achtung hatte, und jetzt gibt keiner mehr einen Pfifferling für ihn."

Das gegenseitige Anstarren im Managertraining trägt bei der Sekte den Namen „Trainingsroutine TR 0". Es ist, ins Endlose gedehnt, die Basis des sogenannten Kommunikationskurses – üblicher Einstieg in die Scientology-Welt. Eine Art Hypnosetechnik, die in Wirklichkeit konfrontiert und erniedrigt, ein Machtspiel. „Er wollte uns klein machen", bestätigt PPDU-Mitarbeiterin Bärbel Stoll.

Am 11. August 1991 gibt Peter-Uwe Krumholz ein Informationsblatt an seine Mitarbeiter aus. Als „Allgemeiner Hut" überschrieben, macht er sie mit einem „Gesetz der Dritten Partei" bekannt. „Schreiben Sie", fordert Krumholz da, „schreiben Sie Negativstimmungen mit den entsprechenden WER'S auf, also zum Beispiel: Herr Lehmann hat gesagt ..., und er hat es von Frau Müller. (...) Diese Notiz an den Leiter des PPDU. Der wertet es aus. (...) Offensichtlich ist eine Kraft am Werk, der das, was wir tun, zuwider ist – und die mit den Gesetzen der Dritten Partei hier aktiv nagt." Mit dem Gesetz der Dritten Partei bezeichnen Scientologen das Sammeln von Daten und Berichten über Dritte, um sie als Feinde oder Störenfriede zu identifizieren; und das sind letztlich alle Nicht-Scientologen. „Das Gesetz der Dritten Partei gibt es nur bei Scientology", sagt Norbert Potthoff, „Titel und Inhalt des Krumholz-Papiers sind identisch mit internem Sekten-Material." Daraus entstehen jene Stasi-ähnlichen Dossiers, die in perverser Art als „Ethik-Akten" neu definiert werden. Es ist denkbar, daß Peter-Uwe Krumholz derart brisante Unterlagen – auch für den Staatsanwalt interessant – im alten Stellwerk gesammelt hat. Eines jedenfalls ist sicher: Das zusammengetragene Material ist ebenso spurlos verschwunden wie die Videobänder, auf denen die sogenannte Managerschulung festgehalten wurde.

Noch vor dem Start des PPDU hatte Peter-Uwe Krumholz begonnen, in Dargen Daten zu sammeln. Ein angeblicher Fragebogen zum Arbeitsmarkt, an alle Dargener versandt, lieferte Angaben zu Familienstand und Alter, zu Beruf und Qualifikation. Auch diese Akten sind unauffindbar.

Die Satzung der *Akademie Berlin-Usedom* gleicht bis ins Detail den Satzungen anderer, scientologisch beeinflußter „Akademien". Das bestätigt Ralf-Dietmar Mucha von der Aktion Psychokultgefahren aus Düsseldorf.

Die Krumholz-Firma *PR+K* besitzt einen sogenannten Ehrenkodex, der dem Ehrenkodex der Scientologen fast vollständig gleicht. Darin heißt es zum Beispiel: „Fürchte nie, einen anderen in einer gerechten Sache zu verletzen."

Das Signet des PPDU entspricht dem Dianetik-Dreieck, einem Hauptsymbol des Psychokultes. „Die Dreiecke weisen stark auf Scientology hin", meint Thomas Gandow, „Sektenpfarrer" aus Berlin.

Peter-Uwe Krumholz hat also auf Usedom mit Methoden und

Zeichen gearbeitet, wie sie Scientology benutzt. Vermutlich sollte das PPDU nicht nur Kasse machen, es sollte auch den Boden für den Konzern bereiten. Einmal im Wortsinn: Wegebau, Entwässerung und Hotelanlagen für die Infrastruktur. Sodann Verankerung scientologischer Prinzipien für die geistige Einstimmung. Schließlich politische Einflußnahme. All das läßt sich nicht bis ins letzte beweisen. Aber das Vorgehen der Familie liefert dafür Indizien und entspricht exakt sekteninternen Richtlinienbriefen. Ihren Inhalt erläuterte der Scientology-Aussteiger Norbert Potthoff auf der nichtöffentlichen Anhörung des Bundestagsausschusses für Familie und Jugend am 9. Oktober 1991: „Darin beschreibt Sektengründer Hubbard sehr dezidiert, wie man – das geht vom Kaninchenzüchterverein bis hin zur Bürgerbewegung, zu Ortsvereinen von irgendwelchen Parteien, den Schulrat oder den Elternbeirat von Schulen – Einfluß gewinnt, scientologische Thesen vertritt und eben diese Law-and-order-Prinzipien dort hineinschleust, sich wichtig macht, sich unentbehrlich macht, um da die Basis für Scientology zu schaffen."[8] Seit langem suche die Sekte nach einem repräsentativen Zentrum in Deutschland, sagen Experten wie Thomas Gandow. Sollte das PPDU Pilotprojekt für ein deutsches *Flag*, eine scientologische Ausbildungszentrale werden?

Zeitsprung. Als Peter-Uwe Krumholz im März 1991 auf Usedom auftauchte, ging er zunächst nicht mit dem ABM-Projekt, sondern mit einer anderen hochfliegenden Idee hausieren. Ein riesiges Kongreßzentrum wollte er auf dem Erbland seiner Frau errichten, Kapazität 1500 Plätze. Auf einer Veranstaltung, auf der Planungsbüros ihre Vorstellungen für den wirtschaftlichen Aufbau der Region präsentierten, zog er eine fertige Konzeption aus der Tasche und versuchte, sie Landrat Reinholdt schmackhaft zu machen. Der Hamburger, seit 1990 in Wolgast, erinnert sich: „Ich habe Herrn Krumholz auf diesem sogenannten Wirtschaftsgipfel im Mai 1991 kennengelernt, da war sein Vater auch anwesend. Sie erklärten, sie hätten hier große Ambitionen. Aber dann kam ein Satz, an dem ich mich natürlich gestört habe: ‚Wir werden Sie in Ihrer Arbeit sehr entlasten.' Und das wollte ich ja eigentlich nicht. Ich wollte meine Aufgaben schon selber machen."

Der Landrat ist ein bedächtiger Norddeutscher, der erst nachdenkt, bevor er redet, und der ein offenes Wort schätzt. Bei ihm konnte Peter-Uwe Krumholz mit seiner naßforschen Art keine

Punkte sammeln. „Daß Herr Krumholz offensichtlich schon konkrete Vorstellungen hatte, war mir damals unbekannt. Sein Vater legte eine Planung über ein Kongreßzentrum in Dargen vor, mit großen ABM-Einsätzen." Das Konzept wurde auch gleich schriftlich präsentiert, in einer Glanzmappe, und, so Torsten Reinholdt, „mit vielen Fremdwörtern und großen Buchstaben, damit man's überhaupt lesen konnte". Das kam dem Landrat spanisch vor. „Inhaltlich habe ich keinen Sinn darin gesehen", sagt er, „wir haben große Tagungskapazitäten in Zinnowitz, in Ahlbeck, Heringsdorf und Bansin, dort haben auch in der alten DDR Kongresse stattgefunden. Was sollte also ein Kongreßzentrum in Dargen auf der grünen Wiese, wo früher nur Kühe gegrast haben?" Er habe zunächst an eine Immobilienspekulation geglaubt: „Ich dachte damals, okay, da hat er also Bauernland, das ist jetzt vielleicht eine Million wert. Wenn er das über AB-Maßnahmen veredelt, dann ist das Grundstück, sagen wir, 5 Millionen wert. Ganz koscher kam mir das alles nicht vor." Der Lokalpolitiker ist sich im Rückblick sicher, daß das Pilotprojekt mit dem Kongreßzentrum gekoppelt werden sollte. Als der Berliner mit seinem Kongreßzentrum nicht durchkam, habe er eben umdisponiert. „Daß das irgendwas mit Scientology zu tun hatte, habe ich damals aber noch nicht vermutet", meint der Landrat. „Ich muß auch sagen, daß mir damals Scientology zwar vom Wort her geläufig war, aber was Konkretes konnte ich mir darunter nicht vorstellen."

Peter-Uwe Krumholz hatte sogar farbige Geländeskizzen schon in der Schublade. Auf den Zeichnungen, die uns zugespielt wurden, sieht man Chalets, Grünanlagen mit Swimmingpool, Tennisplätze mit „Clubhaus", ein „Relax-Center". Geplant waren exklusive Läden, Beauty-Shops und Restaurants. Wer aufmerksam seine *Katschow-Nachrichten* verfolgte, konnte sich davon überzeugen, daß der Scientologe das Großprojekt keinen Moment aufgegeben hatte. Das seltsame „Informationsblatt" war überhaupt nur zu dem Zweck gegründet worden, dieses „CCU" – Congreß Centrum Usedom – voranzutreiben. Noch am 19. Juni 1991 schrieben die *Katschow-Nachrichten*: „Das Projekt Katschow, Congreß-Centrum Usedom, ist weiter in der Vorbereitung. Es ist kein Show-Objekt. Zur Zeit sind wir in der Grundstücksklärung." Krumholz ging es offenbar vor allem darum, fehlende und angrenzende Flurstücke zu kassieren. Denn Roswithas Erbgrundstück ist ein Flickenteppich: überall Einsprengsel, fremdes Land. Schon in der ersten Nummer zählte er daher die fraglichen Grundstücke auf – über 50 sind es, auf die er ein Auge geworfen hat: „Die Grundstücke unterhalb des Plattenweges Flur 433 bis 443 können von der Planung erfaßt werden, eine Zustimmung der Eigentümer fehlt noch." Aber keine zu hohen Erwartungen! „Es darf sich keiner der Euphorie hingeben, daß ‚Krumholz' mit einem Koffer voller Geld ankommt." Am 10. August 1991 wiesen die *Katschow-Nachrichten* darauf hin, daß die „Grundstücksklärungen weiterlaufen". Bis heute bemüht sich der Scientologe zäh um jedes Flurstück, das er bekommen kann.

Auffallend intensiv kümmerte sich Peter-Uwe Krumholz auch darum, den nahen Militärflughafen aus der Bundeswehr-Verwaltung zu lösen. Was ihm, wie er behauptet, auch gelang. Dabei pflegte er Kontakt mit der *Germania Air*, die als einzige Fluglinie die Strecke Berlin-Usedom bediente und der man – solange der Skandal-Politiker Günther Krause dort Hausherr war – sehr gute Kontakte zum Bonner Verkehrsministerium nachsagte.

Einen Zusammenhang mit Scientology streitet die Familie Krumholz allerdings vehement ab. Am 20. November 1991 schreibt Walter Krumholz an einen Bürgermeister: „Insbesondere liegt meinem Sohn und mir jeder Gedanke fern, auf Usedom ein Zentrum für die Scientology einzurichten." Doch aus dem Kongreßzentrum mit Flughafenanschluß wird nun erst mal nichts. Zwar wird die Familie den Großteil ihres nach 1945 enteigneten Grundstücks zurückbekommen, aber der Wolgaster Landrat hat eine Reihe von Sicherungen eingebaut, um vor Überraschungen gefeit zu sein. „Bisher liegt eine Bauvoranfrage nicht vor", weiß Torsten Reinholdt. „Für den Fall, daß Herr Krumholz irgendwelche planerischen Vorhaben ergreift, habe ich angeordnet, daß ich zu informieren bin. Daher habe ich keine Angst, daß hier mal ein Kongreßzentrum oder irgend so was Verrücktes stehen wird. Denn dazu bedarf es einer Genehmigung, die im Zweifel nicht erteilt werden würde."

Im Herbst 1993 tummeln sich auf dem Erbgrundstück nur Enten, Graureiher und Maulwürfe. Auch die *Akademie Berlin-Usedom* hat ihre Vortragstätigkeit vorerst eingestellt; aus Schloß Mellenthin, das sie einstmals pachten wollte, hat sie sich verabschiedet. Aber Peter-Uwe Krumholz muß Erfolge vorweisen, um seine abgestürzte „Statistik" wieder ins Lot zu bringen. Zwar schreibt er, wie er sagt, an einem „tausendseitigen Buch“ über die Vorgänge auf Usedom – aber das wird ihn weder reich machen noch sektenintern rehabilitieren. Denn nach scientologischen Maßstäben steht er als Versager da. Auf der Negativskala der Sekte fällt er ins Fach „Belastung“, erklärt Experte Norbert Potthoff. Sein Ethik-Offizier muß ihn „handhaben“. „Er bekommt Auditing verordnet“ – die berüchtigte Seelen- und Gehirnwäsche –, „dann Strafarbeiten. Anschließend kann er geklärt wieder an die Front stürmen.“

„Schwarze Propaganda“ gegen Kritiker

Zurück nach Benz. Im Saal der „Thurbruchklause“ mischen sich am 17. Januar 1992 Neugier, Angst und Sensationslust. Pfarrer Friedrich von Kymmel, der sich um den Frieden in seinem Sprengel sorgt, hat die Informationsveranstaltung organisiert. Thema: „Scientology – neue Hindernisse für unsere demokratische Freiheit?“ Der Abend beginnt mit einem Paukenschlag. Roswitha Krumholz hat eine Presseerklärung verschickt, in der sie Pastor von Kymmel und seinen Amtsbruder Otto Simon ins Zwielicht zu rücken sucht. Unter der Überschrift „Bürger aus Usedom-Ost als Spielball evangelischer Pfarrer?“ steht da: „Hier soll unter Mitwirkung einer willigen Bevölkerung – im Winter tut sich sowieso nichts – eine Show abgezogen werden, die sich in nichts von den Propagandaversammlungen unterscheidet, wie sie im vergangenen Regime aufgeführt wurden.“ Das Pamphlet schließt: „Die Scientology-Gegner sind bekannt ... Die Veranstaltung an sich ist also klar. Den Bürgern auch?“ Das ist das Eingeständnis der Verbindung zur Scientology: „schwarze Propaganda“, wie sie in der Sekte üblich ist. Die Bauern hören konzentriert zu, was Thomas Gandow, Norbert Potthoff und Ralf- Dietmar Mucha zu berichten wissen. Und alle bleiben bis zur letzten Minute. Vielsagende Blicke kreuzen durch den Saal.

Drei Stunden später brennt in Dargen das Haus von Konstanze Buchholz bis auf die Grundmauern nieder – alte Reetdächer fangen schnell Feuer. Konstanze Buchholz war Managerin im PPDU und als strikte Parteigängerin des Berliner Scientologen bekannt. Im Dorf erzählt man sich, drei Tage vor dem Brand habe sie sich von Krumholz losgesagt. Ausgerechnet an diesem Abend feiert die Freiwillige

Feuerwehr in Dargen ihr Jahresfest und ist demzufolge nur bedingt einsatzbereit. Noch am nächsten Nachmittag rauchen die schwarzen Trümmer des alten Bauernhauses. Keiner der Nachbarn kann sich den Brand erklären; auch die Kriminalpolizei tappt im dunkeln.

Zwischenspiel. Bevor wir die Ergebnisse unserer Recherche in der *Wochenpost* veröffentlichten, hatten wir uns mit Peter-Uwe Krumholz in Verbindung gesetzt. Aber am Telefon wollte er nicht mit uns reden. „Ich bin nicht derjenige, der Ihnen zu Ihrem Geld verhilft und sich dann noch treten läßt", raunzte der Scientologe, „ich habe keine Probleme, mich zu wehren, und Sie wissen auch warum: Ich habe nämlich nichts zu verstecken." Da er journalistisch ausgebildet sei, kenne er „alle Tricks". Er bestand darauf, daß wir unsere Fragen schriftlich einreichten, die ihm dann auch wieder nicht paßten: „Die Art Ihrer Fragen läßt mich jedenfalls erkennen, daß Sie kein wirkliches Interesse daran zu haben scheinen, Fakten herauszufinden", schrieb er und antwortete ausweichend – in einem seitenlangen Telefax. Als wir ihn noch einmal anriefen, ließ er sich dann doch herab und führte ein längeres Gespräch mit uns, in dem er sich als Retter der Insel darstellte, der einer Mafia von westdeutschen Politikern, Kirchenleuten und PDS-Anhängern im Weg sei. „Deswegen mußte ich weg." Wildwest sei das dort im Osten, „wie bei den Indianern". Er deutete an, daß auch die „Barschel-Truppe" dabei die Fäden ziehe, und versuchte, uns seine paranoiden Zwangsvorstellungen glaubhaft zu machen. Man mußte aufpassen, um sich nicht von seiner brillanten Rhetorik blenden und in seine krude Logik verwickeln zu lassen. Dann bat er um einen Vorabzug des Artikels: „Ich verspreche Ihnen auch, vor Erscheinen nichts Rechtliches zu unternehmen."

Schließlich versuchte er, die Auslieferung der *Wochenpost* zu stoppen, indem er mit Schadenersatzforderungen von 3,5 Millionen Mark drohte, natürlich vergeblich. Eine Gegendarstellung wollte er dann aber doch nicht ins Blatt rücken lassen. Stattdessen sandte Sabine Titzel aus der Scientology-Zentrale in Hamburg einen zweiseitigen „Leserbrief", in dem sie – ohne überhaupt auf den Inhalt des Beitrages einzugehen – den angeblichen Kampf der Scientologen gegen „menschenverachtende Behandlungsmethoden in der Psychiatrie" erläuterte. Unser Artikel blieb jedenfalls unwidersprochen und konnte später auch vor Gericht als Beweismittel benutzt werden.

Kämpfer gegen die Sekte: Pfarrer Friedrich von Kymmel aus Morgenitz/Usedom.
Aufklärungsveranstaltung über Scientology in der Usedomer Gemeinde Benz (17.1.1992): Thomas Gandow, Friedrich von Kymmel, Ralf-Dietmar Mucha und Norbert Potthoff (v.l.n.r.).

Die Insel Usedom ließ uns seitdem nicht mehr los. Immer wieder erreichten uns aufgeregte Anrufe verschiedener Informanten. Peter-Uwe Krumholz gab nicht auf, sondern verfolgte hartnäckig seine Ziele.

Die Insel veränderte sich. Die Telekom verlegte Kabel und installierte Telefonzellen, das Straßennetz wurde erneuert und die Bäume an den Alleen gestutzt. Im Sommer waren die Hotels und Pensionen ausgebucht; wer nur irgend konnte, vermietete Kinderzimmer und Kammer. Immerhin gab es auch schon einige passable Unterkünfte. Tausende von Badegästen füllten die Strände wie zu den besten Zeiten des FDGB-Feriendienstes. Dutzende von Händlern belebten die Strandpromenade zwischen Ahlbeck und Heringsdorf. Die Seebrücke in Ahlbeck hatte einen neuen Pächter und einen neuen Anstrich bekommen. Es wurde schwierig, in den Badeorten einen Parkplatz zu finden. Neue Cafés und Gaststätten entstanden. Nie wieder Gummischnitzel, Pappkroketten und Sättigungsbeilagen – mit ihren Restaurants brachten italienische Pioniere Pizza und Pasta nach Usedom. Die Insel erlebte einen Umbruch, der auch ein Aufbruch war. Aber die Arbeitslosigkeit blieb hoch, denn der Tourismus konnte die Ausfälle der zusammengebrochenen Landwirtschaft nicht auffangen.

Auch in der kleinen Inselgemeinde Morgenitz waren die Zeichen der neuen Zeit nicht zu übersehen: In der Dorfstraße buddelten Abwasserfirmen, das alte Pfarrhaus bekam ein neues Dach, und neben der Kirche stand ein frischgezimmerter Glockenstuhl.

Ein Pfarrer wagt den Kampf

November 1993. Es ist Herbst, und die Bäume färben sich gelb. Frieden ist nicht eingekehrt auf der Insel. Aber Pastor von Kymmel ist ein bekannter Mann geworden. Wer sich von Sekten bedrängt fühlt, wer von zwielichtigen Geschäften oder dubiosen Vereinigungen zu berichten weiß, findet bei ihm ein offenes Ohr. Denn Friedrich von Kymmel hat sich einer gefährlichen Aufgabe verschrieben. Wie einst David gegen den Philister Goliath – hier stimmt der Vergleich – kämpft er gegen jene unheimliche Macht, die im Frühjahr 1991 begann, ihre Arme nach Usedom auszustrecken: Scientology. Seitdem hat er mächtige Feinde. Die Scientologen überziehen ihn mit Klagen und einstweiligen Verfügungen, spionieren hinter ihm her und versuchen, ihn einzuschüchtern. Er gilt als gefährlicher Kritiker, und über solche Zeitgenossen führte Sektengründer L. Ron Hubbard unmißverständlich aus: „Wir fanden niemals Kritiker der Scientology, die keine kriminelle Vergangenheit hatten."[9]

Ein Wunder, daß Friedrich von Kymmel im Durcheinander seiner Papiere und Dokumente noch den Überblick behält. Bunte Sektenbroschüren und Hubbard-Bücher verteilen sich über seinen Sekretär und den Wohnzimmertisch, Aufklärungsmaterial liegt in dicken Stapeln herum. Obwohl ihm die Seelsorge eigentlich nicht viel Zeit läßt, versucht er, die zahlreichen Informationen, die er erhält, nachzuprüfen und in die Öffentlichkeit zu bringen. Bei aller Gefahr macht ihm diese Arbeit sichtlich Spaß; zwischen Taufe, Predigt und Beerdigung passiert ja sonst nicht viel Aufregendes. Inzwischen hat sich der Pastor zum anerkannten Sektenexperten entwickelt. Er wird zu Fernseh-Talkshows eingeladen, und auch das Mecklenburger Innenministerium schätzt seinen Rat.

Durch sein Engagement ist er in das Fadenkreuz der Sektenleute geraten. Seit der Benzer Informationsveranstaltung konzentriert der Krumholz-Clan seine Angriffe auf den Morgenitzer Pastor. Mit Strafanzeigen, Gerichtsverfahren, Verleumdungen und seinem Einfluß auf die Lokalpresse versucht Peter-Uwe Krumholz, ihn mundtot zu machen. Ein ungleicher Kampf, denn Pfarrer von Kymmel hat einen erbärmlichen Etat, und seine Waffe ist – ganz biblisch – nur das Wort. „Es ist genau wie mit der Stasi, die Öffentlichkeit ist die einzige Chance, vorzubauen. Die Menschen sollen wissen, wo ich stehe, und sie sollen wissen, was hinter Scientology steckt. Darüber Klarheit zu bekommen ist mein Anliegen." Manchmal, sagt er, „möchte man verzweifeln und alles hinschmeißen. Aber das kann ich den Menschen hier nicht antun."

Bereits im Februar 1992 hatte Walter Krumholz ihm und seinem Amtsbruder Simon eine Verleumdungsklage angedroht. Mit vorbereiteter Unterlassungserklärung. Ihr angebliches Vergehen: öffentliche Warnungen vor dem Scientology-Kult. Friedrich von Kymmel weiß: „Krumholz sucht nach dunklen Punkten in unserer Vergangenheit. Ich habe deshalb schon um Einsicht in meine Stasi-Akten gebeten." Offenbar versucht die Familie Krumholz, die Vergangenheit der Usedomer Pastoren zu ergründen, ganz im Sinne des Sektengründers L. Ron Hubbard, der zur Ausschaltung von Gegnern empfahl, nach ihren „dunklen, blutigen sexuellen und verbrecherischen Machenschaften“ zu fahnden.[10]

Doch nicht nur die Vergangenheit ist interessant. Peter-Uwe Krumholz überredete Filmjournalisten, ihm ein Interview vorzuspielen, daß sie mit Pastor von Kymmel geführt hatten. Als er darin nichts Klagwürdiges fand, verschaffte er sich offenbar Einblick in Rechnungen über die Renovierung des alten Pfarrhauses. Ein Krumholz-Kumpel trug uns zu, was der Scientologe dabei entdeckt haben will: „Da gibt es horrende Rechnungen. Aber er hat noch nicht herausgefunden, wer sie bezahlt.“ Was Krumholz entgangen ist: Die nordelbische Kirche hilft in Vorpommern mit ihrem „Pfarrhaussanierungsprogramm“ und kommt auch für die Instandsetzung des historischen Gebäudes in Morgenitz auf.

Walter Krumholz nahm die Benzer Informationsveranstaltung später zum Anlaß, beim Konsistorium in Greifswald vorzusprechen. Er forderte die Oberkonsistorialräte Siegfried Plath und Dr. Christoph Ehricht auf, sich von den beiden Seelsorgern zu distanzieren. Gegenüber einem Hamburger Journalisten erwähnte er Stasi-Akten; auch in einem Brief vom 10. September 1992 berief er sich auf einen „Leitenden Mitarbeiter der Gauck-Behörde“. Bislang läßt sich aber die Kirchenleitung – anders als zu DDR-Tagen – nicht unter Druck setzen.

Immerhin konnte Pfarrer von Kymmel in dem ungleichen Kampf einen Punktsieg erringen. Am 22. Juli 1992 stand er vor dem Stralsunder Landgericht. In einem Zeitungsartikel hatte er Peter-Uwe Krumholz beschuldigt, im Dargener ABM-Projekt „mit stasi-ähnlichen Methoden und Strukturen“ gearbeitet zu haben.[11] Nun hatte ihn der Scientologe wegen Verleumdung und Geschäftsschädigung verklagt und für den Wiederholungsfall 500 000 Mark Strafe oder ersatzweise zwei Jahre Haft angedroht. Vor Gericht jedoch kniff der Berliner und ließ sich von einem schlecht vorbereiteten Hamburger Anwalt vertreten. Nach einstündiger Verhandlung wies das Gericht die Klage zurück, denn es liege „keine Ehrverletzung des Klägers vor“. In der Urteilsbegründung vom 5. August 1992 heißt es zur Sache, Krumholz habe „unstreitig zur Sammlung von Daten über ‚Gegner‘ aufgefordert, wobei Zweck der Datensammlung (war), diese anschließend auszuwerten“.

Damals hoffte der Pfarrer noch, daß die Strafverfolgungsbehörde in Stralsund Anklage erheben würde. Der leitende Oberstaatsanwalt, Rudolf von Samson, erklärte uns im Frühjahr 1992, daß gegen die Familien Krumholz und Schirnitz, gegen den ehemaligen Bürgermeister von Dargen und auch gegen die Verantwortlichen im Arbeitsamt ermittelt werde. Der Hauptvorwurf: „Veruntreuung".

Lokalpresse huldigt Scientologen

Die Ermittlungen schienen den Familienclan wenig zu kümmern. Unermüdlich produzierten Krumholz und seine Helfer Zeitungsartikel, Leserbriefe und Flugblätter. Sie bauten Fallen auf und versuchten, die Öffentlichkeit zu beeinflussen; es fand sich immer jemand, der ihr Sprachrohr war.

Regelmäßig besuchen Peter-Uwe Krumholz und sein professoraler Vater die Insel. Der teure PPDU-Architekt Dieter Krahe hat sein Domizil nach Usedom verlegt; er ist ständig auf der Suche nach Immobilien, erhält angeblich sogar Aufträge wie den Bau der Seebrücke in Koserow, und nebenbei richtet er auch mal ein Stehcafé in einem Badeort ein. Vermutlich hält er den Kontakt zur Krumholz-Klientel vor Ort; etwa zu Bodo Kasten, in dessen Haus von Zeit zu Zeit Treffen mit Peter-Uwe Krumholz stattfinden sollen. Krumholz kungelt offenbar auch mit Tom Dooley, dem skandalumwitterten Pächter der Seebrücke in Ahlbeck. Der Mann aus Amerika, der Ahlbeck das Glück bringen wollte (aber in seinem Restaurant höchstens mittelprächtige Mitropa-Gastlichkeit bietet), steht nach Auskunft eines Informanten in der Schuld des Berliners: „Der Krumholz sollte für's Seebrücken-Restaurant eine computergesteuerte Zapfanlage besorgen. Dooley schuldet ihm Geld, das er nicht zurückzahlt. Aber Krumholz geht nicht gegen ihn vor." Das weist auf eine enge Freundschaft – oder scientologische Verbindungen. Denn Scientologen dürfen sich gegenseitig nicht gerichtlich belangen.

Im Gegensatz zu seinen öffentlichen Bekundungen bekennt sich Peter-Uwe Krumholz in einem Brief vom Januar 1993 zu seiner Sekte: „Auch dem letzten auf der Insel müßte inzwischen klar geworden sein, daß die Hexenjagd auf Scientology und damit auf meine Person … eine kombinierte Aktion war …" In einem Schreiben an einen engen Freund vermutete der Scientologe die Hintermänner für seinen Sturz vom ABM-Thron in der evangelischen Kirche. Mit Datum vom 10. September 1992 zieht er ein Fazit seiner Tätigkeit, die, wie er schreibt, „an der Destabilisierungspolitik vor Ort in Mecklenburg-Vorpommern" gescheitert sei. Im Telegrammstil führt er aus: „1991-1992 AB-Maßnahme und Aufbauhilfe in Usedom. Probleme mit korruptem Landrat und der evangelischen Kirche, die ihn sich geholt hat. In der Folge Presse, die in Ordnung gebracht wurde, nur aus der Ecke *epd (Evangelischer Pressedienst)* und Pfarrer bzw, der evangelischen Kirche nahestehenden Personen blieb Dampf. Sie sind auch nicht bereit, zuzuhören oder zu besprechen. Fanatisch oder gelenkt." Der alarmierende Satz über die „Presse, die in Ordnung gebracht wurde", bezieht sich offenbar nicht nur auf den *Wolgaster Anzeiger*.

Tatsächlich ist der Kontakt zu bestimmten Journalisten auf Usedom nicht abgerissen. Immer wieder gelingt es Peter-Uwe Krumholz, seine Sicht der Dinge in der Lokalpresse zu verbreiten. Kommentare, die wie bestellt wirken, sind keine Seltenheit. Zum Beispiel im *Wolgaster Anzeiger* vom 23. November 1991: „Bleibt die Frage, was hat Krumholz eigentlich auf dem Kerbholz? Er hat Geld verdient. Na und? Er hat sicherlich viel Geld verdient. Na und? Er hat seine Familie mitverdienen lassen. Na und? Er soll (!) Mitglied einer Sekte – zumindest gewesen – sein. Na und, ist ja nicht verboten."[12] Noch im Jahr 1993 publiziert ein dubioses Anzeigenblatt Kommentare im Krumholz-Stil, die die politische Situation anheizen sollen.

Die Scientology-Org Hamburg widmet der Insel unverhältnismäßig viel Aufmerksamkeit. Nicht nur, daß die Bürger am Kleinen Haff des öfteren die bunten Werbeschriften der Sekte in ihren Briefkästen vorfinden, per Fax und Telefon hält die Hamburger Scientology-Sprecherin Sabine Titzel engen Kontakt zum *Nordkurier* in Heringsdorf. Dort erscheint am 24. Januar eine scientologisch gefärbte Stellungnahme zur Benzer Informationsveranstaltung. Unterzeichner sind ausgerechnet „Die Grünen", Ortsgruppe Wolgast. Die zentrale Passage des Schreibens lautet: „Demagogische Aussprüche ließen uns entsetzt die völlig fehlende Toleranz erkennen." Führte hier Unwissenheit oder gezielte Einflußnahme die Feder? Der *Nordkurier* druckt auch einen kritischen Kommentar über die Veranstaltung.

Frau Titzel, die mit dem Kommentator offenbar fast freundschaftlich verkehrt und ihn mit Informationen versorgt, bedankt sich in einem Schreiben vom 27. Januar 1992 dafür und fragt an: „Es wäre sehr hilfreich, wenn wir einen Beitrag im *Nordkurier* plazieren könnten, der die Sache in ein sachlicheres Licht rückt." Über die „Glaubensrichtung" von Scientology schreibt derselbe Journalist am 18. Dezember 1991, von jeglicher Sachkenntnis ungetrübt: „Sei es, wie es sei, es muß Sache des Menschen bleiben, sich frei zu bekennen, auch wenn es manchem nicht gefällt."

Merkwürdig: Einige Usedomer Bürger, die keine Kirchensteuer mehr bezahlen, erhalten freundliche Briefe samt scientologischer Broschüren, wie „Auditing – Der Weg zum Erfolg". Wer übermittelt den Scientologen die nur dem Finanzamt und der Kirche zugänglichen Daten? Aber es geschehen noch weitaus seltsamere Dinge. Jürgen Salzwedel, der Berater des Landrats, findet eines Tages auf dem Dach seines Autos eine Schachtel mit Schrotkugeln vor. Landrat Torsten Reinholdt kann sich das nicht erklären: „Das kann ein Dummejungenstreich, es kann aber auch eine Warnung gewesen sein." Bei Hans-Joachim Mohr, dem Bürgermeister von Ahlbeck, wird eingebrochen, aber nichts gestohlen, obwohl es sich gelohnt hätte. Mohr warnt vor den Scientologen. Er versucht, in seiner Gemeinde dubiosen Investoren die Tür zu weisen und den Pachtvertrag mit Dooley rückgängig zu machen; eine anonyme Bürgerinitiative forderte in einer Petition seinen Rücktritt. Auch der Landrat selbst klagt über „Einschüchterungsversuche": „Unser Hund hatte monatelang eine chronische Vergiftung. Der Tierarzt konnte sich das nicht erklären. Dann wurde die Wäscheleine in meinem Garten, auf der Wäsche hing, an zwei Stellen durchgeschnitten." Dies sind Dinge, wie man sie aus Erzählungen von Stasi-Opfern kennt. Absurde Ereignisse, die zunächst keinen Sinn ergeben, aber die Gegner zermürben sollen.

Wir hatten mehr als einmal das Gefühl, in ein bizarres Theater geraten zu sein. Wenn wir die Badegäste im Sommer sorglos am Strand liegen sahen, die Eisverkäufer, Souvenirhändler und Schausteller beobachteten, hätten wir ihnen am liebsten zugerufen: Seht ihr denn nicht, was hier vorgeht? Aber vielleicht war das alles nur ein Alptraum, der sich am nächsten Morgen in Luft auflösen würde.

Eine Parallelgesellschaft entsteht

Im Amtszimmer von Torsten Reinholdt hängt eine Karte von Usedom. Grün sieht die Insel aus, weiß von ihren Stränden umzeichnet. Doch wenn der Landrat die Seelenlage der schönen Insel beschreibt, wird seine Stimme hart, und er verliert seinen Humor. Es ist nicht nur die Arbeitslosigkeit, nicht nur die mangelnde Unterstützung aus Bonn, die ihn bekümmern. Er hat das Gefühl, daß sein Landkreis schleichend vergiftet wird. Wenn er darüber spricht, malt er ein Bild von der Insel, das so gar nicht zum Postkarten-Idyll von der herbromantischen Ostseeperle paßt.

Auf Usedom entwickelt sich offenbar eine Günstlingswirtschaft, die die politischen Entscheidungsprozesse in Frage stellt. Interessengruppen stecken ihre Claims ab und testen ihr Durchsetzungsvermögen. Eine Parallelgesellschaft entsteht. „Die Macht", sagt der Landrat, „ist nicht da, wo sie sein sollte, bei den Gemeindevertretern. Sie hat sich weitgehend auf die kleinen Gewerbebetriebe verlagert, die nachhaltig ihre Vorschläge vorbringen und teilweise auch Abgeordnete als ihre Sprecher vorschieben." Nicht nur die Großen – Hoteliers, Restaurantketten, Immobilienhaie –, sondern auch winzige und winzigste Gewerbebetriebe treten auf und machen Druck auf die Kommunen – was Investitionsentscheidungen und Gemeindeverordnungen betrifft. Der Landrat: „Die haben nur ein Interesse: ihre eigenen Sachen nach vorn zu bringen – mach Geld, mach Geld, mach noch mal Geld. Ich glaube, daß die Idee, die hinter dieser Scientology steckt, hier auf fruchtbaren Boden gefallen ist. Es gibt keine Wirtschaftsmoral im Kreise, so will ich das mal ausdrücken. Da hat der persönliche Kontakt mit Krumholz sicher mitgeholfen. Je frecher du bist, um so größer ist dein Erfolg." Die Regulierungsmechanismen, die sich in Westdeutschland herausgebildet haben, funktionieren nicht. Glaubt man der Presse, so haben Steuerhinterziehung, Konkursverschleppung, Subventionsbetrug und andere Delikte aus dem Bereich der Wirtschaftskriminalität in dem nördlichen Bundesland enorm zugenommmen. In einer dpa-Meldung vom August 1992 heißt es: „Die organisierte Kriminalität ist offenbar in Mecklenburg-Vorpommern mit den derzeitigen polizeilichen Mitteln und Möglichkeiten nicht mehr aufzuhalten."[13] Nicht nur an der Strandpromenade zwischen Ahlbeck und Zinnowitz wird mit harten Bandagen um Immobilien und Pfründe gekämpft.

Und niemand weiß, wie weit die Scientologen dabei mitmischen. Vermutungen gibt es viele, Gewißheiten kaum. Der Landrat: „Wir sehen viele weiße Mäuse. Aber der Krieg ist nicht an der Oberfläche, was kein gutes Gefühl verursacht." Zieht Krumholz unsichtbar die Fäden, oder sind andere an seine Stelle getreten?

Was dem Landrat Kopfzerbrechen verursacht, paßt möglicherweise zu einer Empfehlung, die der Ur-Scientologe L. Ron Hubbard in einer sogenannten „Machtformel für die Dritte Dynamik" aussprach: „Wenn Sie von einer Machtposition weggehen, begleichen Sie auf der Stelle all ihre Verpflichtungen, geben Sie all Ihren Freunden all Ihre Macht, und entfernen Sie sich mit Ihren Taschen voll Artillerie – mit Erpressungsmöglichkeiten gegenüber einem jeden einstmaligen Rivalen, unbegrenzten Mitteln auf Ihrem Privatkonto und den Adressen erfahrener Killer –, ziehen Sie nach Bulgravien (Hubbard-Kunstwort, d.A.) und bestechen Sie die Polizei ..."[14]

Pfarrer von Kymmel vermutet zahlreiche „verdeckte" Aktivitäten der Scientologen. Da hat sich ein Bildungswerk Nord-Ost etabliert, das alles mögliche aufkauft, was von der Treuhand veräußert wird. Da will eine Akademie für kasachisch-russisch-deutsche Freundschaft ausgerechnet im Raum Dargen ein Begegnungszentrum bauen. Da plant ein Bauherrenkonsortium ein großes Hotel „Mare balticum" in Bansin; entstehen soll ein Konferenzsaal für 500 Leute in der Lieblingsform der Scientologen: dem Dreieck. Für das alte Wasserschloß Spantekow bei Anklam interessierte sich zunächst die Familie Krumholz, dann eine ominöse deutsch-chinesische Gesellschaft. Pfarrer von Kymmel: „Bei all diesen Projekten muß die Seriosität bezweifelt werden, weil die Betreiber immer zuerst versuchen, das Volk auf ihre Seite zu bringen, um ein Wutgeheul anstimmen zu können, wenn etwas nicht klappt. Schlimm ist, daß man oft nur Indizien hat und keine klaren Beweise vorlegen kann." Ein Staatsanwalt zieht den Vergleich zum „Tanz der Vampire": „Wir wissen nicht, wer gebissen ist und wer nicht gebissen ist." Friedrich von Kymmel ist seit Monaten beunruhigt; immer wieder ruft er uns an, um neue Informationen über möglicherweise scientologische Firmen mitzuteilen. Er sagt: „Das ist wie ein Krebsgeschwür. Die sind weiter, als wir denken."

Versuche, politische Entscheidungen zu beeinflussen, sind jedoch längst nicht mehr auf die Gemeindeebene beschränkt. Peter-Uwe Krumholz versucht seit Oktober 1991, den Landrat Torsten Reinholdt mit „Geheimdiplomatie" und öffentlichen Angriffen zum Rücktritt zu bringen („Wir waren und sind ihm im Weg"). „Treten Sie zurück, Herr Landrat", fordert sein Vater – offenbar kraft seines Titels „Professor" – in einem vierspaltigen Leserbrief im *Wolgaster Anzeiger*: „Räumen Sie Ihren Platz, damit Vernunft und Recht endlich in diese Region einziehen können."[15] Am 12. Mai 1992 kann der Berliner Familienclan im selben Blatt auf einer halben Druckseite die Sünden des Landrats ausbreiten und eine „negative Bilanz" seiner Arbeit ziehen. Wieder ist es der Professor, der den Amtsverzicht des verhaßten Verwaltungschefs verlangt: „Vielleicht nimmt Landrat Reinholdt von sich aus seinen Hut. Wenn nicht, sollten sich die Vertreter im Kreistag fragen, wieviel sie sich gefallen lassen." In einem anderen Schreiben bemerkt er: „Die politischen Praktiken des Landrates sind von mir bereits öffentlich gerügt worden, weil er ohne Beachtung der rechtsstaatlichen Ordnung willkürlich handelt." Der Clan scheut sich nicht einmal, Reinholdt mit Zersetzungskampagnen der Stasi in Verbindung zu bringen. Das Vorgehen gegen den Landrat erinnert an die scientologischen „Presse-Richtlinien", in denen Hubbard empfahl, Blut, Gewalt, Skandal, Sex und Geld unterzubringen. Der Sektengründer schrieb: „Das klingt wie kriminelles Gerüchtemachen. Es ist es."[16] In einer anderen Richtlinie bekräftigte der „Stifter": „Wenn eine konzentrierte kurz- oder langfristige Kampagne gegen jemanden stattfindet, dann ist eine Übereinstimmung für eine ‚schwarze Propaganda' erzielt worden."[17]

Torsten Reinholdt lehnt sich zurück: „Krumholz wollte mich stürzen. Aber das ist ja zweimal im Kreistag gescheitert, da habe ich satte Mehrheiten bekommen." Auch drei Verleumdungsklagen, die der Scientologe gegen ihn angestrengt hatte, seien eingestellt worden. „Wenn ich abberufen werde, dann nur über meine eigene Partei, die CDU. Wieweit ein Herr Krumholz dann mitsteuert, das vermag ich nicht zu sagen."

Undenkbar ist es nicht. 1994 wird an der Ostsee ein neuer Großkreis gebildet. Die alten Kreise Greifswald, Wolgast und Anklam werden dann zusammengelegt, als Kreisstadt wurde Anklam gewählt. Der neue Usedom-Peene-Kreis weckt Begehrlichkeiten, er ist relativ bevölkerungsreich und ein Magnet für Touristen. Die Kandidaten kämpfen bereits um die beste Ausgangsposition. Wie im Märchen vom Hasen und dem Igel haben die Scientologen sich offenbar schon auf den Großkreis und sein Zentrum eingestellt. Unter der Überschrift „Scientology Church vor dem Schritt nach Anklam?" berichtet der *Nordkurier* am 18. Dezember 1992 über eine Firmenansiedlung besonderer Art. Die mit ihrer Zentrale in Waren/Müritz ansässige *Liberty Service GmbH*, eine Finanzierungsgesellschaft mit etwa einem Dutzend Filialen in Mecklenburg-Vorpommern, wolle in der Peenestadt eine Niederlassung eröffnen. „Experten vermuten, daß dieses Unternehmen als Tarnfirma der Scientology Church firmiert", schreibt die Zeitung. Und auch Peter-Uwe Krumholz hat, wie Pfarrer von Kymmel vermutet, „hinter den Kulissen bereits seine Truppen gesammelt. Er versucht, in die Politik einzugreifen, und findet auch Leute, die mitmachen." Einstige Vertraute des Berliner „Geistlichen" machen politische Karriere auf der Insel. Auf einer CDU-Versammlung in Wolgast wurde unter der Hand schon mal die Forderung aufgestellt, den Unvereinbarkeitsbeschluß von CDU- und Scientology-Mitgliedschaft aufzuheben.

Am 1. September 1993 knallten dann beim Krumholz-Clan vermutlich die Sektkorken. Die Stralsunder Staatsanwälte stellten das Verfahren gegen die Berliner „Aufbauhelfer" ein. Begründung: „Keine hinreichenden Verdachtsmomente". Ein Gutachten war zu dem Schluß gekommen, daß während des sogenannten „Aufschwungs Ost" nicht selten zu viel Geld für zu kurze Zeit zu einfach ausgegeben wurde. Mit anderen Worten: Das Geld wurde damals mit der Gießkanne verteilt; daß dabei viele Schlitzohren zugriffen, war durchaus „zeitüblich". Im übrigen, so die Staatsanwaltschaft, seien die scientologischen Methoden – etwa Spitzelanleitungen wie das „Gesetz der Dritten Partei" – hier strafrechtlich nicht relevant. Wenig später berichtet uns Landrat Reinholdt besorgt: „Es gab eine Ruhephase. Aber jetzt habe ich das deutliche Gefühl: Es fängt wieder an." Peter-Uwe Krumholz – so scheint es – ist wieder da.

Die Verbindungen des Berliner Scientologen reichen bis in das Sozial- und das Wirtschaftsministerium in Schwerin. „Die sitzen auch im Rostocker Amt für Raumordnung und bei mir im Landratsamt. Dem Rechtsdezernenten habe ich wegen Illoyalität gekündigt. Aber es gibt noch mehr Leute, die sich mit Krumholz treffen", erklärt Torsten Reinholdt, „ich nehme an, daß seine Kontakte auch noch weitergehen – bis nach Bonn." Das bestätigt uns Peter-Uwe Krumholz indirekt am Telefon: „Ein Gespräch mit Bonn ist nun wirklich keine so große Leistung. Sie müssen sich nur auskennen, sie müssen die richtigen Leute kennen."

Es sind wenige, die das Problem erkannt haben, und es ist nur ein kleines Häuflein, das sich der „Mafia-Sekte" auf Usedom entgegenstellt. Torsten Reinholdt wünscht sich vor allem mehr Aufklärung und sagt: „Ich hoffe, daß wir gegen diesen mächtigen Gegner nicht unterliegen werden. Aber das Problem ist: Die Gefahr wird weithin unterschätzt." Wie groß ist die Gefahr wirklich? Worum geht es den Scientologen?

Der Landrat blickt uns nachdenklich an. Dann sagt er: „Ich glaube nicht, daß es hier in erster Linie um Geld geht. In zweiter und dritter Linie geht es natürlich um Geld, um sehr viel Geld, aber in erster Linie geht es um Macht. Die wollen die Macht, auch bei uns auf der Insel Usedom. Wenn sie jetzt die Zusammensetzung der neuen Kreisverwaltung beeinflussen, dann haben wir verloren. Das wäre fürchterlich."

Strohmänner und Schwindelfirmen

Neue Claims in Wild-Ost

Schwaan bei Rostock, 22. April 1992. Als die Gerichtsvollzieherin kommt, steht sie vor verschlossenen Türen. Das Firmenschild ist weg. Fluchtartig hat der Unternehmer das Betriebsgelände, eine ehemalige LPG, verlassen. Er war offenbar so in Eile, daß ihm die Zeit fehlte, aufzuräumen und brisante Computerausdrucke durch den Reißwolf zu jagen. Der Geschäftsmann hatte guten Grund, sich davonzumachen. Denn die Gläubiger saßen ihm im Nacken.

Wenig später hatte er auch den Staatsanwalt am Hals. Mitte August 1992 erschienen Steuerfahnder und Strafverfolger in den Geschäftsräumen der Firma *Hanse Werbe-Ideen GmbH* in Hamburg, Pinneberger Straße 46. Die Durchsuchung förderte interessante Akten zutage. Außerdem ging den Ermittlern ein Mann ins Netz, der mit Haftbefehl gesucht wurde: Karl-Erich Heilig, der Flüchtling aus der ostdeutschen LPG.

Karl-Erich Heilig (33) war das, was man einen Bilderbuch-Unternehmer nennen könnte. Mit einer guten Idee und dem Blick für die Marktlücke hatte er in Schwaan bei Rostock in kurzer Zeit ein florierendes Werbeunternehmen aufgebaut, das sagenhafte Umsätze brachte. Der Pferdefuß: Gewinne und Kapital wurden aus dem Betrieb gezogen und offenbar postwendend weitertransferiert. „In nur sechs Monaten haben wir Scientology mit ca. 6 000 000 DM (in Worten: sechs Millionen) unterstützt“, prahlte der Unternehmer in einem firmeninternen „Schwaan-Info-Letter Nr. 2“. Zuviel für sein mittelständisches Unternehmen. Weil Heilig die Firmenkonten zugunsten der Sekte abräumte, kollabierte der Betrieb. Der Firmengründer ist kein gewöhnlicher Hubbard-Anhänger, sondern „Mitglied der Ehrenlegion der Scientologen“. Sein selbstgewähltes Motto lautet: „Der beste Weg, um Leuten außerhalb von Scientology zu zeigen, daß die Scientology-Tech funktioniert, ist Blühen und Gedeihen, und ich weiß, daß Scientology real ist, daß sie funktioniert und daß Scientology boomt."[1]

Hohe Ehren, große Sprüche – tiefer Sturz. Nun ist es vorbei mit den Millionen. Die Staatsanwaltschaft Rostock klagte den verhafteten Scientologen wegen Steuerhinterziehung in Millionenhöhe an.

Der Fall Heilig ist nur das krasseste Beispiel, wie scientologisch gesteuerte Unternehmen sich in die Wirtschaft der neuen Bundesländer drängeln. Der Schlachtruf „Clear Deutschland" gilt seit dem Herbst 1989 auch für das Gebiet der ehemaligen DDR. Was einem Peter-Uwe Krumholz recht war, ist anderen Scientologen billig. Im unübersichtlichen Gestrüpp von Betriebsschließungen, Gründerfieber und kaum handlungsfähigen Verwaltungen ist für die erfolgsfixierten Profis aus dieser „Mafia-Sekte" mehr als nur ein Schnäppchen zu machen. Ihr Konzept eines schonungslosen Kapitalismus verspricht im „Wilden Osten" durchschlagende Wirkung. Es findet nicht nur auf Usedom Nachahmer unter örtlichen Neu-Unternehmern.

Im Geltungsbereich des „Aufschwungs Ost" ist außerdem viel Geld aus öffentlichen Kassen im Umlauf. Wer mit wohlklingenden Investitionsvorhaben auftritt, kann damit rechnen, daß die örtlichen Behörden mitspielen. „Die Gemeinderäte freuen sich doch über jeden Pfennig", sagt der Berliner Sekten-Experte Michael Haupt, „das spielt den Sektenleuten in die Hand." Mindestens in den ersten zwei Jahren nach der Wende wurden Investoren aus dem Westen kaum auf ihre Seriosität überprüft, und die Rechnungshöfe funktionierten noch nicht richtig.

In der Berliner Treuhandanstalt, verantwortlich für „Abwicklungen", Firmen- und Grundstücksverkäufe, kommt es immer wieder zu Fällen von Korruption oder Vorteilsnahme. Westliche und östliche Seilschaften sichern sich Pfründe und schieben sich Filetstücke zu. Auch Dunkelmänner aller Couleur balgen sich um die Konkursmasse des untergegangenen Staates. Nach Recherchen der Journalisten Marc Frey und Jürgen Roth sind Mafia-Banden aus Italien, Rußland, Jugoslawien, Rumänien und Polen im Begriff, ihre Claims im Osten abzustecken. „Ausgeprägte Strukturen der organisierten Kriminalität in den neuen Bundesländern" hat auch das BKA ausgemacht. Nach Erkenntnissen des italienischen Geheimdienstes investiert die Mafia Milliarden in Ostdeutschland. Frey und Roth nennen das Stichwort Geldwäsche. Sie zitieren den Berliner Kriminalkommissar Tille, Inspektionsleiter der Landespolizeidirektion, der die kriminellen Aktivitäten am Beispiel der Camorra beschreibt: „Für solche Leute ist natürlich jetzt die einmalige Gelegenheit, in den Bereich der Geldwäsche vorzudringen. Ich denke jetzt nur mal an das Problem der Eigentumsfrage. Man kann hier relativ leicht eine Immobilie erwerben und wieder weiterverkaufen. Ich bin der Meinung, hier passiert einiges, was wir noch gar nicht wissen.“[2]

Aber nicht nur Rauschgift-Mafiosi aus Sizilien, Autoschieber-Syndikate aus Polen oder skrupellose Tschetschenen-Organisationen haben das Terrain sondiert, auch die Scientologen waren von Anfang an dabei. Nicht nur das Beispiel Usedom zeigt, daß sie dazugelernt haben: Wirtschaftsoperationen erfolgen verdeckt oder über Tarnfirmen. Anders als ihre Kollegen von der Straßenwerbung geben sich die Sekten-Unternehmer nicht mehr offen zu erkennen. Ihre Ideologie – als „LRH-Tech“ zur Management-Strategie verbrämt – wird den Ossis durch die Hintertür geliefert. Management-Seminare und „Training on the job“ à la Hubbard sollen die Mitarbeiter stählen für den täglichen Überlebenskampf im Kapitalismus. Von ethischen Skrupeln befreite Manager und Angestellte sind das Ziel. Man verspricht den Ostdeutschen, daß sie wie Westler werden, erfolgreich, knallhart, durchsetzungsfähig und – reich. Sind die Opfer erst einmal auf die „LRH-Tech“ eingeschworen, ist der Schritt in die Sekte nicht mehr weit. Auch die Angst, bei fehlendem Wohlverhalten den kostbaren Arbeitsplatz zu verlieren, treibt viele dann in die firmengesponsorten Scientology-Kurse. Eine erfolgreiche Strategie.

Ahnungslose Gemeindeverwaltungen

Die Kleinstadt Schwaan, ein unscheinbarer Vorort von Rostock, kam im Mai 1991 ins Gerede. Die *Schweriner Volkszeitung*[3] war einer undurchsichtigen Affäre auf der Spur. Ort der Handlung war das Gelände der örtlichen LPG, die die Turbulenzen der Wende nicht überlebt hatte. Den verzweifelten Bauern stellten sich im Oktober 1990 drei norddeutsche Firmen als Retter vor. Sie wollten, so bekundeten sie, das LPG-Gelände kaufen und vierzig Arbeitsplätze schaffen. Wenig später, im Dezember 1990, beschloß die Vollversammlung der

LPG-Bauern, auf das unverhoffte Angebot einzusteigen. Ungeklärte Eigentumsverhältnisse verhinderten zwar den Abschluß eines Kaufvertrages, aber ein Mietverhältnis konnte man begründen. Als Vertragspartner trat nun überraschend die Firma *Karl-Erich Heilig Werbeideen* auf, von der bislang nie die Rede war. Als Geschäftsführer unterzeichnete ein Detlef Foullois. In der einhelligen Begeisterung kam der seltsame Investorenaustausch zunächst keinem verdächtig vor.

Niemand ahnte auch, daß es sich bei den salopp, aber teuer gekleideten Geschäftsleuten aus dem Westen um hochkarätige Scientologen handelte, die beide in den Mitgliedslisten der deutschen WISE-Abteilung zu finden sind. Heilig und Foullois gehören außerdem zu einem der exklusivsten Scientologen-Zirkel. Sie tragen das Ehrenbanner eines „Patron meritorius" der *International Association of Scientologists* (IAS), haben also jeweils mehr als 250 000 US-Dollar in die „Kriegskasse" ihrer Sekte eingezahlt, die damit Kampagnen gegen „Unterdrücker", Kritiker und andere Bösewichter finanziert.

„Patron" Karl-Erich Heilig war erstmals 1989 aufgefallen. Damals diente er als Assistent der Geschäftsleitung bei *Radio Wegert*, der größten Berliner Foto- und Elektronik-Kette. Er hatte seinem Betrieb „Kommunikationsseminare" und „U-Tests" untergejubelt, die die dubiose Firma *U-Man International* des Berliner Scientologen Farhad Raschidi anbietet. In einem Brief an seinen Sektengenossen Raschidi freute sich Heilig über die angebliche Wirkung des teuren Fragebogens, der in Wahrheit dem scientologischen Persönlichkeitstest entspricht: „Im Dezember 1989 haben wir mit Ihrem U-Test zwölf neue Mitarbeiter eingestellt. Schon nach kurzer Zeit können wir verblüfft feststellen, daß diese Mitarbeiter sich von den anderen auffallend positiv abheben."[4] Als die Verbindung zur Sekte ruchbar wurde, brach *Wegert* alle Geschäftskontakte zu *U-Man* ab. Karl-Erich Heilig verließ die Elektronik-Firma „im gegenseitigen Einvernehmen".

Heilig-Kollege Detlef Foullois, auch er ein hochgestellter Sekten-„Patron", war nicht nur Mit-Gesellschafter bei *Heilig Werbeideen*, er hielt auch Beteiligungen an jenen drei Firmen, die zuerst in Schwaan an die Tür klopften: der *Foullois-Uhrich Schornsteinsanierung GmbH*, der *DFI-Ingenieurstechnik GmbH* und der *HF-Unternehmenskonzepte GmbH*. Aber Foullois ist offenbar nicht nur

„Patron", sondern auch Pate: Immer wieder erschien sein Name im Zusammenhang mit Firmen aus dem Dunstkreis von Scientology, die in den neuen Bundesländern auftraten, zum Beispiel mit Stephan Koenig, dem Chef der ominösen *Cosmos Computer GmbH & Co KG* aus Hamburg. Scientologe Koenig erwähnte in einem Papier mit dem Titel „Perspektiven 1992", daß ihm „Herr Foullois 10 000 junge ostdeutsche Firmen, die er als Werbekunden hat, zur Verfügung" stellte.[5]

Das Team Foullois-Heilig ging in der Schwaaner Bützowstraße 61 unverzüglich an die Arbeit. Die Firma spezialisierte sich auf Ortsinformationstafeln – Stadtpläne, die von Werbeanzeigen umrahmt werden. „Als mögliche Orientierungsanlagen im Stadtgebiet gefielen sie mir sofort", sagt Achim Scheel vom Amt für Wirtschaftsförderung der Stadt Brandenburg.[6] Die Gemeindeverwaltung gab Heilig den Zuschlag für mehrere Informationstafeln, zumal der Unternehmer versprochen hatte, daß der Stadt keine Kosten entstünden.

In kurzer Zeit gelang es *Heilig*, vor allem in Mecklenburg-Vorpommern, aber auch in einigen Gegenden Brandenburgs, eine Monopolstellung zu erobern. In einem Schreiben der Firma heißt es: „Wir sind im Bereich Ortsinformationstafeln unbestrittener Marktführer geworden." Die standardisierten Tableaus zieren hunderte Marktplätze, Fußgängerzonen und Ausfallstraßen zwischen Wismar und Frankfurt/Oder, aber auch in Görlitz, Erfurt und im Harz. Die Investitionskosten sind gering, die Gewinnspanne astronomisch.

Das Prinzip ist denkbar einfach: Örtliche Unternehmer und Institutionen finanzierten die Schilder, indem sie die Werbeflächen für zwei bis fünf Jahre mieteten – gegen Vorkasse. Die Firma *Heilig* zahlte ihrerseits Miete an einen Lizenznehmer, der das öffentliche Gelände von der jeweiligen Stadtverwaltung gepachtet hatte. Zum Teil, wie in Senftenberg (Lausitz), nutzte sie jedoch gezielt die Unkenntnis der Kommunen und berappte offenbar keinen Pfennig. Ute Keller, Pressereferentin von Senftenberg, erläutert: „Wir haben versucht, herauszufinden, ob es einen Pachtvertrag gibt. Wir haben nichts gefunden." Ein gutes Geschäft. „Jeweils bis zu 50 000 Mark" bringen die Annoncen rund um den Stadtplan, erklärt Traugott Wurster, Geschäftsführer der *Deutschen Städtereklame GmbH* in Frankfurt am Main. Seine Firma vergibt die Lizenzen für Werbetafeln in vielen ostdeutschen Kommunen. Die Wochenzeitung *Freitag* schätzte das Auftragsvolumen der *Heilig Werbeideen* auf 25 Millionen Mark.[7]

Der eingangs zitierte „Schwaan-Info-Letter Nr. 2“ macht die Dimensionen des Projektes deutlich. So seien nicht nur sechs Millionen Mark in die Scientology-Tarnorganisation *Narconon*, die *International Association of Scientologists* (IAS), die Scientology-Yacht „Freewinds“ und andere Projekte der Sekte geflossen; man habe sogar 1,5 Millionen Mark an Verkaufsprovisionen gezahlt und jede Menge attraktive „Extrapreise“ vergeben (E-Meter, Hubbard-Werke, Auditing-Kurse und andere Glücksbringer). Kurz und bündig, mit der Überschrift „Expansion – good news“: *Heilig* sei „durch die Anwendung von LRH-Tech zur wahrscheinlich erfolgreichsten Firma“ aufgestiegen. Geschäftsleute, die auf den Informationstafeln inserierten, finanzierten also nichtsahnend den Scientology-Konzern.

Offenbar sollte in Schwaan ein scientologischer Musterbetrieb entstehen, nach einem ähnlich konspirativen Schema, wie es auch Scientologe Peter-Uwe Krumholz auf Usedom beherzigt hatte. Bewerber aus der ehemaligen LPG wurden mit Hilfe des berüchtigten Persönlichkeitstests ausgewählt. Nach und nach wurden scientologische Ausdrücke und Methoden eingeführt. Ein Kurs „Zur Philosophie des Managements“ machte die Angestellten mit dem Dianetik-Buch bekannt. Auch das Wort Scientology fiel mehrfach. „Als wir nachfragten, wurde uns das als ‚Lehre von der Wissenschaft‘ übersetzt“, erinnerte sich Mitarbeiterin Renate P., „einen Hinweis darauf, daß Scientology eine Art Religion ist, gab es nicht.“ Ständig, so die Frau, seien die Angestellten „mit Zitaten aus irgendwelchen Büchern von Ron Hubbard genervt“ worden; Hubbard zu lesen war Ehrensache. Sie habe das Dianetik-Buch dann auch gekauft, „damit ich meine Ruhe habe“. Selbst während der Arbeitszeit seien „Kurse“ absolviert worden.[8]

Wie Ohrenzeugen berichteten, fanden bis tief in die Nacht brüllend laute Auditing-Sitzungen in den LPG-Räumen statt, und zu „Rons Geburtstag“ hielt die Geschäftsleitung eine stilvolle Gedenkveranstaltung ab. Offenbar gingen Scientologen aus dem gesamten Bundesgebiet in der Firma ein und aus; ihre Karossen waren häufig in Schwaan zu besichtigen. Schließlich luden Heilig und Foullois ihre Mitarbeiter sogar zu einem Betriebsausflug in die Hamburger Scientology-Mission ein. Renate P., die sich in einer Sektenberatung informierte und dann entsetzt kündigte, sagte damals zur *Schweriner Volkszeitung*:

Der Wirtschaftsboß und Scientologe Detlef Foullois.

„Fast alle Wessis, und das ist die gesamte Leitung, sind Scientologen.“[9] Der „Info-Letter“ verkündete stolz, „80 Scientologen“ hätten in Schwaan Brot und Arbeit gefunden und könnten nun „ihre Schulden“ und ihre „finanziellen Probleme“ besser „handhaben“.

Im „Info-Letter“ wurde die Werbefirma als „DAS Projekt Schwaan“ gefeiert, gar zum Vorreiter einer großangelegten Kampagne erhoben. „Noch größere und spektakulärere Projekte“ würden folgen, die „sowohl die Szene hier im Osten als auch die gesamte Scientology-Welt gründlich verändern helfen“. Zu diesem Zweck suche man „powervolle Wesen“, „um die laufenden und neu gestarteten und die (noch geheimen) geplanten Projekte durchzuziehen“. Dem „Info-Letter“ angeheftet war ein Bewerbungsbogen für neue Mitarbeiter „in der Fa. Heilig, Schwaan oder einem anderen Projekt dieser Gruppe“, der sich explizit an Scientologen richtete. Wichtiger als die berufliche Qualifikation waren Angaben über die Zugehörigkeit zu Scientology und die „Scientology Ausbildung“, etwa „Auditoren-Ausbildung (Level)“. *Heilig* sonnte sich im Glanz des Erfolges: Im scientologischen *Impact*-Magazin ließen sich 40 *Werbeideen*-Mitarbeiter in Festgarderobe ablichten. Für ihre außerordentlichen Verdienste bekamen Detlef Foullois und Karl-Erich Heilig auf einem luxuriösen „Patron-Dinner“ in Kopenhagen sogar den neuen Ehrentitel „Gold meritorius“ verliehen.

Mit Stellenanzeigen auf Dummenfang

Ost-Berlin, Friedrichstraße 134, Sitz der *Luck Werbeagentur GmbH*. Die Firma des Münchener Kaufmanns und ehemaligen Spielzeugproduzenten Egon Luck, im November 1990 gegründet, betreibt laut Berliner Handelsregister „die Planung, Gestaltung und Beratung von Werbemaßnahmen, insbesondere auch auf dem Gebiet der Städtewerbung“. Luck beackert im Prinzip das gleiche Feld wie das Gespann Heilig/Foullois. Der Konkurrent im Geschäft mit den Werbetafeln – zufällig auch Scientologe – hat sich jedoch das Berliner Umland vorgenommen.

Egon Luck bringt für seine persönliche „Expansion“ Erfahrungen aus der Werbebranche mit. Das „International Directory 1991“ der WISE-Gruppe listet Lucks Unternehmen als Mitglied auf – was den

Firmeninhaber mithin verpflichtet, den Betrieb gemäß „LRH-Tech" zu führen. Daher achtete er sorgsam auf die Zusammensetzung seiner Mitarbeiter, die er von der „Personalberatung" seines WISE-Kollegen Farhad Raschidi auswählen ließ. Die gewaltige Zahl von „500 Mitarbeiter/innen aus den neuen Bundesländern" suchte dessen Agentur *U-Man International* im Mai 1991 per Annonce in der *Berliner Morgenpost*. Eine „eigene Ausbildungs- und Schulungseinrichtung" stehe zur Verfügung, hieß es darin. Wie die in Berlin erscheinende *tageszeitung* erfuhr, mußten Bewerber in den Räumen von *U-Man* einen Persönlichkeitstest ausfüllen, um ihren „Charakter prüfen zu lassen".[10] Gefragt wurde: „Blättern Sie häufig aus Vergnügen in Fahrplänen, Telefon- oder Wörterbüchern?" Oder: „Kauen Sie an Ihren Fingernägeln oder Gegenständen herum?" Die gleichen Fragen finden sich im scientologischen „Oxford Capacity Test" wieder.

Zwischenzeitlich zog die Firma aus Berlin-Mitte an den Stadtrand um. Anschließend steuerte Egon Luck den Werbe-Einsatz von seinem neuen Domizil in Neuenhagen bei Berlin aus. Das Geschäft lief offenbar so gut, daß er 1992 erneut Stellenanzeigen in Berliner Zeitungen einrückte. Doch nicht in allen Fällen gingen ihm die Bewerber auf den Leim. Wir erhielten im Juli 1992 einen Anruf von Horst Rügner*. Er hatte sich in Neuenhagen vorgestellt und an einer Schulung teilgenommen. „Im Regal von Herrn Luck standen die Bücher von L. Ron Hubbard. Da bin ich mißtrauisch geworden", erzählte er aufgeregt. Horst Rügner erinnerte sich auch an einen merkwürdigen Passus aus dem Vertrag, den er unterschreiben sollte: „Da stand, daß man sich verpflichtet, an Weiterbildungskursen teilzunehmen. Unter Vorbehalt bezahlt der Unternehmer 50 Prozent der Aufwendungen. Ich dachte gleich an Scientology-Kurse und habe mir gesagt: Laß die Finger davon."

Hilflose Gerichtsvollzieher im Unternehmensgestrüpp

Offenbar führte Egon Luck sein Geschäft unaufhaltsam zu neuen Gipfeln. Karl-Erich Heilig dagegen bekam Probleme. Zuerst häuften sich in Schwaan Klagen über die seltsamen Management-Praktiken der westdeutschen Betriebslenker und Unternehmensberater. Dann entdeckte Renate P. den Zusammenhang zwischen ihrer Firma und einer ominösen Sekte. Wenig später begann Helmut Schultz, ein Journalist der *Schweriner Volkszeitung*, vor Ort zu recherchieren. Als er sich in der ehemaligen LPG umschaute, bemerkte er in den Firmenräumen großformatige Scientology-Embleme und *Narconon*-Werbung. Also doch eine Zweigstelle der Scientology-Kirche, wie man im Ort bereits munkelte? „Scientology gibt's hier nicht. Ein paar Leute von uns sind da zwar drin, aber das ist ja Privatsache", beeilte sich eine blonde Frau zu versichern. Und ein angeblicher „Rechtsberater" stellte kategorisch klar: „Ich schließe definitiv aus, daß es eine Verbindung der Firma *Heilig-Werbeideen* mit Scientology gibt."[11] Auch das Werbeplakat für *Narconon* im Treppenaufgang war dann wohl Privatsache.

Nun häuften sich seltsame Vorkommnisse. Merkwürdigkeit Nummer eins: Kurz nach dem Journalisten-Besuch verschwanden die Sekten-Symbole und Poster von den *Heilig*-Wänden. Merkwürdigkeit Nummer zwei: Obwohl Schultz seine Nachforschungen erst begonnen und noch keine einzige Zeile veröffentlicht hatte, wurde seine Zeitung bereits am nächsten Tag mit Schadenersatzansprüchen konfrontiert. Aus dem Redaktions-Telefax quoll eine Prozeßvollmacht der Firma *Heilig*. Die Begleitmusik lieferte die Münchener Anwaltskanzlei *Blümel*, *Reichert*, *Henning*, *Bergsteiner*, *Beloch*, bekannt als Rechtsbeistand der Scientology-Organisation. Die Sekten-Anwälte stießen unverhohlene Drohungen aus: „Im Hinblick auf die derzeit äußerst kritische Berichterstattung über das Thema Scientology wäre jegliche Berichterstattung, welche das Unternehmen unserer Mandantschaft mit der Scientology Kirche in Verbindung bringt, grob geschäftsschädigend."[12] Sollte hier eine Redaktion eingeschüchtert werden? Als der Artikel – flankiert von dem faksimilierten Abmahnschreiben – am 7. Mai 1991 dennoch erschien, brachte er eine kleine Lawine in Gang. Verschiedene, auch überregionale Zeitungen berichteten über die spektakuläre Enttarnung einer scientologischen Firma in den neuen Bundesländern und konnten die Hintergründe weiter aufhellen. Ein Verbot oder „Schadenersatz" erreichten die Scientologen nicht.

Schließlich wurde im Herbst 1991 bekannt, daß die einst florierende Firma *Heilig* Miete, Strom und Telefon seit Januar nicht mehr bezahlt hatte. Zudem nutzte sie unberechtigt ein Lehrlingswohnheim der LPG und kam der Aufforderung, es zu räumen, nicht nach. Nun reichte es den Leuten; nachts zerdepperten Steine die Fenster der Scientologen-Firma. Die Sektenjünger setzten ihrerseits Lügen in die Welt, versuchten, sich persönliche Daten ihrer „Gegner" zu verschaffen, und starteten eine Pressekampagne, wie auf Usedom. Sie drohten mit dem Abbau von Arbeitsplätzen, so etwa Detlef Foullois in einer „eidesstattlichen Erklärung" vom 12. Dezember 1991, in der er ankündigte, daß „ca. 20 Arbeitsverhältnisse gekündigt werden müssen, da Teile unserer derzeit genutzten Gebäude nicht zur Verfügung stehen". Als Scientologe Heilig dessen ungeachtet seine Schulden monatelang nicht bezahlte, bekam er die Kündigung zugestellt, und am 27. Februar 1992 entschied das Kreisgericht Bützow, daß Karl-Erich Heilig und Detlef Foullois die Schwaaner LPG-Räume herausgeben müßten.

Als die Gerichtsvollzieherin Knye am 22. April 1992 den Räumungsbefehl in Schwaan durchsetzen wollte, hatte sich die Firma *Heilig-Werbeideen* mitsamt ihrem Gründervater in Luft aufgelöst. Aber es gab dort ein neues Firmenschild und eine neue Firma: die *Hanse Werbe-Ideen Vertriebs GmbH* mit Hauptsitz in Lübeck. Mehrheitsgesellschafter und Geschäftsführer war wieder Detlef Foullois, als Mitgesellschafterin fungierte Sabine Fankhänel, Scientologin aus Bamberg. Foullois konnte auch einen Untermietvertrag mit Heilig vorweisen, datiert vom 1. Februar 1992, Mietzins monatlich 10 000 Mark. Gegen die *Hanse Werbe-Ideen* hatte die Gerichtsvollzieherin keinen Räumungstitel. Unverrichteter Dinge ging sie von dannen. „Ein alter Trick bei unseriösen Geschäftsleuten", sagt Rechtsanwalt Uwe Petersen aus Ahrensbök (Schleswig-Holstein), der die LPG vor Gericht vertritt.

Nun zeigte sich, daß Detlef Foullois der eigentliche Drahtzieher war. Mit einem Geflecht verschiedener Firmen übernahm er die Geschäfte seines Kollegen, der in Liquiditätsschwierigkeiten geraten und als Scientologe diskreditiert war. *Haus GmbH* und *Hanse Werbe-Ideen* hießen die zwei Firmen, die für Heilig und seine Schulden, allein für Miete und Betriebskosten 192 000 Mark, einspringen sollten. Beide Unternehmen hatten die „allgemeine Geschäftsberatung" – also die Geschäftsführung – der Foullois-Firma *P&B Management* übertragen. In den Verträgen heißt es gleichlautend und unmißverständlich: „Die Vertragspartner sind sich darüber einig, daß sich die Parteien an die Management-Richtlinien gemäß Management Technology von L. Ron Hubbard halten."

Während Foullois also die Firmen im Namen seines Propheten neu ordnete, beantragte Rechtsanwalt Petersen für die LPG eine einstweilige Verfügung nach der anderen, um weitere Untermietverträge zu verhindern und endlich das Schwaaner Gelände freizubekommen. Im Mai 1992 fand vor dem Kreisgericht Bützow eine mündliche Verhandlung statt. Detlef Foullois empfahl sich nach kurzer Zeit und konferierte vom Autotelefon aus weiter. Die Konfliktparteien einigten sich schließlich auf einen Vergleich. *Heilig* und *Hanse* räumten das LPG-Gelände; im Gegenzug wurden ihre Schulden erheblich vermindert. Uwe Petersen: „Damit kamen sie sehr günstig weg. Wir haben uns darauf nur eingelassen, weil wir das Grundstück frei haben wollten." Immerhin: Ende Mai verließen die *heiligen* Geschäftsleute endlich ihre Expansionsbasis. „Sie sind termingerecht ausgezogen, haben alles mitgenommen, was nicht niet- und nagelfest war und das Gelände in katastrophalem Zustand hinterlassen", erinnert sich Anwalt Petersen.

Zwischenzeitlich schien sich keiner mehr um die Firmenräume bei Rostock gekümmert zu haben. Einen Monat nach der Flucht von Karl-Erich Heilig fand eine Rostocker Journalistin noch Relikte aus besseren Tagen. Aus Papierkörben zog sie Computerausdrucke, aus denen hervorging, daß die Firma an eine ganze Reihe bekannter Scientologen erhebliche Beträge ausgezahlt hatte. So kassierte der Hamburger Immobilienmakler Götz Brase offenbar Zehntausende. Ganz genau schien aber niemand zu wissen, an wen und warum die Gelder flossen. Bei einem Betrag von 23 000 Mark verzeichnete das Buchungsjournal: „Privatentnahme Brase?"

Der verhaftete Karl-Erich Heilig konnte derweil in Ruhe darüber nachdenken, wer all das Geld bekommen hat. Er hatte es nicht nur direkt an Sektenkollegen ausgezahlt oder an seine Zentrale überwiesen. Im merkwürdigen Gegensatz zu den horrenden Schulden steht eine Rechnung seines Mit-Gesellschafters Detlef Foullois. Der ließ sich kurz vor Silvester 1991 noch schnell ein Honorar von 540 717,01 Mark anweisen, für seine „Tätigkeiten im Jahr 1991".[13] Ein Schachzug mit Methode: Foullois (und seine Sekte?) hatten das Geld – die Gläubiger und der Staatsanwalt das Nachsehen. In einem Brief, den er zwei Wochen nach der Honoraranweisung an das zuständige Finanzamt verschickte, besaß Detlef Foullois sogar noch die Chuzpe zu erklären, „daß ich meine angemeldete Tätigkeit rückwirkend zum 1.1.91 abgemeldet habe".[14]

Da wundert es kaum noch, daß sich die Scientologen nicht an die Vereinbarungen hielten. Mehrfach versuchte die in Liquidation stehende LPG Schwaan, mit Zahlungsbefehlen an ihr Geld zu kommen.

Vergeblich. Detlef Foullois und seine *Hanse Werbe-Ideen* wimmelten die Gerichtsvollzieher bis Dezember 1992 erfolgreich ab. In diesem Monat hatte LPG-Anwalt Petersen endlich einen Durchsuchungsbefehl zur Pfändung erreicht. „Aber", erklärte er uns einen Monat später resignierend, „ich gehe davon aus, daß wir keinen Pfennig bekommen." Die Leidtragenden der Affäre sind wie auf Usedom die ostdeutschen Bauern, die um ihre Mieteinnahmen geprellt wurden und ihre Hoffnung auf sichere Arbeitsplätze begraben müssen.

Doch im Februar 1993 war das große Monopoly auch für Detlef Foullois zu Ende. Die Rostocker Staatsanwaltschaft ließ seine Geschäftsräume in Hamburg durchsuchen; der Operierende Thetan höchstselbst wurde verhaftet. Im Juni 1993 stand er gemeinsam mit seinem Partner Karl-Erich Heilig vor dem Rostocker Amtsrichter. Beide wurden zu 26 Monaten Gefängnis verurteilt. Begründung: Steuerhinterziehung in Millionenhöhe und Subventionsbetrug. Einer höheren Strafe entgingen die geständigen Sektenpatrone nur, weil die Scientology-Org Hamburg ihre 2,8 Millionen Mark Steuerschulden umgehend beglich. Zugleich distanzierte sich deren Vizepräsident Franz Riedl in den Medien von den zwei Delinquenten. Die Mitgliedsrechte beider Scientologen seien „aufgehoben", erklärte er dem *Hamburger Abendblatt* und fügte hinzu, man tue alles, um sich „von solchen Typen zu trennen".[15] Es gibt aber keinen Hinweis, daß die beiden Patrone nun „exkommuniziert" worden wären.

In Frankfurt/Oder zogen die Stadt-Oberen, nachdem der Skandal um *Heilig* bekanntgeworden war, Genehmigungen für zusätzliche Werbetafeln zurück, anderswo, in Anklam beispielsweise, wurden sie weiter aufgestellt. Viele Vertragspartner der Schwaaner Werbefirma beteuern im nachhinein, daß sie einem jungen, scheinbar ostdeutschen Unternehmen eine Chance geben wollten. „Wir dürfen keine Zensur ausüben und niemanden willkürlich ablehnen, sonst kann er zum nächsten Gericht laufen und uns verklagen", verteidigt auch Traugott Wurster von der *Deutschen Städtereklame* seine Firmenpolitik. Inzwischen schrieb die Firma *Hanse Werbe-Ideen* die „7 000 zufriedenen Kunden“ (Eigenwerbung) ihres Vorgängers *Heilig* an und teilte ihnen mit, daß sie nun „Ihr Ansprechpartner in allen Fragen der Ortsinformationstafeln“ sei. Im Vertrauen auf die Unbedarftheit und Unkenntnis der östlichen Behörden forderte die Werbefirma des Detlef Foullois Bürgermeister und Amtsvorsteher auf: „Bitte benachrichtigen Sie uns, welche Standorte Sie für weitere Ortsinformationstafeln mit Stadtplan vorgesehen haben.“

Stahlbau-Skandal in Riesa

Ortswechsel. Riesa bei Dresden, 1. Juli 1992. Im Werk für Stahl- und Behälterbau des *Stahl- und Walzwerkes Riesa* hat sich hoher Besuch angesagt. Die Arbeiter sind gespannt auf ihren neuen Chef. Als der Mann aus dem Schwäbischen eintrifft, muß er sich jedoch auch kritische Fragen gefallen lassen. Was ist Scientology? Sollen jetzt Sektengenossen die Kombinatsleiter ablösen? Will hier schon wieder einer den Arbeitern mit ewigen Wahrheiten kommen?

Gerhard Haag lächelt und sagt: „Meine Religion ist meine Privatsache.“ In einer Runde mit den leitenden Mitarbeitern der *Stahlbautechnik Elbe GmbH* verteilt er anschließend eine Presseerklärung. Alle Vorwürfe gegen ihn seien Lügen und „gezielte Verleumdungen“. Der Unternehmer, der aus seiner Begeisterung für Scientology sonst keinen Hehl macht, gibt sich plötzlich verschämt. Haag wörtlich: „Es besteht keine – wie auch immer geartete – geschäftliche Verbindung zwischen der Firma *Stahlbautechnik Neckar GmbH* und der Scientology Kirche.“

Der Augenschein spricht dagegen. Wenige Tage zuvor findet in Berlin eine ungewöhnliche Pressekonferenz statt. Der Betriebsrat des Traditionsunternehmens *Krupp Stahlbau Berlin* hat am 22. Juni in sein West-Berliner Werk geladen, unweit des alten Zentralflughafens Tempelhof. Dort wird den Journalisten eine geheimnisvolle Frau vorgestellt, deren Name nicht genannt werden soll. Sie war ein Jahr lang leitende Angestellte in Gerhard Haags Stammbetrieb *Stahlbautechnik Neckar GmbH*. Das Werk in Altbach bei Eßlingen hatte der Jungunternehmer Ende 1989 vom *Krupp*-Konzern gekauft.

Die ehemalige Haag-Mitarbeiterin war bis vor kurzem auch Mitglied von Scientology. Jetzt packt sie aus. Sie erhebt schwere Anschuldigungen gegen ihren ehemaligen Arbeitgeber. Illegale Geschäftspraktiken wirft sie ihm vor. Schlimmer noch: Gerhard Haag habe scientologische Methoden im Betrieb eingeführt. Wer sich den Prinzipien der Scientologen nicht unterwerfen wollte, sei durch permanenten Streß zermürbt worden. Nach knapp zweieinhalb Jahren unter Haag seien nur noch wenige der früheren 200 Mitarbeiter im Betrieb.

Die Pressekonferenz bringt einen Coup ans Licht, von dem die Öffentlichkeit bis zu diesem Zeitpunkt so gut wie nichts erfahren hat. Es handelt sich um einen weiteren geschickten Versuch von Scientologen, in der Wirtschaft der neuen Bundesländer Fuß zu fassen. Gerhard Haag (39), ein jungenhaft wirkender Mann, der schnelle Autos und teure Accessoires liebt, ist auf dem besten Wege, ein Stahlbaumonopol im Osten zu errichten. Die Betriebsräte enthüllen: Gerhard Haag hat nicht nur das Riesaer Stahlbauwerk erworben, er steht auch in aussichtsreichen Verhandlungen mit dem *Krupp*-Konzern über dessen West-Berliner Niederlassung. Damit nicht genug, mit der Treuhandanstalt unterhält er sich bereits über ein weiteres Unternehmen in Ost-Berlin, die *Be-Stahl Stahlbau GmbH*.

„Letzte Woche haben wir von konkreten Plänen der *Krupp AG* in Essen erfahren, unser Werk zu verkaufen. Es gibt offenbar nur einen ernsthaften Interessenten – Haag“, sagt der Betriebsratsvorsitzende Karl Köckenberger (35), mit dem wir später in seinem Büro zusammensitzen. Karl Köckenberger ist ein Mann, der in seiner überlegten Art dem Klischee vom ruppigen Stahlwerker überhaupt nicht entspricht. „Wir kannten die Verbindung zwischen Herrn Haag und der Scientology-Sekte aus dem Verkauf von *Krupp Altbach*“, erklärt er, „da war für uns klar, daß wir einem solchen Verkauf alles entgegenstellen wollten, was uns möglich ist.“ Köckenberger, auch ein Süddeutscher, wird in den nächsten Wochen zu Gerhard Haags gefährlichstem Gegenspieler.

Unbemerkt hat der Unternehmer bereits seit Monaten Gespräche mit der Treuhandanstalt geführt. Im Mai 1992 verkauft ihm die Staatsholding einen Zweigbetrieb des *Stahl- und Walzwerkes Riesa* mit 450 Beschäftigten und dem 10 ha großen Gelände. Haag macht sich gen Osten auf. Er benennt das Werk in *Stahlbautechnik Elbe* um und beginnt umgehend zu investieren. „Für uns war das unternehmerische Konzept entscheidend, und das war einwandfrei", läßt sich später ein Treuhand-Sprecher vernehmen.[16] Daß Haag Scientologe sei, habe ja keiner ahnen können. Anscheinend hält es niemand für nötig, wenigstens mal bei der Stadtverwaltung oder dem Wirtschaftsamt in Altbach nachzufragen. Auch als Haag erneut bei der Treuhand anklopft, um die Firma *Be-Stahl* in Ost-Berlin zu erwerben, geht zunächst alles glatt, denn ihm eilt in den Fluren der Breuel-Behörde der Ruf als „erfolgreicher Unternehmer" voraus. Nur als er auch noch Appetit auf die West-Berliner *Krupp*-Filiale bekommt, beißt er auf Granit.

Die *Krupp*-Tochter *Stahlbau Berlin* hatte 1991 ihr 125jähriges Jubiläum gefeiert. Wie kein anderer prägte der Betrieb das Gesicht Berlins. Ob das Europa-Center am Ku'damm, die Nationalgalerie des Mies van der Rohe oder das raumschiffgleiche Internationale Congress Center (ICC) – man kann die Produkte des Werkes schwer übersehen. Es gibt zudem in Berlin keine andere größere Firma mehr, die Brücken baut. Das verspricht in der zusammenwachsenden Metropole gut gefüllte Auftragsbücher und glänzende Marktchancen. „Wir schreiben schwarze Zahlen", bestätigt uns Karl Köckenberger, „wir sind mit Aufträgen, etwa für das U-Bahnnetz, auf Jahre hinaus ausgelastet."

Ausgerechnet in dieser Situation beschließt der *Krupp*-Konzern in Essen, das Berliner Werk mit seinen 315 Mitarbeitern zu verkaufen. Hintergrund ist vermutlich die Fusion der Stahlgiganten *Krupp* und *Hoesch* im Frühjahr 1992. „Der Konzern braucht Geld", erklärt Betriebsratsmitglied Jürgen Kühn. 100 Millionen Mark könnte das 110 000-Quadratmeter-Grundstück in Tempelhof einbringen. Um das Gelände zu versilbern, müssen jedoch die darauf angesiedelten Betriebe abgestoßen werden. Am 12. Juni trifft der Aufsichtsrat der *Fried. Krupp AG* seine Entscheidung. Man suche „aussichtsreiche Kooperationspartner", um das Unternehmen „im Großraum Berlin" neu anzusiedeln, heißt es in einer Mitteilung an den Betriebsrat. Mehrere „ernsthafte Interessenten" seien vorhanden. Köckenberger: „Auf Nachfrage ist uns aber nur der Name Haag genannt worden."

Auch bei der *Krupp AG* tut man zunächst so, als sei Gerhard Haag ein unbeschriebenes Blatt. Dabei müßten es die *Krupp*-Manager besser wissen. Sie kennen den Unternehmer gut und sollten eigentlich auch über die Zustände in seiner Firma informiert sein. Haag hatte

stahlbautechnik neckar gmbh
vormals Krupp Stahlbau Altbach

INFO

Ausgabe 3
April / Mai 91

Stahlbautechnik Neckar GmH
Industriestraße 12
D-7305 Altbach
Telefon (0 71 53) 6 08-0
Telex 7 266 821
Telefax (0 71 53) 2 87 95

Die Philosophie der Stahlbautechnik Neckar

Stahlbau ist ein hartes Geschäft. Zu Recht mag die Frage gestellt werden: Was hat das mit Philosophie zu tun?
Die Antwort ist einfach: Eine Firma braucht ein Ziel, braucht Maximen, nach denen sie arbeitet. Der Erfolg eines Unternehmens basiert auf Austausch. Und für diesen Austausch gibt es vier verschiedene Zustände.
Bei Zustand eins nimmt eine Gruppe Geld, ohne einen Gegenwert zu liefern. Man kann dies auch als Raub oder Diebstahl bezeichnen. Der zweite Zustand ist ein teilweiser Austausch. Die Gruppe nimmt Bestellungen oder Geld für Waren an, liefert aber nur bruchstückhaft oder in schlechter Qualität.
Der dritte Zustand des Austauschprinzips ist als fairer Austausch bekannt. Man nimmt Bestellungen und Geld an und man liefert genau das, was bestellt worden ist. Die meisten erfolgreichen Geschäfte und Unternehmungen arbeiten nach diesem Prinzip.
Den vierten Zustand trifft man nicht allzu häufig an. Man könnte ihn als Gegenleistung im Überfluß bezeichnen. Das bedeutet nicht, daß man »zwei für eins« hergibt oder Dienstleistungen gratis liefert. Es bedeutet vielmehr, daß man etwas gibt, was wertvoller ist, als das erhaltene Geld.
Ein Beispiel: Die Gruppe bietet Diamanten zum Verkauf an. Ein durchschnittlicher Diamant wird bestellt; die Gruppe aber liefert

Weiter auf Seite 2

Neues Parkhaussystem zum Patent angemeldet

Für Frauen absolut sicher – 50 Prozent mehr Pkw auf gleicher Fläche – Umweltschonend – Keine Diebstähle – Maximale Wartezeit 55 Sekunden

Stahlbautechnik Neckar hat ein neues Parkhaussystem entwickelt, das wir jetzt zum Patent angemeldet haben. Dieses neue System, »Put in« genannt, bietet eine ganze Reihe grundlegender Vorteile. So finden im Vergleich zu sämtlichen bisherigen konventionellen Systemen bei der neuen Konstruktion 50 Prozent mehr Pkw Platz auf gleichem Raum. Frauen sind keinen Gefährdungen mehr ausgesetzt. Diebstähle können als ausgeschlossen gelten. Bei dem neuen System »Put in« werden die Autos lediglich auf eine Palette gefahren und anschließend vollautomatisch an die Parkbox gebracht. Je nach Anordnung der Fördergeräte ist eine maximale Wartezeit bis zu 55 Sekunden pro Auto erreichbar. Kein einziges Parkhaus, das zur Zeit in Betrieb oder in Bau ist, kommt auch nur annähernd an diese Werte heran. Da das zum Patent angemeldete System auch die Wirtschaftlichkeit enorm optimiert, lohnt sich der Bau bereits ab 30 Stellplätzen. Die Kapazität kann aber auch problemlos auf bis zu 1 000 Stellplätze vergrößert werden. Die Presse hat das neue Parkhaussystem der Stahlbautechnik Neckar sehr positiv aufgenommen. Wir haben einige Pressestimmen für Sie auf Seite 3 abgedruckt.

Teoman Günsav verantwortlicher Architekt für Hitachi-Projekt

Teoman Günsav ist der verantwortliche Architekt für den Bau der Hitachi-Fabrik in Landshut. Er ist Partner im Architekturbüro Prof. Koppenhöfer & Partner in Stuttgart. Es macht ausgesprochen Spaß, mit Teoman Günsav zu arbeiten. An dieser Stelle vielen Dank für die excellente Kooperation.

Fortsetzung von Seite 1

Die Philosophie der Stahlbautechnik Neckar

einen überdurchschnittlichen blauen Diamanten. Und sie liefert ihn auch prompt und in höflicher Form (nach der Finanzserie Nr. 36 des Bestsellerautors L. Ron Hubbard).
Und genau das ist unsere Philosophie. Exakt das ist unser Ziel. Es mag uns nicht immer gelingen, wir mögen manchmal in den Zustand drei oder vielleicht kurzfristig in den Zustand zwei abrutschen. Nichtsdestotrotz bleibt es unser Ziel. Und wir sind nicht eher zufrieden, bevor wir den Zustand vier erreicht haben.
Dieser Zustand gilt sowohl für die gesamte Gruppe als Firma, genauso wie für jeden Einzelnen unserer Firma. Das wird auch und hauptsächlich dadurch dokumentiert, in dem wir zur Zeit unser Prämienlohnsystem einführen und wie sich jetzt schon in der Versuchsphase gezeigt hat, sehr gute Ergebnisse für alle Beteiligten erzielen. Der Zustand vier wird überdurchschnittlich belohnt. Ebenso wird bei uns auch mit einem für mittelständische Unternehmen geltenden Tabu, nämlich der Gewinnverteilung, aufgeräumt. Bei uns werden Gewinne benutzt für Investitionen, Arbeitsplatzerleichterungen für die Mitarbeiter, sowie zu einem Hauptteil für die Expansion der Firmengruppe. Dies ist für alle Mitarbeiter ein nicht zu unterschätzender Beitrag, um die Gruppe stabiler, größer, sicherer und zukunftsweisender zu gestalten. In diesem Zusammenhang möchte ich es nicht versäumen, an alle Mitarbeiter, die sich sehr engagieren, ein herzliches Dankeschön auszusprechen.
An alle unsere Kunden ein herzliches Dankeschön dafür, daß wir für sie arbeiten dürfen. Und wenn Sie noch nicht zu unseren Kunden zählen: vielleicht geben Sie uns eine Chance.

Ihr Gerhard Haag

Betriebszeitung der „Stahlbautechnik Neckar GmbH“ vom April 1991, in der Unternehmer Gerhard Haag seine auf L. Ron Hubbard begründete Philosophie den Mitarbeitern nahebringt.

vor dem Kauf des Altbacher *Krupp*-Betriebes ein Ingenieurbüro geleitet und die schwäbischen Kruppianer beraten. In der Branche gilt er als „Fachmann“, was auch Köckenberger anerkennt. Die Zeitungen schreiben, er habe den Altbacher Betrieb „wieder hochgebracht“. Tatsächlich hat er es geschafft, den Umsatz im Jahr 1991 auf 65 Millionen Mark zu verdoppeln. Das imponiert den *Krupp*-Managern.

Nicht aber dem Berliner Betriebsrat. „Als wir von dem geplanten Verkauf an Haag hörten, gingen bei uns alle Alarmglocken an“, erzählt Karl Köckenberger. Denn daß in Altbach der Teufel los ist, wissen die Gewerkschafter seit langem. Aber niemand hat exakte Informationen aus dem ehemaligen Schwesterwerk. „Es gab seit zwei Jahren keinen Kontakt mehr zu den Kollegen in Altbach“, sagt der Betriebsratsvorsitzende, „es gab nur merkwürdige Gerüchte.“ Karl Köckenberger und seine Kollegen beginnen, sich genauer zu informieren: „Wir haben Gespräche mit ehemaligen Leuten aus Altbach und früheren Scientologen geführt.“ Inzwischen stehen in ihrem Büro sechs dicke Aktenordner zum Thema Scientology. Karl Köckenberger ist ein Experte geworden, der mit ominösen Begriffen wie „Operierender Thetan“ oder „Patron meritorius“ mühelos jonglieren kann.

Gerhard Haag ist solch ein „Patron meritorius“. Er gehört wie Karl-Erich Heilig und Detlef Foullois zu dem halben Dutzend deutscher Scientologen, die sich mit diesem Titel schmücken dürfen. Er hat mindestens 250 000 US-Dollar in die scientologische „Kriegskasse“ gespendet. Das scientologische Magazin *International Directory 1991* führt die Firma *Stahlbautechnik Neckar* bereits 1991 als Mitglied der WISE-Gruppe auf. Haag ist also nicht nur als Unternehmer ein Shooting Star, sondern auch in seiner Sekte.

Es ist auffällig, daß ausgerechnet Vertreter der exklusiven „Patron“-Gilde den Aufbruch nach Osten vorantreiben. Es sind die hungrigen, jungen Männer, die sich hohe Profite und sekteninternen Aufstieg versprechen. Sie sind bereit, für den Erfolg hohe Risiken einzugehen und offenbar gesetzliche Vorschriften auch mal links liegen zu lassen.

Scientologische Praktiken in der Arbeitswelt

Gerhard Haag geriet nicht das erste Mal in die Schlagzeilen. Als die Polizei im Mai 1991 unangemeldet auf dem Betriebsgelände seiner *Stahlbautechnik Neckar* auftauchte, fand sie 39 Arbeiter aus östlichen Ländern wie Polen und Jugoslawien vor – illegal Beschäftigte. Haag mußte einen Strafbefehl über 200 Tagessätze hinnehmen. Allein in diesem Fall habe er die Sozialversicherung um 100 000 Mark geprellt, erklärte der Stuttgarter Oberstaatsanwalt Klaus Bieneck. Er fügte hinzu: „Gegen Herrn Haag laufen mehrere Ermittlungsverfahren.“[17] Dabei ging es nicht nur um illegale Beschäftigung von Arbeitnehmern, sondern auch um Betrug und die Gründung von Scheinfirmen. Die Zeitschrift *Capital* schrieb im Oktober 1992 über die Vorgänge: „Angeblich soll ein Einkäufer von *Daimler-Benz* überhöhte Rechnungen gegengezeichnet, Haag sich dafür mit einem VW Passat bedankt haben. Daß Geschenke dieser Art offenbar kein Einzelfall waren, belegt eine von Haag persönlich Anfang 1991 ausgearbeitete interne ‚Richtlinie zur Zahlung von Schmiergeldern‘, um so die Handsalbungen steuerlich geltend machen zu können.“[18]

Die Haag-Niederlassung *Stahlbautechnik Luxemburg GmbH* soll, so ein ehemaliger Haag-Mitarbeiter, nur eine Briefkastenfirma sein. Über sie sollten polnische Leiharbeiter offenbar steuer- und abgabenfrei in Deutschland „angestellt“ werden.[19] Im Herbst 1993 konnte das Arbeitsamt Waiblingen dem Sekten-Unternehmer rund 55 000 Stunden illegaler Beschäftigung von Polen nachweisen; für einen Stundenlohn von sechs Mark. Strafe für Haag: 52 599 Mark.[20] Auch gesetzliche Arbeitszeitvorschriften waren dem Sekten-Unternehmer schnuppe. Nachts und sonntags wurde durchgearbeitet; mehrfach beklagten sich Anwohner über den Lärm. Die knapp 5 000 Mark Bußgeld, die Haag deswegen berappen mußte, hat er sicher leicht verkraftet. Denn die Firma florierte, trotz oder wegen dieser Praktiken. Haag konnte jede Menge Großaufträge verbuchen, von Brücken über Sporthallen bis zu Fabrikgebäuden und Kraftwerken. Zu seinen Kunden zählten renommierte Unternehmen und Institutionen wie *Mercedes Benz*, *BMW*, die *Deutsche Bundespost* oder der neue Münchener Flughafen. Die *Stahlbautechnik Neckar* baute sogar Antriebsstufen für das Testgerüst der Europa-Rakete „Ariane“ (Haag: „Auf daß das Universum erobert werden kann“) und konnte ein neues, vollautomatisches Parkhaussystem präsentieren. „Unser erstes Jahr", so verkündete der Firmenchef im Dezember 1990, „war ausgesprochen spannend und erfolgreich." Vielleicht sind unternehmerische Höchstleistungen, wie Haag sie bringt, nur mit Hilfe halblegaler oder illegaler Mittel zu schaffen. Jedenfalls scheinen sie nicht im Widerspruch zur scientologischen Wirtschafts-„Technologie" zu stehen, auch wenn die Sekte in ihren Hochglanzbroschüren gebetsmühlenartig davon schwadroniert, eine „Welt ohne Kriminalität" schaffen zu wollen.

Was den Unternehmer bei der Justiz in Verruf brachte, schadete ihm daher sektenintern kein bißchen. Im Gegenteil. Unaufhaltsam schloß er in den „Patron"-Listen zur Spitzengruppe der deutschen „Thetanen" auf. Da Gerhard Haag ernsthaft an die Wirkung der Hubbard-Technologie glaubt, zögerte er nicht, seinen Betrieb den Prinzipien zu unterwerfen, die er in seinen „grünen Volumes" beschrieben fand.

Schon kurz nach der Betriebsübernahme begann er, Scientologen als Mitarbeiter anzustellen und unmerklich scientologische Methoden in der Firma einzuführen, von denen die „normalen" Angestellten zunächst nichts ahnten. Nach und nach wurden die Mitarbeiter jedoch gedrängt, die Psycho-Kurse der Sekte zu besuchen. In der Zeitschrift *Metall* berichtete ein Beschäftigter: „Haag und seine Leute haben mich und meinen Sohn genötigt, Scientology-Programme zu machen, wenn wir unsere Arbeit behalten wollen. Dort ist dann eine Art Gehirnwäsche gemacht worden."[21] Wer nicht mitspielen wollte, konnte ja gehen. Karl Köckenberger weiß: „Den Beschäftigten in Altbach ist es unangenehm gemacht worden."

Der Betriebsrat in Altbach schwieg dazu. Die Gewerkschaft wurde ausgeschaltet, als der alte Betriebsrat im März 1990 aufgelöst und ein neuer gewählt wurde, der aus linientreuem Personal bestand. Köckenberger erläutert: „Wir haben von der IG Metall erfahren, daß die Zusammenarbeit mit dem Betriebsrat praktisch zum Erliegen gekommen ist."

Als die Vorwürfe gegen ihn bekannt wurden, verschickte Haag eine Presseerklärung. Darin behauptete er: „Wahr ist, daß mir in unserer Firma keine Person bekannt ist, die einer – wie auch immer gearteten – Abhängigkeit von der Scientology Kirche oder ihrer Kirchenführung ausgesetzt ist." Er bestand darauf, daß es in seiner Firma „keinerlei Verpflichtung" gebe, „menschenrechtswidrige oder gesetzwidrige Methoden" anzuwenden, die auf den Scientology-Gründer L. Ron Hubbard zurückgehen. Da hat er wohl einiges vergessen.

Mit Datum vom 7. Dezember 1990 setzte er eigenhändig die „Studierorder" für einen seiner Mitarbeiter auf. Besonderen Wert legte er auf das Studium der Scientology-„Ethik" durch seinen Untergebenen, vor allem Hubbards „Machtformel für die Dritte Dynamik". Wer dort nachschlägt, erfährt, wie man seine „Machtsphäre ausdehnt" und Feinde ausschaltet, ohne „immerzu zu fragen: ‚Was sollen all die Leichen draußen vor der Tür?'". Laut Hubbards „Ethik" ist jedes Mittel recht, um einen Vorgesetzten – etwa gegen „Kritiker" – zu unterstützen: „Es kann sogar darin bestehen, daß einer seiner Feinde in der Dunkelheit dumpf aufs Straßenpflaster klatscht oder das ganze feindliche Lager als Geburtstagsüberraschung in riesigen Flammen aufgeht."[22] Haag verlangte von dem Untergebenen, über die seltsame Sekten-„Ethik" einen Aufsatz zu schreiben; Thema: „Wie können Sie diese Formel anwenden, um sich und die Firma zu stärken." Vier Tage hatte der Mitarbeiter Zeit, um die „Ausarbeitung" dann „beim Geschäftsführer" einzureichen. Großzügig verspricht Haag am Schluß: „Sie haben auch die Möglichkeit, dieses Programm bei unserem WISE-Berater kostenlos durchzuführen."

Wie stark die *Stahlbautechnik* in das Scientology-Wirtschaftsimperium eingebunden ist, zeigt die Tatsache, daß die Firma einen eigenen WISE-Berater vorgesetzt bekam: Reinhold Stricker, den Chef des „WISE-*Charter-Committees*" Frankfurt. Charter-Committees organisieren die sogenannte „Ethik-Überwachung" von WISE-Firmen und fungieren als sekteninternes Disziplinar-Gericht. Reinhold Stricker kümmerte sich darum, daß die „LRH-Tech" ordnungsgemäß im Betrieb umgesetzt wurde. Er war zugleich Schulungsleiter, Berater und Aufpasser. In der *Stahlbautechnik Neckar* sorgte er unter anderem dafür, daß „Ethik-Akten" angelegt wurden, jene illegalen Personaldossiers, die bei Bedarf zur Erpressung verwendet werden, wie Scientology-Aussteiger berichten.

Stricker ist nicht gerade ein Unbekannter in der Szene. Er hatte mit seiner Unternehmensberatung *CCI Institut Dreieich* auch die Firma *Willems & Co Stahlhandel KG* in Düsseldorf betreut, deren Geschäftsführer sich Ende 1987 erschossen hatte. Der *CCI*-Berater wußte mit Sicherheit Bescheid über die illegalen Machenschaften im

Betrieb, denn er hatte Einblick in Geschäftsvorgänge und nahm direkten Einfluß auf die Unternehmensführung. Das beweist ein Schreiben vom 2. Oktober 1990. Darin beschwert sich Stricker bei Gerhard Haag. Der Geschäftsführer der *Stahlbautechnik* habe Befehle mißachtet. Er habe eine „Order" über die Arbeitszeit in seiner Firma erlassen, ohne sich an einen anderslautenden „Vorschlag" zu halten. Der WISE-Berater haut seinem „Schützling" eine Sekten-Richtlinie um die Ohren und bellt: „Ich hoffe, es hilft."

Solche „Ethik", nur etwas netter aufbereitet, verbreitete Haag auch in seiner Firmenzeitschrift. Wie die meisten scientologischen Unternehmer gab er ein Info-Blättchen für seine Angestellten heraus, um die „Expansion der Firmengruppe" zu feiern. In der Nummer 3 des *Stahlbautechnik Neckar Info* vom April/Mai 1991, gestaltet von der *C+C Contact und Creation GmbH* des damaligen Scientologen-Kollegen Gunther Träger[23], stößt der Leser auf ein Editorial des Unternehmers. Darin erklärt er die Hubbard-Ideologie zur „Philosophie der Stahlbautechnik Neckar", denn „eine Firma braucht ein Ziel, braucht Maximen, nach denen sie arbeitet". Zum Beispiel: „Die Gruppe bietet Diamanten zum Verkauf an. Ein durchschnittlicher Diamant wird bestellt; die Gruppe aber liefert einen überdurchschnittlichen blauen Diamanten. Und sie liefert ihn auch prompt und in höflicher Form (nach der Finanzserie Nr. 36 des Bestsellerautors L. Ron Hubbard). Und genau das ist unsere Philosophie. Exakt das ist unser Ziel." Um zu verdeutlichen, was damit gemeint ist, erwähnte der Firmenchef anschließend, daß er kürzlich im Betrieb ein „Prämienlohnsystem" eingeführt habe.

Psycho-Kurse für Krupp?

Als der *Krupp*-Betriebsrat in Berlin zur Pressekonferenz ruft, weiß er über diese Vorgänge längst Bescheid. „Wir wollen verhindern, daß so jemand unser Werk und noch weitere Treuhand-Betriebe kauft", sagt Karl Köckenberger nachdrücklich, und sein Kollege Jürgen Kühn fügt hinzu: „Es ist nicht im Interesse der Belegschaft, daß hier solche Psycho-Kurse eingeführt werden." Der Betriebsrat fordert den *Krupp*-Vorstand auf, die Verkaufspläne zu den Akten zu legen.

Karl Köckenberger und seine Kollegen schrecken die Öffentlichkeit auf. Wochenlang geht das Thema durch die Presse. „Scientology-Mann will sich bei *Krupp* einkaufen“ und „Umstrittene Sekte greift nach Berliner Firmen“, titeln die Zeitungen[24]; Rundfunk und Fernsehen greifen den Fall auf. Eine ungewöhnliche Koalition entsteht. Betriebsrat und Geschäftsführung, die evangelische Kirche und Politiker ziehen an einem Strang. Der Berliner Wirtschaftssenator Norbert Meisner fordert den *Krupp*-Vorstand schriftlich auf, zu den Verkaufsplänen Stellung zu nehmen. Die *Stahlbau*-Geschäftsführer suchen auf eigene Faust nach kaufkräftigen Partnern, um der Konzernführung in Essen Alternativen anbieten zu können. Die IG Metall warnt vor den Praktiken der Sekte: Es müsse verhindert werden, daß sie Einfluß in Betrieben gewinne. Der Bündnis-90-Abgeordnete Konrad Weiß stellt eine Kleine Anfrage im Bundestag: „Beabsichtigt die Bundesregierung, Einspruch gegen die Entscheidung der Treuhandanstalt zu erheben, die Firma Stahlbautechnik Elbe in Riesa und möglicherweise weitere ostdeutsche Unternehmen einem einschlägig bekannten Mitglied der Scientology Church zu verkaufen?“ Selbst Bundespräsident Richard von Weizsäcker äußert sich besorgt.

Der Wind bläst Gerhard Haag kräftig ins Gesicht. Denn jetzt geraten auch seine Treuhand-Geschäfte in die öffentliche Diskussion. „Es kann und darf nicht angehen, daß längst entlarvte ‚Seelenklempner‘, die selbst vor menschenverachtenden Methoden nicht zurückschrecken, aus dem wirtschaftlichen Ausnahmezustand der neuen Bundesländer ihren zweifelhaften Profit ziehen“, kommentiert die *Berliner Zeitung*.[25]

Der Sekten-Unternehmer spürt den Widerstand und wehrt sich. Schließlich geht es um Millionen. Bei seinem Einstand in Riesa leistet ihm der Altbacher Betriebsrat Schützenhilfe: In der schwäbischen Stahlbaufirma bestünden „keinerlei Aktivitäten von Scientology gegenüber den Mitarbeitern“. Die Vorwürfe seien „allesamt unrichtig“. Haag fordert die sächsischen Arbeiter auf, sich öffentlich hinter ihn zu stellen. 400 neue Arbeitsplätze und 35 Millionen Mark Investitionen stünden für sie auf dem Spiel. An diesem 1. Juli hat er die Belegschaft in Riesa noch auf seiner Seite. Noch setzt man in der gebeutelten Region große Hoffnungen auf den Westler, der volle Auftragsbücher verspricht. Der Riesaer Betriebsrat Fredo Fandrich trifft die Stimmung seiner Kollegen: „Wir sind froh, daß der Unternehmer

Haag bei uns eingestiegen ist. Für uns hat der Erhalt von Arbeitsplätzen Priorität."[26] Schützenhilfe kommt auch vom Betriebsrat der Ost-Berliner *Be-Stahl Stahlbau GmbH*. Geschickt bemüht sich Haag, die Belegschaften gegen die Treuhandanstalt auszuspielen.

Zugleich versucht er, die kritische Berichterstattung über seine geschäftlichen Deals zu behindern. Als wir den Fall in der *Wochenpost*[27] kommentieren und daneben ein Interview mit dem Scientology-Kritiker Norbert Potthoff veröffentlichen, verschicken die einschlägig bekannten Anwälte *Blümel und andere* prompt ein Abmahnungsschreiben und vorbereitete Unterlassungserklärungen. Andere Medien bekommen noch seltsamere Post. Um zu beweisen, daß in seiner *Stahlbautechnik Neckar* „ein Zustand vertrauensvoller Kooperation" herrsche, versendet Haag das „Ergebnis einer neutral durchgeführten Umfrage bei den Mitarbeitern". Darin erreicht der Scientologe Sympathiewerte wie in der ehemaligen DDR: 100 Prozent haben von ihrem Chef einen „hervorragenden Eindruck" und wieder 100 Prozent sind der Ansicht, in ihrem Betrieb könne „nichts verbessert werden". Angeheftet ist eine ominöse Ehrenerklärung für den Unternehmer. Autor Helmuth Blöbaum, der Scientology-Oberchef aus München, fühlt sich bemüßigt zu beeiden, daß Gerhard Haag „keinerlei Amt" in der „Kirche" bekleide und auch „kein Manager der Sekte" sei. Und dem Geschäftsführer von *Krupp Stahlbau Berlin* schreibt Haag: „Auch wenn ich mir bewußt bin, daß ich Ihnen viel zumute, möchte ich Sie herzlich darum bitten, zu mir zu stehen und die Verleumder nicht die Früchte ihres schändlichen Treibens ernten zu lassen." In einem Telefonat bekennt er sich allerdings sehr wohl als persönlichen „Anwender einer Technologie, die in der Praxis erfolgreich angewandt wird". Aber, wie lautet doch sein Motto: „Dienst ist Dienst, und Schnaps ist Schnaps."[28]

Treuhand-Manager bekommen kalte Füße

Im Juli 1992 verdichten sich die Anzeichen, daß Haag ein wohldurchdachtes Gesamtkonzept verfolgt. Es geht um Firmenverlagerung. Die *Be-Stahl Stahlbau GmbH* verfügt über zwei Grundstücke in den Ost-Berliner Bezirken Hohenschönhausen und Lichtenberg. Karl Köckenberger vermutet, daß der Scientologe die beiden Berliner Betriebe an einem Standort zusammenlegen wolle: „Das nicht benötigte Grundstück in Ostberlin kann er dann in ein paar Jahren zum vielfachen Preis verkaufen." Vermutlich plant Haag noch eine weitere Betriebsverlegung. 70 Prozent der Produktion aus Altbach gehen inzwischen nach Ostdeutschland. Gerüchte besagen, daß er sein Firmenhauptquartier vom Neckar an die Elbe verlagern wolle. In Altbach, so berichtet die *Eßlinger Zeitung* Anfang Juni, grassiere bei vielen Arbeitern schon „Angst um ihre Arbeitsplätze".[29]

Erstaunlich schnell aber zeigen die Proteste des Westberliner Betriebsrates Wirkung. Offenbar dringt die Gefahr, die von Scientologen in der Wirtschaft ausgeht, langsam in das öffentliche Bewußtsein. Die Medien nerven jedenfalls so lange, bis die Treuhand-Manager kalte Füße bekommen. Doch die Breuel-Behörde muß harte Fakten vorweisen können, um etwas gegen Haag zu unternehmen. Endlich findet sich ein Rettungsanker: die Ermittlungsverfahren gegen den Unternehmer. In einem Brief vom 3. August resümiert Treuhand-Vorstand von Unger: „Es kann dahingestellt bleiben, wie weit der Investor in der Scientology Church engagiert ist ... Für die Treuhandanstalt stehen vielmehr nach Vertragsabschluß bekanntgewordene Strafverfahren gegen den Käufer im Vordergrund."

Ende Juni trifft die Treuhandanstalt eine spektakuläre Entscheidung. Sie legt den Vertrag über Riesa kurzerhand auf Eis. Am 26. Juni teilt sie dem Sekten-Unternehmer mit, daß der Verkauf des sächsischen Stahlbauwerkes ab sofort „ungültig" sei. Der Kaufvertrag, der zum 1. Juli wirksam werden sollte, sei „suspendiert" worden. Auch den Verkauf von *Be-Stahl* läßt die Anstalt platzen, ein Vertrag mit Haag komme vorerst nicht mehr in Frage. Treuhand-Sprecher Wolf Schöde erklärt später, Haag gehöre zu jenen „schwarzen Schafen", die sich bei 8 000 Privatisierungen durch die Treuhand eben „auch unter die Investoren gemischt" hätten.[30] Im August folgt das endgültige Aus. Die Treuhandanstalt löst den Vertrag in Riesa offiziell auf.

Die Berliner Behörde geht damit das Risiko hoher Schadenersatzforderungen ein. Die „rückwirkende" Kündigung eines Verkaufsvertrages hat es in ihrer Privatisierungspraxis noch nicht gegeben. Insofern ist die Affäre Haag ein Präzedenzfall, der auch anderen windigen Investoren Probleme bereiten könnte. Karl Köckenberger und sein Betriebsrat dürfen sich auf die Schultern klopfen.

Auch bei *Krupp* wird nun intensiv geprüft. Eine Woche läßt sich der Konzern Zeit. Am 6. Juli 1992 gibt der Vorstandsvorsitzende Dr. Gerhard Cromme das Ergebnis der Denkpause bekannt. „Da das Konzept von Herrn Haag den Erwerb der *Be-Stahl Stahlbau GmbH* einbezog und in der Zwischenzeit auch durch die Presse eine Reihe von Vorwürfen erhoben worden sind, haben wir die Gespräche mit Herrn Haag und eine Entscheidung bis zur Klärung aller noch offenen Punkte zurückgestellt", schreibt er gewunden an den Berliner Wirtschaftssenator Meisner. Das ist zwar keine eindeutige Distanzierung, aber immerhin: Der Vormarsch von Gerhard Haag ist gestoppt.

Wenig später wird ein Beschluß der Treuhandanstalt bekannt, generell keine Betriebe mehr an Scientologen zu verkaufen. Karl Kökkenberger zieht ein vorsichtiges Resümee: „Wir haben einen Etappensieg errungen. Aber viele Leute nehmen die Gefahr nicht richtig ernst, weil sie sich nicht vorstellen können, was das für Praktiken sind, von denen man da hört. Wenn's ihre letzte Chance ist, werden die Leute lieber noch mit dem Teufel warm, nach dem Motto: Kündigen kann ich immer noch."

Geheimabsprachen für neue Projekte

Für Gerhard Haag hatten die geplatzten Geschäfte ein unerwartetes Nachspiel. Seine Mitgliedschaft bei Scientology brachte auch die *Stahlbautechnik Neckar* in Mißkredit. Kunden, Lieferanten und Banken gingen auf Distanz. Haag geriet finanziell so unter Druck, daß er seinen Stammbetrieb abstoßen mußte. „Es flossen keine Kredite mehr", sagt der neue Eigentümer.

Zum Glück hatte Haag einen weitherzigen Käufer gefunden, die *Greschbach Industrie GmbH und Co. KG* aus Herbolzheim im Breisgau. *Greschbach Industrie* ist die Holding einer Unternehmensgruppe mit 850 Mitarbeitern, die sich vor allem im Stahl- und Industriebau engagiert. Hauptgesellschafter Manfred Greschbach teilte der Presse mit, Haag habe sein Unternehmen verkauft, um dessen Fortbestand zu sichern. Sein Mit-Geschäftsführer Dieter Zein erklärte: „Wir haben keinerlei Verbindung zu Herrn Haag oder den Scientologen mehr."[31]

Zweifel daran weckte eine interne Gesprächsnotiz, die uns Anfang Oktober 1992 zugespielt wurde. Dieter Zein selbst hatte sie wenige Tage vor der offiziellen Übernahme unterschrieben. Laut Protokoll vom 29. September bestand zwischen Manfred Greschbach und Gerhard Haag „Übereinstimmung“, daß *Greschbach Industrie* nur 60 Prozent der Stahlbautechnik-Anteile erwirbt und 40 Prozent „treuhänderisch für Herrn Haag halten“ werde. Lediglich „nach außen hin“ solle „eindeutig die Trennung zur Person Haag vollzogen“ werden. Intern sollte Haag entsprechend der Geheimabsprache als Berater seiner früheren Firma jährlich 200 000 Mark Honorar kassieren und zusätzlich ein Darlehen über 2,5 Millionen Mark erhalten. Darüber hinaus wurde vereinbart, daß der Scientologe „das Projekt *Krupp* Berlin und *Be-Stahl Berlin* wie dargelegt weiterverfolgt“. Unzweideutig formulierten die Geschäftspartner, daß Haag für den Fall, daß Greschbach bei *Krupp Stahlbau Berlin* einsteige, „Geschäftsführer dieser Firma“ werden sollte.

Die Gesprächsnotiz enthüllt auch, wie richtig Karl Köckenberger und seine Betriebsratskollegen die Pläne Haags im Berliner Raum eingeschätzt hatten. In dem geheimen Protokoll heißt es, das entsprechende Konzept Haags erscheine „für Greschbach weiter interessant“ und „sollte im Auftrag der Firma *Greschbach* weiterverfolgt werden“. In klaren Worten wird das „Konzept“ rekapituliert. So sei auch Greschbach am Kauf der Firma *Be-Stahl* interessiert. „Ziel dieser Erwerbung sollte es sein, das wertvolle Grundstück zu verkaufen. Kaufinteressenten liegen vor.“ Über *Krupp Stahlbau* befanden die Strategen, die Firma solle „an einen Platz östlich von Berlin, der sich im Eigentum von Herrn Haag befindet, verlagert werden“. Und die Altbacher Arbeiter können schon mal die Koffer packen: „Es ist beabsichtigt, die Beschäftigung von STN (Stahlbautechnik Neckar, d.A.) nach Berlin zu verlagern.“

So kann Gerhard Haag wie ein Stehaufmännchen („Ein Thetan gibt nicht auf“) doch wieder an der „Expansion“ mitarbeiten. Dem neuen Arbeitgeber sind seine Qualitäten als „erfolgreicher Unternehmer“ offenbar wichtiger als irgendeine Moral – die es ja selbst in der Wirtschaft manchmal geben soll. Oder geht es gar nicht um Moral, sondern um „Ethik“? Bei der Treuhandanstalt jedenfalls hat Haags Strohmann Manfred Greschbach wegen eines Kaufs der *Be-Stahl Stahlbau GmbH* schon mal angeklopft, und auch als Kaufinteressent von Riesa stand er nach einem Bericht der Zeitschrift *Metall* im November 1992 „auf der Matte".[32]

Gerhard Haag plante indessen schon den Bau eines Wohngebietes in Diesbar-Seusslitz bei Riesa, für das künftige Führungspersonal. Die Zustimmung der Gemeindevertreter hatte die von ihm beauftragte Berliner Firma *Bau und Boden GmbH* im Herbst 1992 bereits erhalten.[33] Seinen Einstieg ins ostdeutsche Immobiliengeschäft leitete er nach Informationen des Wirtschaftsmagazins *Capital* schon im März 1992 in die Wege. Mit seinem Kumpan und Finanzberater Michael Klinger („Patron with honors"), Chef der Hamburger Scientology-Hausdruckerei *Theta Print*, wollte er offenbar mehrere hunderttausend Mark bei *Bau und Boden* investieren. Laut *Capital* wurden neben dem Risaer Wohnungsbau auch der Kauf eines Firmengeländes am Berliner Autobahnring verabredet; das historische Stadtschloß in Werneuchen bei Berlin wollten die Scientologen und ihre Partner zu einem 70-Zimmer-Hotel aufmotzen.

Undurchsichtige Geschäfte: Auch bei der namensgleichen *Bau und Boden GmbH* aus Rehberg in Mecklenburg-Vorpommern mischten Haag und Klinger mit. Wie in Berlin agiert eine Karla Kellermann dort als Geschäftsführerin. Die Firma soll inzwischen Ost-Immobilien im Wert von 7,4 Millionen Mark besitzen.[34] Zwar führte das Handelsregister in Neubrandenburg Haag und Klinger zunächst als Teilhaber der Rehberger Immobilien-Gesellschaft; zwei Monate später stiegen die beiden jedoch offiziell wieder aus. Dafür pumpte nun eine *Brandenburgische Bau und Boden AG* aus Wasserbillig/Luxemburg 500 000 Mark in das Unternehmen. Deren Geschäftsführer Heinz Mette hatte Gerhard Haag, so *Capital*, schriftlich zugesichert, „bei relevanten Investitionsprojekten und Bauvorhaben" mit ihm zu kooperieren.[35] Als wir in Luxemburg anfragen, erfahren wir: die Anteile halten zwei weitere Aktiengesellschaften. Merkwürdig: In ihren Verwaltungsräten sitzen die gleichen Personen wie bei der „Brandenburgischen" AG. Auch die Adressen der drei Gesellschaften sind identisch. Wer nun aber am Ende der verschachtelten Kette steht und die Aktien (gesamtes Stammkapital: 26,9 Millionen Luxemburger Franken) tatsächlich besitzt, läßt sich mit einem vertretbaren Rechercheaufwand nicht mehr ermitteln.

Als Gerhard Haag im März 1993 in Esslingen mal wieder vor Gericht steht, behauptet er, er sei arbeits- und mittellos. Und dem

Landgericht Stuttgart – das ihn schließlich wegen Nötigung seiner Haushälterin zu 10 000 Mark Strafe verurteilt – schickt er im Herbst des Jahres ein Fax; aus finanziellen Gründen könne er gerade nicht nach Stuttgart kommen.[36] Alles Lüge: Das Schreiben kommt aus dem Ausland, wo Haag mit einer neuen Firma bereits wieder an gewaltigen Projekten arbeitet. Die Spur führt in den Balkan, in einen Staat, der zu den ärmsten der Welt zählt und jahrzehntelang hermetisch abgeriegelt war – nach Albanien.

Alltag im Betrieb eines Scientologen

Hauptsache Arbeit?

„Scientologen sind lächelnde Terroristen, die auf ihren Einsatz warten." Renate Hartwig geht gleich in die Vollen. Die resolute Frau ist Vorsitzende von „Robin direkt", einem Verein, der sich um Scientology-Opfer kümmert. Sie überrollt die Zuhörer förmlich mit ihrer sehr direkten und routinierten Art. „Gerhard Haag hat den Arbeitern Brot versprochen, und ich schwöre Ihnen: Sie werden Steine kriegen", ruft sie dem Publikum zu.

Am 4. August 1992 hatten wir einen Anruf von Karl Köckenberger bekommen, dem rührigen Betriebsratsvorsitzenden aus Berlin. Er bat uns, am nächsten Tag mit ihm nach Riesa zu fahren. Das Diakonische Werk hatte dort eine Veranstaltung organisiert, um über Scientology aufzuklären. Dieser Informationsabend richtete sich vor allem an die Arbeiter der *Stahlbautechnik Elbe GmbH*.

Riesa ist eine der ostdeutschen Städte, die im wesentlichen von einem Großbetrieb abhängig waren. 8 000 Mitarbeiter gehörten zu DDR-Zeiten der Belegschaft des Stahlkombinats an. Übriggeblieben waren im Sommer 1992 ganze 226 Beschäftigte. Kein Wunder, daß nicht nur die Betriebsangehörigen das Gefühl hatten, ihrer Stadt werde der Boden unter den Füßen weggezogen. Die drohende Arbeitslosigkeit vor Augen, war es ihnen ziemlich egal, wer ihr Unternehmen weiterführte – Hauptsache, es wird nicht „abgewickelt". In einer anonymen Liste, die im Betrieb umlief, wurden sogar Unterschriften für eine Zusammenarbeit mit Haag gesammelt. Der Scientologe bemühte sich außerdem sehr geschickt, die Riesaer für sich einzunehmen. Er hatte sie in seine Stammfirma nach Altbach eingeladen und ihnen dort einen „Musterbetrieb" vorgeführt. Illegal beschäftigte Arbeiter aus Ostblockländern hatten die Riesaer Arbeiter nicht zu sehen bekommen, und von dubiosen Finanzmachenschaften hatten sie selbstredend auch nichts bemerkt. Jürgen Albrecht vom Betriebsrat: „Als das mit der Sekte hier publik wurde, sind wir nach Esslingen gefahren und haben die Firma unter diesem Aspekt mal angeschaut. Freilich, dort werden Überstunden en gros gemacht, aber ansonsten haben wir außer den Büchern über ‚Ethik' und ‚Diversion' keine Anzeichen von Scientology gesehen."

Als wir das ausgedehnte Firmengelände erreichten, fiel uns eine riesige Informationstafel ins Auge. „Riesa – Industriezentrum mit Zukunft", stand dort zu lesen. Hier sollte also das „neue Industrie- und Gewerbezentrum Riesa" entstehen. „Das über 770 000 Quadratmeter umfassende Gelände des ehemaligen *VEB Stahlkombinat Riesa* wurde im Rahmen eines Arbeitsbeschaffungsprojektes größtenteils abgebrochen und für Neuansiedlungen bereitgestellt. Dadurch werden neue Arbeitsplätze geschaffen für einen Weg in die sichere Zukunft." Zweckoptimismus oder realistische Zukunftsaussichten? Die noch vorhandenen Werksanlagen aus rotem Klinker machten jedenfalls einen heruntergekommenen Eindruck. Riesige, ungenutzte Parkplätze kündeten von ihrer einstigen Bedeutung. Ein Schild wies auf die Demontagearbeiten hin: „Hier wird mit einer Arbeitsbeschaffungsmaßnahme Industriegelände saniert" – 600 Arbeiter zerlegten ihre alten Werkshallen. Schuttberge überall, Schweißer, die mit ihren Brennern Schrott zerteilten, Schienen der Werksbahn, auf denen nun Gras wuchs. An einer Fabrikwand entdeckten wir noch eine Parole aus vergangenen Tagen: „Es lebe die Internationale Solidarität." Hier gab es nur Ruinen oder Hallen wie aus dem Industriemuseum.

Aus einer dieser Hallen drang Lärm; dort wurde an einer riesigen Filteranlage für ein Aluminiumwerk in Nigeria gearbeitet – ein Auftrag, den bereits Gerhard Haag für die *Stahlbautechnik Elbe* an Land gezogen hatte. Die Arbeiter fühlten sich im Grunde von allen betrogen. Der Schichtmeister sagte: „Wenn das Werk schließt, dann gibt es hier nichts mehr. Wir durchschauen die ganze Sache nicht. Mit der Sekte und so, davon wissen wir nichts." Und ein hünenhafter polnischer Schweißer, der seit zehn Jahren hier arbeitet, meinte: „Das ist doch alles Asche. Unter Honecker haben sie alles hier rausgezogen, und jetzt ist es auch wieder so. Der Haag hat zu uns gesagt: Er spielt hier Bingo, das ist wie eine Lotterie." Aber Gerhard Haag hatte nicht nur Klartext geredet, er hatte den Arbeitern auch Hoffnungen gemacht. Der polnische Kollege erinnerte sich: „Er sagte: Wenn ihr schneller schafft, seid ihr eures eigenen Glückes Schmied und bekommt mehr Geld. Und man will ja nicht ewig für zehn Mark schuften." Wer wollte ihnen verdenken, daß sie sich an jeden Strohhalm klammerten? Aber sie waren offensichtlich nur Nummern in dem Bingo-Spiel des smarten schwäbischen Scientologen.

100 Meter von der großen Werkshalle entfernt, in einem Gebäude mit der Aufschrift „Stahl- und Behälterbau", hatte sich Haag bereits ein Büro eingerichtet. Laut Wegweiser residierte in Zimmer 15 die „Projektleitung" der *Stahlbautechnik Neckar GmbH.* Angeblich hatte er schon Millionen in das Werk investiert, weitere Finanzspritzen sollten folgen. Es war klar, daß es Kritiker des Unternehmers nicht leicht hatten.

Die abendliche Veranstaltung war dennoch gut besucht. Etwa 60 Personen hatten den Weg in den vierten Stock des Gemeindehauses gefunden. Jeanette Schweitzer, die nach Renate Hartwig das Wort ergriff, hinterließ einen tiefen Eindruck. Denn es gibt wohl niemanden, der Gerhard Haag und seine Methoden so gut kennt wie sie. An diesem 5. August 1992 war von den wirtschaftlichen Schwierigkeiten des Scientologen übrigens noch keine Rede.

Die Zeugin, die aus der Kälte kam

Die Kronzeugin hat nun ein Gesicht. Noch Ende Juli 1992 hatte man sie sorgsam abgeschirmt. Sie war die Frau im Dunkeln, anonym und geheimnisvoll. Nur Staatsanwälte bekamen sie zu sprechen. Jetzt hat Jeanette Schweitzer (40) keine Angst mehr. Sie war Mitglied bei der Scientology Church. Ihr Weg in die Sekte ist symptomatisch, ihre Karriere dort erstaunlich, ihr Ausstieg bewundernswert. „Ich stehe immer noch unter ganz direkter Kontrolle", sagt sie, „durch ehemalige Freunde, die zwar nicht mehr mit mir reden dürfen, die mich aber beobachten und alles berichten. Wahnsinnige Dinge geschehen. Ich bin für vogelfrei erklärt worden." Jeanette Schweitzer gehörte aber auch zur Geschäftsführung des scientologisch geleiteten Betriebes *Stahlbautechnik Neckar GmbH.* Sie ist die erste Aussteigerin, die konkret und minutiös beschreiben kann, was passiert, wenn Scientologen einen Betrieb übernehmen.

Mutig gegen Scientology: Aussteigerin Jeanette Schweitzer.

Jeanette Schweitzer war Mitte 1989 in die Sekte eingetreten. „Mir ging es damals nicht sehr gut, ich war ein halbes Jahr geschieden. Eine Freundin hatte mich dazu überredet, mit ihr in die Frankfurter Scientology-Organisation zu gehen. Damals wußte ich nicht, wo ich hineingeraten war. Ich wußte nichts von Scientology, nichts von Dianetik. Ich habe eigentlich erst etwa sechs Monate später erfahren, was Scientology überhaupt ist. Aber mir wurde Erfolg prophezeit, die bauten mich auf, und ich fühlte mich sehr gut dabei. Ich trennte mich von meinen alten Freunden und war eigentlich ziemlich schnell und tief verwurzelt in Scientology. Ich denke, daß Leute in Scientology eintreten, weil es ihnen nicht gut geht."

Jeanette Schweitzer, Verwaltungsleiterin in einem westdeutschen Betrieb, hatte Erfolg in ihrem Leben; genau da knüpften die Scientologen an. Die hochgewachsene, elegante Frau macht den Eindruck, daß sie genau weiß, was sie will. Sie kann mit Menschen umgehen und sehr bestimmt nein sagen. „Ich bin kein Opfer, ich schaue nach vorn", sagt sie. Sie hat eine zwingende Ausstrahlung, selbst wenn sie heute psychisch angeschlagen ist. Sie ist jemand, mit dem man Pferde stehlen könnte, wenn sie Pferde stehlen würde. Die in Menschenführung geschulten Sekten-Strategen erkannten jedenfalls sehr schnell, was für einen wertvollen Fisch sie da an der Angel hatten. Das war der Grund, warum man sie gar nicht erst lange mit Anfängerkursen und Auditing traktierte. „Ich fing als ganz normaler kleiner Scientologe an und war innerhalb von fünf Monaten ein sogenannter Clear. Heute sehe ich das positiv, denn dadurch habe ich wenig Auditing erhalten. Der Status ‚Clear' ist auch für die Leute, die drin sind, sehr erfolgreich. Und das ist der Trick bei Scientology: Du wirst zunächst wie ein König hofiert und so lange in den siebten Himmel gehoben, bis du dann gezahlt hast, und zwar kräftig."

Jeanette Schweitzer hatte bereits kräftig für „Kurse" und Auditing gezahlt, als die Sekte begann, sie gezielt für ihre Zwecke zu benutzen. „Ich hatte im Auditing über illegale Praktiken in meinem Unternehmen berichtet. Obwohl ich dort einen sehr guten, sicheren Job hatte, riet man mir, aus dem Betrieb auszuscheiden, damit meine Ethik in Ordnung käme, wie die Scientologen das nennen." Tatsächlich waren aber nicht ihre moralische Integrität, sondern ihre Loyalität, Arbeitskraft und ihr fachliches Können gefragt.

Scientology brachte sie mit Gerhard Haag zusammen. Der dynamische 1,90-Mann und Rolex-Träger imponierte ihr. Noch heute wird ihre Stimme weicher, wenn sie über ihn spricht: „Wir haben uns am Anfang sehr gut verstanden. Ich war ja auch auf dem Erfolgstrip.“ Wenn sie ihn charakterisiert, greift sie zu Superlativen: „Haag ist ein wahnsinnig nach Erfolg suchender Mann. Machtbesessen, mit viel Durchschlagskraft. Ich weiß, daß er Macht will, daß er viele Firmen aufkaufen will.“

Ein „Musterbetrieb“

Der schwäbische Selfmademan hatte den Altbacher Stahlbetrieb 1989 günstig erworben. Die Firma steckte tief in den roten Zahlen, die Mitarbeiter waren nicht mehr motiviert, die Stimmung auf dem Nullpunkt. Jeanette Schweitzer: „Es hieß damals, Ende 1989, in Stuttgart gibt es einen Unternehmer, der sucht gute Scientologen, die ein Unternehmen mit ihm wieder hochbringen. Ich traf mich dann auch mit Herrn Haag, und er hat mich von der Stelle weg engagiert, als kaufmännische Leiterin.“

Am 1. Januar 1990 übernahm Gerhard Haag den ehemaligen *Krupp*-Betrieb. „Wir mußten von der Firma *Krupp* 98 Leute übernehmen. Von diesen Leuten gingen dann innerhalb von 10 Monaten ca. 22 Leute. Innerhalb von zehn Monaten wurden 54 neue Leute eingestellt, und davon gingen auch noch mal 26 Leute. Das war eine Personalfluktuation von ca. 40 Prozent. Aber nicht nur unsere Personalabteilung stand kopf, sondern auch unsere Finanzbuchhaltung. Fünf Buchhalter folgten aufeinander. Herr Haag versetzte Personal grad so, wie es ihm beliebte.“

Was bei der *Stahlbautechnik Neckar* ablief, folgte exakt den Richtlinien der Scientology. Chaos schaffen, Druck machen, alle, die das nicht durchstehen, „freiwillig“ gehen lassen. Dann die eigenen Leute einschleusen – hier 15 Scientologen –, um die noch verbliebenen Mitarbeiter auf Kurs zu bringen.

„Ich habe täglich 14 bis 16 Stunden gearbeitet, wie alle andern auch. Und warum? Ganz einfach, man bezahlt acht Stunden über das normale Gehalt, und die restlichen sechs Stunden kriegen Sie dann schwarz. Bis zu 3 000 Mark im Monat nebenbei sind 'ne schöne Summe. Sozialabgaben wurden dafür nicht gezahlt. Die Mitarbeiter wurden aber erpreßbar. Diese Leute stellen sich heute ganz gerade zu Herrn Haag. Sie schreiben sogar wunderschöne Briefe an Zeitschriften, in welch einer tollen Firma sie arbeiten und wie toll ihr Chef ist. Sie können gar nicht anders, denn die meisten von ihnen haben sich strafbar gemacht. Diese Schwarzgeldzahlungen gingen einfach aus der Buchhaltung raus, Gegenbuchungen gab es nicht. Die Lösung war dann, daß Herr Haag ab August 1990 über einen Subunternehmer fingierte Werkverträge erstellte und diese auch dahingehend abrechnete. Damit flossen die Schwarzgelder auf mehr oder weniger ‚legale' Art aus dem Betrieb."

Und welch ein Zufall: Genau in der Zeit, als die Firma illegale Zahlungen en gros tätigte, stürzte die EDV in der Finanzbuchhaltung ab, dreimal hintereinander. „Dabei gingen so 20, 30 Prozent aller Daten verloren! Finanzbuchhaltungsdaten. Und die nachzubuchen ist ja fast unmöglich." Zur Sicherheit wurde gleichzeitig der Wirtschaftsprüfer entlassen. Aber die Leute im Betrieb kriegten es mit der Angst zu tun. Nicht nur, daß viele dem Streß, der Ungewißheit und den Überstunden nicht mehr gewachsen waren – von den Scientologen in der Geschäftsführung ging etwas Unheimliches aus. Jeanette Schweitzer beschreibt die Situation: „Die Leute hielten dieses Tempo nicht durch. Ich hatte an einem Tag mal acht Kündigungen, dann mal vier Kündigungen auf dem Tisch liegen. Die Leute hatten offensichtlich Angst – vor dieser Macht. Das ist eigentlich eine unbeschreibliche Macht, die die Scientologen haben – dieses Charisma, was sie lernen und bewußt anwenden, um Leute zu beeinflussen und unter Druck zu setzen. Am Anfang war ich richtig stolz darauf, als Scientologe so gut zu sein, daß alle anderen vor mir Angst hatten. In dem Betrieb herrscht auch heute noch Angst, mehr als früher."

Damit das auch so blieb, wurden den betrieblichen Scientologen nach kurzer Zeit externe Kontrolleure zur Seite gestellt. Diese Aufgabe übernahm Reinhold Stricker mit seiner Unternehmensberatung *CCI Dreieich*. Für einen fünfstelligen Betrag versprach das in Deutschland wohl ranghöchste WISE-Mitglied im Mai 1990, die sogenannte Management-Technologie der Scientology in das Unternehmen einzuführen. Zuerst das „Org-Board", eine Organisationstafel, wie sie im Ethik-Buch der Scientology steht. Jeanette Schweitzer: „Und genauso wurde das für die Firma *Stahlbautechnik Neckar* auch aufgebaut. Ich wurde dann von Herrn Stricker als Ethik-Offizier in dem Unternehmen benannt. Das heißt, ich mußte Ethik-Akten, spezielle Personalakten, anlegen; damals nur über die anwesenden Scientologen, die von außerhalb reingeholt wurden. Man muß da alles aufschreiben, was einem an andern Personen nicht gefällt oder auffällt, komplett alles – auch wenn eine Person mal während der Dienstzeit auf's Klo geht, wenn sie nicht sollte. Wenn entdeckt wird, daß jemand ein Verhältnis hat, wird das natürlich sofort aufgeschrieben und geht dann an die entsprechenden Scientology-Organisationen in Stuttgart, Frankfurt oder in England."

Das scientologische Regiment wurde Schritt für Schritt aufgebaut. „Der dritte Schritt, den Herr Stricker dann einführte, waren die Statistiken", erläutert die ehemalige Scientologin. „Bei Scientology ist eines wichtig: die Produktion. Sie müssen einfach nur produzieren, d.h. schuften von morgens bis abends." Bald gingen führende Scientologen im Betrieb ein und aus. Wie Haag, so hatte auch Jeanette Schweitzer die grünen Bücher mit den Verwaltungsrichtlinien der Sekte auf ihrem Tisch stehen, „in die dann bei jedem Fall auch reingeguckt worden ist. Außerdem hatte Herr Haag auf seinem Schreibtisch ein ganz großes Schild mit der Aufschrift: ‚Patron meritorius'." Mitte 1990 war die *Stahlbautechnik Neckar GmbH* schon fast ein scientologischer Musterbetrieb. Während alles im Sinne der Sekten-Strategen lief, plagten Jeanette Schweitzer heftige Zweifel. Sie, die zwar erfolgsversessen, aber ehrlich ist – ihre Lieblingswörter heißen Moral, Vernunft, Ordentlichkeit – verstand nicht, wieso ihren – sekteninternen – Protesten gegen die illegalen Praktiken im Betrieb nicht nachgegangen wurde. Wieso „Ethik" nicht Ethik war.

Strafe für die Abtrünnige

„Erste Zweifel bekam ich, als ich anfing, richtig scientologisch zu handeln, nämlich Wissensberichte über diese Illegalitäten im Betrieb zu schreiben, und als ich dafür nach und nach immer mehr bestraft wurde", berichtet die Aussteigerin. „Ich war verwirrt. Ich wußte nicht mehr, was ethisch, was moralisch ist." Die Welt schien kopf zu stehen. Jeanette Schweitzer grübelte und grübelte, suchte den Fehler bei sich selbst. Es ging ihr schlecht. Und niemand half, im Gegenteil. „Ich war ständig in Konflikt mit Herrn Haag, und ich habe gesagt, das geht nicht mehr so weiter, ich mache das nicht mehr mit. Ich hatte keine Gegenbuchungen, die Werkverträge stimmten nicht, und mit den Schwarzgeldzahlungen war ich absolut nicht einverstanden. Ich bin dann zunächst die Rechtswege gegangen, die einem Scientologen vorgeschrieben sind. Ich mußte also erst mal zu dem Unternehmensberater von WISE, Herrn Stricker, gehen und über die Illegalitäten und den Konflikt mit Herrn Haag berichten. Ausgerechnet dieser Herr Stricker hatte aber gerade mit Herrn Haag zusammen die fingierten Werkverträge ausgeschrieben."

Da sie nicht auf Linie war und auch nicht auf Linie zu bekommen war, wurde Jeanette Schweitzer nun durch die Mühlen der absurden Scientology-Justiz gedreht, einer Justiz, die nur aufgrund der extremen Abhängigkeit der Sektenmitglieder funktioniert. Per Telegramm wurde sie nach Großbritannien beordert. „Ich wurde dann nach England geschickt, nach *Saint Hill.* Denn keine hier ansässige Organisation konnte mich mehr ‚handhaben.' Ich mußte dort immense Gelder für Kurse einzahlen. Die geringsten Rechnungen sind 9 000 Mark, 8 500 Mark, dann 12 600 Mark, 16 500 Mark, 27 000 Mark usw. Wenn ich das Geld für die Kurse nicht aufbringen konnte, hat's der Chef mit sogenannten Arbeitnehmerdarlehen bezahlt, die man dann mit Überstunden abbauen konnte. Ich habe in den anderthalb Jahren, in denen ich dazugehörte, 120 000 Mark an Scientology gezahlt."

Saint Hill Manor wirkt in der Schilderung von Jeanette Schweitzer wie ein Realität gewordener Orwellscher Alptraum. Das alte Herrenhaus südlich von London ist sowohl Ausbildungsstätte wie Straflager. Eigene Scientology-Polizisten mit Sprechfunkgeräten patrouillieren auf dem Gelände und kontrollieren jede verdächtige Bewegung. In Ungnade gefallene Scientologen müssen Strafarbeiten verrichten; verschiedenartige Fähnchen bezeichnen den Grad ihrer Verfehlungen. In *Saint Hill* herrscht ein strenges Regiment, eine Mischung aus viktorianischer Zucht und High-Tech-Überwachung. „Die Atmosphäre", so Jeanette Schweitzer, „ist Kontrolle, absolute Kontrolle. Einfach nur lernen, studieren, sonst nichts. Keine Freude, kein Feiern, keine Feste, kein Weihnachten, kein Silvester, kein Ostern, kein Geburtstag, kein Sonntag, nichts. Nur studieren von morgens um zehn bis nachts um zwölf. Und dafür auch noch bezahlen. Unter 7 000 Mark kriegen Sie da kein Auditing, keinen Kurs."

Mehr als zwanzigmal mußte Frau Schweitzer zur „Handhabung" nach *Saint Hill*, alle 14 Tage: Arbeit, extremer psychischer Streß, Reizentzug. Ihre Aufenthalte in England nennt sie heute „eine Wahnsinnskatastrophe. Wenn ich daran zurückdenke, denke ich, ich bin jedes Wochenende ins Kittchen gereist und dann wieder ins Kittchen zurückgekommen." Sie wurde zu Strafzahlungen und Strafarbeiten verdonnert, mußte hundertmal den gleichen Brief schreiben, „in einem Kabäuschen auf zwei mal zwei Meter. In solchen Ethik-Zellen sitzen auch andere Unternehmer und müssen ihre Strafarbeiten machen. Heute könnte ich mich darüber totlachen."

Aber bei Jeanette Schweitzer funktionierte die Konditionierung nicht. Sie wollte nicht begreifen, daß Gerhard Haags illegale Praktiken zum System Scientology gehören – Erfolg um jeden Preis. Noch war Scientology für sie gut und „ethisch": „Ich wurde in England auch für die Illegalitäten im Betrieb verantwortlich gemacht. Nicht der Haag wurde bestraft, sondern ich! Und damit war ich nicht einverstanden." Daraufhin folgte die Spezialbehandlung für Widerspenstige. „Ich mußte sogenannte Strafauditings machen. Wenn Sie das durchlaufen haben, steht alles von Ihnen da, komplett alles. Sie sind ausgeliefert und erpreßbar. In diesem Auditing wurde unter anderem gefragt: Hast du je die Unterschrift eines anderen gefälscht? Hast du jemanden erpreßt? Bist du je im Gefängnis gewesen? Hast du je etwas mit Pornographie zu tun gehabt? Warst du drogensüchtig? Bist du vorbestraft, hast du Abtreibungen gemacht? Ehebruch? Homosexualität? Geschlechtsverkehr mit Tieren? Sexuelle Perversionen? Hast du je mit einem Mitglied einer andersfarbigen Rasse geschlafen? Aufs peinlichste, aufs genaueste muß man das alles sagen. Man kommt nicht eher aus diesem Strafauditing, das mit dem E-Meter gemacht wird, heraus, bis man wirklich alles aus sich rausgekehrt hat. Ich war nach 12 Stunden total fertig. Ich war kein Mensch mehr, ich war wie innerlich hohl, und da lief grade noch so was rum, das aussah wie Jeanette Schweitzer. Aber: Ich kam zurück in das Unternehmen, und ich war immer noch nicht auf Haags Linie."

Schließlich versuchten Haag und Stricker, sie ein letztes Mal mit Gewalt nach England zu verfrachten, doch vergeblich. Dramatische Szenen: „Es ging irgendwann nicht mehr. Am 19. Dezember 1990 wurde ich von Herrn Haag und Herrn Stricker zusammen suspendiert. Man wollte mich noch einmal zwingen, ins Flugzeug zu steigen, man wollte mich zum Flughafen fahren und nach England schicken, um mich zu handhaben." Aber Jeanette Schweitzer wehrte sich. „Dann hat mir Herr Haag alle Schlüssel abgenommen. Er hat mein Auto weggefahren, mit meinen ganzen privaten Sachen. Ich stand da, bekam kein Geld mehr und erhielt meine Arbeitspapiere nicht, ich erhielt gar nichts. Ich war fertig, am Ende, tot."

Es folgte ein Jahr voller Drohungen und Psychoterror. Im Januar 1991 wurde Jeanette Schweitzer von Daniele Lattanzi, dem „Kommandierenden Offizier WISE Europa" per „Ethik-Order" zu einer Vermittlungsanhörung bestellt. Ihre „Situation" sollte „entsprechend Ethik und Justizpolitik der Scientology schnell und ohne Vorbehalt gehandhabt werden". Weiter hieß es: „Die Vermittlung wird am Samstag, dem 10. Februar 1991, um 10.00 im Hauptquartier des *CCI-Instituts* von Reinhold Stricker, dem Vorsitzenden des WISE Charter Komitees gehalten werden." Bei Nichterscheinen könne sie „einer direkten Bestrafung per Befehl oder vom Komitee für Beweise ausgesetzt werden". Nachdem sie den Termin nicht wahrgenommen hatte, wies ihr der WISE-Chef Stricker den „Zustand des Zweifels" zu und kündigte in einem Brief drohend an: „Der Vermittler hat in Kopenhagen ein Ethik-Gericht für Jeanette Schweitzer beantragt." Stricker warf ihr „unterdrückerische Aktionen" vor und schrieb: „Du brauchst nicht mit Anwälten zu arbeiten, da jeder Scientologe den Schutz des Scientology-Rechtssystems genießt." Auch andere Sektengenossen fühlten sich bemüßigt, sie einzuschüchtern oder zu warnen. Der Scientologe Götz Brase meldete sich aus Hamburg im November 1991 und versuchte, sie zur Rücknahme einer Klage zu bewegen, die sie vor dem Arbeitsgericht gegen Gerhard Haag angestrengt hatte: „Läuft die Klage weiter, mußt du mit dem Ausschluß aus der Scientology Kirche rechnen." Jeanette Schweitzer wurde systematisch an einen Punkt getrieben, an dem sie fast zusammenbrach. Sie berichtet: „Man hat mich psychisch so fertiggemacht, daß ich nicht mehr wußte, woran ich war und wer ich war. Ich konnte eigentlich nicht mehr. Aber ich konnte mich von diesem System nicht lösen, zumal ständig noch sogenannte Scientologenfreunde reinkamen, die mich beeinflußten und mir immer wieder sagten, ich müßte Ethik-Maßnahmen machen, wie die Scientologen das nennen." Schließlich verfolgten sie sogar Selbstmordgedanken. „Aber meine zwei Kinder riefen mich halt immer wieder zur Verantwortung."

Wer aussteigt, gilt als vogelfrei

Jeanette Schweitzer hatte Glück. Ihre Familie hielt zu ihr. Ihre Eltern und ihr Bruder halfen ihr dabei, Abstand von Scientology und den Scientologen zu gewinnen. Der Ausstieg war ein mühsamer Prozeß, da sie „Freunde" nur noch unter Scientologen hatte und ihr ganzes Leben und Denken auf die Sekte ausgerichtet war. Als sie nach gut einem Jahr wieder einigermaßen auf ihren Beinen stand, wurde die ehemalige Scientologin nicht nur mit Rufmordkampagnen überzogen, sondern bekam im Januar 1992 auch prompt den gefürchteten „Suppressive Person Declare" zugeschickt, der sie zur „unterdrükkerischen Person" erklärte. Es ist das letzte, düstere Mittel der Scientology-Justiz. Die Ex-Scientologin weiß: „In diesem Schreiben bin ich für vogelfrei erklärt worden – für die Scientologen. Das bedeutet, daß das Überleben gefährdet ist." Man warf ihr unter anderem vor, mit einem Rechtsanwalt gegen andere Scientologen vorgegangen zu sein. „Als Scientologe bin ich aber verpflichtet, die Scientology-Justiz einzuhalten, das heißt, ich darf nicht zur Polizei, ich darf keinen Rechtsanwalt nehmen, ich darf überhaupt nichts tun. Das steht im Ethik-Buch genau drin."

Was es für Scientologen bedeutet, vogelfrei zu sein, hatte Sektengründer L. Ron Hubbard einst recht unverblümt zum Ausdruck gebracht: „Eine Person, die in den Ethik-Zustand des Feindes zurückgestuft worden ist, gilt als vogelfrei. Man darf ihr Eigentum abnehmen, sie in jeder Weise verletzen, ohne daß man von einem Scientologen bestraft wird. Man darf ihr Streiche spielen, sie verklagen, sie belügen oder vernichten."[1]

Das ließ das Faß überlaufen. Im Frühjahr entschloß sich Jeanette Schweitzer, „gegen Scientology zu kämpfen. Im Mai habe ich offiziell meinen Austritt nach Amerika erklärt und habe auch etliche Scientologen darüber informiert, daß ich gegen Scientology kämpfe, und was passiert? Punkte, wie Hubbard sie beschrieben hat, Kritikerbekämpfung, Rufmord, wo's nur geht. Angeblich bin ich mittlerweile eine der größten Bilanzbetrügerinnen und habe fünfstellige Summen unterschlagen. Herr Haag verbreitet zweiseitige Pressemitteilungen über mich. Wahnsinnige Dinge geschehen: Alte Arbeitgeber werden angerufen. Obwohl ich gute Zeugnisse von ihnen habe, werden sie soweit gebracht, daß sie irgend etwas angeben, was dann nicht so in Ordnung war. Potentielle neue Arbeitgeber werden sofort angegangen. Man erzählt ihnen wahre Gruselstories."

Dennoch unterhält sich Jeanette Schweitzer seitdem mit dem Landeskriminalamt, der Staatsanwaltschaft und der Treuhandanstalt. „Ich genieße Schutz aus den höchsten Stellen", sagt sie. Auch auf der Veranstaltung in Riesa redete sie Klartext. „Hier geht es um einen Herrn Haag. Aber Herr Haag ist nur eine Marionette von Scientology. Jeder Scientology-Unternehmer wird einfach so handeln müssen, weil es einen Kodex der Scientologen gibt, der besagt, daß jeder Scientologe Scientology anwenden und verbreiten muß, unter Freunden, in der Familie, unter Kollegen, überall. Und kein Scientologe kann sich dagegen wehren, es sei denn, er scheidet aus. Wenn Herr Haag sagt, das sei seine Privatsache, so ist das einfach falsch. Wenn es seine Privatsache ist und wenn er mittlerweile dadurch, daß er Scientologe ist, massiv geschädigt ist, dann sage ich mir doch als Unternehmer: Ich scheide aus, ich entsage diesem System. Denn ich garantiere Ihnen: Sie können auch ohne Scientology erfolgreich sein."

Späte Genugtuung: Ihre Aussagen vermasselten Gerhard Haags Millionengeschäfte. Sie trugen entscheidend dazu bei, daß die Treuhandanstalt den Riesaer Kaufvertrag suspendierte. Mit ihrer Hilfe gelang es auch der Steuerfahndung des Stuttgarter Finanzamtes, Haags System der illegalen Schwarzgeldzahlungen aufzudecken. Die Gewerkschaftszeitschrift *Metall* berichtete im Oktober 1993, wie die Schwarzgelder ihre Empfänger erreichten: „Zuständig für die Auszahlung des unverbuchten Lohns war der freie Mitarbeiter Kurt Schaal. Um den Hintergrund der Geldbewegungen zu verschleiern, so die Steuerfahnder, gingen Haag und Schaal Werkverträge ein. Insgesamt zahlte Haag rund 170 000 Mark an Schaal, der das Geld dann an die Schwarzarbeiter weiterreichte. Ihnen drohen jetzt empfindliche Steuernachzahlungen."[2] Ende Juli 1992 hatte Jeanette Schweitzer schließlich auch ihren Arbeitsgerichtsprozeß gegen Gerhard Haag gewonnen, der ihr verbieten wollte, sich über die Vorkommnisse im Betrieb öffentlich zu äußern. Seitdem redet sie, um aufzuklären. Scientology, das ist für sie das Böse schlechthin. Wenn sie „Schmutz" sagt und Scientology meint, spürt man ihren Ekel fast körperlich. Man sieht ihr an, was sie durchgemacht hat. Manchmal zittert ihre Stimme vor Wut. Aber sie ist entkommen. Andere haben weniger Glück. „Wer viel Auditing genossen hat, ist verloren", sagt sie wissend und bedauernd. Jetzt ist sie nicht mehr allein. Sie hat Mut, und sie kämpft.

Nötigung, Erpressung, Körperverletzung ...

Jeanette Schweitzer war vor ihrem Ausstieg selbst an den Verhandlungen mit der Treuhandanstalt über den Stahlbaubetrieb in Riesa beteiligt; sie kannte die Hintergründe und die Verhältnisse vor Ort. In Riesa hatte sie Zuhörer, die zwar schwer beeindruckt waren und ihre Erfahrungen nicht bezweifelten, sie aber mit einer gewissen Skepsis aufnahmen. Denn Gerhard Haag war der einzige Bewerber für ihren Betrieb, und eine Alternative war nicht in Sicht. In der anschließenden Diskussion kritisierte Gerd Viehweger, der Betriebsratsvorsitzende aus Riesa, die Treuhandanstalt. Sie habe den Vertrag mit Haag liquidiert, „ohne uns neue Möglichkeiten aufzuzeigen. Aber ich kann nicht zulassen, daß der Stahlstandort Riesa in die Binsen geht. Es ist ein Vertrag da, und wer den Vertrag kaputtmacht, muß dafür sorgen, daß es einen neuen gibt." Immerhin konnte ein IG-Metall-Sprecher aus Meißen den Zuhörern mitteilen, daß die Treuhandanstalt die vorhandenen Arbeitsplätze für ein Jahr absichern werde: „Die IG Metall lehnt Scientology ab. Aber wir haben gesagt: Treuhand, schaffe Ersatzarbeitsplätze."

Für Jeanette Schweitzer war die Veranstaltung in Riesa einer ihrer ersten Versuche, die Öffentlichkeit zu informieren. Mittlerweile hat sie zahlreiche Auftritte in Talk-Shows und anderen Veranstaltungen gehabt; die Medien berichteten häufig über sie. Deshalb wurde sie weiter bedroht, so massiv, daß sie Ende 1992 vom saarländischen Landeskriminalamt sogar Polizeischutz bekam.

Vor allem nachts meldeten sich Anrufer, die ins Telefon schrien oder schnaubten. „Da brüllt plötzlich einer wie ein Tiger und schreit ganz laut meinen Namen und ‚Dein Überleben ist gefährdet' und so in der Art, also sehr angsterregend", berichtete sie in einer Fernsehsendung.

Aber Jeanette Schweitzer hat nicht nur die Strafverfolgungsbehörden eingeschaltet und sich mit dem Verfassungsschutz unterhalten. Sie hat ihre gesammelten Unterlagen auch einem Saarbrücker Rechtsanwalt übergeben, der jetzt einen Musterprozeß gegen Scientology führen will. Anwalt Reinhard Thönes sieht eine ganze Reihe von Tatbeständen erfüllt: „Das ist Nötigung, Erpressung, Körperverletzung und Bildung einer kriminellen Vereinigung. Diese Straftatbestände kommen für mich in Frage."

Das mutige Auftreten von Jeanette Schweitzer brachte den Scientology-Konzern in Beweisnot; es trug außerdem wesentlich zur Empfehlung der deutschen Innenminister bei, die Sekte vom Verfassungsschutz beobachten zu lassen. Doch die scientologischen Kämpfer für eine „optimale Welt" an den Brennpunkten der Wirtschaft und der Gesellschaft sind auch durch eine ausgesprochen schlechte Presse schwerlich zu beeindrucken. Das Programm läuft; Scientology marschiert. In dem Strategiepapier Nr. 28 der Scientology-Kirche Hamburg von 1991 wird zur weiteren „Expansion" aufgerufen: „Die Zeiten müssen sich ändern. Wir konnten nicht wirksam daran gehindert werden, unser Wissen zu erarbeiten – und das war die eigentlich harte Strecke unseres Weges. So können wir heute noch weniger daran gehindert werden, unser Wissen anzuwenden. Die Zeiten müssen sich ändern. Und wir, die Scientologen, sind diejenigen, die sie verändern." Zumindest versuchen sie es – zum Beispiel in der Kreisstadt Senftenberg, im brandenburgischen Braunkohlerevier.

Brückenschlag nach Osteuropa

Tschernobyl-Kinder in Senftenberg

Am 10. September 1992 erschien in einer Cottbusser Regionalzeitung ein halbseitiger Artikel, der für viel Aufregung sorgen sollte. Unter der Überschrift „Schwarzes Schaf auf der Insel der Kinder-Hoffnung" fragte die *Lausitzer Rundschau*: „Werden in Senftenberg Tschernobyl-Kinder von Scientologen mißbraucht?" Der Berliner Journalist Burkhard Schröder war auf eine heiße Spur geraten. In einem Feriencamp für „Tschernobyl-Kinder" am Senftenberger See hatte er eine der schillerndsten Figuren der deutschen Scientology-Szene entdeckt. In seinem Artikel heißt es: „Leider hat sich (im Ferienlager) ein Mißklang eingeschlichen. Mit von der Partie ist auch … Peter-Uwe Krumholz, der ehemalige ‚Präsident' der sekteneigenen Pseudo-‚Drogentherapie',Narconon'." Am Schluß steht die Frage: „Doch was wollte der Scientologe in Senftenberg?"

Nicht ganz zufällig waren auch wir an diesem 10. September in Senftenberg. Wenige Tage zuvor hatten wir einen Hinweis auf das Ferienlager in der Lausitz bekommen. Ein erster Rundruf unter renommierten Initiativen wie der „Kinder aus Tschernobyl" hatte ergeben: Das Senftenberger Projekt „Island of Children's Hope" (Insel der Kinder-Hoffnung) war dort weithin unbekannt. Der hochtrabende Name ließ uns aufhorchen. Er paßte zu Peter-Uwe Krumholz und dessen Hang zu großen Gesten. Hatte er nicht auch auf Usedom eine Arbeitsbeschaffungsmaßnahme zum „Pilotprojekt Dargen-Usedom" stilisiert?

Der Bürgerrechtler Sebastian Pflugbeil, bei einer Berliner Hilfsorganisation engagiert, gab uns zwei wichtige Hinweise. „Tschernobyl-Kinder öffnen viele Türen", erklärte er am Telefon und fügte hinzu: „Deshalb wird immer wieder Mißbrauch mit ihnen getrieben. Nirgends kann man so schnell so viele Spendengelder einsammeln wie für Tschernobyl-Kinder.“ Lag darin möglicherweise ein Schlüssel für das Lausitzer Engagement des Berliner Scientologen?

In der Stadtverwaltung Senftenberg am historischen Marktplatz herrschte an diesem Morgen Aufregung. Ute Keller, die freundliche Pressereferentin der Stadt, kochte einen Kaffee, besah sich unser Informationsmaterial über Scientology und trommelte weitere Gesprächspartner zusammen: den Bürgermeister Klaus-Jürgen Graßhoff und den Initiator des Ferienlagers, Hans-Peter Stahl. Der Bürgermeister, ein hochgewachsener, jovialer Mittvierziger und CDU-Mitglied, schien nur um eines besorgt: daß seine Stadt und das Ferienlager nicht ungebührlich ins Gerede kämen.

Das Ferienlager hatte Image und Selbstbewußtsein der Stadt sehr gehoben. Die brandenburgische Sozialministerin Regine Hildebrandt war zu einer Stippvisite erschienen, das Fernsehen hatte Notiz genommen, und auch den Bundeskanzler hatte man eingeladen. Bürgermeister Graßhoff weilte persönlich fast jeden Abend im Zeltlager, „um ganz einfach die Verbundenheit zwischen Stadtverwaltung, Bevölkerung und den 99 Kindern zu demonstrieren“. Er beteuerte: „Herr Krumholz hat hier mit dem Lager gar nichts zu tun. Er macht hier nur für Herrn Stahl organisatorische Fragen, die in Berlin anfallen“; und er fügte hinzu: „Weder eine müde Mark noch irgendwas ist geflossen. Wir hatten auch nie den Eindruck, daß dort der Einfluß einer Sekte geltend gemacht werden sollte.“ Über die Rolle des Peter-Uwe Krumholz schien er demnach wenig zu wissen.

Während der Bürgermeister keine schlafenden Hunde wecken wollte, führte sich Hans-Peter Stahl als jemand ein, den man von hinten bis vorn betrogen hatte: „Die Presse sichert, daß der Rechtsstaat funktioniert. Sie muß solche Dinge aufdecken“, sagte er aufgebracht. Hans-Peter Stahl stellte sich als Senftenberger Filialleiter der Münchener High-Tech-Firma *kabeltechnik-dietz GmbH* vor. Der stämmige, dreißigjährige Hesse mit dem offenen Hemd und dem Goldkettchen am Arm riß sofort die Gesprächsführung an sich. Er machte uns klar, daß er – als Vertreter einer der wenigen Investoren aus dem Westen – in Senftenberg eine Persönlichkeit war. Wie viele Westler trat er einen Tick zu großspurig auf.

Hans-Peter Stahl erklärte, wie er auf die Idee verfallen war, kranke Kinder aus der GUS nach Deutschland einzuladen – als Fortsetzung einer Aktion der evangelischen Kirche vom Jahresbeginn, „aber anders, größer, mit privaten Sponsoren". Er wirkte ehrlich besorgt um den Ruf seines Projektes, zumal er plante, eine eigene Stiftung zu gründen, die ein festes Kinderdorf in Senftenberg errichten sollte, „und das lasse ich mir nicht von einem Peter-Uwe Krumholz kaputtmachen".

Krumholz habe er im April in dem Berliner Nachtlokal „Chez Alex" kennengelernt, dieser habe ihm gleich seine Hilfe angeboten: „Er hat die Flüge für das Camp organisiert wegen seiner perfekten Kenntnisse der englischen Sprache." Im Ferienlager habe Krumholz lediglich Freundschaftsdienste geleistet, etwa den russischen Piano-Entertainer Alex Kozulin zum Kinderfest eingeladen. „Daß Alex auch zu der Sekte gehört, wußte ich nicht", so Stahl treuherzig, „von dieser Scientology habe ich durch den Zeitungsartikel erstmals erfahren."

Hans-Peter Stahl fuhr uns zu der kleinen Zeltstadt am Senftenberger See. Das Gewässer ist das einzige Ausflugsgebiet in der ziemlich tristen Braunkohlengegend. Das Lager wirkte an diesem heißen Sommertag wie ausgestorben, weil die Kinder gerade eine Bootspartie unternahmen. Hauptsponsor war die Bundeswehr. Die zehn Armee-Zelte, zum Teil mit Tarnnetzen behängt, standen in verblüffendem Gegensatz zu den bunten Fahnen und Reklametafeln der anderen Sponsoren wie *Coca-Cola*. Die große amerikanische Getränkefirma hatte das Projekt mit 20 000 Mark unterstützt und lieferte die Getränke kostenfrei. „In anderthalb Tagen haben wir 720 Liter vernichtet", protzte Hans-Peter Stahl. Der Bürgermeister und einige Soldaten vom Panzerbataillon 373, die sich freiwillig zum Dienst an den Kindern gemeldet hatten, saßen zusammen und unterhielten sich über die aufregenden Neuigkeiten. Kids aus den angrenzenden Plattenbauten streiften herum. Es herrschte eine träge Atmosphäre. Scientologische Symbolik konnten wir nirgends entdecken.

Hans-Peter Stahl wies auf ein Zelt, in dem die wichtigsten russischen Betreuer wohnten. „Die Vera, die Nina und die Olga Rumsha", erklärte er, „diese drei Damen sind hochkarätig. Nina ist vom Geheimdienst, die spricht fließend Englisch." Olga Rumsha sei „Chief of Delegation" des (damaligen) russischen Vizepräsidenten Alexander Ruzkoj, „seine rechte Hand". Sie bearbeite „die ganze wirtschaftliche Umstrukturierung Rußlands". Olga Rumsha arbeitete, wie wir später erfuhren, tatsächlich im Stab des persönlichen Referenten von Ruzkoj. Stahl: „Sie telefoniert stundenlang mit dem Kreml und tagtäglich mit Peter-Uwe Krumholz. Sie ist mit Sicherheit sehr gefährlich." Letzte Woche sei sie drei Tage bei Krumholz in Berlin gewesen, „und gestern haben sich die beiden auch wieder niedergeschmust, die klüngeln nach dem Motto: geschlossene Gesellschaft".

Die Sache wurde immer mysteriöser. Wenig später ergab sich eine Gelegenheit, Olga Rumsha leibhaftig zu begrüßen. Sie war etwa 40 Jahre alt, stark geschminkt und äußerst kamerascheu. Ihre innere Spannung konnte sie nur schlecht verbergen. Es gelang uns aber, ein Gespräch mit ihr zu führen. Dabei gab sie sich diplomatisch, sagte kein Wort zuviel, etwa: „Ich denke, daß die Organisation von solchen Lagern eine gute Idee ist und ein schönes und edles Ziel hat." Über Peter-Uwe Krumholz äußerte sie: „Wir haben ihn sehr wenig gesehen. Schlechtes Verhalten haben wir weder zu uns noch zu den Kindern bemerkt." Von Scientology habe sie noch nie etwas gehört.

Inzwischen waren die russischen Kinder aufgetaucht, spielten Tischtennis oder stellten sich zum Essen an. Wir befragten einige nach ihren Eindrücken. „Es ist hier sehr gut; ich habe viele Sachen bekommen, Kleider, Spielzeug", sagte die dreizehnjährige Oksana. „Mir hat hier alles gefallen, ich habe auch deutsche Freunde gefunden, und wir haben unsere Adressen getauscht", erzählte der blonde Kolja, ebenfalls dreizehn. Sie gaben an, ihre Schulleiter hätten sie für den Urlaub in Deutschland ausgewählt. Ihre Eltern seien Chauffeur, Verkäuferin oder Fabrikarbeiter. Es wies auf den ersten Blick nichts darauf hin, daß hier Kinder von russischen Scientologen oder besonders Privilegierten eingeladen worden waren.

Wir verließen das Ferienlager mit dem Gefühl, nicht entscheidend weitergekommen zu sein. Zwar deutete sich eine Verbindung zwischen Peter-Uwe Krumholz und russischen Stellen an – aber was steckte dahinter? Ging es um Missionierung, oder ging es um Geschäfte?

Immerhin wurde langsam deutlich, daß Hans-Peter Stahl eine Schlüsselfigur war. Er vermittelte uns den Eindruck, daß Krumholz ein väterlicher Freund für ihn war. „Wenn du zwei bis drei Tage allein mit ihm bist, da strahlt der ein Vertrauen aus, das ist einmalig", sagte Stahl, „und er hat mir Arbeit abgenommen." Heute jedoch war er schlecht auf seinen Berater zu sprechen. Er formulierte ein harsches Schreiben an ihn, in dem es hieß: „Aufgrund des Artikels in der *Lausitzer Rundschau* sehe ich mich gezwungen, Ihnen mitzuteilen,

Abschiedsfeier in Senftenberg: Olga Rumsha (links) aus dem Stab des damaligen russischen Vize-Präsidenten Ruzkoj und Hans-Peter Stahl (rechts), damals Filialleiter der „kabeltechnik-dietz GmbH“, München.
Gesponsert von Großfirmen: das Ferienlager für russische „Tschernobyl-Kinder“ am Senftenberger See.

daß wir uns mit sofortiger Wirkung von Ihnen trennen. Wir untersagen Ihnen hiermit jeden Kontakt zu Personen, die mit diesem Projekt befaßt sind."

Voller Wut auf den „Spielverderber" erzählte er, was er über und von Krumholz wußte. Er bestätigte damit eine Reihe unserer Vermutungen und verdeutlichte andererseits die enorme „geschäftliche" Energie des Berliner „Unternehmerberaters". Stahl wußte von Krumholz' Projekten auf Usedom. Er zeigte uns sogar die Planskizzen für das Kongreßzentrum auf dem Erbgrundstück bei Dargen. Er berichtete von den Schwierigkeiten des Scientologen mit der evangelischen Kirche und dem Wolgaster Landrat Torsten Reinholdt. Stahl konnte außerdem Licht in eine Sache bringen, die auf Usedom zu einigen Spekulationen geführt hatte. Das Lokalblatt *Wolgaster Anzeiger* hatte sich dort als Krumholz-Sprachrohr gebärdet und den Scientologen bis zum Schluß verteidigt. Stahl erklärte: „Den *Wolgaster Anzeiger* hat Krumholz über sechs Monate gerettet."

Aber Stahl wußte noch mehr. Er legte uns Unterlagen vor, aus denen angeblich hervorging, daß der Berliner Scientologe Grundstücke in Mecklenburg-Vorpommern vermakelte. Stahl: „Auch in Berlin-Mitte ist er im Geschäft. Dort hat er 46 Grundstücke an der Hand, Wert 180 Millionen Mark." Schließlich brachte er uns auch auf die Spur, was in Senftenberg geplant war. Es ging offenbar um Grundstücke, Bauprovisionen und Einflußnahme – nach dem gleichen Schema wie auf Usedom.

Noch etwas ließ uns aufhorchen. Peter-Uwe Krumholz war offenbar dafür verantwortlich, daß wenige Tage vor dem Hinflug der Kinder eine neue Luftfahrtgesellschaft ins Spiel kam, die *Germania Air* aus Köln. Die *Germania Air* ist bekanntlich die einzige Fluglinie, die die Strecke Berlin-Usedom bediente. Zufall? Krumholz selbst hatte mehrfach geäußert, er habe den Flughafen Heringsdorf auf der Ostsee-Insel aus der Bundeswehr-Verwaltung gelöst. Interessanterweise ist der ehemalige SED-Funktionär Wolfgang Biermann bei der *Germania* untergekommen. Biermann war Mitglied des Zentralkomitees der SED und Generaldirektor des *VEB Kombinat Carl Zeiss Jena*, ein mächtiger Mann zu DDR-Zeiten. „Krumholz und Biermann haben zusammen ein Flugzeuggeschäft abgewickelt", meinte sich Stahl zu erinnern. Freunde halfen Freunden. Aber wie glaubwürdig war eigentlich Hans-Peter Stahl?

Aktivitäten im Hintergrund: Wolfgang Biermann, einst mächtiger Chef des VEB Carl Zeiss Jena und Ex-ZK-Mitglied, heute bei der „Germania Air", die den Transport der Kinder für Senftenberg organisierte.

Am Abend des 14. September wurde im Verpflegungszelt am Senftenberger See Abschied gefeiert. Draußen goß es in Strömen. Es war feucht und klamm. Nicht nur Hans-Peter Stahl wirkte nervös. Ein Bodyguard hinderte uns am Fotografieren, bis Stahl dagegen einschritt. Bei derber Bundeswehr-Küche und Wodka wurden anschließend Reden gehalten. Man lobte die gute Stimmung im Lager, die „kräftigen Kerle der Bundeswehr", die Unterstützung durch die Stadt Senftenberg und ließ die deutsch-russische Freundschaft hochleben. Olga Rumsha dankte „Peter Stahl, dem Vater der Insel der Kinderhoffnung für seine wunderbare Idee". Dann trank sie darauf, daß „die Kinder immer gesund bleiben". Hans-Peter Stahl versprach in seiner Rede, das Lager im nächsten Jahr und „mit genau den gleichen Kindern und Betreuern, also der gleichen Mannschaft" zu wiederholen.

Als die russische Reisegruppe anderntags am Flughafen Tegel mit Coca-Cola-Taschen voller Spielzeug auf ihren Abflug wartete, flossen auch Tränen. Russische Mädchen verabschiedeten sich traurig von den Bundeswehr-Soldaten. Die Leiter der *Germania Air* wuselten herum und gaben Interviews. *Germania*-Chef Dr. Hinrich Bischoff erklärte, wieso seine Gesellschaft den Transport übernommen hatte: „Dieser Flug ist teils von der *Germania*, teils von anderen gesponsort. Herr Stahl hatte Herrn Biermann angesprochen, der hat ein Herz für Kinder und hat mich dann überzeugt." Der ehemalige SED-Funktionär Biermann war auch auf dem Flughafen, stand aber etwas abseits, weil er nur ungern fotografiert werden wollte.

Inzwischen hatten wir einen Kollegen ins Vertrauen gezogen, der lange journalistisch auf dem Gebiet der organisierten Kriminalität tätig gewesen war. Gemeinsam führten wir ein mehrstündiges Tonband-Interview mit Hans-Peter Stahl, das weitere Aufschlüsse über die Rolle des Berliner Scientologen brachte. Um aber nicht auf bloße Zeugenaussagen angewiesen zu sein, brauchten wir harte Fakten oder – Akten.

Am Abend des 17. September trafen wir Hans-Peter Stahl erneut in Senftenberg. Mit seinem protzigen Dienstwagen chauffierte er uns auf das Firmengelände der *kabeltechnik-dietz GmbH*. Dort übergab er uns, wie verabredet, drei Aktenordner, insgesamt über 900 Seiten. Sie enthielten überwiegend Papiere, die die Organisation des Ferienlagers betrafen, Bittbriefe an Sponsoren etwa, Korrespondenz mit der Bundeswehr oder mit Versorgungsfirmen, Einsatzpläne für die Bundeswehr-Helfer und freiwillige Unterstützer. Es fanden sich auch die Fluglisten und Personenverzeichnisse der russischen Gäste. Dazu über einhundert per Hand beschriebene Blätter mit Telefonnummern, Notizen, Personen- und Firmennamen. Schon ein flüchtiges Studium ergab: Hans-Peter Stahl, der offenbar mit der Rechtschreibung auf Kriegsfuß steht, war bei der Organisation dieses umfangreichen Projektes dringend auf einen Helfer angewiesen. Auf einen Helfer wie Peter-Uwe Krumholz, der einen geschliffenen Sprachstil pflegt und schreibt.

Als die Akten dann „zu sprechen begannen", fiel uns als erstes ins Auge, daß es einen mysteriösen Austausch von Kindergruppen für das Ferienlager gegeben hatte.

Kontakte zur Ukraine und nach Rußland

Es ist die Nacht vom 15. zum 16. September 1992. Die Maschine der *Germania*-Fluggesellschaft landet in Kiew und rollt auf dem Flugfeld aus. Sie kommt aus Berlin-Tegel und soll die „Tschernobyl-Kinder" von einem Urlaub in Deutschland zurückbringen. Nur eines stimmt nicht: Die „Kinder aus Tschernobyl" kommen gar nicht aus Tschernobyl. Sie stammen aus Brjansk in Rußland, 300 Kilometer entfernt – und wollen nach Hause. Nun bricht auf dem Flughafen Chaos aus: Ukrainische Behörden verweigern den Weiterflug, Kinder weinen, Betreuer sind ratlos. Gepäck wird aus- und wieder eingeladen. Stundenlang müssen alle warten.

Hinter der vermeintlichen „Panne" verbirgt sich eine haarsträubende Geschichte auf Kosten kranker Kinder. In ihrem Verlauf wird die ukrainische Botschaft in Bonn regelrecht verladen, werden Journalisten und Politiker an der Nase herumgeführt. Die Hauptrolle in dem seltsamen Stück spielt Peter-Uwe Krumholz. Als sein Messias-Auftritt in Usedom beendet war, sah sich der frühere „Drogen-" und jetzige „Unternehmerberater" flugs nach neuen Projekten um. In Senftenberg kam der weltgewandte Berliner wie gerufen. Mit seinen Beziehungen, „Managerqualitäten" und Computerkenntnissen machte er wie auf Usedom mächtigen Eindruck. „Freundlich" sei er stets gewesen, irgendwie vereinnahmend, erzählen die Leute. Janet

Graßhoff, Tochter des Bürgermeisters, sagt zwar: „Er wirkte schleimig. Meinen Eltern war er von Anfang an unsympathisch." Doch ohne daß die Senftenberger es recht merkten, übernahm der geschulte Scientologe bald wesentliche Teile der Organisation des Kinderferienlagers. Er entwarf das putzige Koalabär-Logo und den „sprechenden" Namen „Island of Children's Hope", und seine Frau Roswitha half, Sponsoren zu besorgen, zum Beispiel *Thiemann Arzneimittel* und *Jossa Arzneimittel*. Schließlich zählten sogar *Coca-Cola*, *C&A*, *DEKRA* und *Lego* zu den Unterstützern des Projektes.

Peter-Uwe Krumholz war es auch, der die pathetischen Werbetexte für das Senftenberger Vorhaben aufsetzte. Kostprobe: „Lassen Sie uns alle unseren Beitrag für eine bessere Welt und eine bessere Zukunft der Kinder leisten, die eigentlich keine Zukunft mehr haben." Sicher ist: Die Organisation kam erst richtig ins Rollen, als Krumholz sich einschaltete. Aber sobald es offiziell wurde, versteckte er sich wieder hinter dem Kleingewerbe seiner Frau, jener *Public Relations + Kommunikation* (PR+K), die auf Usedom die Arbeitsamtstausender kassiert hatte. Diese Agentur ist möglicherweise direkter mit Scientology verkoppelt, als bislang vermutet. Ein unscheinbarer Zettel in den Senftenberger Akten weist darauf hin. Überschrieben mit „Sammelformular Offene Zyklen", trägt Krumholz dort unter der laufenden Nummer 133 eine Beratungstätigkeit in Senftenberg ein, um sie in seinem Computer abzuspeichern. Der Scientology-Experte Norbert Potthoff sieht in dieser Kennung „eine klare Anbindung an Scientology". Potthoff erläutert uns: „Krumholz arbeitet hier mit der Management-Technologie von L. Ron Hubbard. Ein offener Zyklus ist ein neues Projekt, das noch nicht abgeschlossen ist. Scientologen führen ihre offenen Zyklen in solchen Sammelformularen, bis sie beendet sind. Krumholz hat also mindestens 133 laufende Projekte."

Nachdem mit Hilfe der Stadt und der Bundeswehr ein Zeltplatz am Senftenberger See gefunden war, sollte das Lager vom 15. August bis 15. September dort stattfinden. Die vorliegenden Unterlagen zeigen, daß Peter-Uwe Krumholz mindestens ab Anfang August die Korrespondenz für das Projekt wesentlich mitbestimmte. Zu diesem Zeitpunkt hatte man in Senftenberg ein Problem: Es gab zwar einen Zeltplatz, aber noch keine Kindergruppe aus Tschernobyl.

Erst Ende Juli hatte man begonnen, Kontakte zur ukrainischen

Botschaft in Bonn zu knüpfen. Bis zum 14. August erweckten Krumholz und Stahl den Eindruck, es gehe tatsächlich darum, hundert kranke Kinder aus der Ukraine zu holen. Noch am 11. August schickte Stahl ein Telex an die ukrainische Regierung mit der „Bitte um Ausfertigung der benötigten Visa für 100 Kinder sowie deren 30 Betreuer". Stahl bat darin „um Bestätigung, daß die Kinder zum o. g. Termin bereit zur Abreise sind, sowie um eine kurze Mitteilung des Abhol- und Zielflughafens". Ergebnis: In der Ukraine wurden Schüler angesprochen. Kinder freuten sich auf den unverhofften Urlaub. Koffer wurden gepackt. Doch tatsächlich war weder am 11. noch am 14. August noch später daran gedacht, den ukrainischen Kindern diese Freude zu bereiten. Tatsächlich stand schon zu diesem Zeitpunkt fest, daß man die Ukrainer verladen wollte.

Denn während sich Senftenberg auf die bevorstehende Ankunft von Kindern aus der Ukraine vorbereitete, entwickelte sich hinter den Kulissen ein reger Fax- und Telexverkehr mit einem ganz anderen Partner: mit der Russischen Föderation. Am 5. August ging ein Schreiben im Namen der „Kinderhoffnung" an den damaligen russischen Vize-Präsidenten Alexander Ruzkoj: „Wir bitten um Hilfe bei der Realisierung des Kinderprojektes." Am 6. August wurde die deutsche Botschaft in Moskau um Hilfe bei der Ausstellung von Visa für „100 Kinder und 30 Betreuer" gebeten, am 7. August lud man per Telefax in Moskau „100 Kinder aus der Region Tschernobyl" ein, und ebenfalls am 7. August erging die Einladung an Olga Rumsha. Wie auf ein Stichwort gelang es, den Kindertransport in nur einer Woche zu organisieren – eine unter normalen Umständen unglaubliche Leistung. Noch erstaunlicher wird das Ganze, wenn Stahl in einem Informationsbrief an Bundeskanzler Kohl vom 7. August – also gerade zwei Tage nach dem Anknüpfungsschreiben an den russischen Vizepräsidenten – ausführt: „Abschließend sei angemerkt, daß die 100 Kinder sowie deren 30 Betreuer von Herrn Roudskoj persönlich ausgesucht wurden." Innerhalb von zwei Tagen?

Als die ukrainische Botschaft in Bonn von der „Umleitung" nach Rußland Wind bekam, beschwerte sie sich. Dazu heißt es in den Senftenberger Akten unverblümt: „Ukrainische Botschaft abtropfen lassen." Auf dringende Anrufe ließ sich Krumholz am Telefon verleugnen; er selbst zog es vor, sich nicht mehr bei den Ukrainern zu melden, obwohl das Sekretariat der Botschaft ständig besetzt war.

Am 14. August schrieb Peter-Uwe Krumholz persönlich an den ukrainischen Handelsattaché Viktor Galubtschyk in Bonn: „Wir haben in der Annahme, daß die organisatorischen Schwierigkeiten auf Ihrer Seite doch größer sind, einen Ausweichweg gefunden. Es wird eine andere Kindergruppe kommen, zu der ich bereits gestern die schriftliche Mitteilung und Bestätigung erhalten habe. Ich hoffe, Sie freuen sich mit uns, daß wir dies trotz aller Schwierigkeiten erreichen konnten." Ebenso zynisch versprach er, die ausgeladenen Kinder in ein „Winter-Biwak, ein Winter-Camp" einzuladen – ausgerechnet in den muffigen Braunkohlendunst der Senftenberger Gegend. Am 28. August ließen sich die Organisatoren noch einmal herab und teilten mit, daß jetzt die russischen Kinder in Senftenberg eingetroffen seien; aber man arbeite weiter daran, „die uns avisierten Kinder aus Kiew über Weihnachten hier nach Senftenberg zu holen". Hans-Peter Stahl zerstreute später jeden Zweifel, daß tatsächlich Peter-Uwe Krumholz für den Kindertausch verantwortlich war. Rückblickend stellte er fest: „Über den Kontakt Krumholz ist die Sache nach Moskau umgeleitet worden."

Wie sehr der Berliner Scientologe die Kinder in der Ukraine enttäuscht hat, offenbart ein entgeistertes Telex des deutschen Botschafters aus Kiew vom 17. August, zwei Tage nach der Landung der russischen Kinder in Berlin-Tegel. Dort heißt es: „Heute sprachen in der Botschaft die fassungslosen Betreuer vor und zeigten die Rücknahme der Einladung für sie und die 100 Kinder an, ohne den Grund zu nennen. In diesem Zusammenhang wurde gebeten, den Grund zu benennen und ggfs. andere Sponsoren zu finden, damit die Enttäuschung den Tschernobyl-Kindern erspart wird." Der ukrainische Handelsattaché in Bonn mochte nur ungern von uns an die Vorgänge erinnert werden. „Gott sei dank habe ich mich von dieser Geschichte erholt", seufzte Viktor Galubtschyk, „so mit Kindern umzugehen, ist unmenschlich. Es war nicht leicht, 130 Kinder und Betreuer aus verschiedenen Gebieten auszuwählen, Pässe und Visa zu organisieren, sie nach Kiew zu bringen und ein Hotel zu bestellen. Die Kinder standen schon mit ihren Eltern am Flughafen, und plötzlich ist alles geplatzt."

Das Ganze ist eine verwirrende Geschichte. Denn obwohl die „Kinder aus Tschernobyl" eindeutig nicht aus Tschernobyl kommen, wird nach außen der Schein gewahrt – nicht nur gegenüber der Presse. So wird die *Germania*-Fluggesellschaft formal darum gebe-

elständisches
esamt 85 Mit-
schließlich,
r sich nicht
weil die Kon-
liner Mana-
tenen Scien-
urden. Denn
steht Peter-
Verbindung
ie mit rabia-
konomischer
ht streben.
1977 Präsi-
arnorganisa-
lin. 1991 ge-
tatkräftiger
ienangehöri-
edom in nur
etwa 500 000
n zu kassie-
itung berich-
inzwischen
Stralsund ge-

erschien Pe-
einer wirt-
en Region,
ente ihm ein
oziales Pro-
ir seine win-
Projekte, die
lischung aus
Dillettantis-
rte er selbst
Mark. Wirk-
m vor allem
: die Über-
Kabeltechnik
rg.

n
ktioniert

sleiter Hans-
irma seit Fe-
ten Betreiber
lager-Idee in
Stahl, früher
g, hatte die
liale 1991 auf
nommen. Er
ive Vorhaben
adt so gut zu
hur der Bür-
tützung zusi-
hl nutzte das

Geschäftsfreundes, der offenbar nicht so spurt, wie er soll: „So können wir kein Geld verdienen. Ich löse die Probleme alle, aber du mußt ein wenig helfen. Meister Schulze (Name von der Redaktion geändert) die ich im Rahmen meiner Beratertätigkeit erhalten habe". Dann kommt er zur Sache: „Stahl und ich möchten die Firma bzw. den Firmenanteil in Senftenberg kaufen, wobei Stahl die Firma dann weiter

Peter-Uwe Krumholz im Senftenberger Ferienlager (links: Hans-Peter Stahl).
Foto: Ute Keller

muß einfach auf unsere Geschwindkeit kommen, sonst haben wir all die Probleme, die ‚normale Bauträ-

betreibt und ich die Betreuung und Beratung übernehme." Die geschäftlichen Perspektiven seien hervorra-

umweltsc
Beratu
E
Te
Brüc
Tel. 2
Frie
Landsb
Tel. 4 29
Berlin

uns in keine
Merkwürd
darauf hin, d
derzeit nich
Woher das G
kommen sol
haft. Fest st
High-Tech-F
Konzern viel
beispielswei
projektiert
sensiblen S
sie tätig. Vol
Kabeltechnil
Erachtens z
sten Firmen
Bundesrepul

Nach Ent
Schadens

Unternehr
schen alle s
nen Senften
klärt. Hans-
Beratervertr
löst. Er wil
machen. Wie
das bleibt
trennte er si
holz („Der
richtet hast,
Du betreil
Spiel ..."), d
weile in Sen
netik"-Buch

Peter-Uwe Krumholz (rechts) und Hans-Peter Stahl (links daneben) auf der „Insel der Kinder-Hoffnung" in Senftenberg (Berliner Zeitung vom 31.10./1.11.1992).

ten, die Kinder aus Kiew und nicht aus Brjansk abzuholen. Erstaunlicherweise bezieht sich auch noch die am 19. August gestellte *Germania*-Rechnung über 50 547 DM auf „die Flüge am 15.8. und 15.9.1992 Berlin-Tegel – Kiew – Berlin-Tegel (Tschernobyl)". Am 19. August mußte Dr. Hinrich Bischoff, der Chef der Fluggesellschaft, jedoch wissen, daß die Kinder nicht aus Kiew, sondern aus Brjansk geholt worden sind.

Der damalige russische Vizepräsident Alexander Ruzkoj hatte am 13. August den Militärflughafen Secha bei Brjansk bereitgestellt. Russische Flugbegleiter aus Sperenberg waren benannt. Krumholz avisierte dem Chef der GUS-Luftverteidigung, General Deinecker, die Flugdaten. Bei irgendwelchen Nachfragen, so schrieb er, sei „Mr. Krumholz" zu kontaktieren.

Warum das ganze Theater mit den falschen Kindern und den falschen Flugrouten? Fest steht: Als das Flugzeug am 15. August 1992 planmäßig in Brjansk landete, um die „Tschernobyl"-Kinder aufzunehmen, waren Peter-Uwe Krumholz und seine Ehefrau Roswitha auch dabei. Vielen erschien Krumholz zu diesem Zeitpunkt als der Chef des ganzen Unternehmens. Olga Rumsha, die die russische Delegation leitete, sagte später: „Peter Krumholz wurde uns als Top-Manager des Projektes vorgestellt." Merkwürdig: Nachdem die *Germania*-Maschine in Brjansk gelandet war, wurden die Mitreisenden – Bürgermeister Graßhoff, weitere Honoratioren aus Senftenberg, Geschäftsleute, die das Projekt unterstützten – umgehend in einen Bus geladen und auf Besichtigungstour gekarrt. Nur Peter-Uwe Krumholz und Hans-Peter Stahl blieben zusammen mit russischen Offiziellen und Militärs am Flughafen zurück. Was wurde dort besprochen?

Während des Senftenberg-Aufenthaltes der „falschen" Kinder, die gleichwohl auch aus einer durch die Reaktorkatastrophe verseuchten Gegend kamen, tauchte Krumholz alle paar Tage in der Lausitz auf. Er posierte für die Kameras und führte stundenlange Gespräche mit den russischen Betreuern. Auch sein Schwiegervater, der ehemalige Polizeihauptkommissar Horst Schirnitz, fuhr hin und wieder ins Zeltlager. Horst Schirnitz hatte auf Usedom die Firma *Einkaufs- und Handels-Service* (EHS) gegründet, die seinem Schwiegersohn die teure Büroausstattung lieferte.

Peter-Uwe Krumholz organisierte sogar einen erlebnisreichen Ausflug nach Berlin, mit Schwimmbadbesuch und Gala-Diner. Ehefrau Roswitha kümmerte sich – als gelernte Heilpraktikerin – mehr um die medizinische Betreuung der kleinen Gäste. Auf Rat eines Fachkollegen, der „Veränderungen der Darmflora“ festgestellt hatte, verabreichte sie entsprechende Medikamente und Vitaminpräparate. Merkwürdigerweise wurden jedoch keinerlei Untersuchungen durchgeführt, um die radioaktive Belastung zu ermitteln, etwa eine Ganzkörperradiologie. Stattdessen behandelte man die Kinder mit der „Sauerstoff-Mehrschritt-Therapie“ à la Manfred von Ardenne.

Wie sicher sich der Sektenmann fühlte, geht aus einem Briefwechsel mit der CDU-Landesgeschäftsstelle Brandenburg hervor. Am 1. Oktober 1992 sollte Peter-Uwe Krumholz als „Rechtsbeistand“ der „Kinder-Hoffnung“ zum Empfang ins Bundeskanzleramt kommen. Auf Einladung der CDU hätte er den Bundeskanzler persönlich mit seinen Verdiensten um die „Tschernobyl-Kinder“ beeindrucken sollen. Nach seiner Enttarnung zog er es jedoch vor, zu Hause zu bleiben. Das Bundeskanzleramt: „Peter-Uwe Krumholz hat an dem Empfang nicht teilgenommen.“

Nachdem ihm Hans-Peter Stahl Hausverbot im Zeltlager erteilt hatte, verschwand der Scientologe. Noch aber hielt er per Telefax den Kontakt zu Stahl, bestritt seine Verbindung zu Scientology und schimpfte auf die Presse: „Peter, ich habe Dich schon neulich gebeten, Dich nicht FÜR mich mit Jornalisten einzulassen. Es tut mir leid, aber da ziehst Du immer den Kürzeren. Insbesondere bei der Art von ‚Zweck-Journalisten‘, die einen bestimmten Zweck verfolgen und denen es gar nicht um Journalismus geht.“

Worum es bei dem Kindertausch wirklich ging, bringt der Attaché Viktor Galubtschyk auf den Punkt. Er vermutet hinter der Rochade „irgendein Spiel“: „Ich habe mir gedacht, daß die Herren mit dieser Hilfe-Aktion versuchen, gute Kontakte auf hohem Niveau zu bekommen, um Geschäfte abzuwickeln. Und die Russen haben wohl das bessere Angebot gemacht.“ Einladungen nach Deutschland sind in Rußland sehr begehrt. Es gibt einen regelrechten Handel damit. Betuchte Eltern lassen für eine solche Reise viele Rubel rollen. Und für die Organisatoren ergeben sich interessante Beziehungen. Hans-Peter Stahl bestätigte diese Vermutungen: „Krumholz hatte vor, mit der GUS ins Geschäft zu kommen. Im Vorfeld entstand die Idee, daß man die Kontakte, die man über die Kinder knüpft, industriemäßig ausbaut. Und das ist auch auf gute Resonanz gestoßen.“

Brisante Verbindung

Peter-Uwe Krumholz hat nicht nur den Kindern, sondern auch sich selbst einen schlechten Dienst erwiesen, als er sich nicht mehr um die Organisation des Rückfluges kümmerte. Niemand hatte die russischen Flugbegleiter aus Sperenberg angesprochen, ohne die der Militärflughafen Secha bei Brjansk nicht angeflogen werden konnte. Da in Berlin-Tegel ein Nachtflugverbot besteht, startete die *Germania*-Maschine am 15. September, ohne Landerechte in Brjansk zu besitzen. Und weil sie auch keine Überflugrechte für die Ukraine besaß, mußte sie in Kiew landen.

Peter-Uwe Krumholz stahl sich aus der Verantwortung für das Rückflug-Desaster und schrieb an Hans-Peter Stahl: „Der schwarze Peter wird wohl bei der *Germania* hängenbleiben." Auch seine Rolle im Ferienlager spielte er später in einem Brief an die *Berliner Zeitung* herab: „Als Stahl sich Mitte Juni aus persönlichen Gründen nicht um das Projekt kümmern konnte, habe ich auf seine Bitte hin ca. 14 Tage lang die Kommunikation zwischen den am Projekt beteiligten Firmen und Personen über mein Büro koordiniert, allerdings ohne Entscheidungen zu treffen, die das Projekt betrafen. Außerdem habe ich den Kontakt zwischen Herrn Stahl und der russischen Handels- und Industriekammer sowie der Firma *C & S* (Künstler), die an dem Projekt beteiligt war, hergestellt. Schließlich habe ich ihm bei der Organisation des Fluges, mit dem die Kinder für das Ferienlager geholt wurden, geholfen und im Ferienlager selbst gelegentlich Dolmetscher-Dienste geleistet." Die Dokumente sprechen allerdings eine andere Sprache. Sie enthalten weitere Ansatzpunkte, die auf brisante Verbindungen schließen lassen. Russische Namen tauchen da auf, zahlreiche Firmen in Deutschland, den Niederlanden und sogar in La Valetta auf Malta, dem Vorhof Libyens.

Aus Kreisen der Berliner Kriminalpolizei bekamen wir Hinweise auf die russische Mafia. Die Firma *C & S*, mit deren Hilfe sich Krumholz an den russischen Vizepräsidenten gewandt hatte, residierte im Hof des Ausflugslokals „Zur Linde" in Berlin-Spandau. Das Restaurant war als Treffpunkt russischer Geschäftsleute bekannt. Am 13. September 1992 schauten wir uns dort um. Im Garten war eine ausgelassene Feier im Gange, russische Musik, leidenschaftliche Tänzer. Vor dem Lokal standen schwarze Limousinen. Wenn man Stahl trauen konnte, dann hatte Krumholz eine geheimnisvolle Macht über diese russischen „Künstler"; er konnte beispielsweise Aufgaben an sie „runterdelegieren". Krumholz, so Stahl, sei der Chef einer ganzen „Mannschaft", die er „unter Kontrolle" habe.

Langsam begannen wir uns wie in einem Krimi zu fühlen, der Realität geworden war. Undurchsichtige Informanten wollten uns mit unglaublichen Informationen versorgen. Wir hatten Grund zu der Annahme, einer Verschwörung auf der Spur zu sein, die bis in höchste Kreise reichte. Oder sahen wir Gespenster? Es dauerte nicht lange, da jagten uns schnell anfahrende Autos Angst ein. Wenn es im Telefon knackte, vermuteten wir ungebetene Mithörer. Aus Furcht vor einem Wohnungseinbruch fertigten wir Duplikate der Senftenberger Papiere an, die wir sicher lagerten.

In dem Aktenkonvolut befanden sich einige Telefaxe, die Krumholz nach seiner Enttarnung an Stahl gesandt hatte. Aus Inhalt und Stil ging klar hervor, daß ihre Beziehung mit normalen Geschäftskontakten wenig zu tun hatte. Krumholz zog darin alle Register seiner „Überzeugungskunst", er schmeichelte, er drohte, er rechtfertigte sich. Zweifellos war er erschrocken und ahnte, daß Stahl ihn durch seine Kontakte zu Journalisten in Teufels Küche bringen konnte. Daher versuchte er, durch tägliche „Bearbeitung" seines Partners das Schlimmste zu verhindern.

Es dauerte nicht lange, bis Hans-Peter Stahl seinem Einfluß wieder erlag. Wir konnten dies direkt verfolgen, denn von Mitte bis Ende September trafen wir uns noch mehrfach mit dem Senftenberger Filialleiter. Er hatte uns Videoaufnahmen aus dem Ferienlager versprochen, Videos, die wir allerdings nie zu Gesicht bekamen. Stahl schwankte anfangs zwischen den „Lagern". Kam er von Krumholz, so versuchte er, seinen Meister reinzuwaschen. „Der Krumholz hat keine Verbindung zu dieser Kirche als solche", sagte er dann, „er bestreitet, daß er mit dem Laden überhaupt zu tun hat." Ein andermal behauptete er das Gegenteil: „Der Krumholz bestreitet nicht, daß er gute Beziehungen zu Scientology hat. Er kennt von Scientology Deutschland jeden, auch das bestreitet er nicht. Aber er ist nicht der Sekte, sondern nur ihren Ethik-Statuten verfallen."

Stahl übernahm die bizarrsten Argumente: „Der ganze Ärger, der auf Krumholz lastet, kommt von der evangelischen Kirche. Hauptauftraggeber der Krumholz-Gegner sind der Pfarrer von Kymmel und der *Evangelische Pressedienst.*" Der komische Höhepunkt dieser Auslassungen: „Die evangelische Kirche hat 55 Millionen Mark freigegeben, 40 Mark für jedes neue Mitglied aus der Gemeindekasse. Die kassiert der Usedomer Pfarrer für jeden, den er in seine Kirche holt. Das ist ein Wolf im Schafspelz." So argumentieren Scientologen, wenn sie Hubbards Richtlinien befolgen. L. Ron Hubbard hatte 1966 verkündet: „Der Weg, wie wir schließlich alle Angriffe von dort stoppen werden, ist, indem wir die Gesellschaft folgendermaßen bearbeiten: 1.) Mache die Quelle eines Angriffs gegen uns ausfindig. 2.) Untersuche sie. 3.) Enthülle sie mit finsterer Publizität."[1]

Konnten wir Stahl andererseits die enge Beziehung zwischen Krumholz und Scientology nachweisen, etwa, daß der Scientologe noch 1990/91 persönlich versucht hatte, Geschäftsleute für die Sekte zu gewinnen, wurde er nachdenklich. „Ja", überlegte er dann beispielsweise, „wenn das stimmt, dann lügt Krumholz ja bis zum heutigen Tage. Dann muß er aus dem Verkehr gezogen werden." Aber es war nur eine Frage der Zeit, wann ihn sein Lebensberater wieder fest im Griff hatte.

Unsere Treffen nahmen mit der Zeit einen immer absurderen Charakter an. Sie waren eine Art neutrales Terrain, auf dem Krumholz mit uns kommunizierte. So ließ uns der Scientologe am 20. September via Stahl ein Paket mit Kopien aktueller Gerichtsurteile im Zusammenhang mit Scientology übermitteln – Akten, deren Besitz darauf hinwies, wie hoch er in seiner Sekte angesiedelt ist. Krumholz besitze aber weit mehr Material über Scientology, erklärte Stahl dazu, „3 600 Seiten, ein ganzes Regal voll, fein säuberlich geordnet und alles nach deutscher Norm abgeheftet". Sicher eine Fundgrube.

Wir hatten uns aber inzwischen aus den Akten und zahlreichen Gesprächen mit Beteiligten selbst ein Bild gemacht. In Senftenberg, so konnten wir erkennen, hatten Krumholz und Partner ein Millionenspiel angezettelt, das in der Lausitz niemand richtig durchschaute.

Zugriff auf Sicherheitsbereiche geplant

Senftenberg klagt über verdreckten Himmel, Niedergang der Industrie und den Rechtsradikalismus. Die Stadt lebt auf Pump und hat ihren Rhythmus bislang nicht wiedergefunden. Die neue Zeit ist nur

Strauß-Schwiegersohn Michael Hohlmeier ist Geschäftsführer der Münchener „kabeltechnik-dietz GmbH". Ein Scientologe wollte die High-Tech-Firma mit der Hilfe eines Strohmanns kaufen.

Fassade; bunte Reklame auf grauem Grund. Wer hier investiert, wird mit offenen Armen empfangen, selbst wenn er eigentlich nur abzokken will.

Zu den wenigen Westbetrieben, die seit der Wende überhaupt nach Senftenberg gekommen sind, gehört die *kabeltechnik-dietz GmbH* aus München, eine Firma für Spezialkabel, um Computer zu vernetzen, von Universitäten oder Polizeistationen, abhörsicher und störungsfrei. Von Senftenberg aus sollte der ostdeutsche Markt beliefert werden. Aber die Geschäfte des High-Tech-Betriebes mit dem umständlich geschriebenen Namen gingen schlechter als erhofft.

Für zusätzliche Unruhe sorgte ein unerwarteter Brief aus einer Hamburger Anwaltskanzlei, der am 8. September auf dem Tisch des Geschäftsführers Volker Dietz in München landete. Mit Hilfe der Juristen ließ ein anonymer Interessent ein detailliertes Kaufangebot unterbreiten: „Unser Mandant hat erfahren, daß Ihre Firma sich mit dem Gedanken trägt, sich einem großen und weltweit bekannten Unternehmen anzuschließen. Er bietet Ihnen freibleibend an: Unser Mandant erwirbt von Ihnen zu einem Festpreis von DM 1 250 000 das Gelände in Senftenberg, wie es steht und liegt."

Nun gab es in der Firmenleitung durchaus schon mal Überlegungen, die Senftenberger Filiale wieder abzustoßen. Aber woher hatte der ungenannte Interessent die Informationen? Warum dieser Umweg? Erst nach und nach sickerte die Wahrheit durch. Dazu sagte uns Geschäftsführer Michael Hohlmeier, der Schwiegersohn von Franz-Josef Strauß: „Wir vermuten, daß hier Geschäfte beabsichtigt sind, die über diese Sekte laufen sollten." Gemeint war Scientology.

Die Projekte, die Krumholz in Senftenberg in einer Mischung aus Großmannssucht und Dilletantismus vorantrieb, bezifferte er selbst auf über eine Milliarde Mark. Das wichtigste Vorhaben war offenbar die Übernahme der Firma *kabeltechnik-dietz GmbH*. Deren Niederlassungsleiter Hans-Peter Stahl hatte den Betrieb seit Februar 1992 als bedeutendsten Betreiber und Sponsor der Ferienlager-Idee in der Öffentlichkeit vorgestellt. Stahl hatte früher in Berlin eine eigene Elektronik-Vertriebsgesellschaft, *Atlantia*, geleitet. Seit 1989 war er, so ein *dietz*-Angestellter, „in allerlei Broker-Geschäfte mit ehemaligen Ostblockländern" verwickelt, „der erzählte immer, er könnte Diamanten besorgen, Kupfer, Aluminium, Uran, alles, was auf dem Markt angeboten wird". Zur *kabeltechnik-dietz GmbH* war

Hans-Peter Stahl durch die Vermittlung seines Vaters gekommen. 1991 hatte er dann die Senftenberger Kabel-Filiale übernommen.

Ab Juli 1992 überlagerten die Vorbereitungen für das Feriencamp seine geschäftlichen Aktivitäten. Er verstand es, das karitative Vorhaben in der Lausitzer Kreisstadt so gut zu verkaufen, daß nicht nur der Bürgermeister und andere Offizielle ihre Unterstützung zusicherten. Ein Spendenkonto wurde eingerichtet, und die Bundeswehr sprang helfend ein. Die Niederlassung des Münchener Betriebes funktionierte Stahl zeitweise zum Reisebüro um. Statt Aufträgen für Lichtwellenleiterkabel und halogenfreie Sicherheitskabel wurden nun *Lego*-Steine und *Steiff*-Tiere akquiriert. Richtig in Gang kam die Sache aber erst, nachdem Peter-Uwe Krumholz als Mitorganisator eingestiegen war.

Nur in München wußte man bis kurz vor Eintreffen der „Tschernobyl-Kinder" nichts von all diesen Aktivitäten – weder der Firmeninhaber Volker Dietz noch Mit-Gesellschafter Michael Hohlmeier. „Ich war der letzte, der davon erfuhr", empörte sich Volker Dietz, „ich habe eine Stinkwut." Volker Dietz ist ein energischer Mann, der seinen Betrieb mit straffer, mitunter harter Hand führt und ihn in zwanzig Jahren zu einem erfolgreichen Unternehmen gemacht hat, mit insgesamt 85 Mitarbeitern in München, Berlin und Senftenberg.

Der Unternehmer schickte zwar eine Reihe von Abmahnungen nach Senftenberg, weil dringende Geschäfte offensichtlich vernachlässigt wurden (Dietz: „Es war so, daß wir nicht gerade viel Erfolg hatten mit den Sachen, die Stahl dort für uns gemacht hat."). Aber er konnte nicht ahnen, daß sein wichtigster Mann in Ostdeutschland unter dem scientologischen Einfluß von Peter-Uwe Krumholz stand.

Hans-Peter Stahl und Peter-Uwe Krumholz verbindet mehr als eine Männerfreundschaft. Michael Hohlmeier meinte sich zu erinnern, daß sich die beiden seit „mindestens zwei Jahren" kannten. Krumholz, soviel wird aus den Akten deutlich, verkehrte mit Stahl nach Scientologen-Art, herrisch und dominant. Er erteilte ihm sogar Anweisungen und übersetzte auch, wenn mal was Englisches anfiel. An Hans-Peter Stahl schrieb er (nach seiner Enttarnung) beispielsweise: „Wenn Du möchtest, daß ich irgendwas in der Sache tue, Peter, dann finde den Weg zurück. Vielleicht hast Du Zeit, auch einmal auf andere Situationen in Deinem Leben zu schauen, die dieser hier ähneln. Vielleicht hat es ja doch mit Dir zu tun." Der Scientology-

Experte Norbert Potthoff identifizierte diese Sätze als „eindeutig scientologisch". Er erläuterte uns den Hintergrund: „Hier schickt Krumholz seinen Junior, wie die Scientologen sagen, auf der Zeitspur zurück. Er soll sich an ähnliche Situationen erinnern, auch aus früheren Leben, um damit umzugehen." Im übrigen nennt Potthoff die Schreiben zwischen Krumholz und Stahl den „unglaublichsten Briefwechsel, den ich je gelesen habe. Es ist der Stil, wie ich ihn aus Scientology kenne, ein totalitärer Führungsstil."

Wir fanden noch ein weiteres Indiz für den scientologischen Einfluß des Sektenmannes. Ende Juni war Hans-Peter Stahl zwei Wochen spurlos verschwunden, für niemanden erreichbar, nicht einmal für den Firmenchef Volker Dietz. Zwar hatte Stahl eine Telefonnummer für dringende Fälle hinterlassen. Doch unter der angegebenen Verbindung meldete sich stets Peter-Uwe Krumholz – mit dem Hinweis, sein Partner brauche absolute Ruhe und dürfe nicht gestört werden. Gegenüber Zeugen gab sich Krumholz sogar als „Lebensberater" von Stahl zu erkennen. Norbert Potthoff kam aufgrund dieser Bemerkung zu dem Schluß: „Man hat begonnen, Stahl in die Sekte zu holen." Denn als „Lebensberater" werden bei Scientology die Leute bezeichnet, die die Psychotechnik „Auditing" ausüben und ihren Opfern intime Lebensdaten entlocken.

Warum nun bekam Stahl einen „Lebensberater"? Er war der Mann, der sich in Senftenberg auskannte und alle wichtigen Informationen beschaffen konnte – zum Beispiel die internen Betriebsdaten der Firma *kabeltechnik-dietz*. Krumholz verfuhr offenbar nach dem gleichen Schema wie auf Usedom: Er suchte sich den wichtigsten Mann und begann, ihn zu manipulieren. Die Firmeninhaber Volker Dietz und Michael Hohlmeier merkten zwar, daß irgend etwas nicht stimmte, sie konnten aber den Störenfried nicht finden. „Ich kam trotz intensiver Nachforschungen nicht zu einem Resultat, wer das sein könnte", erklärte Volker Dietz.

Die Übernahme des Betriebes wurde vermutlich von langer Hand geplant. Aus den vorliegenden Akten kam auch der Entwurf des seltsamen Kaufangebotes ans Tageslicht, Verfasser: Peter-Uwe Krumholz. Bereits am 11. Mai 1992 wandte sich Krumholz per Fax an einen Herrn Cymerman in Berlin-Dahlem, der augenscheinlich als Strohmann für das geplante Geschäft vorgesehen war. Krumholz bewertete darin die Firma als Millionendeal. Eingehend erläuterte er ihre wirtschaftlichen Eckdaten, „streng vertrauliche Informationen, die ich im Rahmen meiner Beratertätigkeit erhalten habe". Er schrieb: „Der Wert der Gesamtfirma wird heute auf ca. 11,5 Millionen geschätzt. Die Perspektiven sind hervorragend, insbesondere ist ein Auftrag über 13 Millionen sicher." Dann kam er zur Sache: „Stahl und ich möchten die Firma bzw. den Firmenanteil in Senftenberg kaufen, wobei Stahl die Firma dann weiter betreibt und ich die Betreuung und Beratung übernehme." Die geschäftlichen Perspektiven seien hervorragend, die Übernahme nur noch ein Formproblem: „Dietz scheint bereit zu sein, die Niederlassung Senftenberg zu verkaufen." Trotzdem blieb man vorsichtig in der Deckung; von Krumholz stammte die Idee, einen Strohmann als Käufer einzuschalten: „Da weder ich noch Stahl selber mit Namen in einem Angebot auftauchen sollten, geben Sie das Angebot ab, wie ich es folgend formuliert habe."

Aber die beiden Intriganten hatten sich verrechnet. Als das Kaufangebot am 8. August 1992 über die Hamburger Anwaltskanzlei Klaus Mosel tatsächlich in München eintraf, antwortete der überraschte Unternehmer Volker Dietz in entschiedenem Ton: „Den in Ihrer Korrespondenz angegebenen Mandanten bitten wir Sie uns umgehend zu benennen." Der Verkauf der Niederlassung sei „in keiner Weise relevant", der Kaufpreis „indiskutabel"; eine Absage, die Krumholz und sein Partner nicht erwartet hatten. Dietz weiter: „Daß Vorräte und Personal übernommen werden sollen, zeigt klar und deutlich, daß sich ein Konkurrenzunternehmen hier einkaufen will, was für uns in keiner Weise tragbar ist." Krumholz schrieb darauf an Stahl, er könne sich nicht vorstellen, „daß Du möchtest, daß wir den Brief von Herrn Dietz an die Kanzlei beantworten sollen". Ein nüchternes Fazit der Affäre zog später Michael Hohlmeier: „Weder Herr Stahl noch Herr Krumholz hätten die Qualifikation gehabt, unsere Firma zu führen."

Hans-Peter Stahl setzte dennoch ein Antwortschreiben an den „lieben Volker (Dietz)" auf, das er dann allerdings nicht mehr abschickte. Vielleicht kam ihm der Text nachträglich etwas unpassend vor. „Ich habe den Eindruck", so begann er, „daß Du in den letzten Tagen oder sogar Wochen einen anderen neuen Berater hast, der Dich – ich bin nun mal direkt – ‚scharfmacht'. Ich schlage Dir vor, daß Du das machst, was in jedem großen Unternehmen ständig gemacht wird, nämlich daß Du – vielleicht mit mir zusammen – Dir die Konsequenzen von Anweisungen etc. vorher durchdenkst.“ Das freundschaftliche Angebot gipfelte in den Sätzen: „Laß uns doch einfach mal, wie schon angeboten, zwei Tage auf einer Alm alles zusammentragen, so, wie Du Dir die ideale Situation vorstellst. Und dann laß uns einen geordneten Plan vornehmen, wie wir darangehen. Warum willst Du Dich noch aufreiben? Die Kontrolle und die Steuerung kannst Du doch viel besser machen, wenn Du aufbereitetes Material bekommst, als wenn Du Deinen Blutdruck auf Jogging-Tour schickst, nur weil der Fritz wieder mal in seinem Angebot übersehen hat, auf die Klausel ‚x‘ hinzuweisen. Nimm es einfach so, wie es von mir kommt, von Herzen und im Rahmen unserer Freundschaft. Auch wenn ich Dich in den letzten Tagen hätte zerreißen können, ich bin stabil Dein Freund, laß Du mich jetzt aber auch nicht im Stich.“ Hans-Peter Stahl fand auch am Schluß noch die passenden Worte: „Wir sollten ein erfolgreiches Team nicht über Eck brechen. Die Zukunft ist unsere, meinst Du nicht auch?“ Fragt sich nur, wer das „aufbereitete Material“ liefern und wer die „Zukunft“ finanzieren sollte.

Denn vieles deutet darauf hin, daß Krumholz und Stahl finanziell nicht besonders „stabil“ sind. Roswitha Krumholz jammerte in Senftenberg mehr als einmal, sie müsse jeden Pfennig umdrehen. Ihr scientologischer Ehemann hat – wie bereits erwähnt – horrende Schulden. Auch Hans-Peter Stahl klagt über hohe Belastungen. Nur für seine „schönen blauen Augen“, so erzählte er uns, bekomme er von seiner Bank leider keinen Kredit. Das Berlin-Spandauer Schuldnerregister registrierte Anfang 1993 zehn offene Haftbefehle gegen den forschen „Geschäftsmann“. „Die letzte eidesstattliche Versicherung liegt aber mehr als drei Jahre zurück“, teilte uns die Behörde mit.

Woher das Geld für den Übernahmecoup kommen sollte, bleibt also im dunkeln. Fest steht aber: Die Münchener High-Tech-Firma hätte dem Sekten-Konzern viel zu bieten gehabt, da sie beispielsweise Computernetzwerke projektiert und vertreibt. Auch in sensiblen Sicherheitsfeldern ist sie tätig; sie macht unter anderem Geschäfte mit der Bundeswehr und der NATO. Volker Dietz bestätigt: „Die *kabeltechnik-dietz GmbH* gehört unseres Erachtens zu den zehn prägnantesten Firmen in ihrem Bereich in der Bundesrepublik.“

Unternehmer Dietz trennte sich von seinem Filialleiter in Senftenberg zum 1. Oktober 1992 „in gegenseitigem Einvernehmen“. Hans-Peter Stahl versucht seitdem, sich selbständig zu machen. Wie selbständig er handelt, das bleibt freilich offen. Zunächst sagte er sich öffentlich von Krumholz los und schrieb in einem lichten Moment an den Scientologen: „Der Schaden, den Du angerichtet hast, ist nicht zu übersehen. Du betreibst irgendein böses Spiel.“ Krumholz antwortete ihm darauf am 16. September: „Dies ist der vorläufig letzte Versuch, Dich wieder auf die Schiene zu bekommen. Mit Verlaub zu sagen, Du hast 'nen Knall. Wenn Du nicht weißt, in welche Ecke Du schauen sollst, dann solltest Du Dir nicht die aussuchen, die noch nahe bei Dir stehen. Du wirst verstehen, daß ich nach Deinen Ausrutschern überhaupt nichts mehr in der Sache tue, dieser Brief ist der letzte, bis Du Dich meldest. Über die Rechte an dem Logo und dem Namen Island of Children's Hope denke ich bei Gelegenheit nach.“ Krumholz versuchte seinen Partner mit allen Mitteln zur Ordnung zu rufen: „Ich weiß auch nicht, welchen Krieg Du jetzt führen willst. Und geh' weiter davon aus, daß ich nicht lüge. Das böse Spiel, was hier getrieben wird, kommt ganz sicher nicht von mir. Deine Vorwürfe mir gegenüber helfen Dir nicht, der Situation nicht und zerstören eventuell viel.“

In einem weiteren Fax blaffte der Scientologe: „Peter, ich habe genug eigene Probleme zur Zeit, als daß ich auch noch in meinem Freundeskreis darauf achten muß, wer was wann sagt und ob nicht vielleicht hinter meinem Rücken an meinen Wurzeln, hier z.B. meiner Ehe gedreht wird. Also, überlege Dir, wie nahe ich Dir stehe und ob Du bereit bist, diese Nähe zu teilen. Wenn es Dir zu riskant ist, dann sag' es bitte laut und deutlich. Es ist mir lieber, einen unsicheren Kandidaten aus den Haaren zu haben, als mir eine Paranoia (Verfolgungswahn) anzulachen.“ Es währte nicht lange, dann war Hans-Peter Stahl offenbar „wieder auf die Schiene“ gekommen. Zwei Wochen später pries er in Senftenberg höchstpersönlich das Dianetik-Buch an, die Bibel der Scientologen. So richtig mag er sich aber noch nicht mit der Sekte identifizieren. Nach wie vor setzt er Zeitungsredaktionen davon in Kenntnis, daß er kein Scientologe sei.

Peter-Uwe Krumholz versuchte seinerseits, noch am Tage seiner Enttarnung den Schaden in Senftenberg zu begrenzen. In einem Fax an Stahl bekundete er: „Es wäre alles einfacher, wenn sich die Beteiligten an einen Tisch setzen, incl. Fraktionsvorsitzende, ich meinen Standpunkt sagen kann, und wir dann in einer konzertierten Aktion weitermachen und dies auch so der Presse mitteilen. Denn nur Einigkeit macht stark." Diesem Wunsch entsprachen die Stadtverordneten nicht. Im Gegenteil. Sie setzten einen Ausschuß ein, der die Vorgänge um den Scientologen und das Ferienlager untersuchen sollte.

Lausitz oder Mezzogiorno?

Nachdem wir begonnen hatten, Artikel in der *Berliner Zeitung* zu veröffentlichen, und einen Beitrag für das Fernsehmagazin *Kontraste* vorbereiteten, begann in Senftenberg eine seltsame Atmosphäre zu wachsen. Plötzlich tauchten in den Hausbriefkästen Scientology-Werbebroschüren auf. Informanten wurden bedroht, und Gerüchte machten die Runde. Von Erpressung war die Rede. Die freundliche Stadtreferentin wirkte plötzlich völlig verängstigt und entzog uns kurz vor der Fernsehsendung die Rechte, ein Amateurvideo auszustrahlen, das Peter-Uwe Krumholz nebst Ehefrau im Ferienlager zeigt, sowie Farbfotos, auf denen Krumholz mit Stahl bzw. Stahl mit Ministerin Hildebrandt und Olga Rumsha zu sehen sind. Das Veröffentlichungsverbot erstreckt sich leider auch auf dieses Buch. In einem Brief (Einschreiben mit Rückschein) wollte sie uns sogar untersagen, Auszüge aus Interviews zu verwenden, die wir mit ihr geführt hatten.

Probleme anderer Art gab es, als wir versuchten, die russischen Krumholz-Freunde in Berlin zu besuchen. In seinem intriganten Brief an den Strohmann hatte Krumholz am Schluß den mysteriösen Satz geschrieben: „Ich persönlich halte dies, ich wiederhole mich, für eine ausgesprochen gute Sache, insbesondere auch im Hinblick darauf, daß ich damit Alex schnell helfen kann." Der Exilrusse und Piano-Entertainer Alex Kozulin wohnt fast am Kurfürstendamm. Am 12. November 1991 standen wir mit einem Fernsehteam vor seiner Tür. Während die Kameraleute ihre Ausrüstung aufbauten, erklärte Alex, er sei gerade von einer Tournee aus Rußland zurückgekommen. Das Interview nahm für ihn eine überraschende Wendung, als wir ihn plötzlich mit dem seltsamen Brief konfrontierten. Vor laufender Kamera gab er zu, daß er Krumholz – seinen Manager – an

Herrn Cymermann vermittelt hatte, der beim Kauf der *kabeltechnik-dietz GmbH* den Strohmann spielen sollte. Dann brach er wütend das Gespräch ab. Dafür baute sich sein polyglotter Sekretär drohend vor uns auf. „Alex' business is clean", waren seine Worte, „I warn you if you will make shit. If you do, it will not be comfortable for you. Think about it." Geistesgegenwärtig filmte der Kameramann aus der Hüfte weiter, so daß wir die ganze Sequenz im Bild hatten und später senden konnten. Die Wände der hellen Sechs-Zimmer-Wohnung waren mit Scientology-Patenten gepflastert. Aus ihnen ging hervor, daß Alex Kozulin in nur knapp einem halben Jahr zum „Clear" aufgestiegen war. Er war also ein „völlig befreiter" Mensch. Er bestritt seine Mitgliedschaft bei Scientology auch gar nicht. „Scientology hat mir geholfen, das kann ich nur jedem gönnen", erklärte Alex, „aber ich bin Künstler und kein Angestellter von Scientology. Das würde ich gern mal machen, aber es ist vorläufig nicht mein Ziel. Der Alex wächst sowieso, denn er ist aus der Sphäre der Positivität." Um uns zu beweisen, daß sein Lebensinhalt die Kunst sei, wies er auf sein Bücherregal: „Schauen Sie: nur Kunstbücher." Das war Ansichtssache. Tatsächlich drängten sich dort die bekannten bunten Hubbard-Werke, von „Dianetik" über „Mission Earth" bis hin zu den „grünen Volumes". Den Schreibtisch des russischen Allround-Talentes zierte ein Hubbard-Foto, auf das er sichtlich stolz war. Als wir auf die offenen Drohungen des Scientologen und seines Preisboxers nicht unterwürfig reagierten, wies uns Alex erregt die Tür.

Während Hans-Peter Stahl nach unseren Veröffentlichungen in den Redaktionen anrief, umfangreiche Briefe mit üblen Unterstellungen verfaßte und sogar persönlich vorstellig wurde, leitete Peter-Uwe Krumholz seinen gewohnten Paragraphenkrieg ein, um Gegendarstellungen zu erreichen. Durch Formfehler versäumte er jedoch wichtige Termine. Andererseits sahen sowohl die *Berliner Zeitung* wie der *Sender Freies Berlin* keine Veranlassung, seinem Wunsche nachzukommen, sogenannte Unterlassungserklärungen abzugeben. Krumholz legte beispielsweise großen Wert darauf, nicht als Scientologe bezeichnet zu werden. Das ist der angebliche Unternehmerberater jedoch zweifellos. Sein eigener Anwalt hat ihn in einer Verhandlung so genannt. Als Krumholz gegenüber der *Berliner Zeitung* starrsinnig auf einer Gegendarstellung bestand, mußte er allerdings am 7. 1. und am 2. 2. 1993 vor Gericht eine Niederlage einstecken; er wurde dazu verdonnert, die Prozeßkosten zu tragen.

Sowie das Senftenberger „Scientologen-Syndikat“ Wind von dem geplanten *Kontraste*-Beitrag bekam, versuchte Krumholz mit allen Mitteln, eine Ausstrahlung zu verhindern. Er und seine Anwälte sandten noch kurz vor der Sendung meterlange Telefaxe mit Drohungen, „Entwürfen“ von Gegendarstellungen (für andere Medien) und Rechtfertigungsversuchen. Nur eines wollte der Scientologe nicht: vor der Kamera zu den Vorwürfen Stellung nehmen. Selbst einen fest vereinbarten Gesprächstermin ohne Kamera und Tonbandgerät nahm er nicht wahr. Die Redaktionsleitung von *Kontraste* zeigte während der hektischen Stunden vor der Sendung ein durchaus nicht selbstverständliches Standvermögen und gab uns jede Rükkendeckung. Im Anschluß an die Sendung vom 16. November 1992 meldeten sich einige Zuschauer, die uns mit wichtigen Informationen weiterhalfen. Wir hatten nun ein ziemlich vollständiges Bild davon, was Peter-Uwe Krumholz und seine Partner im Lausitzer Kohlerevier einfädeln wollten.

Investoren für zweifelhafte Großprojekte

Aufräumarbeiten in Senftenberg. Im Februar 1993 wollte der städtische Untersuchungsausschuß, der die merkwürdigen Vorgänge rund um das Kinderferienlager untersuchte, seinen Abschlußbericht vorlegen. Noch war man in Senftenberg nicht wieder zur Tagesordnung übergegangen. Auch im Dezember 1992 reagierten viele, die im Sommer mit den Scientologen in Berührung gekommen waren, verunsichert und eingeschüchtert. Senftenberger, wenige Wochen vorher auskunftsfreudig, waren nun schweigsam geworden. „Sie müssen ja nicht hier leben“, hieß es zur Erklärung. Selbst die Lokalpresse hüllte sich in Schweigen. „Wir recherchieren“, so die lapidare Auskunft.

Dennoch war inzwischen klar erkennbar, daß sich die Scientologen in der Lausitz etablieren wollten. Die Anhänger des obskuren Psycho-Kultes hatten dies ausgerechnet mit Hilfe des an sich seriösen Investors *kabeltechnik-dietz GmbH* erreichen wollen. Das Urlaubscamp diente dabei offenbar als Entree für dubiose Geschäfte, als Kontaktbasis und als Tarnung.

In der kleinen Zeltstadt tummelten sich nicht nur der Scientologe Peter-Uwe Krumholz samt Familie, sondern auch diverse Firmenvertreter, Exilrussen und – wie Hans-Peter Stahl kundgetan hatte – sogar KGB-Offiziere. Welch hohen Rang einige der russischen Gäste besaßen, verdeutlichte Stahl mit dem Hinweis: „Wir haben einen russischen Kampfhubschrauber in der Nähe von Senftenberg, der die Frau Rumsha, sollte es Probleme geben, da rausholen soll."

Zwar wollte Olga Rumsha nicht mit Peter-Uwe Krumholz in Verbindung gebracht werden. Doch während sich die Kinder bei Ballspiel und Tischtennis vergnügten, ging es in den grünen Bundeswehr-Zelten offenbar auch um handfeste Geschäfte. Die Resonanz war so gut, daß Hans-Peter Stahl allzu innige Verhandlungen unterbinden mußte. „Wir haben mit Frau Rumsha die Vereinbarung, daß im Zeltlager nicht ein kommerzieller Deal über die Bühne geht. Das Ding ist für die Kinder gemacht und nicht, um hier jetzt Geld zu scheffeln. Man lernt sich während der vier Wochen kennen. Was dann im nachhinein passiert, ist mir egal", plauderte er aus dem Nähkästchen. Über die Rolle von Peter-Uwe Krumholz am Senftenberger See sagte er: „Wenn's irgendwo gebrannt hat, war er da. Wenn's mit der Frau Rumsha Probleme gab, hat er sich mit der eine halbe Stunde hingesetzt und alle Probleme gelöst. Er hat es persönlich gestoppt, wenn im Lager Geschäfte gemacht wurden." Und das, obwohl man laut Hans-Peter Stahl „über den hochrangigen Kontakt Olga Rumsha mit Sicherheit sehr, sehr viel Geld verdienen konnte". Mag sein, daß Krumholz mit Frau Rumsha lieber ganz privat in Berlin verhandelte.

Die Dokumente enthüllen, daß die *kabeltechnik-dietz GmbH* nur ein Stein in einem Millionenspiel um Macht, Geld und Immobilien war. In Senftenberg und Umgebung sind mehrere Großflächen zur Bebauung ausgeschrieben, gewaltige Projekte im Umfang von fast einer Milliarde Mark sind in Planung. Doch seltsam: Bei nahezu allen wichtigen Projekten im Kreis Senftenberg tauchten immer wieder die Namen Krumholz und Stahl als Vermittler und mögliche Bauträger auf. So heißt es in einer „Projektliste per 1.6.1992" gleichlautend für verschiedene Vorhaben: „Dieses Projekt wurde von Herrn Peter Krumholz vermittelt. Herr Krumholz verfügt über den Kontakt zu Herrn Eichler, der seinerseits hier auch als Bauträger auftritt. Oder die Gruppe Krumholz, Stahl, Diener tritt hier selbst als Bauträger auf."

Nach den vorliegenden Akten wollten Krumholz und sein Partner, teils zusammen mit dem Hamburger Spielhallenbesitzer Heinz Eichler, folgende Projekte in Senftenberg verwirklichen:

– einen Möbelmarkt mit Tankstelle, Gartencenter und Hotel bei Klettwitz (Umfang 35 Mio. DM, „mündliche Zustimmung liegt bereits vor"; Krumholz an Eichler: „Durch meine Kontakte sind Sie zunächst der einzige, der Zugriff darauf hat.");

– die Bebauung des Neumarktes in Senftenberg mit Wohn- und Gewerbegebäuden sowie einem Parkhaus („Volumen noch offen, da die Vorstellungen der Stadt Senftenberg berücksichtigt werden sollen");

– die Bebauung des Festplatzes der Stadt mit 60 Reihenhäusern und einem 200-Betten-Hotel („Volumen noch offen");

– die Gründung einer Stiftung mit dem Plan, zwei Kinderdörfer in Senftenberg und auf dem Usedomer Krumholz-Erbland zu betreiben. Mit der Stiftung sollten durch ein kompliziertes GmbH-Modell Steuern gespart werden (Umfang nur für Senftenberg 6,5 Mio. DM);

– ein festes Kinderdorf als werbewirksames „PR-Objekt", so Hans-Peter Stahl (Umfang 10 Mio. DM);

– eine Rekultivierungsmaßnahme für Braunkohlegruben. Geplant waren u.a. ein Schwimmbad, ein Freizeitdorf, Kleinsiedlungen sowie ein 3-mal-9-Loch-Golfplatz mit Golfhotel („Volumen noch offen"; „es ist daran gedacht, soweit wie möglich Ideen aus der Bevölkerung mit in diese Planungen einfließen zu lassen");

– ein schwimmendes Restaurant auf dem Senftenberger See;

– den sogenannten Lausitzring, eine geplante Formel-1-Rennstrecke bei Meuro (Umfang 500 Mio. DM). Die Bauarbeiten sollten noch 1992 beginnen.

Krumholz drängte die Stadtverordneten zu schnellen Verfahren. Er drängte auch – etwa am Neumarkt – „auf einen klaren Kaufvertrag", statt, wie von der Stadt gewünscht, das Erbpachtrecht zu akzeptieren. „Das ist sicher einfacher und mehr im Sinne der Stadt", so Krumholz. Reiner Rademann, der Vorsitzende des Ausschusses, der die Vorgänge um das Ferienlager untersuchte, sah dann auch „Anhaltspunkte, daß hier Bodenspekulationen versucht werden sollten".

Um langfristige Gewinne ging es bei der Idee, das Ferienlager in eine feste Einrichtung zu überführen, wo ganzjährig jeweils 50 strahlenkranke Kinder betreut werden sollten. Stahl und Krumholz insistierten darauf, daß die Stadt Senftenberg in die Stiftung eintrete, die sie gründen wollten. Sie versprachen sich offenbar davon, den Grund und Boden kostenfrei oder sehr kostengünstig zu bekommen und dann „in eigener Regie aufzubereiten". Die Finanzierung sollte durch Sponsoren erfolgen. Dabei gingen Krumholz und Stahl von einem Tagessatz von 82,20 DM statt, wie üblich, etwa 35 Mark aus (Krumholz an Stahl: „Der Tagessatz liegt sehr gut. Du kannst zwar nicht besonders tanzen, aber es sollte ausreichen, wenn noch Sachspenden kommen."). Wieder bestätigte sich: Die Betreuung von kranken Kindern war offenbar nur vorgeschoben. Wahrscheinlich sollte das Kinderdorf der publicityträchtige Auftakt für ein kommerzielles Tourismus-Konzept von erheblichem Umfang werden. Peter-Uwe Krumholz formulierte dies in einem Strategiepapier zum Thema „Kinderdorf": „Wir sind der Meinung, daß hier in gemeinsamer Anstrengung ein erster wirklicher Schritt gemacht werden kann, Senftenberg als Ort für Tourismus auf dem Erholungssektor international zur Verfügung zu stellen." Pläne, einen Wasserskilift, ein schwimmendes Restaurant, Sportanlagen und ein modernes Hotel am Senftenberger See zu errichten, ja sogar den ganzen See zu kaufen, sprechen eine deutliche Sprache.

Alle Projekte befanden sich noch in der Vorplanung. Doch wurde bereits mit großen amerikanischen Baufirmen wie der *Newberg International Corporation* aus Ohio verhandelt. Krumholz und Stahl machten den Amerikanern im Juli 1992 vor, daß Stahl der Eigentümer („Owner") des ehemaligen Braunkohlegebietes sei, in dem der „Lausitzring" entstehen sollte. Über die Verhandlungstaktik mit dem *Newberg*-Geschäftsführer John Marx, der angeblich auch das Kinderdorf bauen sollte, erzählte uns Hans-Peter Stahl: „Der kriegt Informationen, die so verpackt werden, daß er nach Hause fährt und absolut glücklich ist. Der muß davon überzeugt sein, daß wir die absoluten Chefs sind." Gewaltige Provisionen von „14 bis 15 Millionen Mark", prahlte Stahl, sollten bei dem halbseidenen Manöver an ihn und seinen Mentor fließen. Sorgfältig achteten die Projektanten darauf, daß die Senftenberger Bürger mitspielten. „Da wurde Hinz und Kunz ein Job versprochen", weiß ein Stadtbediensteter. „Die haben ein ganzes Netzwerk von Beziehungen errichtet", bestätigt eine Eingeweihte. Hans-Peter Stahl beteiligte sich aktiv an der Gründung der Jungen Union (ein Spötter: „Stahl-Union") und wollte sogar Bürgermeister von Senftenberg werden.

Als ein Projekt scheiterte, notierte Peter-Uwe Krumholz: „Und sag ihm bitte auch deutlich, daß wir die Innenstadt verloren haben unter anderem deshalb, weil die Eichlergruppe sich nicht mit ‚Hintergrund' ausweisen konnte. Also kein Briefpapier, keine Visitenkarten, kein Profil." Krumholz wollte persönlich nicht nur in die Kabelfirma, sondern sogar in zwei bereits bestehende GmbHs einsteigen. Siegfried Fischer, der Geschäftsführer der *Lausitzring GmbH,* erinnert sich: „Herr Krumholz hat sich mal als Geschäftsführer ins Gespräch gebracht. Die Sektenleute wollten sich im Lausitzring einschleichen. Die haben eine Chance gesucht, das mitzuorganisieren, indem sie z.B. irgendwelche Firmen heranziehen wollten." Ein sinnloses Vorhaben, denn es gab bereits einen Geschäftsführer. Und auch Michael Hohlmeier bezeugt entsprechende Vorstöße: „Wir haben erfahren, daß Herr Krumholz an eine befreundete Firma in Senftenberg herangetreten ist und die Geschäftsführung übernehmen wollte. Das ist die Firma *Diener Consult.*" Auch in diesem Fall lief die Geschäftsanbahnung offenbar über das Kinderferienlager, wo die *Diener-Consult GmbH* aus Frankfurt am Main (Filiale in Senftenberg/Hörlitz) offiziell als einer der Hauptsponsoren auftrat. Entworfen wurde sogar ein „Exclusiv-Vertrag" zwischen Diener und Stahl, damit dieser die Exklusivrechte für die Materialbeschaffung im Bereich Elektronik und Elektrotechnik bei den anstehenden Bauprojekten erhielt. In dem Vertragsentwurf heißt es: „Stahl vertritt eine Infrastruktur im Raum Senftenberg, die nicht nur den Bereich Kabellieferungen und Zubehör, sondern auch Kontakte aller Art umfaßt."

Die Zukunftspläne wurden vorangetrieben, solange die Behörden das Feld noch nicht überschauten. So notierte Krumholz in einer kritischen Phase am 23. Mai 1992: „Telefonat Krumholz mit Diener. Klettwitz: Für die Baugenehmigung muß er noch wissen, was darauf gebaut werden soll. Die Bauvoranfragenbestätigung soll es erst innerhalb von 14 Tagen geben. Bemerkung: Wir müssen da eine Linie hineinbekommen. So können wir kein Geld verdienen." Krumholz an Stahl: „Ich löse die Dinge alle, aber Du mußt ein wenig helfen, Meister Diener muß einfach auf unsere Geschwindigkeit kommen, sonst haben wir all die Probleme, die ‚normale Bauträgergeschäfte' mit sich bringen. So, ACTION."

Die Kabelfirma war bei all dem offenbar als Relaisstation gedacht;

vorhandene *dietz*-Kontakte in die GUS und den Nahen Osten sollten dazu genutzt werden. In einer Umsatz-Vorschau für 1993 listet Hans-Peter Stahl Projekte auf, bei denen seine künftige „Senftenberg Kabel GmbH" als Materiallieferant auftreten sollte. Unter den anvisierten Aufträgen finden sich neben regionalen Vorhaben so brisante Projekte wie die „Vernetzung aller Unis in Libyen", die „Vernetzung aller Polizeistationen in Sachsen" und die „Vernetzung von div. Polizeistationen in der GUS". Die sächsische Polizei bestätigte auf Nachfrage, daß Stahl sich um den Auftrag bemüht hatte; aber es habe noch keine Ausschreibung stattgefunden. Über einen geplanten Elektronik-Deal mit Libyen („Cash-Card-System") äußerte Stahl: „Da drängt Krumholz auch auf Exklusivität."

Andere Papiere weisen ebenfalls nach Libyen, aber auch nach Syrien. Hier geht es um „Kunstdünger", da um „eine komplette Fabrikationsanlage für verpacktes Speiseeis" oder „eine komplette Fabrikationsanlage für Salz-Gebäck (Salzstangen, Chips etc., alles was Kinder so benötigen)", bei deren Export Krumholz offenbar eine wesentliche Rolle spielen sollte. „Es ist sehr wichtig, daß die Anlagen so gestaltet werden, daß damit Produkte hergestellt werden, die bekannten Markenartikeln ähneln", heißt es in dem Schreiben. Geschäftspartner Rolf Schimann aus Hamburg sitzt im Vorstand einer scientologischen *Gesellschaft zur Förderung religiöser Toleranz und zwischenmenschlicher Beziehungen e.V.* Kinderspielzeug und Kinderartikel gelten im Geheimdienstjargon häufig als Synonym für Waffen und Militärausrüstung. Aus weiteren Dokumenten geht hervor, daß dem Scientologen sogar russische Truppentransporter und Hubschrauber angeboten wurden.

Das Geld für die Projekte sollte einerseits von Banken, aus den Fördermitteln des „Aufschwungs Ost" und ähnlichen Investitionsprogrammen sowie von potenten Investoren bereitgestellt werden – „die Finanzierung wird durch internationale Großkonzerne abgesichert", so Krumholz in einem Werbetext. Möglicherweise sollten auch Gelder über die Rußland-Connection fließen. Als wohltätige Mittelsmänner für den Kinder-Transport aus Rußland fungierten vor allem zwei Berliner Exilrussen, die mit Krumholz befreundet sind und engen Kontakt mit Frau Rumsha aus dem Stab des russischen Vizepräsidenten pflegten: Juri Tschernawski und Matvei Chneour mit ihrer *C & S*-Firma. Wie Alex Kozulin agieren sie offiziell als

„Künstler“ und sind in Berlin polizeibekannt. „Die haben viel Geld, fahren teure Autos. Die machen alle möglichen Geschäfte vom Ei bis zu Metallen, wechseln die Namen, gründen GmbHs und lösen sie wieder auf. Wir kriegen in diesem Bereich nicht viele Informationen, weil niemand redet. Und überprüfen sie mal eine Firma in Moskau: Das ist unmöglich!“, erläutert Wolfgang Saddig von der Berliner Kripo-Direktion für Organisierte Kriminalität das Umfeld.

Mindestens Alex Kozulin ist ja auch Scientologe. Er ist ein prominenter Entertainer und hat viele Kontakte zu Russen. War er der Mann, über den die Millionen nach Senftenberg fließen sollten? Als wir ihn darauf ansprachen, gab er solchen Vermutungen Nahrung: „Ich wurde gefragt, ob ich jemanden kenne, der Geld investieren könne“, erklärte er, „das ist alles. Stahl brauchte Kontakt, ich stellte ihn her. Krumholz war der Vermittler.“ Seine eigene Tätigkeit beschrieb er folgendermaßen: „Ich habe eine Fan-Kartei von über tausend Leuten. Ich drücke einen Knopf, und ich sehe, was ein Mensch macht. Das sind Leute, die mir nahestehen. Ich nutze die nicht aus, sondern ich helfe denen dadurch, daß sie Geschäfte machen können. Warum sollte ich das nicht tun? Zeigen Sie mir irgendeine Ideologie der Welt, die verbietet zu helfen.“

Durch die Enthüllungen war Peter-Uwe Krumholz unter Druck geraten. Für ihn stand offenbar ein Interessengeflecht auf dem Spiel. Immobiliengeschäfte großen Stils in einer abgelegenen Region, eine renommierte High-Tech-Firma, die unter scientologischer Kontrolle heikle Geschäfte anbahnen sollte, Beziehungen von Scientologen nach Rußland, Syrien und Libyen – die Mischung könnte explosiver kaum sein. Darauf angesprochen, erklärte uns Scientology-Experte Norbert Potthoff: „Was in Senftenberg geschieht, erschreckt mich in hohem Maße. Es paßt haargenau in die scientologische Strategie zur Unter- und Überwanderung der Wirtschaft – Besetzung von Schlüsselindustrien, Elektronik, EDV, Software, Immobilienbereiche. Hier wurde offenbar versucht, eine ganze Region unter Kontrolle zu bekommen, in Sicherheitsbereiche einzudringen und Beziehungen in den ehemaligen Ostblock aufzubauen.“

Der Anfang vom Ende des Spuks begann im September 1992, als Krumholz als Scientologe enttarnt wurde und in Senftenberg das Feld räumen mußte. Inzwischen haben die wesentlichen Senftenberger Firmen und viele Privatpersonen jeden Kontakt mit Stahl und

Krumholz abgebrochen. Bevor Hans-Peter Stahl jedoch seinen Schreibtisch bei *kabel-dietz* räumte, gab es dort ganz überraschend noch einen Computercrash, bei dem sich zahlreiche Daten verflüchtigten.

Schließlich begann der städtische Untersuchungsausschuß damit, die Hintergründe der Stiftung zu durchleuchten, mit deren Hilfe die Kinderdörfer finanziert werden sollten. Peter-Uwe Krumholz verschickte postwendend Unterlassungserklärungen und drohte mit einer Prozeßlawine. Der Vorsitzende Reiner Rademann, der selbst von Einschüchterungsversuchen berichten kann, gibt das Ergebnis der Untersuchungen so wieder: „Wir werden den Beschluß, der Stiftung beizutreten, zurücknehmen. Und wir wollen mit den Firmen nichts mehr zu tun haben, wo der Verdacht besteht, daß über Herrn Stahl oder Herrn Krumholz Beziehungen zu der Sekte herzustellen wären." Die Senftenberger Stadtverordneten fühlten sich offenbar so unter Druck gesetzt, daß sie den Untersuchungsbericht Anfang Februar 1993 im Stadtparlament lediglich verlesen ließen. Wirtschaftliche, nicht humanitäre Motive hätten hinter dem Ferienlager gestanden, hieß es darin. Die Stadt beschloß den Ausstieg aus dem Stiftungsprojekt. Die schriftliche Fassung des Berichtes verschwand in der Versenkung und wurde nie veröffentlicht. Doch im März 1993 nahm die Berliner Staatsanwaltschaft Ermittlungen gegen Peter-Uwe Krumholz auf – „wegen Betruges pp.".

Das nervös gewordene Senftenberger „Scientologen-Syndikat" meldete sich nach seiner Enttarnung selbst im fernen München noch einmal. „Herr Krumholz hat vor wenigen Tagen bei mir im Büro anrufen lassen", berichtete Michael Hohlmeier im November 1992, „er hätte uns aus der Sache bislang weitgehend rausgehalten. Er könnte aber auch anders." Immerhin: In der Lausitz kann er nicht mehr.

Missionen von Warschau bis Peking

„Wahnsinn, was da los ist!“

„Sehr geehrter Herr L. Ron Hubbard“, meldete sich im Juli 1991 der ehemalige Sowjetbürger Gennady Bredzhanian aus Wladikawkas im Kaukasus bei einer Scientology-Filiale. „Ich habe noch nie etwas über Scientology und Dianetik gehört, bis unsere lokale Bücherei, die zentrale Bücherei der Nord-Ossetischen Republik, unerwarteterweise einige Ihrer Bücher erhielt. Bücher aus dem Ausland sind hier sehr selten“, schreibt der Fremdsprachenlehrer aus der mittelöstlichen Ferne. Es fällt nicht schwer, sich das Staunen, wohl aber den Überschwang seiner Gefühle vorzustellen, als er die Hubbard-Œuvres „Dianetik“, „Probleme der Arbeit“ und „Wie man als Führungskraft besteht“ erstmals in der Hand hielt und dann Zeile für Zeile sorgsam studierte. „Ich habe sie alle mit wachsendem Interesse gelesen und bin jetzt in einem leicht zu beschreibenden Zustand“, jubiliert der Kaukasier, „ich kann kaum glauben, daß das alles wahr ist. Ich habe Freud, andere Psychologen, Philosophen – sowohl aus dem Osten als auch aus dem Westen – gelesen. Aber was Sie sagen, ist etwas Einzigartiges. Logischerweise akzeptiere ich Ihre Theorie.“

Schöne neue Welt. Seit die Völker Osteuropas ihre Potentaten in die Wüste schickten, öffnet sich jenseits von Elbe und Donau ein gigantischer Markt für Geschäftemacher aller Art. Nicht nur die glitzernden Produkte aus dem Supermarkt der High-Tech-Industrie, nicht nur die Statussymbole von Pop-Kultur und Yuppie-Gesellschaft, auch die Waren auf dem Marktplatz der Ideologien stehen hoch im Kurs. Das Sinnvakuum nach dem Sturz des Sozialismus hat den professionellen Seelenfängern aus den Glaubensschmieden des Westens eine Jahrhundertchance geboten – und sie haben sie unverzüglich genutzt. Billy Graham, das „Maschinengewehr Gottes“, predigte in einem Moskauer Stadion vor 30 000 verzückten Zuhörern.

Exotisch gewandete Hare-Krishna-Jünger verblüffen Warschauer Passanten mit Bimmelbammel und monotonen Sprechgesängen. Selbsternannte Heilsbringer touren durch die ehemalige Sowjetunion und erfüllen orientierungsuchende Intellektuelle wie glaubenshungrige Babuschkas mit spirituellen Hoffnungen. Auf dem Arbat, Moskaus berühmtem Flanierboulevard, bemühen sich die Anhänger verschiedener westlicher Propheten neben Blumen- und Kartoffelverkäufern um die Aufmerksamkeit der vorbeieilenden Fußgänger. Mormonen verteilen die Traktate ihres Wundertäters John Smith, Zeugen Jehovas werben stumm für ihre strenge Gemeinschaft, und Parteigänger des umstrittenen Koreaners San Myung Mun machen das Publikum mit ihrem gottgleichen Oberhirten bekannt. Ein Kampf um die Seelen der vordem atheistisch Unterdrückten ist entbrannt, als gelte es, die biblische Schlacht von Armageddon schon heute zu schlagen.

Keine Frage, daß die Marktführer unter den Heilspropheten das Terrain nicht der Konkurrenz überlassen wollten. Der aggressivste und gerissenste Psycho-Konzern der Welt hat auf den Sturz des Sowjet-Imperiums umgehend mit vorbereiteten Einsatzplänen und einer brachialen Strategie reagiert: „Macht durch Masse“ heißt das Rezept der Scientology-Organisation. Wie die Scientologen schon Stunden nach der Maueröffnung in Berlin an den Grenzübergängen standen und ihr Dianetik-Buch für zehn Ostmark feilboten, so versuchen sie, die „Expansion“ auch in die anderen Länder des ehemaligen Ostblocks und bis nach China zu tragen. Einzelheiten über den Sektenvormarsch dringen selten nach außen, da es in diesen Ländern noch keine Selbsthilfeorganisationen gibt und die Gefahr von der Öffentlichkeit und den Medien unterschätzt und deshalb kaum zur Kenntnis genommen wird. Aber die wenigen Nachrichten sind beunruhigend genug.

„Sie haben wahrscheinlich erfahren, daß sich die UdSSR mitten in einer Phase des Aufruhrs befindet. Wir müssen den Fluß von LRH-Daten in die Sowjetunion erhöhen“, heißt es beispielsweise in einem „Eiligen Briefing über Rußland“ an alle „Staffs und Publics“ (Angestellte und Anhänger) vom 21. August 1991. Russische Professoren seien bereits zum Training in der englischen Scientology-Zentrale *Saint Hill* gewesen. Das *Deutsche Allgemeine Sonntagsblatt* zitierte die Hamburger Scientology-Pressesprecherin Sabine Titzel mit den

Worten: „Wahnsinn, was in Osteuropa los ist. In Moskau ist eine Bibliothek mit Hubbards Werken eröffnet worden. In Warschau ist gar keine Werbung mehr nötig, da auditieren sich die Leute begeistert gegenseitig."[1] In der Scientology-Broschüre „The Command Channels" (Die Befehlsstrukturen) wird auf die Erfolge in der Volksrepublik China hingewiesen, „wo über 250 000 Exemplare des Buchs ‚Dianetik – die moderne Wissenschaft der geistigen Gesundheit' über Buchläden vertrieben wurden."[2] Und die Aussteigerin Jeanette Schweitzer kann sich erinnern, daß in der scientologisch geführten Firma *Stahlbautechnik Neckar GmbH* Sektenmitglieder aus Ostblockländern zu Besuch kamen: „Die sitzen doch überall, der Kontakt war schon 1990 vorhanden."

Die Osteuropa-Kampagne wird aus den USA und dem englischen *Saint Hill* gesteuert; die eigentlichen Aktionsbasen liegen aber näher am Geschehen. „Wir haben den Eindruck, daß die Deutschen dabei sehr aktiv sind", erklärt uns Helga Lerchenmüller von der „Aktion Bildungsinformation" in Stuttgart. Berlin, aber auch die österreichische Hauptstadt Wien gelten als Stützpunkte für die Ost-Expansion. Dr. Friederike Valentin vom katholischen Wiener „Referat für Weltanschauungsfragen" erläutert am Telefon: „Wir haben zahlreiche Hinweise, daß Scientology von Wien aus Ungarn und die Tschechoslowakei bearbeitet." In dem internen Telefonbuch, das uns aus der Münchener Scientology-Org zugespielt wurde, findet sich denn auch ein entsprechender Eintrag: das „City-Office Ungarn" in Budapest.

Wie die *Münchener Abendzeitung* berichtete, haben hubbardistische Organisationen ihre Fühler bereits 1990 auch nach Rumänien ausgestreckt. Die in München ansässige Organisation *Projekt Dynamik vier* schickte Konvois mit Hilfsgütern in das arme Land am Schwarzen Meer.[3] „Hunderte von Tonnen Hilfsgüter" soll die angeblich „private" Organisation gemeinsam mit einem britischen *Romenia Project UK* gesammelt und auf den Weg gebracht haben.[4] Auch Schweizer Scientologen brechen in die Donaurepublik auf. Bei dem Züricher Verein *Help Rumänien* führen „engagierte Privatleute", in Wahrheit bekannte Scientologen, die Regie. Die *Münchener Abendzeitung* zitierte aus einem geheimen Strategiepapier der Scientology-Missionsschule *Mission Network International* (MNI), verfaßt vom Schweizer Rumänien-Helfer Arnold Hermann: „Eine

Hilfsorganisation wurde gegründet, die rund um die Uhr daran arbeitet, Hilfsgüter und Dienstleistungen für verschiedene Ost-Staaten zu beschaffen."[5]

Auch der Krieg in Bosnien läßt die Scientologen nicht kalt. Im Frühjahr 1993 stellte sich eine bisher unbekannte *Friedensbewegung Europa/Aktionsbündnis Bosnien-Herzegowina* mit Demonstrationen und Flugblättern der Öffentlichkeit vor. „Dieser Krieg ist ein psychiatrischer Krieg", klagten die selbsternannten Friedensfreunde. Laut Presseerklärung haben sie den Kampf gegen die Psychiater („Volksmörder im weißen Kittel") auf ihre Fahnen geschrieben und wollen gegen Menschenrechtsverstöße im ehemaligen Jugoslawien vorgehen. Ihr Ziel: „Ein Europa ohne Krieg und Wahnsinn".

Im Juli des Jahres kam es ans Licht: Die rein „private Organisation" mit dem Motto „Menschen für Menschen, Religion für Religion, Brüder für Brüder" ist offenbar nichts anderes als eine neue Scientology-Tarnorganisation. Etikettenschwindel: Die „Brüder" wirkten so echt und traten so energisch auf, daß Bürgerkriegsflüchtlinge aus dem ehemaligen Jugoslawien, seriöse Hilfsorganisationen und Anhänger demokratischer Parteien sich täuschen ließen. In Wahrheit entspricht die Argumentation der Gruppe haargenau der verquasten Hubbard-Ideologie, und in ihrer Führung sitzen altgediente Scientologen. Zwei Ziele scheinen die ominösen Friedensfreunde zu verfolgen: Unterwanderung der Friedensbewegung für Jugoslawien und Einsammeln von Spenden – für welche Zwecke auch immer.

Als „Präsidentin" der Vereinigung fungiert die bayerische Scientologin Rosemarie Mundl. Im Hauptberuf als „Musikclown" tätig, dirigiert sie nebenbei den Scientology-Ableger *Kommission für Verstöße der Psychiatrie gegen Menschenrechte*, die eine vermeintliche Weltverschwörung der Psychiater aufdecken soll. Ganz in diesem Sinne meint die *Friedensbewegung Europa* herausgefunden zu haben, wer die „ethnischen Säuberungen" im ehemaligen Jugoslawien steuert. Psychiater und ihre „gehirngewaschenen Patienten" seien schuld am „Tod unzähliger alter Menschen, Frauen und Kinder". Der Krieg in Bosnien sei von Interpol angezettelt, von den Amtskirchen abgesegnet und werde von Psychiatern durchgeführt.

Auf Nachfrage erklärte uns Dominique Weyl, ausgewiesene Scientologin und „Sekretärin" der *Friedensbewegung*, ihre Organisation habe nichts mit Scientology zu tun. Sie sei in Wirklichkeit „interreligiös", „rein ideell" tätig und versuche lediglich, „auf die Öffentlichkeit und die Politiker einzuwirken". Die Vereinigung schicke keine Hilfskonvois auf die Reise und sammle auch keine Spenden ein. Merkwürdig nur, daß sie in Pressemitteilungen extra ein Spendenkonto angibt – auf das nach Angaben bosnischer Zeitungen innerhalb von zwei Monaten etwa 250 000 Mark flossen – Geld, dessen Verwendung niemand kontrolliert. Die *Friedensbewegung* hatte offenbar gezielt in Flüchtlingsheimen und islamischen Gemeindezentren um Spenden für die bosnischen Glaubensgenossen gebeten. Bosnier, die unentgeltlich und gutgläubig beim *Aktionsbüro* mitarbeiteten, wurden nach Angaben der Gesellschaft für bedrohte Völker sogar dazu gebracht, sich für viel Geld zum Auditor ausbilden zu lassen, um nach dem Krieg als Scientology-Apostel in Bosnien zu wirken.

Glücklicherweise blieb die neue Masche der Hubbard-Jünger nicht lange unentdeckt. Mehrere Politikerinnen warnten vor Spenden an das sektengesteuerte *Aktionsbüro*. Nachdem die Hamburger Bürgerschaftsabgeordnete Antje Blumenthal (CDU) am 30. Juli 1993 eine kleine Anfrage über Ziele und Methoden der *Friedensbewegung* an den Senat der Hansestadt gerichtet hatte, drohten ihr die selbsternannten Bosnien-Aktivisten in einer öffentlichen Erklärung: „Wenn sie nicht zur Besinnung kommt, muß sie als Mitangeklagte vor das UN-Kriegsgericht gestellt werden." Die Scientology-Org in Hamburg setzte dieser Posse noch eine Spitze auf. In einem „Bericht" vom 8. August 1993 heißt es wörtlich: „Hiermit wird die Bürgerschaftsabgeordnete Antje Blumenthal von der Scientology Kirche Hamburg e.V. zur ‚Persona non grata' erklärt." Begründung: Die Abgeordnete habe durch ihre kleine Anfrage „aktiv den Einsatz gegen den Krieg und für den Frieden in Bosnien unterminiert". Frau Blumenthal sieht darin den Beweis, daß das „Mäntelchen der Nächstenliebe in dieser Friedensbewegung nur Tarnung" ist: „Das, was die Scientologen hier machen, entspricht genau der Lehre L. Ron Hubbards, wie mit dem Feind umzugehen ist. Ich soll kaputtgemacht werden." Im August 1993 klärten auch bosnische Parteien und Vereinigungen in Flugblättern über die falsche *Friedensbewegung* auf.

Offenbar nutzt der Psycho-Multi „mildtätige" Veranstaltungen, um die östlichen Länder für seine Geschäfte zu erschließen. Die Strategie zielt auf direkte politische und wirtschaftliche Einflußnahme. Im Frühjahr 1993 erhielten wir einen ersten Hinweis, daß der Sekten-

Konzern auch in Albanien Fuß gefaßt hatte. In Berlin trafen wir Anna S., eine 21jährige Studentin aus Tirana, der Hauptstadt Albaniens. Sie berichtete von einem „WISE-Kurs", den sie an der ökonomischen Fakultät der albanischen Nationaluniversität belegt hatte. Die drei Dozenten kamen aus England, waren Scientologen und wählten ihre Studenten aus Hunderten von Bewerbern mit dem „Oxford Persönlichkeitstest" aus. Diese durften dann in dem viermonatigen Kurs (drei Stunden täglich) die Grundlagen der Hubbard-Wirtschaft studieren: Org-Board, steigende Statistiken, mach' mehr Geld. Bei Problemen wurde auf „mißverstandene Wörter" verwiesen, nebenbei über Scientology und WISE „informiert". Das Kursmaterial („Org Executive Course") bestand aus lauter bunten Broschüren, die kein anderer als L. Ron Hubbard höchstselbst verfaßt hatte. Anna S. zeigte sich davon überzeugt, alles Wesentliche über Marketing und Produktion gelernt zu haben: „Es ist so einfach und so praktikabel." WISE hielt sie für eine internationale Wirtschaftsorganisation, Hubbard für einen Wirtschaftsphilosophen, Scientology für eine wichtige westliche Institution: „Ich habe viel gelernt. Viele Leute sind bei Scientology und WISE, weil sie Resultate erzielen. Diese Technologie funktioniert."

Nicht nur Engländer, auch alte Bekannte aus der deutschen Scientology-Szene wollen die notleidenden Albaner auf den „Weg zum Glücklichsein" bringen. Das ARD-Fernsehmagazin *Report* enthüllte im Oktober 1993 den scientologischen Geheimplan „Project A".[6] Dieser Plan beweise, so die Reporter, „daß die Scientologen Albanien systematisch unterwandern wollen, um es zum ersten scientologischen Staat der Erde zu machen". Scientologen aus aller Welt würden aufgefordert, in Albanien geschäftlich zu intervenieren. Praktisch alle Wirtschaftsbereiche seien ins Visier der Sekte geraten: Bauwesen, Zeitungsindustrie, Landwirtschaft, Tourismus, Bankwesen, Telekommunikation, Computertechnologie und Managementtraining. In einem Papier der WISE-Gruppe heißt es: „Einige WISE-Mitglieder haben dann Ende 1992 Albanien für einige Tage besucht, um herauszufinden, was dort gebraucht wird."

Einer, den die notleidenden Albaner bestimmt nicht brauchen können, war heftig mit von der Partie: Gerhard Haag, jener „Patron meritorius" aus Esslingen, der seine Stahlbau-Firma scientologisch auf den Hund gefahren hatte (s. o.). Ausgerechnet Haag beförderte die Sekten-Expansionspläne an vorderster Front. Am Dajti-Berg baute der Scientologe ein Hotel um; Journalisten waren dort nicht erwünscht. Nach einem Bericht der Zeitschrift *Metall* wollte er in Tirana außerdem ein vielstöckiges Handelszentrum errichten, das die Scientology-Technologie „beherbergen … und in dieses Land bringen“ solle.[7] Haag hatte offenbar auch Scientology-Kurse an der Universität von Tirana organisiert, nicht nur für Professoren und Studenten, sondern auch für Mitarbeiter von Ministerien und Angestellte von Privatfirmen. Zudem machte er seine Aufwartung im albanischen Kulturzentrum. Nach *Report*-Recherchen forderte er dort Räume für Kurse und Schulungen. Im Gegenzug versprach er, Hubbard-Bücher für 30 000 Mark zu stiften und zwei Albaner zu einer kostenlosen Ausbildung nach England zu schicken. Etwa in die Kaderschmiede Saint-Hill? Wolfgang Vorwerk, der Wirtschaftsreferent der deutschen Botschaft in Albanien, bezeichnete Haag denn auch als honorigen Investor, „der hier in Tirana mehrere Projekte verfolgt und auch schon des häufigeren mit der Botschaft Kontakt hatte“.[8]

Die Türen in das Balkanland öffnete ihm die Münchener Anwaltskanzlei *Scheele und Partner*, zu der auch der ehemalige Bundesminister für wirtschaftliche Zusammenarbeit, Dr. Jürgen Warnke (CSU), gehörte. Diese Kanzlei, die nicht gerade selten Scientologen verteidigt, hatte für Haag laut *Metall* den Verkauf seiner Stahlbaufirma durchgezogen, dann ein Gutachten über Albanien erstellt und sich im Dezember 1992 sogar beim Bundeswirtschaftsministerium für den Sekten-Patron verwendet: der „bereite ein größeres Investitionsprojekt“ in Albanien vor. Anwalt Dr. Michael Scheele wurde aufgrund seiner Beziehungen sogar in die albanische Verfassungskommission berufen und soll nun engen Umgang mit der albanischen Regierung pflegen.[9] Da erstaunt es wenig, daß das Anwaltsbüro dem Sektenmann half, Kontakt zur deutschen Botschaft in Tirana herzustellen, wo der Bankrott-Unternehmer, der sich vor Gericht gern als mittellos darstellt, als solventer Investor galt. Auch dies ist nicht weiter verwunderlich, hatte ihm doch das Bundeswirtschaftsministerium am 26. März 1993 bestätigt, daß er mit seiner Firma „Albania Bau & Handel … im Interesse der Vertiefung der Wirtschafts- und Kooperationsbeziehungen der Bundesrepublik Deutschland mit der Republik Albanien Aufbauarbeiten in der Infrastruktur und im Bauwesen des Landes leistet“.[10] Gegenüber *Report* stritt Scientologe Haag jedoch jedes Geschäftsinteresse in Albanien ab: „Ich bin nicht hier, um Geschäfte zu machen, sondern ich bin hier, um nicht verfolgt zu werden wie in Deutschland."[11] Ex-Minister Jürgen Warnke schied Ende Oktober 1993 aus der eifrigen Münchener Anwaltskanzlei aus – nur wenige Tage bevor die Staatsanwaltschaft dort auftauchte und zahlreiche Akten zur Haag-Connection beschlagnahmte.[12]

Inzwischen wurden Tausende von Hubbard-Büchern in die Bibliotheken des Landes geliefert, die sonst kaum ausländische Literatur führen. Wie Anna S. wurden bereits Hunderte von Studenten und zukünftigen Wirtschaftsführern auf die „LRH-Tech" als probate Management-Methode eingeschworen. Die Elite des Landes gerät offenbar zunehmend in die scientologische Falle. In einer neueren Sektenbroschüre heißt es zusammenfassend: „Ein Repräsentant der albanischen Regierung hörte von den Wundern, die die LRH Verwaltungstechnologie bewirkt. Da ihm bewußt war, daß dringende Hilfe benötigt wird, um das ökonomische Chaos in seinem Land zu beenden, kontaktierte er ein WISE-Mitglied, das ihm die LRH-Lösungen zu den exakten Problemen seinen Landes mitteilte. Der Repräsentant war so beeindruckt, daß er eine WISE-Präsentation im albanischen Ministerrat organisierte, mit dem Effekt, daß eine Seminarserie im albanischen Kongreßpalast abgehalten wurde." Seitdem habe die Hubbard-Technologie ihren triumphalen Einzug in die albanische Regierung gehalten. „Eine herrliche neue Zukunft ist angebrochen", jubiliert das Scientology-Blatt. „Mit der LRH-Technologie hat Albanien zum ersten Mal in seiner Geschichte Hoffnung und kann nun wirkliche Freiheit erreichen."[13]

Doch so sehr dem Sekten-Konzern die Infiltration von Rumänien, Jugoslawien oder Albanien am Herz liegt, vor allem zielt er auf das Zentrum der ehemaligen kommunistischen Welt: auf Rußland.

Tausende Hubbard-Bücher für Moskau

Als Martina B., Praktikantin beim Deutschen Fernsehen in Moskau, 1992 erstmals die berühmte Lomonossow-Universität betrat, mochte sie ihren Augen nicht trauen. „L.-Ron-Hubbard-Saal" stand da über einer Halle der ehrwürdigen journalistischen Fakultät am Manegeplatz geschrieben. Junge Reporter und Korrespondenten lernen ihr

Handwerk ausgerechnet im Zeichen des Scientology-Führers, der in seinen Richtlinienbriefen darüber sinnierte, wie man die Presse am besten „handhaben", also manipulieren könne. Als Martina B. interessehalber nachfragte, erfuhr sie, daß die Universität den Ehrennamen – wie übrigens auch einen posthumen Ehrendoktortitel für Hubbard – aus Dankbarkeit vergeben hatte. Der Grund war eine großzügige Bücherspende aus scientologischen Beständen. Die unverhoffte Schenkung hatte die verstaubten „Klassiker" der Institutsbibliothek durch zeitgemäße akademische Literatur à la „Kampf um die Erde" ergänzt, deren Ideologie zwar nicht weniger aggressiv, aber mit Sicherheit totalitärer ist als alles, was Wladimir Uljanow alias Lenin jemals geschrieben hat.

Scientology scheint viel Wert auf die künftigen Berichterstatter und Meinungsbildner zu legen. Keine andere Sektion der Moskauer Universität wird von den Sektenleuten derart umworben. Im Sommer 1992 organisierten die Scientologen bereits zum dritten Mal eine Studienfahrt nach Dänemark, wo die angehenden Journalisten westliche Häuser reparieren durften. Da dies mit einem 18-Stunden-Tag verbunden war und damit die Arbeitseinsätze früherer „Studentensommer" weit in den Schatten gestellt wurden, kam es zu einer gewissen, durchaus verständlichen Verstimmung.

Offenbar hatten die Studenten nicht begriffen, was mit dem Hubbard-Zitat gemeint ist, das in jenem „Eiligen Briefing über Rußland" verbreitet wird: „Man arbeitet nicht nur für dieses Leben. Man arbeitet für alles zukünftige Leben überhaupt." Aus dem Sendbrief wird auch deutlich, wieso Scientology soviel Wert auf Journalistik-Studenten legt. Die Organisation appelliert darin an alle Mitglieder, „mehr Energie in Richtung Rußland fließen zu lassen, so daß wir mehr Bücher in die Büchereien, Universitäten und an die Meinungsführer bringen". Die Intelligenz, die Funktionärsklasse, die Spitzen der Gesellschaft sollen geködert werden.

Die Organisation überschwemmt das Land regelrecht mit ihren bunten Bänden. „Im vergangenen Jahr hat die AOSH UK (*Advanced Organisation Saint Hill United Kingdom*, d.A.) sehr gute Kommunikationslinien in die Sowjetunion hineinetabliert", freut sich der Autor des Rundschreibens. „Auch der russische Kulturminister trägt aktiv LRH-Tech in die Sowjetunion hinein. Er hat uns mit der schriftlichen Erlaubnis ausgestattet, LRH-Bücher an russische Bi-

ALBANIA AND RUSSIA ADOPT LRH'S ADMIN TECH

The World Institute of Scientology Enterprises (WISE) is responsible for getting LRH's administrative technology standardly used in the business world. Scientology has the only workable administrative technology on the planet, which enables individuals, working together to create ethical, stable organizations. Looking around us, we see administrative and economic problems such as bankrupt governments, superinflation and worthless money. To clear the planet, we need to create an environment where auditing can occur, where individuals aren't so oppressed by their environment and PTPs that case gain is impossible.

Consultants are trained as LRH admin tech specialists at any of the Hubbard Colleges of Administration, three located in the US, one each in South America, Africa and Australia and the three most recent colleges established in Russia.

At the Hubbard College of Administration in Moscow, over 30 course completions are produced each week and the wins and successes from these courses are nothing less than spectacular. For example, a director of a company with 15,000 employees was surprised to observe a change in three of his executive staff who were training at the college. They were smiling, communicating and were more composed and confident. He now wants to open up a Hubbard College of Administration in the Ukraine for the rest of his company's employees.

In the Siberia city of Irkutsk, 60 students have enrolled on LRH admin tech at the newly opened Hubbard College of Administration.

Audience at a WISE convention in Moscow

RUSSIA IMPLEMENTS LRH ADMIN TECH IN ITS BUSINESS COLLEGES

The Russian Academy of Economics in Moscow, a 25,000-student institute for studies in management, determines the educational programs for universities and business schools throughout Russia.

First LRH Admin Tech convention in Moscow

In looking for the best curriculum for management training, they rejected proposals from several American universities and voted to use LRH admin tech as their new curriculum. LRH admin tech now sets the standard for all aspects of administration and management education across Russia.

Hubbard College Of Administration in Siberia. It occupies the first 3 floors of this building.

A country run on the principles and stable datums of LRH admin tech would be high morale, their production and exchange would be at their highest and the ethics level would be conducive to clearing.

There are countries that have been under suppression for years, where individuals fight and struggle to survive. In the last year we have made inroads into Albania, a small European nation struggling to emerge from more than 40 years of suppression.

LRH's admin tech was brought to this country to give it help and future hope.

ALBANIA UNIVERSITY STUDENTS TO DO ORG EXECUTIVE COURSE

An official of the Albanian government heard of miracles being created by LRH's administrative technology. Realizing the urgent need for real assistance to end the economic chaos in his country, he contacted a WISE member who briefed him on the LRH solutions to the exact problems his country faced. The official was so impressed, he arranged for a WISE presentation to the Albanian Council of Ministries, which resulted in a series of seminars delivered at Albania's Congress Palace. Since then, Albania's leaders have called for immediate implementation of LRH admin procedures in the Albanian government, thousands of LRH books have been delivered to the National Library system and a series of lectures was delivered for students at the Albanian National University, covering the basics of organization and management.

These lectures were so well received that LRH admin tech is now the required curriculum for students at the Albanian National University's Department of Business Administration. Students are learning study tech and have a training line-up which covers all administrative basics – culminating with the entire Organization Executive Course!

A bright new future has dawned. With LRH's technology, for the first time Albania has hope and can now attain true freedom.

WISE exists to get this tech applied and has been increasing its reach into society. In just the last 2 years new membership in WISE has jumped 250%, to a total of over 2,700 members internationally. There are now 170 active consulting groups in 32 countries around the world. In 1992, WISE consultants delivered LRH admin tech to 157,000 executives and employees through more than 31,000 conferences, seminars, workshops and WISE courses.

LRH admin tech is the only answer to the economic and organizational chaos that currently prevails in society.

Scientology feiert ihren Einmarsch in Albanien in einer Hochglanzbroschüre.

bliotheken zu bringen. Wir haben bereits Zehntausende von Büchern nach Rußland gebracht." Die Goldschnitt-Ausgabe des „Dianetik"-Wälzers wurde sogar an 69 ausgewählte Mitglieder des russischen Parlamentes und verschiedene Parteiführer ausgegeben.

Die Werke des Sektengründers werden aber auch auf der Straße feilgeboten. Nahe der Moskauer U-Bahnstation Oktjabrskaja reißen sich Moskauer Jugendliche samstags und sonntags um die rabiaten Hubbard-Phantasien wie ihre kleinen Geschwister um amerikanische Kaugummis. Allerdings ahnt kein russischer Leser, was er da unter dem zugkräftigen Schlagwort „Science Fiction" erwirbt. Wie das Magazin *Wirtschaftswoche* erfuhr, haben die Scientologen mit der russischen IVA-Verlags-Kooperative sogar ein Joint-venture gegründet. Ab 1991 sollte Hubbards Bestseller „Battlefield Earth" in Millionenauflage unter die Leute gebracht werden. Michael Moatty, der Vizepräsident des Verlags *New Era Publications* hat sich nach dem Bericht der Zeitschrift bei den russischen Behörden beliebt gemacht, weil er ihnen im Dezember 1990 aus der Klemme geholfen hatte: „Sein Verlag war einer von gerade vier westlichen Ausstellern, die damals in der riesigen Messehalle auf dem Moskauer Manegeplatz an einem schlecht organisierten Prestigeprojekt für Michail Gorbatschow teilgenommen hatten. Da normale westliche Unternehmen praktisch nicht vertreten waren, konnte sich Moatty im Blitzlichtgewitter westlicher Pressefotografen sonnen. Titel der Ausstellung: ‚Horizonte der Perestroika'."[14]

Welch durchschlagende Wirkung die Bücher auf jahrzehntelang kommunistisch geprägte Gehirne haben, beweist jener eingangs zitierte Brief aus der Bürgerkriegsregion Nord-Ossetien. Gennady Bredzhanian richtet an „L. Ron Hubbard" die Frage, ob sich seine Theorie denn auch in der Praxis bewähre, „wenn ja, dann muß es in meinem Land in großem Rahmen eingeführt werden. Sie kennen die Lage des sowjetischen Volkes. Die meisten sind auf einer Stufe von Sub-Apathie." Dem Nord-Ossetier ist zwar bewußt, „daß ich alleine nicht viel tun kann, um die Situation in Ordnung zu bringen", aber er zeigt sich „vollständig überzeugt davon, daß es meine Pflicht vor Gott ist, meinen Teil der Arbeit zu tun". Daher habe er beschlossen, Auditor zu werden. Sein Brief schließt: „Gibt es eine Art Fernkurs für Auditoren? Oder vielleicht gibt es bereits ein Scientology-Zentrum irgendwo in der Sowjetunion? Ich warte auf Ihre Antwort."

„Reinigungs-Rundown“ für Strahlenopfer

Dem Kaukasier konnte sicherlich geholfen werden. Auch einem anderen, sehr ernsten Problem der untergegangenen Weltmacht widmen sich die Scientologen. Im Februar 1992 schickte *Saint Hill* wieder einen Rundbrief auf die Reise. In diesem Schreiben mit dem Titel „Wichtige Unterweisung Rußland“ geht es um die Folgen des Reaktorunglücks von Tschernobyl. Die Organisation, so kann man dem Brief entnehmen, setzt ihr medizinisches Know-how ein, um den Opfern zu helfen: „Kürzlich sandte AOSH UK eine Mission nach Moskau, um den Reinigungs-Rundown für 12 Personen, die durch die Tschernobyl-Atomkatastrophe betroffen waren, zu liefern.“

Der sogenannte „Reinigungs-Rundown“ gehört zum scientologischen Fitneß-Programm. Er gilt als probate „Technologie“ gegen jede Art von Radioaktivität. Der „Reinigungs-Rundown“ soll die Scientologen-Körper vor Verstrahlung schützen und bereits empfangene Strahlen wieder unschädlich machen. Die Rezeptur, die Hubbard noch persönlich verschrieb, besteht aus exzessiven Saunagängen und hochdosierten Vitaminpräparaten. „Ich will, daß Scientologen den Dritten Weltkrieg überleben“, befahl der Guru seinen Jüngern, und Tausende von Scientologen befolgen seinen Ratschlag Tag für Tag.[15] Kritiker der Roßkur wie Vigilli Venzin vom Verein Schweizerischer Drogenfachleute (VSD) sprechen allerdings von „totalem Quatsch, äußerst fragwürdig“.[16]

Was im Westen recht ist, kann im Osten nur billig sein, zumal es in der GUS an Opfern radioaktiver „Havarien“ wie Tschernobyl nicht fehlt. „87 Millionen Menschen“, so entdeckte ein Mitglied der „Mission nach Moskau“, seien dort einer Strahlen-Überdosis ausgesetzt gewesen. „Ihre Zukunft ist anscheinend dem Untergang geweiht.“ Aber Hilfe naht. In der „Wichtigen Unterweisung“ heißt es: „Wir können dieses Elend handhaben, wenn wir den Mut aufbringen und die Verantwortung dafür übernehmen, die LRH-Technologie dorthinzubringen.“ Zweifel sind nicht erlaubt. „Natürlich funktioniert der Reinigungs-Rundown! Die Professoren, die das Projekt leiteten, waren total begeistert. Bei allen 12 Teilnehmern nahm die Radioaktivität im Körper stark ab, und es gab begeisternde Erfolgsberichte.“ 1 200 Mark mindestens kostet die Schwitzkur in Deutschland, das ist in Rußland ein durchschnittliches Jahreseinkommen. Vielleicht gibt es die Immunisierung in Moskau aber noch zum Schnupperpreis.

Die wundersame Hubbard-Technologie findet offenbar in russischen Akademiker-Kreisen Anhänger. Professor N. A. Fudin von der „Russischen Akademie der Medizinischen Wissenschaften" schreibt nach *Saint Hill*, daß er für die gemeinsame Zusammenarbeit jetzt die „Unterstützung von hohen Regierungsstellen" erhalten habe. Er selbst habe hervorragende Ergebnisse bei der Behandlung radioaktiv verseuchter Personen erzielt. Da aber einige Fragen offen seien, bittet er darum, „ein gemeinsames Unternehmen in Moskau" zu starten, um die „Anwendung der Hubbard-Technologie für Entgiftung radioaktiv verseuchter Leute" zu studieren. Der Professor: „Meiner Meinung nach sollte dieses Problem, und besonders seine finanziellen Aspekte, von höhergestellten Managern der Scientology-Organisation in Los Angeles unter Ihrer und unserer Teilnahme beachtet werden." Man könne dann auch über die Einrichtung eines „gemeinsamen Forschungszentrums" in Moskau verhandeln. Hier bahnt sich offenbar der Einstieg von Scientology in den russischen Wissenschaftsbetrieb an – mit dem Wissen und der Unterstützung hoher russischer Ämter. Das Beispiel zeigt, wie leicht obskure Propheten, wenn sie im wissenschaftlichen Mäntelchen daherkommen und über Geld verfügen, Zugang zum russischen Establishment finden. Erste Erfolge lassen nicht auf sich warten. So meldete der *Spiegel* im Dezember 1992 die Eröffnung eines *Hubbard Management College* in Moskau.[17] In dieser Akademie würden Woche für Woche 30 Kursabschlüsse „produziert", berichteten die *International Scientology News* im Frühjahr 1993; auch in Irkutsk (Sibirien) sei kürzlich ein *Hubbard-College* eröffnet worden.[18] Die renommierte Russische Wirtschaftsakademie in Moskau (25 000 Studenten) habe Angebote verschiedener US-Universitäten zurückgewiesen und sich für die LRH-Tech als Standardcurriculum entschieden. „Jetzt setzt die LRH Verwaltungstechnologie die Standards für Verwaltung und Management in ganz Rußland", frohlockte die Zeitung. Auch ein *Narconon-Center* entsteht nach Scientology-Angaben zur Zeit in Rußland.[19]

In der „Wichtigen Unterweisung" stellen die Scientologen sich selbst als die zukünftigen Retter Rußlands dar. Den Zustand des Landes charakterisieren sie mit dem angeblichen Zitat eines russischen Arztes: „Siebzig Jahre lang versuchten sie, uns zu Tieren zu machen ..., sie haben es fast geschafft." Fast. Denn „wir haben die Technologie, um die Menschheit wirklich zu befreien. Wir müssen alle auf diesem Planeten davon wissen lassen! Jetzt! Heute! In diesem Augenblick!" Es kann kein Zweifel daran bestehen, daß die Scientologen es ernst meinen.

Offenbar fallen ihre schlichten Lösungen in der Führungsschicht der ehemaligen Sowjetunion auf einen fruchtbaren Boden. Die Scientologen knüpfen geschickt an die Erfahrungen mit dem autoritär geprägten System an, wenn sie vormalige Nomenklaturkader zu „Operierenden Thetanen" umschulen. Gleichzeitig offerieren sie eine für den kapitalistischen Überlebenskampf scheinbar maßgeschneiderte Ideologie. Das Rezept für die Unterwanderung östlicher Machtstrukturen gleicht dem Sektenplan zur Unterwanderung der Wirtschaft. Wie heißt es doch in der Verwaltungsanordnung ED 1040 des L. Ron Hubbard? „1.) Such Dir ein Geschäft aus, welches bereits sehr gut arbeitet; 2.) Wende Dich an den höchsten Direktor. Biete ihm an, dafür zu sorgen, daß sein Geschäft ihm mehr Geld einbringt ..."[20]

Im zerfallenden Rußland könnte ein hochmotivierter und präzise gesteuerter Geheimbund wie Scientology tatsächlich an wichtige Machtpositionen gelangen. Niemand weiß, wie weit die „Expansion" schon vorgedrungen ist. Und es gibt kaum eine demokratische Kontrolle.

Die Missionierung der ehemaligen Sowjetunion ist für den Sekten-Konzern ein entscheidender Schritt auf dem Weg zu einem „geklärten Planeten". Ihre „Religion" schreibt die scientologische Weltrevolution vor – und zwar verbindlich, nicht nur als Mittel zum Zweck, um Geld zu verdienen. Die „Wichtige Unterweisung Rußland" zeigt unverblümt, worum es geht. „Kurz gesagt, wir haben in einer kurzen Zeit eine Menge Boden in der Sowjet-Union gewonnen. Dieser Boden, diese geschaffene Basis, muß gefestigt und gestärkt werden. Können Sie sich diesen Planeten als ein koordiniertes Ganzes mit konstruktiven Zielen und Absichten vorstellen?" Der Begriff Freiheit wird redefiniert und in sein Gegenteil verkehrt: „Die Saat der Freiheit, d.h. große, breit angelegte, planetarische Verbreitung (von Scientology, d.A.) muß jetzt stattfinden."

Die Keime solcher „Freiheitssaat" scheinen aufzugehen. Scientology-Pressesprecherin Sabine Titzel brüstete sich in einem Brief vom November 1992: „Im gesamten Ostblock arbeiten Scientologen mit

Regierungsrepräsentanten zusammen, um die dringendsten Probleme des Landes zu lösen. Mit zwischenzeitlich über 700 Scientology Kirchen und Missionen in über 74 Ländern gehören wir zweifellos zu den am schnellsten wachsenden Religionsgemeinschaften unserer Zeit."

Die Scientologen versprechen Heilung einer „kranken" Welt, ob in Rußland, den USA oder Deutschland. Dazu haben sie Organisations- und Machtstrukturen entwickelt, die es ihnen ermöglichen, schon „morgen eine diktatorische Weltregierung auszurufen", wie es der ehemalige Scientology-Manager Norbert Potthoff ausdrückt. Das gesellschaftliche Modell, das sie unerbittlich lächelnd verfolgen, ist jedoch nichts weniger als eine befreiende Utopie, nicht einmal eine glückverheißende Rettungsphantasie. Es ist vielmehr eine Ausgeburt jenes Systems, das sie zu bekämpfen vorgeben. Public Relation wird zum Katechismus, unaufhörliche Leistungssteigerung zum Glaubenssatz, vermittels einer „optimalen Technologie" soll überhaupt alles „in den Griff" zu bekommen sein. Scientology verführt durch ein Weltbild, das sich tatsächlich aus dem gültigen Wertekatalog der säkularisierten westlichen Zivilisation bedient: Selbstverwirklichung um jeden Preis und technischer Machbarkeitswahn. Vermischt mit den Science-Fiction-Elementen, Weltraummythen und „Power"-Märchen entsteht ein Ideologie-Cocktail, der die „Star Trek-" und „Terminator"-Generation vermutlich stärker anspricht als irgendeine altmodische Religion oder Utopie.

Aber die endlose „Brücke zur Freiheit", erkauft durch irrwitzig teure Kurse, führt ins Nichts, die „Befreiung" selbst besteht aus Sklaverei, und das Versprechen „Ihr werdet sein wie Götter" bleibt notwendigerweise uneingelöst. Insofern gleicht der Scientologe Sysiphus: Auf jeden Kurs folgt ein weiterer Kurs, auf jedes mühevolle Leben ein weiteres. Die Erlösung gibt es erst nach der Fron unzähliger Wiedergeburten, wenn sich der „Thetan", das freischwebende Geistwesen, in einem fernen Zeitalter endgültig vom Körper trennt. Das Hubbard-Motto „Mache Geld, mache mehr Geld, sorge dafür, daß andere Geld machen" ist der traurige, vielleicht aber folgerichtige Tiefpunkt pervertierter abendländischer Erlösungsvorstellungen.

Auch am Ende der „Wichtigen Unterweisung Rußland" geht es um diesen Aspekt der Hubbardschen Mission: „Wir haben nicht die Zeit, um zu warten. Machen Sie jetzt sofort Ihre Spende!!! Wir nehmen Bargeld, Schecks, alle größeren Kreditkarten ..."

Anmerkungen

Scientology City

1 APA-Guide Florida. München 1990, S. 132.
2 Ebenda.
3 Aktion Bildungsinformation e.V. (Hg.): Eidesstattliche Erklärungen. Stuttgart 1980, (Eidesstattliche Erklärung der Tonja B.) S. 77ff.; (Eidesstattliche Erklärung der Anne R.) S. 16ff. Es wurden geringfügige grammatische Änderungen in den Übersetzungen vorgenommen, die den Inhalt der Aussagen in keiner Weise beeinträchtigen.
4 Scientologische Fragetechnik mit Hypnose-Elementen, von ehemaligen Sektenmitgliedern als Gehirnwäsche bezeichnet.

Der Aufstieg eines neuen Kultes

1 Im Original: „Make money. Make more money. Make other people produce so as to make money." HCO-Policybrief v. 9.3.1972: Income Flows and Pools. Principles of Money Management.
2 Time Magazin. New York v. 6.5.1991 (Titel).
3 FSM Newsletter 3/92 v. 13.3.1992; zit. nach cj: Himmlische Farben – Höllische Methoden. In: Der Augenoptiker 8/92, S. 10.
4 Zit. nach Hauser, Linus: Scientology und Science Fiction. In: Valentin, F.; Knaup, H. (Hg.): Scientology – der Griff nach Macht und Geld. Freiburg i.Br. 1992, S. 67f. (im folgenden Hauser: Scientology).
5 Koch, Egmont; Meichsner, Irene: Thetanen in geheimer Mission. In: Die Zeit 15/91, S. 10 (im folgenden Koch; Meichsner: Thetanen).
6 Attack, Jon: A Piece of Blue Sky. Scientology, Dianetics and L. Ron Hubbard Exposed. New York 1990 (im folgenden Attack: Blue Sky). Corydon, Bent L.; Hubbard, L. Ron Jr.: L. Ron Hubbard: Messiah or Madman? New Jersey 1987. Miller, Russell: Bare-Faced Messiah. The True Story of L. Ron Hubbard. London, New York, Ringwood 1987.
7 Über L. Ron Hubbard. In: L. Ron Hubbard: Dianetik. Die moderne Wissenschaft der geistigen Gesundheit. Kopenhagen 1982, S. 479 (im folgenden: Über Hubbard).
8 Vgl. Attack: Blue Sky, S.48.
9 Über Hubbard, S. 479.
10 Haack, Friedrich-Wilhelm: Scientology – Magie des 20. Jahrhunderts. München 1991, S. 22ff. (im folgenden Haack: Magie).
11 Ebenda, S. 23.
12 Ebenda.
13 Ebenda, S. 28.
14 Vgl. Haack: Magie, S. 25f. u. Albers, Volker: Vom Science-Fiction-Autor zum Sektenguru. In: Herrmann, Jörg (Hg.): Mission mit allen Mitteln. Der Scientology-Konzern auf Seelenfang. Reinbek 1992, S. 54 (im folgenden Albers: Sektenguru).

15 Church of Scientology International: Scientology Kirche. Aktive Hilfe für die Gesellschaft, o.O. 1992, S. 21.
16 Zit. nach Haack: Magie, S. 27.
17 Alpers, Hans v.; Fuchs, Werner (Hg.): Lexikon der Science-Fiction-Literatur. München 1990, S. 566.
18 Über Hubbard, S. 481.
19 Hubbard, L. Ron: Meine Philosophie. In: Church of Scientology International: Scientology. Resultate und Erfolge. Hamburg 1991, S. 27.
20 Zit. nach Haack: Magie, S. 33.
21 Vgl. Vontobel, Jacques u. a. (Hg. Pestalozzianum Zürich): Das Paradies kann warten. Gruppierungen mit totalitärer Tendenz. Zürich 1992, S. 46 (im folgenden Vontobel: Paradies).
22 Vgl. Haack: Magie, S. 37ff.
23 Ebenda, S. 39. Später behauptete man, Hubbard habe den Satanisten-Orden im Geheimdienstauftrag unterwandert und vernichtet. Tatsache ist: Der O.T.O. besteht heute noch. Vgl. Haack, Friedrich-Wilhelm; Gandow, Thomas: Scientology, Dianetik und andere Hubbardismen. München 1993, S. 26 (im folgenden: Haack; Gandow: Scientology).
24 Ebenda, S. 50.
25 Ebenda, S. 46.
26 Eidesstattliche Erklärung der Anne R. (ABI 12-80-37), S. 37.
27 Vgl. Thiede, Werner: Trugbild der totalen Freiheit. In: Rheinischer Merkur – Christ und Welt 34/92.
28 Zit. nach Haack: Magie, S. 43.
29 Ebenda, S. 40.
30 N. N.: Scientology – Kirche auf Abwegen oder Spirituelle Mogelpackung? Wiesbaden 1992, S. 3 (im folgenden N. N.: Scientology).
31 Zit. nach N. N.: Scientology, S. 10.
32 Zit. nach Haack: Magie, S. 69.
33 Zit. nach Haack, Friedrich-Wilhelm (Mitarbeit Thomas Gandow): Jugendsekten. Vorbeugen – Hilfe – Auswege. Weinheim 1991, S. 56 (im folgenden Haack: Jugendsekten).
34 Vgl. N. N.: Scientology, S. 24.
35 Zit. nach Haack: Magie, S. 59.
36 Forster, Sir John G.: Enquiry into the Practice and Effects of Scientology. London 1971 (sog. Forster-Report; dt. Teilübersetzung AGPF).
37 Zit. nach Schröder, Burkhard: Spuren der Macht. Reinbek 1990, S. 143 (im folgenden Schröder: Spuren).
38 Zit. nach Haack: Magie, S. 61.
39 Zit. nach Albers: Sektenguru, S. 62.
40 Eidesstattliche Erklärung des S. G. (ABI 12-80-8), S. 8.
41 Eidesstattliche Erklärung der Anne R. (ABI 12-80-37), S. 37.
42 Ebenda, S. 34.
43 Zit. nach Hauser: Scientology, S. 66f.
44 Zit. nach Schröder: Spuren, S. 143.
45 Zit. nach Vontobel: Paradies, S. 59.
46 Genaue Informationen bei Haack: Magie, S. 40ff. u. 73ff.

47 Zit. nach Koch; Meichsner: Thetanen, S. 11.
48 Zit. nach Schröder: Spuren, S. 122.
49 Tatsächlich gibt es die grundlegenden Hubbard-Elaborate inzwischen auch als Bildergeschichten (Dianetics and Scientology Picture Books).
50 Hemminger, Hansjörg: Das Buch Nr. 1 – Dianetik. In: Herrmann, Jörg (Hg.): Mission mit allen Mitteln. Der Scientology-Konzern auf Seelenfang. Reinbek 1992, S. 34 (im folgenden Herrmann: Mission).
51 Zit. nach Haack: Magie, S. 14.
52 Zit. nach Knackstedt, Wilhelm: „Die Zielsetzung sind total befreite Kunden" – Vom Persönlichkeitstest zum OT VIII. In: Herrmann: Mission, S. 27 (im folgenden Knackstedt: Befreite Kunden).
53 Kaufman, Robert: Übermenschen unter uns. Frankfurt a.M. 1972, S. 166 (im folgenden Kaufman: Übermenschen).
54 Zit. nach Haack: Magie, S. 40.
55 Zit. nach Albers: Sektenguru, S. 60.
56 HCO-Policybrief v. 7.2.1965. Zit. nach Knackstedt: Befreite Kunden, S. 26.
57 Birnstein, Uwe: Power, Clear-Sein und Thetanen. Was Scientology so anziehend macht. NDR 3, Reihe Thema, 4.6.1993, Rundfunkmanuskript, S. 11 (im folgenden Birnstein: Power).
58 Zit. nach Haack: Magie, S. 15.
59 Zit. nach: Lexikon der Sekten, Sondergruppen und Weltanschauungen, hg. v. Hans Gasper, Joachim Müller, Friedrike Valentin. Freiburg, Basel, Wien 1992, S. 943.
60 Schröder, Burkhard: Die Headhunter von Scientology. In: Prinz 8/90 (im folgenden Schröder: Headhunter).
61 Weihnachtsbotschaft 1976 von L. Ron Hubbard; zit. nach Haack: Magie, S. 96.
62 Ebenda, S. 9.
63 Zit. nach Haack: Magie, S. 138.
64 Zit. nach Haack: Jugendsekten, S. 53.
65 Vgl.: Stern v. 16.4.1990.
66 Zit. nach: Verfügung der Staatsanwaltschaft München 115 Js 4298/84. In: AGPF-Materialdienst 15/86 v. 4.11.1986, S. 59f.
67 Zit. nach: „Die wollen den totalitären Staat." Interview mit dem Scientology-Aussteiger Gunther Träger über die Methoden der Sekte. In: Der Spiegel 10/93, S. 86. Gunther Träger, einer der prominentesten und aktivsten deutschen Scientologen, hat die Sekte nach eigenen Angaben Ende 1991 verlassen. Das vierseitige Spiegel-Interview enthielt aber keine der Enthüllungen, die man bei einem Top-Scientologen wie Träger eigentlich hätte erwarten können.
68 Haack: Jugendsekten, S. 55.
69 Zit. nach N. N.: Scientology, S. 10.
70 Zit. nach Haack: Magie, S. 111.
71 Zit. nach Koch; Meichsner: Thetanen, S. 9.
72 Eidesstattliche Erklärung des Larry D. Wollersheim (ABI 12-80-249), S. 249f.
73 Ebenda, S. 265f.

74 Zit. nach Haack: Magie, S. 184.
75 Zit. nach Haack: Magie, S. 203.
76 Ebenda, S. 60.
77 HCO-Policybrief v. 17.2.1966. Zit. nach Haack: Magie, S. 240f.
78 Ebenda, S. 272.
79 Ebenda.
80 Ebenda, S. 56.
81 Eidesstattliche Erklärung der Anne R. (ABI 12-80-35), S. 35.
82 Eidesstattliche Erklärung der Tonja B. (ABI 12-80-84), S. 84.
83 Eidesstattliche Erklärung des S. G. (ABI 12-80-9), S. 9.
84 Anstellungsvertrag der „Sea Organization" (dt. Ausgabe). Zit. nach: Arbeitskreis Neue Jugendreligionen (Hg.): Info-Mappe zum Thema Scientology Kirche. Berlin 1992, S. 18.
85 Zit. nach N. N.: Scientology, S. 20.
86 HCO-Policybrief v. 7.2.1965. Zit. nach Potthoff, Norbert: Was ist Scientology? Krefeld 1992, S. 10 (im folgenden Potthoff: Scientology).
87 Church of Scientology International: Description of the Scientology Religion. Los Angeles 1993, S. 7 (im folgenden: Description).
88 Eidesstattliche Erklärung der Tonja B. (ABI 12-80-83), S. 83.
89 Zit. nach Vontobel: Paradies, S. 49.
90 N. N.: Scientology, S. 33. Franz Dunkel ist ein fiktiver Name, weil der Autor dieser Broschüre sich nicht zu erkennen gibt. Er gehört offensichtlich zur „Freien Zone", einer Vereinigung ehemaliger Scientology-Mitglieder, die die Sekte aus Protest verlassen haben.
91 Ebenda.
92 Zit. nach Haack: Magie, S. 234.
93 Vgl.: Anklageschrift, Bundesgericht der Vereinigten Staaten für den District Columbia, Vereinigte Staaten, gegen Mary Sue Hubbard und andere, Strafsache Nr. 78-401. Washington DC, Oktober 1979. Deutsche Übersetzung: Aktion Bildungsinformation. (ABI 12-80-1).
94 Hat Write Up. In: Ausgewählte Anlagen zum Beschluß der Staatsanwaltschaft München 115 Js 4298/84. AGPF-Materialdienst 15/86, S. 12 (im folgenden: Hat Write Up).
95 Zit. nach Haack: Magie, S. 245.
96 Vgl. Potthoff: Scientology, S. 18.
97 N. N.: Scientology, S. 31.
98 Ebenda, S. 28.
99 Ebenda, S. 23.
100 Zit. nach Stamm, Hugo: Scientology steckt weltweit in einer Krise. In: Tages-Anzeiger (Zürich) v. 9.11.1983 (im folgenden Stamm: Scientology).
101 N. N.: Scientology, S. 23.
102 Vgl. Description, S. 8.
103 N. N.: Scientology, S. 23.
104 International Scientology News. Issue 29, 1993.
105 Behar, Richard: The Thriving Cult of Greed and Power. In: Time Magazin. New York v. 6.5.1991, S. 54.
106 Hörig in Hollywood. In: Bunte, Juli 1992. Für den folgenden Text vgl. ebenda.

107 Ebenda.

108 Ebenda.

109 In der Akut-Sendung vom 12.7.1993 wurden merkwürdige Tatsachen präsentiert, deren Beweiskraft eher dürftig war. So residiert in einem Münchener Bürokomplex, der zu 33 Prozent Gottschalk gehört, die Münchener Scientology-Org – direkt neben Gottschalks Firma *Soll und Haben*. In seiner RTL-Talkshow hatte der Entertainer zudem eine Reihe prominenter Scientology-Anhänger präsentiert, darunter Al Jarreau, Julia Migenes und Pablo Röhrig. Gottschalk synchronisierte ausgerechnet den Film „Guck mal, wer da spricht", der mit den Scientologen John Travolta und Kirstie Alley besetzt sowie von der Scientologin Amy Heckerling inszeniert wurde. Akut konnte außerdem Dokumente vorweisen, nach denen ein Thomas Gottschalk angeblich einen OT-IV-Kurs und Seminare auf der „Freewinds" besucht habe. Doch Scientology zauberte umgehend einen Schweizer Doppelgänger Gottschalks hervor, der an den genannten Schulungen teilgenommen haben will. Und der einzige und wahre „Thommy" beteuerte in einem Interview: „Ich habe ja schon viel über mich ergehen lassen und war manchmal auch nicht ganz unschuldig. Aber so unschuldig wie diesmal war ich noch nie. Bei allem, was mir heilig ist: Ich habe und hatte mit den Scientologen nichts zu tun."

110 Zit. nach Richardson, John H.: Catch a Rising Star. In: Premiere, New York 9/93, S. 86 (im folgenden: Richardson: Rising Star).

111 Vgl. ebenda, S. 87.

112 Vgl. ebenda, S. 88. Vgl. auch Galbraith, Jane: The Church and the Magazines. In: Los Angeles Times v. 17.10.1993 (hier Bericht über das L.A. Magazine).

113 Vgl. Richardson: Rising Star, S. 88ff.

114 Darstellung und Zitate nach ebenda, S. 86-92.

115 Hörig in Hollywood. In: Bunte, Juli 1992.

116 N. N.: Scientology, S. 28.

117 HCO-Policybrief v. 19.3.1968: Dienstleistungen.

118 Bulletin des Internationalen Managements 3/83: Betrifft: Kriegserklärung gegen Off-Policy-Aktionen.

119 HCO-Policybrief v. 31.1.1983: Der Grund, aus dem es Orgs gibt.

120 Sea Organization, Captain Guillaume Lesèvre, ED INT: Auswertung zum europäischen Boom. 13.2.1983.

121 Bulletin des Internationalen Managements 7/83: Strategie für Service und Lieferung auf Org-Ebene.

122 Sea Organization, Captain Guillaume Lesèvre: Auswertung.

123 Potthoff, Norbert: Vom Aufsteiger zum Aussteiger. In: Herrmann: Mission, S. 24 (im folgenden Potthoff: Aufsteiger).

124 Zit. nach Knaup, Horand: Auf leisen Sohlen – die ökonomische Dimension von Scientology. In: Valentin; Knaup: Scientology – der Griff nach Macht und Geld, S. 93 (im folgenden Knaup: Auf leisen Sohlen).

125 The Command Channels of Scientology, o.O., 1991. Die Befehlsstrukturen von Scientology. Übers. v. N. N., Bezirksamt Tempelhof von Berlin 1992, S. 8 u. 63 (im folgenden: The Command Channels).

126 Heute und Morgen: Der Beweis. Ron's Journal 38. Kopenhagen 1983.
127 The Command Channels, S. 15.
128 The Auditor. München, 260/91.
129 N. N.: Scientology, S. 25.
130 Zit. nach Haack: Magie, S. 221.
131 Ebenda.
132 HCO-Policybrief v. 16.5.1965, Ausgabe II: Anzeichen in Organisationen.
133 HCO-Policybrief v. 12.7.1980: Die Grundlagen von Ethik.
134 Zit. nach Haack: Magie, S. 222. Liste der Zustände vgl. HCO Policyletter v. 16.11.1971: „Zustände, Belohnungen und Bußen …; führt HCO PL v. 22. März 1968 ‚Strafen und Zustände für neue Angestellte und Leute, die neu auf ihrem Posten sind' wieder ein"; abgedruckt bei Haack: Magie, S. 222f.
135 Aktion Bildungsinformation e.V. (Hg.): Die Scientology-„Kirche": „Kritiker sind Verbrecher" (ABI 12-82-23). Stuttgart 1982.
136 HCO-Policybrief v. 16.5.1965, Ausgabe II: Anzeichen in Organisationen.
137 Ebenda.
138 Vgl. Haack: Magie, S. 232.
139 Zit. nach Haack: Magie, S. 229.
140 HCO-Policybrief v. 23.12.1965 (revidiert am 10.9.1983): Ethik. Unterdrükkerische Handlungen. Unterdrückung von Scientology und Scientologen.
141 HCO-Policybrief v. 16.5.1965, Ausgabe II: Anzeichen in Organisationen.
142 Eidesstattliche Erklärung des Larry D. Wollersheim (ABI 12-80-164), S. 164.
143 Zit. nach Notz, Anton: Heute versteh' ich, warum sich manche umbringen. In: Stuttgarter Nachrichten v. 13.6.1992.
144 Koch; Meichsner: Thetanen, S. 9.
145 Zit. nach Stamm: Scientology.
146 Zit. nach Notz: Heute versteh' ich.
147 HCO-Policybrief v. 16.5.1965, Ausgabe II: Anzeichen in Organisationen. Vgl. auch: Scientology-Sekte hat angeblich eigenen Geheimdienst. In: Der Tagesspiegel v. 11.6.1992.
148 Vgl. Notz: Heute versteh' ich.
149 Zit. nach ebenda.
150 HCO-Policybrief v. 23.12.1965 (revidiert am 10.9.1983): Ethik … Scientologen.
151 „Ihre letzte Stunde hat geschlagen". In: Mecklenburger Morgenpost v. 21.7.1992. Am 7.10.1993 wurde Gisela Hackenjos vom Amtsgericht Hamburg wegen Beleidigung und versuchter Nötigung zu einer Geldstrafe von 9 600 Mark verurteilt. Das Gericht wertete ihre Äußerung als ernstzunehmende Drohung.
152 Zit. nach: Berliner Morgenpost v. 2.6.1992.
153 Vgl.: Eigener Geheimdienst. In: Hamburger Abendblatt v. 4.6.1992.
154 Minshull, Ruth: Auf und Ab, Anwendungsserie III, Wiesbaden 1977, S. 75; zit. nach Haack: Magie, S. 230.
155 Zit. nach Richardson: Rising Star, S. 88.
156 Behar, Richard: Scientology, ein gefährlicher Kult. In: Das Beste aus Reader's Digest 10/91, S. 90 (im folgenden Behar: Scientology).

157 Hat Write Up.
158 Zit. nach Pollern, Hans Ingo v.: Deutschlands gefährlichste Sekte. In: Herder Korrespondenz 46, 8/92, S. 381.
159 HCO-Policybrief v. 9.6.1975: Gegnerische PR-Meldungen.
160 „Negative Presse handhaben“, o.O. o.J. (Scientologisches Schulungsmaterial).
161 HCO-Policybrief v. 11.5.1971: Schwarze PR.
162 Zit. nach Aktion Bildungsinformation e.V. (Hg.): Die Scientology-„Kirche“.
163 Verfügung der Staatsanwaltschaft München 115 Js 4298/84.
164 Vgl. Notz: Heute versteh' ich.
165 Vgl. Der Freiheitsspiegel. München 46/92.
166 Vgl. Pusch, Helmut: Mit Geheimdienst-Tricks gegen Sektenkritiker. In: Südwestpresse v. 10.6.1992.
167 Ausgewählte Anlagen zur Verfügung der Staatsanwaltschaft München.
168 HCO-Policybrief v. 15.2.1966. Zit. nach Aktion Bildungsinformation e.V. (Hg.): Die Scientology-„Kirche“.
169 Bericht über die Zusammenkunft mit Herrn J., Privatdetektiv. Ausgewählte Anlagen zur Verfügung der Staatsanwaltschaft München 115 Js 42 98/84.
170 Zit. nach Knaup, Horand: Die Seelenkäufer. In: Badische Zeitung v. 18./19.5.1991 (im folgenden Knaup: Seelenkäufer).
171 Zit. nach Haack: Magie, S. 246.
172 Verfügung der Staatsanwaltschaft München 115 Js 42 98/84.
173 Impact. East Grinstead/Sussex 47/93, S. 26f.
174 Vgl.: Polizei beschlagnahmt Scientology-Broschüren. In: Süddeutsche Zeitung v. 17.2.1993.
175 Zit. nach Kintzinger, Axel: Scientologen als arme Verfolgte. In: Focus (München) 44/93, S. 32.
176 Zit. nach Newton, Jim: Tax-Free Status for Church of Scientology. In: Los Angeles Times v. 13.10.1993 (im folgenden Newton: Tax-Free Status). Vgl. für die folgenden Absätze ebenda. Vgl. auch: US-Scientologen geben 400 Millionen Dollar Vermögen an. In: dpa v. 22.10.1993.
177 Zit. nach Newton: Tax-Free Status.
178 Vgl. ebenda.
179 Vgl.: IRS – An Agency Out of Control. Anzeigenserie in: USA Today, September 1991.
180 Hubbard, L. Ron: Die Kritiker der Scientology. In: Freiheit, hg. v. d. Scientology Kirche Deutschland 14/79, S. 4. Zit. nach Haack: Magie, S. 74f.
181 Vgl. Behar: Scientology, S. 87.
182 Description, S. 5.
183 Eidesstattliche Erklärung des S. G. (ABI 12-80-8), S. 8.
184 Zit. nach Newton: Tax-Free Status.
185 Verfügung der Staatsanwaltschaft München 115 Js 4298/84.
186 Zit. nach Heinemann, Ingo: Ist die Scientology-Sekte eine Religionsgemeinschaft? In: AGPF-Informationsblatt v. 12.9.1991.
187 Haack; Gandow: Scientology, S. 62.
188 Vgl.: epd Nr. 86 v. 9.12.1991, S. 7.
189 Zit. nach Haack; Gandow: Scientology, S. 65.

190 Oeckl, Albert (Hg.): Taschenbuch des öffentlichen Lebens Deutschland 1992/93. Bonn 1992, S. 883 u. 894.

191 Vgl. Steiden, H.; Hamernik, Ch.: Einsteins falsche Erben. Die unheimliche Macht und Magie von Dianetik und Scientology. Wien 1992, S. 162 u. 168 (im folgenden Steiden; Hamernik: Einsteins falsche Erben).

192 Vgl. ebenda; vgl. auch Müller, Melissa: Psychokreuzzug. In: Forbes! 8/92, S. 30 (im folgenden Müller: Psychokreuzzug); vgl. auch Birnstein, Uwe: Geld, Macht und Ellenbogen. In: Deutsches Allgemeines Sonntagsblatt v. 3.7.1992.

193 Vgl. Birnstein, ebenda.

194 Zit. nach ebenda.

195 College. Zeitschrift des Stuttgarter Dianetic College e.V., o.J. (vermutlich 1975), Nr. 12.

196 Celebrity, hg. v. The Church of Scientology Celebrity Center International. Los Angeles, Major Issue 262, 1993, S. 14f.

197 Zit. nach Müller, Melissa: Big Spender. In: Cash Flow, Juli/August 1991 (im folgenden Müller: Big Spender).

Auf der Jagd nach Mitgliedern

1 Hubbard, L. Ron: Fachwortverzeichnis Scientology und Dianetik. Kopenhagen o.J., S. 28.

2 Vgl. Haack: Magie, S. 225.

3 Hubbard, L. Ron: The Creation of Human Ability. Dt. Übers. (Auszug aus dem Ehrenkodex), o.O., o.J. Vgl. zum Ehrenkodex Haack: Magie, S. 303.

4 Zit. nach Schultz, Helmut: Jetzt greift die Sekte nach unseren Kindern. In: Schweriner Volkszeitung v. 22.10.1992.

5 Zit. nach Knaup: Seelenkäufer.

6 Zit. nach Eimuth, Kurt-Helmuth: Gurus und Propheten sichern sich Marktanteile. In: epd-Dokumentation 52/91, S. 7, sowie Gandow, Thomas: Scientology und Dianetik. In: Neue Zeit (Berlin) v. 23.11.1990.

7 Z.B. in: Ostsee-Zeitung v. 27.10.1992.

8 Vgl. Kauß, Uwe; Wanke, Oliver: „Total befreite Kunden". In: CHIP 3/93, S. 71 (im folgenden Kauß; Wanke: Kunden).

9 Vgl.: Scientology-Sekte auch in Brandenburg aktiv. In: Tagesspiegel v. 21.1.1993.

10 Deutscher Bundestag, Protokoll über die 13. Sitzung des Ausschusses für Frauen und Jugend am 9.10.1991 – Nichtöffentliche Anhörung „Jugendsekten". Bonn, S. 40 (Sachverständiger Abel).

11 Hassan, Steven: Ausbruch aus dem Bann der Sekten. Psychologische Beratung für Betroffene und Angehörige. Hamburg 1993, S. 86 (im folgenden Hassan: Ausbruch).

12 Mende, W.; Nedopil, N.: Nervenärztliches Gutachten (Nervenklinik der Universität München). München 1984.

13 Schneider, Karl-Heinz: Der kosten- aber nicht folgenlose Scientology-Test. München 1991.

14 Scientology Kirche Hamburg e.V. (Hg.): Was ist Scientology? Hamburg 1990.
15 HCO-Policybrief v. 31.1.1983: Der Grund, aus dem es Orgs gibt.
16 HCO-Policybrief vom 19.3.1968: Dienstleistungen.
17 Zit. nach Hellwig, Marcus: Es wäre besser, wenn Irina tot wär. In: Bild am Sonntag v. 23.2.1992.
18 Zit. nach Stamm, Hugo: Hochverschuldeter Scientologe spurlos verschwunden. In: Tages-Anzeiger (Zürich) v. 23.10.1990.
19 Ebenda.
20 Der Minister für Justiz des Landes Baden-Württemberg. Beschlußvorlage zur 63. Konferenz der Justizminister und Senatoren vom 18. bis 21. Mai 1992 in Hannover. Strafrechtliche Überprüfung des Gebarens der „Scientology-Kirche". Stuttgart, 4.5.1992.
21 Zit. nach Stamm: Hochverschuldeter Scientologe spurlos verschwunden.
22 hwm: Scientology-Mitarbeiterinnen nahmen Behinderten aus. In Tages-Anzeiger (Zürich) v. 11.6.1987.
23 Zit. nach Haack: Magie, S. 118.
24 Preise nach: Deutschland Klasse-V-Organisationen. Spendenbeiträge. November 1991.
25 Church of Scientology, Flag Service Organization, Inc.: Wichtige Anpassung der Spendenbeiträge für Dienstleistungen. 1989.
26 Scientology-Werbeblatt; zit. nach Birnstein: Power, S. 3.
27 Zit. nach: „Als Junkie hin, als Alki raus." In: Der Spiegel 43/91, S. 81.
28 Potthoff: Aufsteiger, S. 17.
29 Zit. nach Knaup: Seelenkäufer.
30 Kind, Hans: Psychiatrisches Gutachten (über die Scientology-Therapien, d.A.). Herrliberg 1989, S. 17.
31 Zit. nach: „Lieber tot als unfähig". In: Der Spiegel 14/91, S. 32.
32 Hassan: Ausbruch, S. 80. Er führt aus: „Manche Ex-Mitglieder, die diese Techniken jahrelang praktiziert haben, berichten von einer Vielzahl schädlicher Nebenwirkungen, darunter schlimme Kopfschmerzen, Muskelkrämpfe und Verminderung der kognitiven Fähigkeiten wie Gedächtnis, Konzentration und Entscheidungsfähigkeit."
33 Potthoff: Aufsteiger, S. 20.
34 Eidesstattliche Erklärung der Anne R. (ABI 12-80-37), S. 48.
35 Church of Scientology, Flag Service Organization: Seien Sie weitaus mehr Ursache im Leben, 1992.
36 Scientology Kirche Hamburg e.V. (Hg.): Was ist Scientology, S. 9.
37 Kind: Psychiatrisches Gutachten, S.17.
38 Zit. nach Haack: Magie, S. 129.
39 Zit. nach Koch; Meichsner: Thetanen, S. 10.
40 Zit. nach Knaup: Seelenkäufer.
41 Zit. nach Birnstein: Power, S. 2.
42 Zit. nach: AGSD-Infomaterial, o.O, o.J.
43 Ebenda.
44 Hubbard, L. Ron: Einführung in die Ethik der Scientology. Kopenhagen 1989 (im folgenden Hubbard: Ethik).
45 Kaufman: Übermenschen, S. 248f.

46 Deutscher Bundestag – Nichtöffentliche Anhörung „Jugendsekten". Bonn, S. 20 (Sachverständiger Keltsch).
47 Vgl. Stamm, Hugo: Horrortrip im Bann von Narconon. In: Tages-Anzeiger (Zürich) v. 7.6.1991.
48 Ebenda.
49 Vgl.: „Als Junkie hin, als Alki raus."
50 Vgl. Heinemann, Ingo: Die Scientology-Sekte und ihre Tarnorganisationen. Stuttgart 1979, S. 99ff. (im folgenden Heinemann: Die Scientology-Sekte).
51 Vgl. Scientology Kirche Deutschland e.V. (Hg.): Interpol. Private Vereinigung. Öffentliche Bedrohung. Hamburg 1991.
52 Vgl.: The Command Channels, S. 30f.
53 Zit. nach Heinemann: Die Scientology-Sekte, S. 94.
54 Zit. nach Knaup: Seelenkäufer.
55 Eidesstattliche Erklärung des Larry D. Wollersheim, S. 285f.
56 Ebenda.
57 Für diesen Absatz vgl. Stamm, Hugo: Zürcher war monatelang auf Scientology-Schiff gefangen. In: Tages-Anzeiger (Zürich) v. 5.2.1992.
58 Zit. nach Stamm, Hugo: Ex-Scientologe im Wahn: Selbstmord. In: Tages-Anzeiger (Zürich) v. 26.3.1992.
59 Steiden; Hamernick: Einsteins falsche Erben, S. 175.
60 Vgl. für das folgende Kapitel: Hassan, Steven: Ausbruch aus dem Bann der Sekten. Psychologische Beratung für Betroffene und Angehörige. Hamburg 1993. Hassans Ausführungen zur Bewußtseinskontrolle beruhen wesentlich auf den Erkenntnissen des US-amerikanischen Psychologen Robert Jay Lifton, der die Mechanismen der Gehirnwäsche und Bewußtseinssteuerung untersuchte, die die chinesischen Kommunisten während und nach dem Korea-Krieg anwendeten. Vgl. Lifton, Robert Jay: Thought Reform and the Psychology of Totalism, New York 1961 u. ders.: The Future of Immortality and Other Essays for a Nuclear Age, New York 1987.
61 Zitate ebenda, S. 69 u. S. 85.
62 Ebenda, S. 112.
63 Ebenda, S. 106.
64 Zit. nach Steiden; Hamernick: Einsteins falsche Erben, S. 48.
65 Ebenda, S. 53.
66 Deutscher Bundestag – Nichtöffentliche Anhörung „Jugendsekten". Bonn, Anhang S. 218 (Sachverständiger Nedopil).
67 Zit. nach Steiden; Hamernik: Einsteins falsche Erben, S. 154.
68 Der Minister für Justiz des Landes Baden-Württemberg. Strafrechtliche Überprüfung des Gebarens der „Scientology-Kirche", S. 3.
69 Zit. nach: Weder Gott noch Götter. In: Der Spiegel 50/92, S. 75ff.
70 Ebenda. Vgl. auch: Formen und Führen. Wie sich Verfassungsschützer Arbeit verschaffen. In: Der Spiegel 46/93, S. 85.
71 Vgl. Saarland: Scientologen verletzen Verfassung. In: Berliner Zeitung v. 16.2.1993.
72 Zit. nach Koch; Meichsner: Thetanen, S. 10.
73 Ebenda.

74 Zit. nach Lemmer, R.; Stimpel, R.: Aufs Pflaster knallen. In: Wirtschaftswoche 13/91.
75 Vgl.: epd-Meldung v. 23.7.1992.
76 Clear Schweiz Komitee Zürich: Clear Schweiz Kongreß. Zürich 1992 (Flugblatt).

Ein weltweites Wirtschaftsimperium

1 Zit. nach: Frau Schwaetzer empfiehlt Vorzüge von Fertighäusern. In: Berliner Zeitung v. 12.1.1993.
2 Zit. nach: „Lieber tot als unfähig", S. 31.
3 Wochenblatt (Singen) v. 24.6.1992. Vgl. auch Stuttgarter Zeitung v. 30.7.1992.
4 HCO-Policybrief v. 25.4.1963 (6.10.1985): Pflichten eines Mitarbeiters.
5 Zit. nach cj: Himmlische Farben – Höllische Methoden? In: Der Augenoptiker 8/92, S. 10.
6 Vgl. Sinner-Schmedemann, Olaf: Farbiges um die Farbberatung. In: Focus (Ratingen) 9/92, S. 36f. (im folgenden Sinner-Schmedemann: Farbiges).
7 Zit. nach cj: Himmlische Farben – Höllische Methoden?, S. 8.
8 Zit. nach ebenda.
9 Zit. nach ebenda, S. 10.
10 Zit. nach Church of Scientology International (Hg.): Scientology. Resultate und Erfolge. Hamburg 1991.
11 Vgl.: Der Schweizer Optiker, Juli 1992. Vgl. auch Sinner-Schmedemann: Farbiges, S. 36.
12 Gegendarstellungen Erdtmann aus: Der Augenoptiker 11/92.
In den drei abgedruckten Gegendarstellungen wird erklärt: 1. daß keine „Informationen, die wir im Zusammenhang mit unserer geschäftlichen Tätigkeit erhalten haben, mittelbar oder unmittelbar der Scientology-Kirche zur Verfügung gestellt" wurden; 2. daß „keine hochrangige Tätigkeit für die Scientology-Kirche" ausgeübt wird; 3. daß es sich bei „unserer Firma (SN Colours, d.A.) ... nicht um eine Tarnorganisation der ‚Scientology-Church' (handelt)".
13 OLG München, Aktenzeichen 21 U 1717/93. Vgl. auch Kintzinger, Axel: Art. 5 schlägt Art. 4. In: Focus (München) 39/93, S. 65. Vorausgegangen war ein ähnliches Urteil des Landgerichtes München vom 2. Juni 1993, Aktenzeichen 5 O 7214/92.
14 Graf, Martin: Augenblick mal ... In: Der Augenoptiker 8/92, S. 3.
15 cj: Himmlische Farben – Höllische Methoden? S. 10.
16 Zit. nach: Sinner-Schmedemann: Farbiges, S. 36.
17 HCO-Policybrief v. 24.2.1982 (veröffentlicht am 10.11.1986): Wirtschaftssysteme.
18 Zit. nach: Scientology-Technologie in jedem Geschäft der Welt. In: Tages-Anzeiger (Zürich) v. 22.6.1991.
19 HCO-Policybrief v. 7.2.1965 (27.8.1980). Zit. nach: Verfügung der Staatsanwaltschaft München 115 Js 4298/84, S. 68f.
20 Zit. nach ebenda, S. 13.

21 Rennebach, Renate (MdB): Glückverheißendes Unheil: Die Gefahr „Scientology Church". 14.9.1992 (nach der Manuskriptkopie zitiert).
22 Vgl. WISE International: WISE – International Directory 1991. Making LRH Policy Your Company's Policy. Vgl. WISE – California Directory 1992. Dem California Directory ist eine aktualisierte internationale Namenliste beigefügt.
23 Vgl. Knaup: Auf leisen Sohlen, S. 84.
24 International Scientology News. Issue 29, 1993.
25 Vgl. Knaup: Auf leisen Sohlen, S. 85.
26 Vgl.: Eßlinger Zeitung v. 2.12.1991.
27 Vgl.: Die Unterwanderung beginnt mit biederen Fragebögen. In: Die Weltwoche v. 18.4.1991.
28 Vgl. WISE International: WISE – International Directory 1991. Making LRH Policy Your Company's policy.
29 Zit. nach Basler, Peter: Die machen dich fertig. In: doppelstab (Basel) v. 3.8.1989.
30 Ebenda.
31 Ebenda.
32 Ebenda.
33 Zit. nach: Scientology-Firma pleite. In: Neue Zeitung (Basel), November 1992.
34 Vgl. Lemmer; Stimpel: Aufs Pflaster knallen, S. 42.
35 Ebenda, S. 45.
36 Zit. nach Hahn, Angelika: Vanessa: lieber tot als unfähig. In: Rheinische Post (Ausgabe Willich-Viersen-Tönisvorst) v. 15.5.1990. Für den ganzen Abschnitt vgl. ebenda.
37 Zit. nach Müller: Big Spender.
38 Vgl. ebenda. Vgl. auch: Verdacht des Betrugs. In: Wirtschaftswoche 44/91.
39 Ebenda.
40 Vgl. Lemmer; Stimpel: Aufs Pflaster knallen, S. 48.
41 Ebenda, S. 42.
42 Steiden; Hamernik: Einsteins falsche Erben, S.161ff.
43 Zit. nach Abel: Deutscher Bundestag – Nichtöffentliche Anhörung „Jugendsekten", S. 8 (Sachverständiger Abel). – Zit. nach Träger: „Die wollen den totalen Staat", S. 90.
44 Vgl. für diesen und den folgenden Absatz Müller: Psychokreuzzug.
45 Vgl. ebenda. Vgl auch: „Lieber tot als unfähig", S. 36.
46 Zit. nach Müller: Psychokreuzzug, S. 32.
47 Vgl. WISE – International Directory 1991; WISE – California Directory 1992.
48 Zit. nach Koch; Meichsner: Thetanen, S.9.
49 Zitate nach Müller: Psychokreuzzug, S. 33.
50 Zit. nach Basler, Peter: Spezialist kam von Scientology. In: Basler Zeitung v. 31.10.1991.
51 Vgl. Franken, Michael; Scherer, Hans-Peter: Hochkantig raus. In: Wirtschaftswoche 31/93, S. 36-40.
52 Vgl. für den folgenden Absatz ebenda.
53 Alle Zitate ebenda.

54 Zit. nach Hermann, Karl: Filiale Bundesrepublik. In: Herrmann: Mission, S. 107 (im folgenden Hermann: Filiale).
55 Zit. nach Schröder: Headhunter. Vgl. auch Koch; Meichsner: Thetanen, S. 9.
56 Zit. nach Hermann: Filiale, S. 108.
57 Zit. nach Müller: Psychokreuzzug.
58 Zitate nach ebenda.
59 Zit. nach VDI-Nachrichten 46/91, S. 24.
60 Zit. nach: „Lieber tot als unfähig", S. 38.
61 Deutscher Bundestag – Nichtöffentliche Anhörung „Jugendsekten", S. 33 (Sachverständiger Mucha).
62 Kauß; Wanke: Kunden, S. 64. Vgl. für die folgende Darstellung ebenda.
63 Zit. nach ebenda, S. 64.
64 Vgl. u.a.: „Lieber tot als unfähig", S. 34.
65 Vgl. ebenda.
66 Zit. nach ebenda, S. 36.
67 Lemmer; Stimpel: Aufs Pflaster knallen, S. 48.
68 Zit. nach Hermann: Filiale, S. 103.
69 Zit. nach Haack: Magie, S. 192.
70 Zit. nach Koch; Meichsner: Thetanen, S. 9.
71 Zit. nach Hermann: Filiale, S. 101.
72 Zitat und Darstellung nach ebenda, S. 99ff. u. 110ff.
73 Zit. nach: Rausschmiß für Scientology-Makler? In: Stuttgarter Zeitung v. 1.4.1992.
74 Vgl. ebenda.
75 HCO-Policybrief v. 7.2.1965 (27.8.1980). Zit. nach: Verfügung der Staatsanwaltschaft München 115 Js 42 98/84, S. 68f.
76 Roth, Jürgen; Frey, Marc: Die Verbrecher-Holding. München, Zürich 1992, S. 28.
77 Zit. nach Müller: Psychokreuzzug.
78 Vgl.: Time Magazine v. 6.5.1991.
79 AGPF Aktuell AA I/89.
80 Scientology-Sekte in Spanien: Anklage. In: AGPF Aktuell AA III/89 v. 17.11.1989.
81 Vgl. für diesen Absatz Bork, Henrik: Dianetik für die FDP. In: Die Zeit 15/91, S. 13. Vgl. auch Lemmer; Stimpel: Aufs Pflaster knallen, S. 53.
82 Zit. nach: „Lieber tot als unfähig", S. 34f.
83 Vgl.: Polizei-Zeitung (Stuttgart) 9/91.
84 Zit. nach Bork: Dianetik, S. 13.
85 Vgl. ebenda.
86 Vgl.: Brigitte 26/92.
87 Zit. nach: Krisen am kalten Buffet. In: stern 42/92, S. 242.
88 Zit. nach Müller: Psychokreuzzug.
89 Vgl.: Betriebsrat wegen Scientology-Aktivitäten entlassen. In: Berliner Zeitung v. 19./20.12.1992.
90 Vgl.: Richter in der Sekte. In: Der Spiegel 52/92, S. 16.
91 Zit. nach Gottwald, Gerda: Scheinglück zu Wucherpreisen. In: Metall 16/91.
92 Zit. nach Rennebach, Renate (MdB): Glückverheißendes Unheil.

93 Deutscher Bundestag – Nichtöffentliche Anhörung „Jugendsekten", S. 8 (Sachverständiger Abel).
94 Zit. nach Graupner, Heidrun: Anatomie einer Sekte. In: Süddeutsche Zeitung v. 14./15.12.1991, S. 141.

Expansion in die neuen Bundesländer oder: Der Messias von Usedom

1 Vgl. Schirrmacher, Roswitha: Nur Häuptlinge – keine Indianer. In: Usedom-Kurier v. 24.6.1991.
2 Zit. nach St. Br.: Moderne Rechentechnik auf morschen Dielen. In: Ostsee-Zeitung v. 10.8.1991.
3 Nadler, Ingrid: Pilotprojekt mit hoffnungsvollem Beginn. In: Ostsee-Zeitung v. 28.8.1991.
4 Richardt, Marion: Start frei für Pilotprojekt Dargen! In: Usedom-Kurier v. 18.6.1991.
5 Richardt, Marion: 40 Farben für den Mund. In: Usedom-Kurier v. 4.9.1991.
6 Meyer, Uke: Offensive. In: Wolgaster Anzeiger v. 1.10.1991.
7 Meyer, Uke: Als es um den Flugplatz ging, blieb der Bürgermeister draußen. In: Wolgaster Anzeiger v. 1.10.1991.
8 Deutscher Bundestag – Nichtöffentliche Anhörung „Jugendsekten", S. 39 (Sachverständiger Potthoff).
9 Hubbard, L. Ron: Die Kritiker der Scientology. Zit. nach Haack: Magie, S. 74.
10 Zit. nach Haack: Magie, S. 75.
11 Kymmel, Friedrich v.: Benutzt man alle Konfliktfelder, um Einzelpersonen zu vernichten? In: Ostsee-Zeitung v. 20.5.1992.
12 Quosdorf, Uwe: Schach(er) um PPDU. In: Wolgaster Anzeiger v. 23.11.1991.
13 Zit. nach: dpa/mv. Straftaten in der Wirtschaft steigen. In: Nordkurier v. 14.11.1992.
14 Hubbard: Ethik, S. 269.
15 Krumholz, Walter: Treten Sie zurück, Herr Landrat! In: Wolgaster Anzeiger v. 21.10.1991.
16 HCO-Policybrief v. 14.8.1963: Presse-Richtlinien.
17 HCO-Policybrief v. 9.6.1975: Gegnerische PR-Meldungen.

Strohmänner und Schwindelfirmen

1 Zit. nach: „Absoluter Wahnsinn, was da los ist!" In: Der Spiegel 38/92, S. 57.
2 Zit. nach Roth; Frey: Die Verbrecher-Holding, S. 44f.
3 Vgl. Schultz, Helmut: Ich wollte nur noch weg. In: Schweriner Volkszeitung v. 7.5.1991.
4 Zit. nach Schröder, Burkhard: Der Griff nach Osten. In: Herrmann: Mission, S. 117.
5 Zit. nach: „Absoluter Wahnsinn, was da los ist!", S. 63.
6 Zit. nach Niendorf, Jörg: Scientologen auf ostdeutschem Beutezug. In: Berliner Zeitung v. 14.8.1991.

7 Vgl. Schröder, Burkhard: Scientology-Sekte will Ostdeutschland aufreißen. In: Freitag 29/91.

8 Zitate nach Schultz: Ich wollte nur noch weg.

9 Ebenda.

10 Vgl. Schröder, Burkhard: Scientology: Übermenschen unter uns. In: die tageszeitung v. 31.7.1991 (im folgenden Schröder: Übermenschen).

11 Zit. nach Schultz: Ich wollte nur noch weg.

12 Ebenda.

13 Zit. nach: „Absoluter Wahnsinn, was da los ist!“, S. 63.

14 Zit. nach Rademacher, Ludwig; Kintzinger, Axel: Thetan vor Gericht: Steuerbetrug. In: Focus (München) 25/93, S. 32.

15 Zit. nach: Ranghoher Scientologe verhaftet. In: Hamburger Abendblatt v. 10.3.1993.

16 Zit. nach Kirnich, Peter: Die Jagd nach Seelen und Geld. In: Berliner Zeitung v. 23.6.1992.

17 Zit. nach Mika, Bascha: Scientology-Mann will sich bei Krupp einkaufen. In: die tageszeitung v. 24.6.1992.

18 Zit. nach Linth, Wolf: Bestechende Sekte. In: Capital 10/92, S. 17.

19 Vgl. ebenda.

20 Vgl. Schneeberger, Ralf: Scientologe flieht vor Justiz. In: Metall 21/93, S. 16.

21 Zit. nach Schneeberger, Ralf: ... eine Art Gehirnwäsche. In: Metall 14/92.

22 Hubbard, L. Ron: Die Verantwortlichkeiten von Führern. In: Hubbard: Ethik.

23 Gunther Trägers PR-Agentur C & C Contact und Creation GmbH ist eine der größten deutschen Werbeagenturen der Tourismusbranche.

24 Vgl.: die tageszeitung v. 24.6.1992. Vgl. auch Berliner Zeitung v. 23.6.1992.

25 Schulte, Ewald B.: Profitgeier. In: Berliner Zeitung v. 23.6.1992.

26 Zit. nach Kirnich, Peter: Treuhand läßt Haag stolpern. In: Berliner Zeitung v. 27./28.6.1992.

27 Vgl. Billerbeck, L. v.; Nordhausen, F.: Zäh wie Leder, hart wie Kruppstahl. In: Wochenpost 29/92, S. 22.

28 Zit. nach Schultze, Regina: Schnaps ist Schnaps. In: Eßlinger Zeitung (Ausgabe Neckar-Fils-Schurwald) v. 15.10.1992.

29 Zit. nach Schultze, Regina: Ist Neubau für „ein paar Hanseln“ noch nötig? In: Eßlinger Zeitung (Ausgabe Neckar-Fils-Schurwald) v. 11.6.1992.

30 Zit. nach Eckstein, Kerstin: Treuhand suspendierte Verkauf an Scientologen. In: Sächsische Zeitung v. 10.8.1992.

31 Zit. nach Linth, Wolf: Strohmann für Scientologen. In: Capital 12/92, S. 25.

32 Vgl.: Scientologe Haag weiter am Werk? In: Metall 22/92.

33 Vgl. Kirnich, Peter: Ein Strohmann für die Scientologen. In: Berliner Zeitung v. 9.11.1992.

34 Vgl. Linth, Wolf: Das unheimliche Kartell. In: Capital 3/93, S. 16.

35 Vgl. ebenda.

36 Vgl. Schneeberger, Ralf: Scientologe flieht vor Justiz. In: Metall 21/93, S. 16.

Alltag im Betrieb eines Scientologen

1 Zit. nach Kaufman: Übermenschen (Instruktionen für den Clear-Kurs), S. 143. Inzwischen soll diese „Fair-Game-Order“ zurückgenommen worden sein.
2 Schneeberger, Ralf: Scientologe flieht vor Justiz, S. 16.

Brückenschlag nach Osteuropa

1 HCO-Policybrief v. 15.2.1966, abgedruckt bei Forster, Sir John G.: Enquiry; zit. nach Haack: Magie, S. 76.

Missionen von Warschau bis Peking

1 Zit. nach Birnstein: Geld, Macht und Ellenbogen.
2 The Command Channels, S. 32.
3 Zit. nach Avenarius, Thomas: Sekten wittern im Osten Morgenluft. In: Münchener Abendzeitung v. 18.5.1990.
4 Ebenda.
5 Ebenda.
6 Für die folgenden zwei Absätze vgl. Report (München), ARD. Sendung v. 18.10.1993.
7 Vgl. Linkersdörfer, Michael: Bonner Hilfe für die Sekte. In: Metall 23/93, S. 10 (im folgenden Linkersdörfer: Bonner Hilfe).
8 Zitate nach Report v. 18.10.1993.
9 Vgl. Linkersdörfer: Bonner Hilfe. Zit. nach ebenda.
10 Zit. nach ebenda.
11 Zit. nach Report v. 18.10.1993.
12 Vgl. Linkersdörfer: Bonner Hilfe.
13 International Scientology News. Issue 29, 1993.
14 Zit. nach Ziesemer, Bernd: Moskau: Mit Hubbard aufs Schlachtschiff Erde. In: Wirtschaftswoche 13/91.
15 Zit. nach Haack: Magie, S. 128.
16 Zit. nach: „Als Junkie hin, als Alki raus.“, S. 79.
17 Vgl.: Sekte erobert Rußland. In: Der Spiegel 51/92, S. 147.
18 International Scientology News. Issue 29, 1993.
19 Description, S. 9.
20 Zit. nach Schröder: Übermenschen.

HIERARCHIE DER SCIENTOLOGY-ORGANISATION

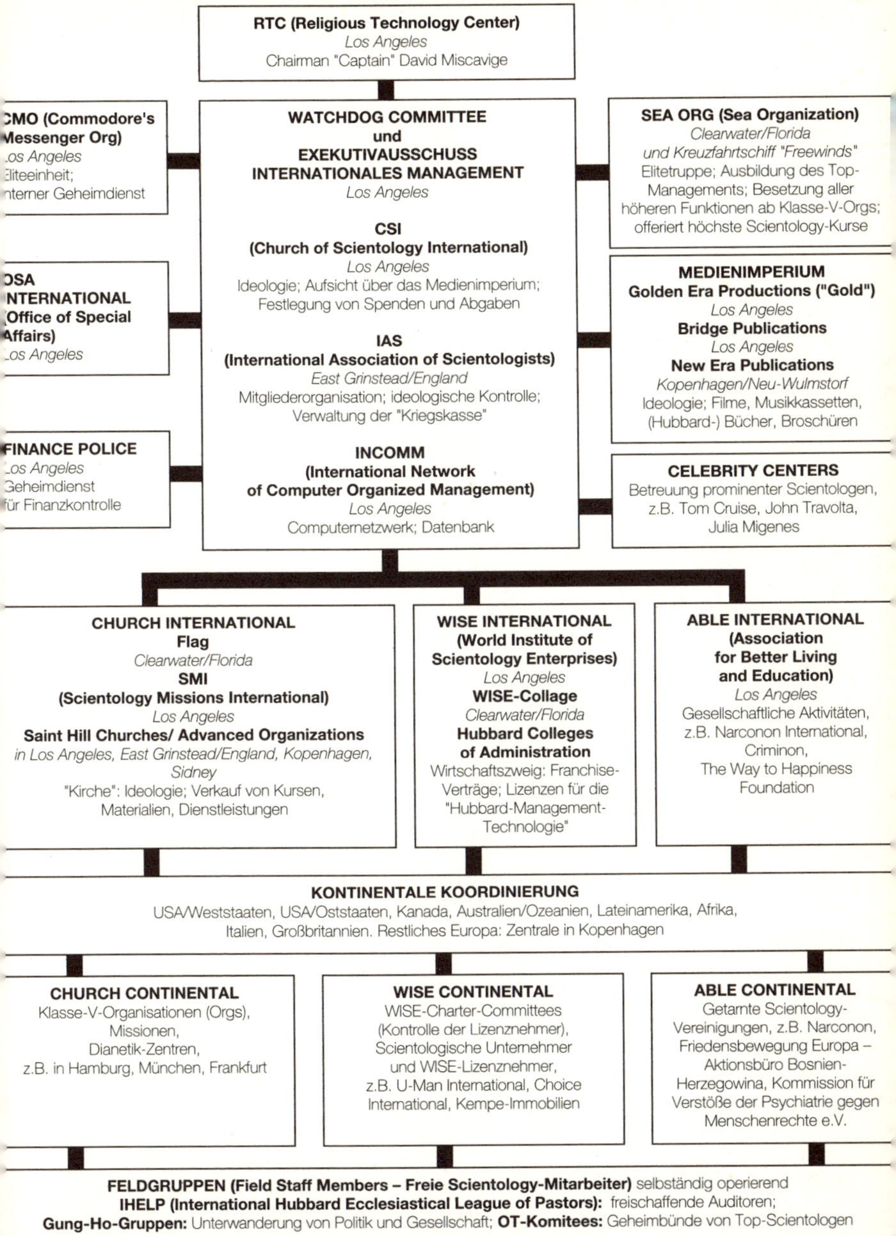

Vereinfachte Darstellung nach Scientology-Publikationen (The Command Channels of Scientology 1991; Description of the Scientology Religion, 1993) und nach Norbert Potthoff, Scientology Analyse 1993. © Liane v. Billerbeck, Frank Nordhausen

Glossar scientologischer Begriffe

ABLE (Association for Better Living and Education International, dt.: Internationale Assoziation für besseres Leben und Bildung) – steuert das Einsickern der *Hubbard*-Technologie in soziale Bereiche der Gesellschaft. Alibi-Aktionen, um die wahren Ziele der Sekte zu verschleiern.

ARC- oder ARK-Dreieck – Lieblingssymbol der *Scientology*-Welt. An den Spitzen des gleichseitigen Dreiecks stehen die Buchstaben A, R und K für die *Hubbard*-Begriffe „Affinität" (scientologischer Ausdruck für menschliche Regungen), (scientologische) „Realität" und „Kommunikation" (scientologisch für Konfrontation). Der Zusammenhang der Begriffe soll „Verstehen" bedeuten.

Auditing – scientologische Fragetechnik; Mischung aus Verhör, Beichte und Therapietechnik, die mit dem *E-Meter*, einer Art Lügendetektor, durchgeführt wird. Ehemalige Scientologen bezeichnen das *Auditing* als wesentlichen Teil der Bewußtseinskontrolle und berichten, daß der *Auditor* (Vernehmer) dabei Daten sammelt und notiert, die im Bedarfsfall gegen den „Studenten" verwendet werden.

„Brücke (zur völligen geistigen Freiheit)" – langer und kostspieliger Weg zum *Operierenden Thetan* (OT); scientologisches Kurssystem. Eine „Brückenkarte" informiert über das Programm zum „Glücklichsein" – derzeit 210 Kurse, und ein Ende ist nicht in Sicht.

Celebrity Center – nobel ausgestattete Treffpunkte für Prominente, mit denen sich der Psycho-Multi schmückt. Bekennende Scientologen sind unter anderem die Opernsängerin Julia Migenes und die Schauspielerin Kirstie Alley, die Elvis-Witwe Priscilla Presley, die Schauspieler Tom Cruise und John Travolta, Chick Corea und der russische Piano-Entertainer Alex Kozulin.

Church (dt.: Kirche) – Teilbereich von *Scientology*, der mit einer Kirche eigentlich wenig zu tun hat; verantwortlich für den Verkauf von Kursen, Büchern, Kassetten etc. Zentralen in Los Angeles und Clearwater/Florida.

Clear/Preclear – Das Ziel der *Dianetik* ist es, durch *Auditing* „clear" (d.h. geklärt) zu werden, ein total befreiter Mensch, frei von Störungen und Krankheiten, immun gegen radioaktive Strahlung, beschenkt mit hoher Intelligenz und Kreativität. Früher ein Lebenswerk, schafft es heute mancher in einem halben Jahr, diesen Zustand zu erreichen – vorausgesetzt, er hat das nötige Kleingeld. Bis dahin ist der angehende Hubbardist – wie übrigens auch alle Nicht-Scientologen – logischerweise ein sogenannter *Preclear*.

Clear Deutschland – 1987 ins Leben gerufenes Programm von *Scientology*, um „Deutschland zu klären", d.h. fünf Prozent des lukrativen deutschen Buchmarktes zu erobern, 15 Prozent der Meinungsführer für *Scientology* zu gewinnen und – absurd, aber ernstgemeint – schließlich die Macht zu übernehmen.

Department für spezielle Angelegenheiten (DSA) – deutscher Zweig des scientologischen Geheimdienstes OSA. Das DSA wird auch als „Presse- und Rechtsamt" bezeichnet.

Dianetik – Hubbardsches Kunstwort; Bezeichnung für seine sogenannte Wissenschaft des Geistes. Darüber schrieb der Sektengründer erstmals in einem US-amerikanischen Science-Fiction-Magazin, später dann ausführlich in seinem Bestseller „Dianetics" (1950). Den höchsten Geisteszustand *Clear*, so *Hubbard*, kann nur derjenige erreichen, der seinen kritischen Verstand aufgibt – scientologisch gesprochen: wer seinen „reaktiven Mind" besiegt, „Aberrationen" (fixe Ideen) und *Engramme* (Störzustände) löscht.

Dirty Tricks (dt.: schmutzige Tricks) – scientologische Methode, um Aussteiger und Kritiker zu diffamieren, ihnen das Berufsleben zu erschweren oder sie psychisch unter Druck zu setzen. In eidesstattlichen Erklärungen berichten ehemalige Scientologen von Einbrüchen, Fälschungen privater Dokumente, Verleumdungen bei Arbeitgebern, Telefonterror und versuchtem Kidnapping. Der amerikanische Aussteiger Robert Kaufman erwähnt eine spezielle Sekten-Abteilung namens „Dirty Tricks“, die solche Maßnahmen vorbereitet und durchführt.

Dynamiken – scientologische Definition der acht Lebenszustände oder Triebkräfte, die angeblich das „Überleben“ sichern. *Hubbard* „erkannte“ acht Dynamiken: Drang zum Dasein 1.) als Individuum, 2.) durch zwischenmenschliche Beziehungen und Familie, 3.) durch Zugehörigkeit zu einer Gruppe, 4.) als Menschheit, 5.) durch Fortbestand in der Tier- und Pflanzenwelt, 6.) des physikalischen Universums, 7.) als „geistiges Wesen“, 8.) durch Unendlichkeit.

E-Meter – elektrisches Gerät mit Blechbüchsen und Fünfziger-Jahre-Design. Die „Glaubensmaschine“ (Friedrich-Wilhelm Haack) kommt beim *Auditing* zum Einsatz und soll „psychische Blockaden“ beseitigen sowie *Engramme* auf der *Zeitspur* des Menschen finden. *L. Ron Hubbard* nutzte den Apparat auch, um die Energie von Tomaten zu messen. Gutachter der Uni Tübingen urteilten 1976: „technisch mangelhaft, wissenschaftlich nutzlos und unvorschriftsmäßig“. Das *E-Meter* mißt höchstens Hautwiderstände und funktioniert insofern wie ein simpler Lügendetektor. Den Scientologen ist es lieb und teuer: Es kostet mehrere tausend Mark.

Emotionsskala – getreu der Ansicht, daß der Mensch wie eine Maschine meßbar und datenmäßig erfaßbar sei, definierte *Hubbard* eine Stimmungstabelle, die auch als „Tonskala“ bezeichnet wird. Die Hubbardschen Stimmungszustände reichen von +40,0 „Heitere Gelassenheit des Seins“ über 1,1 „Versteckte Feindseligkeit“ bis zu -8,0 „Sich verstecken“.

Engramme – störende Schmerzzustände (auch aus „früheren Leben“), die den Scientologen hindern, *clear* und „vollkommen glücklich“ zu werden. Die *Engramme* sind angeblich detailgenau auf einer sogenannten *Zeitspur* aufgezeichnet und können laut *Hubbard* durch *Auditing* beseitigt werden. Geschieht das nicht, kommt es, so der „Gründer“, zu psychosomatischen Krankheiten.

Ethik – zentraler Begriff der *Scientology*-Ideologie. *Ethik* wird in der Sekte redefiniert als: „Gegenabsichten aus der Umwelt entfernen". Nachdem das erreicht worden ist, hat sie zum Zweck, „Fremdabsichten aus der Umwelt zu entfernen". Ethisch ist also alles, was Scientology nützt.

Ethik-Akten – Sammlung intimer Auskünfte und Daten über jeden, der der Sekte angehört oder ausgestiegen ist. Auch *Auditing*-Protokolle werden offenbar aufbewahrt und weitergereicht. In eidesstattlichen Erklärungen bestätigen Aussteiger, daß Informationen aus *Ethik-Akten* benutzt werden, um mißliebige Personen zu erpressen oder in der Öffentlichkeit zu diffamieren.

Ethik-Offizier – Kontroll- und Überwachungsinstanz. Der *Ethik-Offizier* wird tätig, wenn ein Scientologe falsch funktioniert, „fallende *Statistiken*" meldet oder „Schwerverbrechen" begeht (wie Kritik an *Scientology*, Preisgabe interner Informationen, Strafanzeigen gegen Scientologen). Er verhängt Strafen wie Teppichböden verlegen, Erde umgraben oder Dutzende Briefe schreiben. Nur die Ethik-Abteilung oder der *Ethik-Offizier* können ausgeschlossenen Hubbardisten, die reumütig Wieder-Aufnahme begehren, die Absolution erteilen.

Ethik-Zustände – Hubbardsches Bewertungssystem, das den Sektenjüngern bestimmte „Zustände" zuteilt, je nachdem, wie sehr sie die dubiose *Ethik* der Sekte befolgen, also im Sinne von *Scientology* funktionieren. Jeder Zustand bedingt bestimmte Belohnungen oder Strafen. Die elf Ethik-Zustände heißen 1.) Power (Macht), 2.) Affluence (Überfluß), 3.) Normal Operation (normale Tätigkeit), 4.) Emergency (Notstand), 5.) Danger (Gefahr), 6.) Non-Existence (Nicht-Existenz), 7.) Liability (Verpflichtung), 8.) Doubt (Zweifel), 9.) Enemy (Feind), 10.) Treason (Verrat), 11.) Confusion (Verwirrung). Ab „Emergency" werden Strafarbeiten verhängt.

Field Staff Member (FSM) (dt.: Feld-Mitarbeiter; freier Scientology-Mitarbeiter) – freischaffende Scientologen, die zehn Prozent der Erlöse erhalten, die sie beim Verkauf oder der Vermittlung von Büchern und Kursen einstreichen. FSM können enorme Summen verdienen, besonders wenn sie Prominente betreuen.

Flag (Land Base) – *Scientology*-Hauptquartier und *WISE*-Zentrale im ehemaligen Hotel Fort Harrison in Clearwater/Florida. Die „höheren“ *Scientology*-Weihen (Kurse ab OT-III) werden *Hubbard*-Jüngern nur dort verkauft.

Gesetz der Dritten Partei – Spitzelanleitung. Scientologen behaupten, gemäß dem Sprichwort „Wenn zwei sich streiten, freut sich der Dritte“ gäbe es immer eine Ursache (eine „Dritte Partei“), wenn *Scientology* ins Zwielicht gerückt wird und Kritiker auftauchen. Diese gelte es durch gemeinschaftlichen Horch-und-Guck-Einsatz auszuspähen, um die dritte Partei zu entdecken.

Guardian Office – frühere Bezeichnung für den internen Sicherheitsdienst. Das *Guardian Office* diente der Kontrolle von Aussteigern, „Feinden“ und Medien. Es soll von *Hubbards* dritter Frau Mary Sue geleitet worden sein, bis sie 1979 wegen „Verschwörung gegen die USA“ verurteilt wurde. Angeblich wurde die Sekten-Stasi damals aufgelöst. Insider und Aussteiger behaupten jedoch, daß es auch heute einen Geheimdienst gibt. Seine Name: OSA (Büro für spezielle Angelegenheiten).

Gung-Ho-Gruppen – Begriff aus der Mandarin-Sprache (China), der „zusammenrotten“ bedeutet. In einem vertraulichen *Scientology*-Dokument von 1969 als geheime Zusammenschlüsse von Scientologen bezeichnet, die verdeckte politische Arbeit leisten sollten, z.B. in „Elch-Logen, Rotary Clubs, Bürgergruppen, Frauenvereinigungen, Studentenverbänden usw.“. Ziel: „Behaltet im Sinn, daß Scientologen die einzigen Leute auf diesem Planeten sind, die einzigartig ausgerüstet sind, die Regierung zu übernehmen.“ Scientology behauptet, die Gung-Ho-Gruppen würden nicht mehr bestehen; interne Papiere sprechen dagegen.

handhaben – Bezeichnung für den Versuch, Probleme, Situationen und Personen „in den Griff zu bekommen“, d.h. stets zu agieren, nicht zu reagieren. Wer Zweifel hegt, von *Scientology* abdriftet oder gar Fehler (= Schwerverbrechen) begangen hat, muß *gehandhabt* werden, zum Beispiel durch Straf-*Auditing*.

Hubbard, Lafayette Ronald – Gründer und Guru der *Scientology*-Organisation. *Hubbard*, geboren 1911 in Tilden/Nebraska, war ein mäßig erfolgreicher Science-Fiction-Autor, bevor er mit „Dianetik – Die moderne Wissenschaft der geistigen Gesundheit" einen aufsehenerregenden Bestseller landete. Der Erfolg des Buches ermunterte ihn, den Inhalt zur „Religion" zu stilisieren und 1954 *Scientology* zu gründen. Wer die von der Sekte verbreiteten *Hubbard*-Biographien vergleicht, stößt auf allerhand Ungereimtheiten. Mysteriös sind auch die Umstände seines Todes. Angeblich verließ sein *Thetan* den „Body" am 24.1.1986. Seit Anfang der 80er Jahre ist *Hubbard* nicht mehr gesehen worden.

Hubbard Communication Office Bulletins (HCOB) – sogenannte „technische" Anweisungen *Hubbards*, die „alle Daten für Auditing und Kurse" enthalten.

Hubbard Communication Office Policybriefe (HCO PL) – Von *Hubbard* geschriebene Richtlinienbriefe, um die *LRH-Tech*, die Hubbardsche „Verwaltungstechnologie" in die Köpfe der Jünger zu hämmern. Diese Richtlinien sind in teuren, voluminösen Kompendien zusammengefaßt („grüne Volumes"). Sie müssen in allen *Scientology*-Filialen und in scientologisch geführten Unternehmen angewendet, d.h. buchstabengetreu befolgt werden.

International Association of Scientologists (IAS) – Organisation der *Scientology*-Mitglieder; zuständig für die ideologische Kontrolle. Sitz der *IAS* ist *Saint Hill Manor* in Sussex/England. Die Verbandszeitschrift heißt „Impact"; sie veröffentlicht regelmäßig Listen der Großspender (*Patrons*).

International Hubbard Ecclesiastic League of Pastors (I HELP) – Organisation der freien *Auditoren*, die mit *Scientology*-Lizenzen arbeiten, aber keine Angestellten des Konzerns sind.

Kriegskasse (= war chest) – Die Kriegskasse wurde angelegt, um die Kampagnen „Clear Planet", „Clear Europe", „Clear Deutschland" und „Clear Schweiz" zu finanzieren und Kritiker zu bekämpfen. Alle Scientologen sind aufgerufen, sich mit ihrer Spende an den Feldzügen zu beteiligen. Wer mindestens 40 000 Dollar einzahlt, wird auf Ehrentafeln erwähnt. Mit den Geldern aus diesem Fonds werden *Hubbard*-Bücher gedruckt, die öffentliche Bibliotheken in ganz (Ost-)Europa als Geschenk erhalten.

Lebensberater – andere Bezeichnung für einen scientologischen *Auditor.*

LRH – Abkürzung für Lafayette Ron *Hubbard*, s. *Hubbard.*

LRH-Tech – *Hubbards* scientologische Management- und Verwaltungs-„Technologie" (s. *HCO-Policybriefe*); beeinhaltet das sog. „Org-Board" sowie die Einführung von „Statistiken" und der „Ethik-Abteilung".

MEST – *Hubbards* Definition des Universums, das demnach aus Matter (Materie), Energy (Energie), Space (Raum) und Time (Zeit) besteht. Ein *Operierender Thetan* kann sich das *MEST*-Universum selbst erschaffen und jeden Punkt desselben durch seine „Power" aufsuchen.

Mission – Bezeichnung für eine *Scientology*-Filiale auf der unteren Stufe der Hierarchie.

OCA-Kurve (Oxford Capacity Analysis) – Kurve, die sich beim Auswerten der Kreuzchen auf dem sogenannten *Persönlichkeitstest* ergibt. Wissenschaftliche Qualität konnte bisher nicht nachgewiesen werden. Die Auswertung dieser Kurve dient dazu, angebliche Schwachstellen der Zielperson zu finden, um sie anschließend zum Kauf von *Scientology*-Büchern oder -Kursen zu überreden.

Operierender Thetan (Operating Thetan = OT) – Nach Durchschreiten der „Feuerwand", weiterer Abenteuer und Kursgebühren von mindestens einer Viertelmillion Mark (Preis steigend) wird der Scientologe als Herr über Raum, Zeit, Energie und Materie anerkannt und kann nun das Universum „klären".

Org – Abkürzung für scientologische „Organisation", auch „Klasse-V-Organisation" genannt; steht in der Hierachie über der *Mission*.

OSA (Office of Special Affairs, dt.: Büro für spezielle Angelegenheiten) – Scientologischer Geheimdienst; Nachfolger des *Guardian Office*, s.a. DSA.

Out 2D – scientologische Kodierung für außerehelichen Sex. Von *Hubbard* unter Strafe verboten.

Patron – Scientologischer Ehrentitel. Ein „Patron meritorius" (Gönner mit Sternchen) hat mindestens 250 000 US-Dollar in die *Kriegskasse* von Scientology gespendet, ein „Patron with Honors" 100 000 Dollar und ein „Patron of the Association" 40 000 Dollar.

Preclear (PC), s. *Clear/ Preclear*

Persönlichkeitstest – Katalog von 200 zum Teil absurden Fragen. Wird meist mit dem Bildnis Einsteins versehen und als Postwurfsendung verschickt. Einziger Zweck: „Kunden" für Kurse und Bücher zu fangen.

Potential Trouble Source (PTS) (dt.: potentieller Ärgernisverursacher) – jeder, der mit einer *SP*, einer sogenannten „unterdrückerischen Person" (*Suppressive Person*) in Verbindung steht. *Hubbard* ordnete an, jegliche *PTS* ordentlich zu *handhaben*, also wieder auf Linie zu bringen.

Raw Meat (dt.: rohes Fleisch) – verächtliche Bezeichnung für alle Nicht-Scientologen, die für den Psychokult quasi noch gargekocht werden müssen.

Reinigungs-Rundown – scientologischer „Kurs" mit angeblicher Wunderwirkung; exzessive Schwitzkuren in der Sauna über täglich mehrere Stunden, als Beigabe hochkonzentrierte Vitamincocktails (Niacin). Scientologen wollen sich damit gegen atomare Strahlung und den Dritten Weltkrieg immunisieren. Kurspreis in Deutschland (Ende 1992) zwischen 1 200 und 3 000 DM.

Religious Technology Center (RTC) – Machtzentrum von *Scientology*, vermutlich milliardenschwer. 1982 wurden – aus steuerlichen Gründen – die Rechte an *Hubbards* Namen, seiner Unterschrift und anderen Begriffen aus der *Scientology*-Welt an das *RTC* verkauft. *Scientology*, *Dianetik*, *Hubbard* usw. sind inzwischen eingetragene Warenzeichen. Jeder Unternehmer, der sie und andere Spezialitäten aus der *LRH-Tech* benutzt, muß Lizenzgebühren an das *RTC* zahlen.

Saint Hill Organizations – zweithöchste Hierachie-Ebene der *Church* nach *Flag*; benannt nach dem georgianischen Landsitz Saint Hill Manor in England, wo *Hubbard* die *Auditoren*-Ausbildung entwickelte. Bestimmte Kurse wie die *Auditoren*-Ausbildung können nur dort absolviert werden.

Schwarze PR – Scientologische „Technik", um Kritiker und „Feinde" zu *handhaben*. Aus einem *Hubbard-Policybrief* vom 11.5.1971: „Der komplizierteste Gebrauch von PR ist ihr versteckter Gebrauch, um den Ruf von Personen und Gruppen zu vernichten. Der korrektere Fachausdruck dafür ist Schwarze Propaganda. Im Grunde ist es eine Spionagetechnik."

Scientology – „Lehre vom Wissen"; Kunstwort, zusammengesetzt aus scire (lat. wissen) und logos (gr. die Lehre). Esoterische Pseudo-Philosophie, die auf dem „Denkgebäude" der *Dianetik* aufbaut und diese um den *Thetan* bereichert. *Scientology* ist heute auch die Bezeichnung für die gesamte Organisation. *Hubbard* hat das Wort vermutlich von dem deutschen Landwirt und Philosophen Dr. Anastasius Nordenholz „geborgt", der 1934 ein Buch mit dem Titel „Scientologie, Wissenschaft von der Beschaffenheit und Tauglichkeit des Wissens" geschrieben hatte.

Sea Organization (Sea Org) – Elitetruppe, Geheimbund im Geheimbund. Da *Hubbard* eine heftige Neigung zur Marine verspürte und in manchen Ländern nicht gern gesehen war, kaufte er zwei Schiffe, begab sich 1968 mit seinem Führungszirkel auf hohe See und nannte seine „Marines" fortan *Sea Org*. Die Mitglieder der mysteriösen Sondereinheit müssen einen Vertrag über eine Milliarde Jahre unterschreiben und einen speziellen Ehrenkodex einhalten. Die *Sea*

Org mit Sitz auf dem *Scientology*-Kreuzer „Freewinds“ und in *Flag* fungiert heute als Kadettenanstalt und Führungsakademie: Hier werden die Manager des *Scientology*-Konzerns gedrillt und ausgebildet.

Suppressive Person (SP) (dt.: unterdrückerische Person) – Feinde, Kritiker, Bösewichter, kurz: Unterdrücker. Diese Zeitgenossen nannte *Hubbard* „böse“, „antisozial“ und „katastrophal“. Glück für *Scientology*: Dazu gehört nur ein Fünftel der Menschheit, wie der Sektengründer erleichtert herausfand.

Statistik – Statistiken sind fester Bestandteil des Scientologen-Lebens, an denen sich Erfolg und Mißerfolg messen lassen. Täglich, wöchentlich und monatlich muß abgerechnet werden. Nur wer steigende *Statistiken*, also wachsende Produktivität aufweist, gilt als gesund und „powervoll“. Sinkende *Statistiken* gefährden laut *Hubbard* dagegen das Überleben.

Tarnorganisationen – Scientologen haben zahlreiche Tarnorganisationen gegründet, die vor allem scheinbar soziale Arbeit leisten. Eine Aufzählung kann nur unvollständig sein. Ständig entstehen neue Verbände, stets auf der Hut, enttarnt zu werden. Einige Beispiele: Aktionskomitee „Sag Nein zu Drogen“, CCHR Schweiz Bürgerkommission für Menschenrechte, College für angewandte Philosophie, Friedensbewegung Europa – Aktionsbüro Bosnien-Herzegowina, Gesellschaft zur Förderung religiöser Toleranz und zwischenmenschlicher Beziehungen e.V., Institut für persönliche Verbesserung, Kinderliga mit Ernährungsumstellung gegen Psychodrogen e.V., Kommission für Polizeireform, Kommission für Verstöße der Psychiatrie gegen Menschenrechte e.V., Kommission zum Schutz des Bürgers gegen Datenmißbrauch e.V., MUT (Menschen gegen Unterdrückung der Toleranz), Narconon, VEM (Verband Engagierter Manager), Verband Engagierter Zahnärzte, ZIEL (Zentrum für Individuelles und Effektives Lernen).

Thetan – scientologisches „Geistwesen“, das unsterblich ist und sich demzufolge in jedem Leib verkörpern kann. Der Mensch besteht laut *Hubbard* aus Body (Körper), Mind (Verstand) und *Thetan* (Seele). Bei jeder Wiedergeburt sucht sich der *Thetan* einen neuen

Body, was nicht immer ein Mensch sein muß. Oberstes Ziel eines Menschen sollte es sein, seinen *Thetan* perfekt in den Griff zu bekommen. Dieser Zustand heißt *Operierender Thetan.*

Trainingsroutine 0 (TR 0) – scientologischer „Indianerblick". Was Kinder als Machtspiel betreiben, haben Scientologen perfektioniert. Stundenlang starren sie sich gegenseitig in die Augen, um unempfindlich gegen Außenreize zu werden. Kritiker befürchten irreversible Schäden.

World Institute of Scientology Enterprises (WISE) – wirtschaftlicher Zweig der *Scientology*-Organisation, der die *Hubbard*-Ideologie in der Geschäftswelt verbreiten soll. Die 1979 gegründete *WISE*-Gruppe vereint alle Unternehmer, die die *LRH-Tech* verwenden. Angeblich müssen *WISE*-Mitglieder einen bestimmten Prozentsatz ihres Umsatzes an ihre Zentrale in Clearwater abführen.

Zeitspur – scientologischer Begriff. Scientologen glauben, daß sie durch *Auditing* in all ihre früheren Leben zurückkehren können. Mit Hilfe des *E-Meters* sollen dort sog. *Engramme* gefunden und gelöscht werden.

Was tun bei Berührung mit Scientology? Ein Rechtsratgeber von Ralf Bernd Abel

Sektenberührung im privaten Umfeld

Werbung

Wer mit Scientology irgendwie in Kontakt geraten ist, z.B. durch den Kauf eines „Dianetik"-Buches, durch Straßenwerbung oder vielleicht auch durch Bekannte oder Arbeitskollegen, muß damit rechnen, anschließend massiv mit Werbung überschüttet und mit Anrufen belästigt oder sogar bedrängt zu werden. Hiergegen gibt es rechtliche Handhaben:

Die Rechtsprechung hat zum Schutze vor unverlangter Werbung einen sogenannten Unterlassungsanspruch anerkannt. Dieser setzt zunächst voraus, daß Scientology unmißverständlich zur Unterlassung aufgefordert wird, und zwar nicht irgendeine der vielen Scientology-Filialen, sondern diejenige, von der die Belästigung tatsächlich ausgeht. Daher wendet man sich an die Organisation, die als Quelle der Werbesendungen und/oder Anrufe erkennbar ist, in der Regel die örtliche Niederlassung.

Die Abmahnung muß unmißverständlich sein, und sie sollte auch die Mitteilung enthalten, daß man notfalls gerichtliche Schritte einleitet.

Ein Muster für ein solches Schreiben könnte beispielsweise so aussehen:

„Sehr geehrte Damen und Herren, in den letzten Tagen und Wochen habe ich von Ihnen eine Vielzahl von Werbesendungen erhalten. Ferner wurde ich von Ihren Mitarbeitern ... am ... mehrfach unverlangt angerufen.

Ich erkläre hiermit ausdrücklich, daß ich an Ihrem Material und an Ihren Angeboten nicht interessiert bin. Ich fordere Sie daher auf, ab sofort Zusendungen und Anrufe einzustellen und Ihre Mitarbeiter entsprechend anzuweisen. Ferner widerspreche ich der Nutzung und Übermittlung meines Namens, meiner Anschrift und der etwa sonst über mich bei Ihnen gespeicherten personenbezogenen Daten (§ 28 Abs. 3 BDSG). Sollten Sie dieses Verbot nicht beachten, werde ich gerichtliche Hilfe in Anspruch nehmen und im übrigen die zuständige Datenschutzaufsichtsbehörde einschalten."

Da der Zugang einer Abmahnung bewiesen werden muß, empfiehlt es sich, diese per Telefax und/oder per Einschreiben mit Rückschein zu übersenden. Wer nicht über ein Telefax-Gerät verfügt, kann auch von allen Postämtern einen sogenannten Telebrief übermitteln.

Wird auf die Aufforderung nicht oder nur unzureichend reagiert und gehen die Belästigungen weiter, besteht dann die Möglichkeit einer Unterlassungsklage, die beim zuständigen Gericht eingereicht werden muß. Meist ist es das Landgericht des Ortes, an dem die jeweilige Scientology-Niederlassung ihren Sitz hat. Vor dem Landgericht herrscht Anwaltszwang, das heißt, es ist die Vertretung durch einen Rechtsanwalt vorgeschrieben, der dann die näheren verfahrensrechtlichen Einzelheiten klärt und auch prüft, ob eine entsprechende Rechtsschutzversicherung besteht und die Deckung übernimmt. Im Falle der sog. Kostenarmut, also bei geringeren Einkommen, kann auch Prozeßkostenhilfe für eine Klage beantragt werden, so daß die Gerichtskosten und die Kosten des eigenen Prozesses abgedeckt werden.

Die Klage muß sorgfältig begründet werden. Es muß vor allem folgendes dargelegt und bewiesen werden:

– Wer hat wann mit welchem Inhalt angerufen?

– Woran war erkenntlich, daß der Anrufer/die Anruferin Scientologe war?

Es empfiehlt sich, Werbematerial zu sammeln bzw. eine Liste über alle Telefonanrufe anzulegen und sich auch Zeugen zu notieren, notfalls auch solche Zeugen, denen man von der Belästigung erzählt hat. Erforderlich sind möglichst genaue Angaben, unter denen sich das Gericht etwas Konkretes vorstellen kann, um einer Unterlassungsklage zum Erfolg zu verhelfen. Nicht ausreichend sind dagegen nur allgemeine Behauptungen der Art, es hätten irgendwann „Anrufe" stattgefunden. Dies wäre für die Gerichte, die ja nicht dabeigewesen sind, zu allgemein, denn: Die Betroffenen, also die Scientology-Niederlassung oder deren Mitarbeiter, werden natürlich alles abstreiten oder sogar behaupten, um Anrufe oder Werbung gebeten worden zu sein. Deshalb ist eine gute Beweisführung, z.B. anhand von Aufzeichnungen, eine wichtige Grundlage für den Erfolg. Kann man Art und Umfang der Belästigung belegen, werden die Gerichte mit hoher Wahrscheinlichkeit entsprechende Verbote aussprechen.

Partnerschaft
Schwierig ist es, wenn sich herausstellt, daß ein Ehe- oder Lebenspartner Kontakt mit Scientology aufgenommen hat und/oder Kurse besucht. Der erste Impuls wird sein, den Partner davon abzubringen und mit ihm/ihr darüber zu diskutieren. Das ist sicherlich nicht falsch, wobei man sich aber darüber im klaren sein muß, daß manches neue Opfer zwar von der Sache begeistert ist, aber den Grad der Beeinflussung entweder abstreitet oder herunterzuspielen versucht. Man darf sich nicht über das Ausmaß der tatsächlichen Verstrickung täuschen lassen.

Unabhängig davon ist es zweckmäßig und oft sogar unumgänglich, sofort die eigenen Interessen zu schützen. Der „Ehren"kodex der Scientologen erlaubt nämlich einem SC-Anhänger, anderen „in einer gerechten Sache" (womit Scientology gemeint ist) wehzutun, also zu schaden.

Gemeinsames Vermögen
In erster Linie sind das gemeinschaftliche Eigentum und die Geldmittel auf den gemeinsamen Konten gefährdet. Scientologen benötigen viel Geld. Im „Auditing" werden alte und neue Mitglieder genauestens auch über ihre finanziellen Verhältnisse ausgefragt. Die meisten sind dieser Psychotechnik nicht gewachsen, geben Auskunft und laufen Gefahr, daß Scientologen ihn/sie dazu bewegen, dieses Geld für Kurse zu verwenden. Es besteht also für den nicht-scientologischen Partner die Gefahr, daß gemeinsames Geld zu Scientology fließt. Wenn der Partner rechtzeitig zur Besinnung kommt, können schon große Summen verbraucht sein. Kommt es hingegen später wegen Scientology zu einer Trennung oder Scheidung, kann nur noch das verteilt werden, was vorhanden ist. Vorher verausgabte oder verschwendete Gelder sind verloren. Es gibt durchweg keine Rückzahlungsansprüche gegen den Partner, und selbst wenn, würden sich solche Ansprüche kaum noch durchsetzen lassen: Wo nichts ist, hat der Kaiser sein Recht verloren.

Man kann sich vor solchen Verlusten dadurch schützen, daß man sofort Konten sperren läßt bzw. getrennte Konten einrichtet. Auch sonst sollte man dafür sorgen, daß der Partner, der mit Scientology zu tun hat, nicht selbständig Wertsachen oder wertvolle Objekte veräußern kann.

Unterhalt
Erhebt der Partner, der im Banne von Scientology steht, Unterhaltsansprüche, muß auf den scientologischen Hintergrund deutlich hingewiesen werden. Normalerweise hat ein geschiedener Partner, der selbst nicht über ausreichendes oder gleichartiges Einkommen verfügt, einen Anspruch auf Getrenntlebens- und später auf Geschiedenenunterhalt. Erzielt der unterhaltsberechtigte Partner nur deshalb kein eigenes Einkommen, weil er seine Zeit und Energie Scientology opfert, muß dies dem Gericht verdeutlicht werden, weil die Abhängigkeit von einem Psychokult nicht mittelbar über den Unterhalt finanziert zu werden braucht. Der unterhaltsberechtigte Teil muß sich dann ein fiktives Einkommen in Höhe des überlicherweise erzielbaren oder früher erzielten Einkommens anrechnen lassen, wodurch sich der Unterhaltsanspruch schmälert oder sogar auf Null reduziert.

Sorgerecht
Bei einer Auseinandersetzung über das Sorgerecht für gemeinsame Kinder muß man damit rechnen, daß der scientologische Teil (wenn er/sie das Sorgerecht für die Kinder haben möchte, was nicht immer gesagt ist) sich auf die Behauptung zurückzieht, daß seine/ihre angebliche „Religion“ nicht zum Gegenstand des gerichtlichen Verfahrens gemacht werden dürfte. Dieses Argument ist für viele Familienrichter zunächst einleuchtend. Es läßt sich allerdings durch zwei Gesichtspunkte entkräften:

1. Wurden die Kinder bisher in einem bestimmten Glauben erzogen, würde eine Beeinflussung durch den scientologischen Elternteil nach dessen eigener Behauptung, wonach Scientology eine „Religion“ sei, einen Glaubenswechsel bedeuten. Ein Glaubenswechsel kann jedoch nicht einseitig von einem Elternteil erzwungen oder herbeigeführt werden. Dies wird einerseits durch das Gesetz über die religiöse Kindererziehung (Rel-KErzG) geregelt und ist auch sonst ein anerkannter Rechtsgrundsatz. Kinder sind mit 14 Jahren

ohnehin religionsmündig, so daß auch der Wille des Kindes grundsätzlich bei den Familiengerichten Berücksichtigung findet.

2. Noch gewichtiger ist der Einwand, daß ein Kind, wenn es beim scientologischen Elternteil verbleibt, durch die Anwendung der scientologischen Methoden körperlichen und vor allem seelischen Schaden nimmt. Diese Behauptung muß jedoch zur Überzeugung des Gerichts bewiesen werden. Dazu ist mindestens ein fachpsychologisches Gutachten erforderlich, das auch den scientologischen Hintergrund aufgreift und angemessen berücksichtigt. Einziger Beurteilungsmaßstab ist das Kindeswohl. Die Meinung und Haltung der Eltern spielen grundsätzlich keine Rolle, es sei denn, daß sie Einfluß auf das Kindeswohl haben.

Umgangsrecht

Ein nicht sorgeberechtigter Elternteil hat grundsätzlich ein Umgangsrecht mit seinem Kind. Ist der umgangsberechtigte Elternteil Scientologe, ergibt sich häufig die Befürchtung, daß er/sie versuchen könnte, das Kind in Richtung auf Scientology zu beeinflussen. Die bloße Behauptung, dies könnte so sein, reicht vor Gericht allerdings nicht aus, um das Umgangsrecht einzuschränken. Vielmehr müssen im Einzelfall schwerwiegende Gründe vorgebracht und belegt werden, die den Verdacht rechtfertigen, daß das Umgangsrecht in Wirklichkeit zur Indoktrination benutzt werden soll. Das wäre beispielsweise dann der Fall, wenn der scientologische Elternteil gezielt versuchen würde, scientologische Techniken anzuwenden und das Kind mit zu scientologischen Kursen etc. zu nehmen.

Unter Umständen ist es empfehlenswert, daß sich die Eltern über die näheren Modalitäten des Umgangsrechts vergleichen. Ein solcher Vergleich könnte beispielsweise das Verbot enthalten, mit dem Kind scientologische Einrichtungen zu besuchen oder es in bestimmter Weise zu indoktrinieren, etwa durch Bücher, Kassetten oder dergleichen. Hält sich der scientologische Elternteil nicht an einen solchen Vergleich, setzt er sich damit ins Unrecht, was dann wiederum die Einschränkung oder sogar den Ausschluß des Umgangsrechts für einen gewissen Zeitraum rechtfertigen kann.

Auf jeden Fall sollte in Zweifelsfällen das Kind einem Psychologen vorgestellt werden, damit eventuelle Verhaltensauffälligkeiten, Fehlentwicklungen oder beginnende Schädigungen rechtzeitig erkannt und längerfristig beobachtet werden können. Dies kann z.B. wichtig sein, wenn sich familienrechtliche Auseinandersetzungen über Jahre hinziehen und das Gericht verlangt, den Einfluß scientologischer Psychotechniken nachzuweisen.

Einflußnahme auf Kinder

Kommen Kinder mit Scientology in Berührung, haben Eltern nur bis zur Vollendung des 18. Lebensjahres Einflußmöglichkeiten. Bis dahin können die Eltern notfalls den Umgang mit Scientologen bzw. mit Scientology verbieten. Eine andere Frage ist, inwieweit sich ein solches Verbot durchsetzen läßt. Dies wird kurz vor Vollendung der Volljährigkeit schwierig sein.

Vermögensnachfolge

In Fällen, in denen Partner oder Kinder unter den Einfluß von Scientology geraten, kann es auch erforderlich werden, sich über ein etwaiges Erbrecht Gedanken zu machen. Man muß sich beispielsweise überlegen, wer unter welchen Voraussetzungen was erbt und ob dies wünschenswert ist. Gerät beispielsweise ein Ehepartner einer kinderlosen Ehe unter den Einfluß von Scientology, würde dieser, wenn dem nicht-scientologischen Partner etwas zustößt, durchweg die Hälfte des Vermögens erben. Möglicherweise sind Kinder bereits testamentarisch bedacht oder ihnen würde im Erbfall ein sog. Pflichtteil zustehen. Das kann vor allem dann zu großen Auseinandersetzungen führen, wenn wertvolle Immobilien oder Geschäftsanteile zum Nachlaß gehören.

Sind diese Folgen unerwünscht, müssen sie rechtzeitig durch Änderung oder Errichtung eines Testaments vermieden werden. Eine Möglichkeit hierzu ist die Enterbung. Allerdings: Auch dann, wenn ein scientologischer Angehöriger nicht Erbe wird, können ihm/ihr sogenannte Pflichtteilsansprüche zustehen, die die Hälfte des gesetzlichen Erbteils betragen. Auch dieser Pflichtteil kann entzogen werden. Dies ist jedoch nur unter sehr eingeschränkten, engen Voraussetzungen möglich, z.B. bei Verschwendungssucht. Ob die horrenden Geldausgaben für scientologische Zwecke unter diese Vorschriften fallen, ist bis heute nicht höchstrichterlich entschieden. Wegen der damit verbundenen rechtlichen Risiken bedarf es daher einer eingehenden Beratung in jedem Einzelfall.

Stellt sich die Sachlage so dar, daß scientologisch orientierte Familienangehörige Geschäftsanteile erben, z.B. bei Familienbetrieben, kann diese Konstellation dazu führen, daß ein scientologisch beeinflußter Miterbe entweder versucht, seinen immensen Geldbedarf durch hohe Entnahmen oder durch den Wunsch nach einer hohen Auszahlung zu decken, was die anderen Miterben in finanzielle Schwierigkeiten bringen kann. Oder der Scientologe versucht, in den Betrieb mit dem Ziel hineinzuregieren, dort für Scientology zu werben und die Hubbardschen Managementvorschriften einzuführen. Bei derartigen Gefährdungen muß rechtzeitig vorgebeugt werden, beispielsweise durch die Änderung der Gesellschaftsverträge, so daß scientologische Miterben von vornherein allenfalls einen Auszahlungsanspruch haben, aber von der Geschäftsführung ausgeschlossen bleiben.

Schulden

Aussteiger sind häufig verschuldet. Hier bieten sich folgende Wege an, um von den Schulden herunterzukommen:

Zunächst sollte versucht werden, soviel wie möglich von den eingezahlten Geldern zurückzuerhalten. Scientology neigt dazu, sich hohe Vorauszahlungen geben zu lassen. Die Beträge, die noch nicht „verbraucht" sind, können daher auf jeden Fall sofort zurückgefordert werden. Voraussetzung dafür ist, diese Beträge zu ermitteln und fällig zu stellen, d.h., es muß eine nachvollziehbare Berechnung aufgemacht werden, verbunden mit der Forderung, diesen Betrag umgehend zurückzuzahlen, am besten gleich unter Angabe einer Frist.

Es entspricht der Erfahrung, daß die zuständigen Scientologen häufig versuchen zu „schieben", erst Zusagen zu machen, die dann aber nicht eingehalten werden, um dadurch Zeit für erneute Beeinflussungsversuche zu gewinnen. Mündliche Zusagen sind im Streitfall wenig wert. Richtiger ist es daher, sofort auf verbindliche schriftliche Zusagen zu pochen und feste Zahlungstermine zu vereinbaren. Werden diese dann nicht eingehalten, kann auf Rückzahlung geklagt werden.

In vielen Fällen wird der Anspruchsberechtigte allerdings kaum über die notwendigen Geldmittel verfügen. Hier gibt es die Möglichkeit, Prozeßkostenhilfe zu beantragen (früheres „Armenrecht"). Wird Prozeßkostenhilfe gewährt, trägt die Staatskasse die Gerichtskosten und die Anwaltskosten des Anspruchsstellers. Nicht getragen werden allerdings im Unterliegensfalle die Kosten der Gegenseite, also von Scientology. Aus diesem Grunde bedarf es einer sorgfältigen Risikoabschätzung im Vorfeld. Zur Risikominimierung kann man aber auch so vorgehen, daß zunächst nur ein Antrag auf Prozeßkostenhilfe für eine Klage gestellt wird. Das Gericht überprüft dann die beiden Voraussetzungen für die Gewährung von Prozeßkostenhilfe, nämlich einerseits die Kostenarmut und andererseits die Erfolgsaussichten der Klage. Kommt das Gericht zu dem Ergebnis, daß hinreichende Erfolgsaussichten bestehen, wird Prozeßkostenhilfe gewährt, woraufhin dann mit einer guten Erfolgsaussicht die eigentliche Klage anhängig gemacht werden kann. Kommt das Gericht hingegen zu dem Ergebnis, daß eine Klage wenig oder nicht erfolgversprechend ist, fallen bis dahin keine bzw. keine nennenswerten Kosten an, denn: Auch wenn Scientology sich dabei durch Anwälte vertreten läßt und sich äußert, müssen deren Kosten im reinen Prozeßkostenhilfe-Verfahren auch dann nicht erstattet werden, wenn der Antragsteller abschlägig beschieden wird.

Der Anspruchsteller hat aber damit zu geringen Kosten eine begründete Entscheidung des Gerichts in der Hand, in der sich nachlesen läßt, daß und warum nach Meinung des Gerichts die geplante Klage keinen Erfolg verspricht. Gegebenenfalls läßt sich dann „nachbessern", da der ablehnende Beschluß des Gerichts gegebenenfalls durch Gegenvorstellungen oder durch Beschwerde anfechtbar ist.

Gewährt das Gericht hingegen die beantragte Prozeßkostenhilfe, läßt sich daraus die Erfolgsaussicht schließen (allerdings nie zu 100%).

Auf diese Weise läßt sich sehr kostengünstig eine Meinungsbildung des Gerichts über die Chancen einer Rückzahlungsklage herbeiführen.

Der Erfolg einer Rückzahlungsklage hängt ebenfalls ganz wesentlich von der Beweisführung ab. Vor allem muß belegbar sein, welche Beträge wann eingezahlt worden sind. Wenn Beträge nicht „verbraucht" sind, steht einer Rückforderung nichts im Wege. Dabei sollte auch an die Zinsen gedacht werden, die in der tatsächlich entstandenen Höhe von Scientology erstattet werden müssen, jedenfalls ab dem Zeitpunkt der ersten Aufforderung zur Rückzahlung.

Auf diese Weise lassen sich oft zumindest ein Teil der bei Scientology eingezahlten Gelder zurückerhalten und damit entstandene

Schulden tilgen. Gelingt dies nicht oder nur teilweise, wäre als nächstes zu überprüfen, ob es weiterhilft, mit der Bank zu sprechen und ein Moratorium anzustreben. In diesem Zusammenhang kann es eine Rolle spielen, unter welchen Umständen beispielsweise Bankkredite gewährt worden sind. In manchen Fällen haben Scientologen für das Darlehen gebürgt. Sie können dann von der Bank wegen der Bürgschaft in Anspruch genommen werden.

Manchmal kann es auch von Nutzen sein, die näheren Umstände der Kredithingabe aufzuklären. Es sind Fälle bekannt, in denen die Kreditsachbearbeiter der Bank, sei es bewußt oder fahrlässig, gegen die internen Vergaberegeln verstoßen haben. Wenn die Bank aber bei Beachtung der allgemeinen Grundsätze die Kredite nicht hätte gewähren dürfen, könnte daran ein Rückzahlungsanspruch der Bank scheitern.

In einer Reihe von Fällen werden aber auch private Darlehen von Scientologen an andere Scientologen gegeben. Daher kann es passieren, daß solche privaten Darlehensgeber später auf die Aussteiger zukommen und von ihnen Rückzahlung verlangen. Dem kann mit Hinweis auf die Sittenwidrigkeit des Gesamtgeschäfts entgegengetreten werden, wobei aber der scientologische Zusammenhang bewiesen werden muß.

Arbeitsumfeld

Stellt sich am Arbeitsplatz heraus, daß Arbeitskollegen Scientologen sind und zu werben versuchen, ist es angezeigt, die Vorgesetzten und den Betriebsrat zu informieren und sich sofort gegen die Werbungsversuche zu verwahren. Dabei läßt sich leicht feststellen, ob möglicherweise auch in höheren Positionen Scientologen sitzen. Hier kann es sinnvoll sein, die Öffentlichkeit oder zunächst die Betriebsöffentlichkeit zu suchen. Anderenfalls besteht die Gefahr, daß die Scientologen versuchen werden, sich des Nicht-Scientologen so schnell wie möglich zu entledigen, und zwar in arbeitsrechtlich unanfechtbarer Weise. Dies kann etwa dadurch geschehen, daß der Betrieb vorschreibt, bestimmte Fortbildungsmaßnahmen mitzumachen, die von scientologischen Firmen durchgeführt werden. Wer nicht mitmachen will, wird als qualifikationsunwillig dargestellt. In solchen Fällen muß rasch und nachdrücklich gehandelt werden. Abwarten hat erfahrungsgemäß wenig Sinn, sondern führt nur zu einer Verschärfung der Situation, die in der Regel zu Lasten des Nicht-Scientologen geht, wenn er allein gegen das betriebsinterne scientologische Kartell steht.

Kündigt der Betrieb wegen angeblich mangelnder Qualifikation, hat der Arbeitnehmer die Möglichkeit einer Kündigungsschutzklage, in der dann auch der scientologische Hintergrund zur Sprache kommen kann und muß. Eine solche Kündigungsschutzklage kann vor allem dann erfolgreich sein, wenn der Arbeitgeber den Betroffenen versucht hat zu zwingen, scientologische Kurse zu belegen und sich dadurch mit diesem Gedankengut vertraut zu machen. Es ist grundsätzlich unstatthaft und unzulässig, einen Arbeitnehmer mit Hilfe des Arbeitsverhältnisses „missionieren" zu wollen.

Ebenso unzulässig ist die Anlage und Führung von „Ethik"-Akten, da es sich um verbotene Personalnebenakten handelt. Informationen aus solchen unzulässigen Nebenakten dürfen nicht verwertet werden. Hier muß sich der Arbeitnehmer zunächst an den Betriebsrat und / oder an die zuständige Gewerkschaft wenden. Bleiben diese Schritte aus welchen Gründen auch immer erfolglos, wäre ein Gang an die Öffentlichkeit nicht zu beanstanden, wenn es sich um schwerwiegende Rechtsverletzungen handelt.

Jeder Arbeitnehmer hat Anspruch darauf, Einblick in seine Personalakten zu erhalten und zu erfahren, was über ihn in sämtlichen Personalakten niedergeschrieben ist. Der Arbeitgeber hat kein Recht, diesen Einblick zu verweigern. Der Arbeitnehmer kann auf diese Weise überprüfen, ob nur die zulässigen oder möglicherweise auch unzulässige Angaben in den Personalakten enthalten sind. Unzulässig sind grundsätzlich alle Angaben, die nicht zur Abwicklung des Arbeitsverhältnisses zwingend erforderlich sind. Auf keinen Fall gespeichert werden dürfen Informationen über die Persönlichkeit („Persönlichkeitsprofile") und politische, weltanschauliche oder sonstige persönliche Einstellungen (einschließlich einer negativen Einstellung gegenüber Scientology). Der Arbeitnehmer hat die Möglichkeit, die sofortige Löschung zu verlangen und, um dies zu überprüfen, die jeweils zuständige Aufsichtsbehörde für den Datenschutz einzuschalten.

Etwas anders ist der Fall dann gelagert, wenn jemand, z.B. als

Handwerker, Unternehmer oder Freiberufler, ein Seminar besucht und feststellt, daß der Träger Scientologe ist und/oder das Seminar scientologische Inhalte zu vermitteln versucht. In einem solchen Falle kann sofort gekündigt und vorsorglich vom Vertrage wegen arglistiger Täuschung zurückgetreten werden. Es wäre allerdings nicht richtig, an dieser Stelle mit Ausflüchten zu arbeiten und irgendwelche unverfänglichen Gründe vorzuschieben, wie es öfter vorzukommen scheint. Im Streitfall neigen Gerichte nicht dazu, solche Gründe für ausreichend zu halten. Es ist daher richtig, ohne Umschweife die Kündigung des Vertrages und dessen Anfechtung auf arglistige Täuschung zu stützen, die darin liegt, daß vorher nicht darüber aufgeklärt worden ist, daß die Firma keine neutralen, sondern scientologische Inhalte vermittelt. Nur dann besteht ein Kündigungsrecht. Kursmaterialien und Mitschriften sollten für einen eventuellen späteren Prozeß aufbewahrt werden.

Arbeit für Scientology

Hat ein Aussteiger zuvor für Scientology Arbeits- oder Dienstleistungen erbracht, kann er/sie eine tarifmäßige Vergütung für die dort geleisteten Arbeiten beanspruchen. Dies setzt voraus, daß die Tätigkeit erbracht worden ist, um wirtschaftliche Gewinne zu erzielen, und daß sie nach Art und Ausmaß als Angestelltentätigkeit zu qualifizieren ist. Auch hier kann es ratsam sein, zunächst die Meinung des jeweiligen Gerichts durch einen Prozeßkostenhilfeantrag zu testen, da Scientology sich immer wieder auf die Behauptung zurückzieht, es handele sich um kostenlose Hilfsleistungen für eine „Kirche“. Rechtskräftige Grundsatzurteile gibt es zu dieser Frage bislang noch nicht, so daß im Hinblick auf die möglichen Kosten zu vorsichtigem Vorgehen zu raten ist, eventuell durch Erhebung einer Teilklage. Allerdings sind hierbei auch die arbeitsrechtlichen Ausschlußfristen zu beachten, die in der Regel zwischen acht Wochen und acht Monaten liegen.

Wo bekomme ich Hilfe und Informationen?

Deutschland

Baden-Württemberg

Aktion Bildungsinformation e.V. (ABI), Dr. Helga Lerchenmüller, Alte Poststr. 5, D – 70173 Stuttgart, Tel. 0711/ 29 93 35

EBIS – Baden-Württembergische Eltern- und Betroffenen-Initiative e.V., Hölderlinweg 10, D – 72663 Großbettlingen, Tel. 07022/ 424 11

Pfarrer Klaus-Martin Bender, Mittelstr. 16, D – 74889 Sinsheim-Adersbach, Tel. 07261/ 169 61

Evangelische Zentralstelle für Weltanschauungsfragen (EZW), Hölderlinplatz 2, D – 70193 Stuttgart, Tel. 0711/ 226 22 81

Hans-Werner Karlhoff, Sektenbeauftragter des Landes Baden-Württemberg, Rotebühlplatz 1, D – 70178 Stuttgart, Tel. 0711/ 279 28 73

Bayern

Pfarrer Dr. Wolfgang Behnk, Beauftragter für Sekten- und Weltanschauungsfragen der Bayerischen Landeskirche, Marsstr. 22, D – 80335 München, Tel. 089/ 55 98 04 44

Elterninitiative zur Hilfe gegen seelische Abhängigkeit und religiösen Extremismus e.V., München, c/o Pfarrer Dr. Wolfgang Behnk

Dipl.-Theol. Hans Liebl, Beauftragter für Sekten- und Weltanschauungsfragen der Erzdiözese München-Freising, Dachauer Str. 5, D – 80335 München, Tel. 089/ 213 74 17

Berlin

Eltern- und Betroffeneninitiative gegen psychische Abhängigkeit – für geistige Freiheit e.V., c/o Thomas Gandow, Heimat 27, D – 14165 Berlin, Tel. 030/ 815 70 40

Pater Klaus Funke, Dominikanerkloster St. Paulus, Oldenburger Str. 46, D – 10551 Berlin, Tel. 030/ 395 70 97

Pfarrer Thomas Gandow, Beauftragter für Sekten- und Weltanschauungsfragen der Evangelischen Kirche in Berlin-Brandenburg, Heimat 27, D – 14165 Berlin, Tel. 030/ 815 70 40

Senatsverwaltung für Jugend und Familie, Monika Schippmann, Sektenbeauftragte, Alte Jakobstr. 12, D – 10969 Berlin, Tel. 030/ 265 44 349

Brandenburg

Pfarrer Thomas Gandow (s. Berlin)

Ministerium für Arbeit, Soziales, Gesundheit und Frauen, Heinrich-Mann-Allee 103, D – 14473 Potsdam, Tel. 0331/ 86 91 - 303

Bremen

Pastor Helmut Langel (ev.), Heymelstr. 35, D – 28359 Bremen, Tel. 0421/ 23 19 91

Sektenberatung Bremen e.V., Postfach 410244, D – 28312 Bremen, Tel. 04205/ 16 09

Hamburg

Elterninitiative in Hamburg und Schleswig-Holstein gegen seelische Abhängigkeit und Mißbrauch der Religion, c/o Pastor Detlef Bendrath, Brahmsstr. 20f, 23556 Lübeck, Tel. 0451/ 422 15

Behörde für Inneres beim Senat der Hansestadt Hamburg, Arbeitsgruppe Scientology, Ursula Caberta,
Hachmannplatz 2, D – 20099 Hamburg, Tel. 040/ 248 64 990

Hessen

Dipl.-Päd. Kurt-Helmuth Eimuth, Beauftragter des Evangelischen Regionalverbandes Frankfurt a. M. für Religions- und Weltanschauungsfragen, Saalgasse 15, D – 60311 Frankfurt a. M., Tel. 069/ 28 55 02

Referat für Weltanschauungsfragen (kath.), Dipl.-Theol. Ludwig Lemhöfer, Eschenheimer Anlage 21, D – 60318 Frankfurt a. M., Tel. 069/ 150 11 49

Bischöfliches Ordinariat, Paulustor 5, D – 36037 Fulda, Tel. 0661/ 874 63

Mecklenburg-Vorpommern

Landespastor Matthias Kleiminger (ev.),
Hansenstr. 5, D – 18273 Güstrow, Tel. 03843/ 639 64

Evangelisches Konsistorium,
Bahnhofstr. 35/36, D - 17489 Greifswald, Tel. 03834/ 52 61

Pfarrer Friedrich v. Kymmel, Dorfstr. 50, D – 17406 Morgenitz/ Insel Usedom, Tel. 038372/ 702 51

Michael Sobania, Katholisches Pfarramt St. Anna,
Schloßstr. 20, D – 19053 Schwerin, Tel. 0385/ 86 44 63

Niedersachsen

Pfarrer Wilhelm Knackstedt, Beauftragter für Sekten- und Weltanschauungsfragen der Evangelisch-Lutherischen Landeskirche Hannover, Archivstr. 3, D – 30169 Hannover, Tel. 0511/ 12 41 452

Bischöfliches Ordinariat, Domhof 18-21, D – 31134 Hildesheim, Tel. 05121/ 30 72 36

Pfarrer Eduard Trenkel, Haus der Kirche, Wilhelmshöher Allee 330, D – 34131 Kassel, Tel. 0561/ 308 32 43

Nordrhein-Westfalen

Aktion für geistige und psychische Freiheit, Arbeitsgemeinschaft der Elterninitiativen e.V. (AGPF), Ingo Heinemann, Graurheindorferstr. 15, D – 53111 Bonn, Tel. 0228/ 63 15 47

Aktion Psychokultgefahren e.V. (APG), Ralph-Dietmar Mucha, Ellerstr. 101, D – 40224 Düsseldorf, Tel. 0211/ 72 10 66

Sekten-Info Essen e.V., Informations- und Beratungszentrum, Heidemarie Cammans, Rottstr. 24, 43127 Essen, Tel. 0201/ 23 46 46

Dr. Hermann-Josef Beckers, Referat Sekten- und Weltanschauungsfragen beim Bischöflichen Generalvikariat der Diözese Aachen, Klosterplatz 7, D – 52062 Aachen, Tel. 0241/ 45 24 19

Bundesministerium für Jugend, Familie und Gesundheit, Referatsleiter Norbert Reinke, Kennedy-Allee 105-107, D – 53175 Bonn, Tel. 0228/ 930 28 64

Dipl.-Theol. Hans Gasper. Zentralstelle Pastoral der Deutschen Bischofskonferenz, Kaiserstr. 163, D – 53113 Bonn, Tel. 0228/ 10 32 30

Pfarrer Rüdiger Hauth, Beauftragter für Sekten- und Weltanschauungsfragen der Evangelischen Kirche von Westfalen, Röhrchenstr. 10, D – 58452 Witten, Tel. 02392/ 136 11

Pfarrer Joachim Keden, Beauftragter für Sekten- und Weltanschauungsfragen der Evangelischen Kirche im Rheinland, Volksmission. Amt, Rochusstr. 44, D – 40479 Düsseldorf, Tel. 0211/ 36 10 246

Rheinland-Pfalz

Christoph Bussen, Bischöfliches Jugendamt, Kleine Pfaffengasse 16, D – 67346 Speyer, Tel. 06232/ 10 22 18

Saarland

VITEM (Verein für die Interessen terrorisierter Mitmenschen e. V.), Ensheimer Str. 125, 66386 St. Ingbert, Tel. 06894/ 870452

Sachsen

AG Sekten, Psychogruppen, Jugendreligionen beim Studentenrat der TU Chemnitz, Reichenhainer Str. 41, D – 09126 Chemnitz, Tel. 0371/ 561 26 39

Pfarrerin Ingrid Dietrich, Giordano-Bruno-Str. 1, D – 04249 Leipzig, Tel. 0341/ 47 39 15

Eltern- und Betroffeneninitiative gegen psychische Abhängigkeit Sachsen e.V., c/o Pfarrerin Dietrich

Matthias Holluba (kath.), Peterssteinweg 17/II, D – 04107 Leipzig, Tel. 0341/ 310 39

Kaplan Gerald Kluge (kath.), Pfarrei St. Kunigunde, Dr.-Wilhelm-Külz-Str. 2, D – 01796 Pirna, Tel. 03501/ 341 61

Sachsen-Anhalt

Pfarrer Dr. K. W. Berenbruch, Beauftragter der Evangelischen Landeskirche Anhalts, Martinstr. 5, 06406 Bernburg, Tel. 03471/ 2297

Evangelisches Konsistorium, Am Dom 2, 39104 Magdeburg, Tel. 0391/ 56 81 80

Schleswig-Holstein

Pfarrer Detlef Bendrath, Beauftragter für Sekten- und Weltanschauungsfragen der Nordelbischen Evangelisch-Lutherischen Kirche, Brahmsstr. 20f, D – 23556 Lübeck, Tel. 0451/ 447 86

Elterninitiative in Hamburg und Schleswig-Holstein zur Hilfe gegen seelische Abhängigkeit und Mißbrauch der Religion e.V. – c/o Pastor D. Bendrath

Initiative Besorgter Eltern und Bürger Hoisdorf e.V., Postfach 16, D – 22955 Hoisdorf

Landeskirchenrat der Evangelisch-Reform. Kirche, Saarstr. 6, D – 26789 Leer, Tel. 0491/ 80 30

Thüringen

Dr. Friedrich Büchner, Beauftragter der Evangelisch-Lutherischen Kirche in Thüringen für Sekten- und Weltanschauungsfragen, Karolinenstr. 8, D – 99817 Eisenach, Tel. 03691/ 766 49

Österreich

Burgenland

Pastoralamt, St. Rochus-Str. 21, A – 7000 Eisenstadt, Tel. 026 82/ 25 25 -242

Kärnten

Pfarrer Mag. Johannes Spitzer,
Rudolf-Kattnigg-Str. 10/8, A – 9500 Villach, Tel. 04242/ 292 66

Dr. Josef Till/Mag. Simon Certov,
Rudolfsbahngürtel 2, A – 9020 Klagenfurt, Tel. 0463/ 51 18 03

Niederösterreich

Evangelischer Arbeitskreis Jugendsekten, Pfarrer Mag. Herbert Graeser, Hoßstr. 20, A – 3100 St. Pölten, Tel. 02742/ 530 93

Oberösterreich

OStR Prof. Otto Weidinger, Kapuzinerstr. 84, A – 4021 Linz,
Tel. 0732/ 7610-295

Salzburg

Dr. Stefan Djundja, Kapitelplatz 6, A – 5020 Salzburg,
Tel. 0662/ 84 25 91-167

Steiermark

Pfarrerin Karin Engele, Grabenstr. 59, A – 8010 Graz, Tel. 0316/68 35 92

Tirol

Mag. Wolfgang Mischitz, Wilhelm-Greil-Str. 7, A – 6021 Innsbruck,
Tel. 0512/ 598 47-41

Pfarrer Mag. Willi Thaler, Ölberg 6, A–6370 Kitzbühel, Tel. 05356/4404

Vorarlberg

Br. Franz Schönberger FSC, Carinagasse 11, A – 6800 Feldkirch,
Tel. 05522/ 343 00

Wien

Dr. Friederike Valentin, Referat für Weltanschauungsfragen beim Pastoralamt der Erzdiözese Wien, Stephansplatz 6/VI/56,
A – 1010 Wien, Tel. 0222/ 515 52-367

Gesellschaft gegen Sekten- und Kultgefahren,
Obere Augartenstr. 26-28, A – 1020 Wien, Tel. 0222/ 33 75 37

Schweiz

Aarau

Jugendseelsorge (kath.), Feerstr. 8, CH – 5000 Aarau,
Tel. 064/ 22 86 06

Appenzell

Pfarrer Walter Frei (ev.), Obersdorf 32, CH – 9055 Bühler,
Tel. 071/ 93 17 63

Bern

Antoinette Brehm (kath.), Jugendseelsorge, Rainmattstr. 18, CH – 3014 Bern, Tel. 031/ 25 77 47

Pfarrer Franz Liechti (ev.), Lindenstr., CH – 3367 Thöringen, Tel. 063/ 61 16 83

Pfarrer Dr. Bernhard und Susanne Rothen (ev.), CH – 3770 Zweisimmen, Tel. 034/ 71 14 26

Fribourg

Arbeitsstelle für Jugendseelsorge Burgbühl (kath.), CH – 1713 St. Antoni, Tel. 037/ 35 11 24

Glarus

Pfarrer Dr. Kurt Traub (ev.), CH – 8874 Mühlehorn, Tel. 058/ 32 13 38

Graubünden

Dr. Giosch Albrecht (kath.), Beratungsstelle für Ehe-, Familien- und Lebensfragen, Plessurquai 53, CH – 7000 Chur, Tel. 081/ 22 08 80

Pfarrer Peter Rudolf (ev.), CH – 7278 Davos Monstein Gr., Tel. 081/49 11 56

Luzern

Pfarrer Martin Scheidegger, Ökumenische Sektenberatungsstelle, Matthofring 4, Postfach 3907, CH – 6005 Luzern, Tel. 041/ 44 78 19

St. Gallen

Niklaus Knecht-Fatzer, Ehe- und Familienseelsorge, Grütliweg 5, CH – 9000 St. Gallen, Tel. 071/ 35 40 05

Ökumenische Arbeitsgruppe „Neue religiöse Bewegungen der Schweizer Bischofskonferenz und des Schweizerischen Evangelischen Kirchenbundes“, Wiesenstr. 2, CH – 9436 Balgach, Tel. 071/ 72 33 17

Tessin

Don Giovanni Maria Colombo (kath.), Via S. Gottardo 58, CH – 6500 Beelizona, Tel. 091/ 44 86 32

Thurgau

Pfarrer Andreas Baumann (ev.), Kirchstr. 24, CH – 8583 Sulgen, Tel. 072/ 42 30 52

Pfarrer René Perrot (ev.), Poststr. 3, CH – 9325 Roggwil, Tel. 071/ 48 12 45

Wallis

Marcel Marzelisch (kath.), Jugendseelsorge, Bildungshaus St. Jodern, CH – 39 39 Visp, Tel. 028/ 46 74 47

Zürich

Aufklärungsgemeinschaft über Scientology und Dianetik (AGSD), Postfach, CH – 8036 Zürich

Evangelische Orientierungsstelle, Pfarrer Dr. Oswald Eggenberger, Frohalpstr. 77, CH – 8038 Zürich, Tel. 01/ 48 20 29

Infosekta, Schweighofstr. 420, Postfach, CH – 8055 Zürich, Tel. 01/ 451 52 52

Stefan Kuster/Daniel Ammann (kath.), Jugendseelsorge, Auf der Mauer 13, CH – 8001 Zürich, Tel. 01/ 251 76 20

Literaturverzeichnis

Abel; Becher; Gawlik; Püttner; Taudien: Die Rechtsprechung zu Neueren Glaubensgemeinschaften. Ein systematischer Überblick. Krefeld 1991.

Aktion Bildungsinformation e.V. (Hg.): Eidesstattliche Erklärungen. Stuttgart 1980.

Alpers, Hans; Fuchs, Werner (Hg.): Lexikon der Science-Fiction-Literatur. München 1990.

APA-Guide Florida, München 1990.

Attack, Jon: A Piece of Blue Sky. Scientology, Dianetics and L. Ron Hubbard Exposed. New York 1990.

Bannach, Klaus; Rommel, Kurt (Hg.): Religiöse Strömungen unserer Zeit. Eine Einführung und Orientierung. Stuttgart 1991.

Corydon, Bent L.; Hubbard, L. Ron Jr.: L. Ron Hubbard: Messiah or Madman? New Jersey 1987.

Deutscher Bundestag, 12. Wahlperiode, Ausschuß für Frauen und Jugend. Stenographisches Protokoll über die 13. Sitzung des Ausschusses für Frauen und Jugend am 9.10.1991 – Nichtöffentliche Anhörung „Jugendsekten". Bonn 1991.

Evans, Christopher: Kulte des Irrationalen. Sekten, Schwindler, Seelenfänger. Reinbek 1990.

Gasper, Hans; Müller, Joachim; Valentin, Friederike (Hg.): Lexikon der Sekten, Sondergruppen und Weltanschauungen. Fakten, Hintergründe, Klärungen. Freiburg, Basel, Wien 1992.

Haack, Friedrich-Wihelm: Findungshilfe Religion 2000. München 1990.

Haack, Friedrich-Wilhelm (Mitarbeit Thomas Gandow): Jugendsekten. Vorbeugen – Hilfe – Auswege. Weinheim 1991.

Haack, Friedrich-Wilhelm; Gandow, Thomas: Scientology, Dianetik und andere Hubbardismen. München 1993.

Haack, Friedrich-Wilhelm: Scientology – Magie des 20. Jahrhunderts. München 1991.

Hauth, Rüdiger: Die nach der Seele greifen. Psychokult und Jugendsekten. Gütersloh 1985.

Heinemann, Ingo: Die Scientology-Sekte und ihre Tarnorganisationen. Stuttgart 1979.

Hemminger, Hans-Jörg (Hg.): Fundamentalismus in der verweltlichten Kultur. Stuttgart 1991.

Herrmann, Jörg (Hg.): Mission mit allen Mitteln – Der Scientology-Konzern auf Seelenfang. Reinbek 1992.

Hubbard, L. Ron: Dianetik. Die moderne Wissenschaft der geistigen Gesundheit. Kopenhagen 1982.

Hubbard, L. Ron: Fachwortverzeichnis Scientology und Dianetik. Kopenhagen o.J.

Hubbard, L. Ron: Einführung in die Ethik der Scientology. Kopenhagen 1989.

Hunfeld, Frauke; Dreger, Thomas: Magische Zeiten. Jugendliche und Okkultismus. Weinheim und Basel 1990.

Karbe, Klaus; Müller-Küppers, Manfred (Hg.): Destruktive Kulte. Gesellschaftliche und gesundheitliche Folgen totalitärer pseudoreligiöser Bewegungen. Göttingen 1983.
Kaufman, Robert: Übermenschen unter uns. Frankfurt a.M. 1972.
Luschnat, Cornelia; Potthoff, Norbert: Totalitäre Thetanen. Macht und Ohnmacht des Individuums. Krefeld 1992.
Miller, Russell: Bare-Faced Messiah. The True Story of L. Ron Hubbard. London, New York, Ringwood 1987.
N. N.: Scientology – Kirche auf Abwegen oder Spirituelle Mogelpackung? Wiesbaden 1992.
Oeckl, Albert (Hg.): Taschenbuch des öffentlichen Lebens Deutschland 1992/93. Bonn 1992.
Potthoff, Norbert: Was ist Scientology? Die Zeitbombe in unserer Gesellschaft. Krefeld 1992.
Reller, Horst (Hg.): Handbuch Religiöse Gemeinschaften. Freikirchen, Sondergemeinschaften, Sekten, Weltanschauungsgemeinschaften, Neureligionen. Gütersloh 1978.
Roth, Jürgen; Frey, Marc: Die Verbrecher-Holding. Das vereinte Europa im Griff der Mafia. Frankfurt a.M. 1992.
Schneider, Karl-Heinz: Der kosten- aber nicht folgenlose Scientology-Test. München 1991.
Schröder, Burkhard: Spuren der Macht. Reinbek 1990.
Stamm, Hugo: Scientology. Seele im Würgegriff. Horgen 1982.
Steiden, Heinrich; Hamernik, Christine: Einsteins falsche Erben. Die unheimliche Macht und Magie von Dianetik und Scientology. Wien 1992.
Thiede, Werner: Scientology – Religion oder Geistesmagie? Konstanz 1992.
Valentin, Friederike; Knaup, Horand: Scientology – Der Griff nach Macht und Geld. Selbstbefreiung als Geschäft. Freiburg i.Br. 1992.
Vontobel, Jacques u.a. (Hg. Pestalozzianum Zürich): Das Paradies kann warten. Gruppierungen mit totalitärer Tendenz. Zürich 1992.
Wallis, Roy: The Road to Total Freedom. A Sociological Analysis of Scientology. New York 1977.

Bisherige Beiträge von Liane v. Billerbeck und Frank Nordhausen zum Thema Scientology:

Der Messias von Usedom. In: *Wochenpost* 10/92, S. 31f.
Der gute Mensch von Usedom. In: *Deutsches Allgemeines Sonntagsblatt* 12/92, S. 18.
Zäh wie Leder, hart wie Kruppstahl / Das Ziel heißt Weltherrschaft. In: *Wochenpost* 29/92, S. 22f.
Scientology – ein Fliegenfänger auch für Unternehmer. In: *Berliner Zeitung* v. 31.7.1992, S. 26.
Die Zeugin, die aus der Kälte kam. In: *Wochenpost* 35/92, S. 7f.
Der Local Hero von Usedom. In: *Berliner Zeitung* v. 7.9.1992, S. 26.

Spiel mit Kinderhoffnung. In: *Berliner Zeitung* v. 22.10.1992, S. 10.
Wieder auf die Schiene kommen. In: *Berliner Zeitung* v. 31.10./1.11.1992, S. 12.
Scientology – wie eine Sekte unsere Betriebe ausnehmen will. In: Impulse (Ost) 11/92, S. 16ff.
Die Investoren von Senftenberg. In: *Wochenpost* 53/92, S. 22f.
Scientologen auf dem Weg nach Osten. In: Kontraste (ARD) v. 16.11.1992.
Eine weiße Taube im Sternenkranz. In: *Berliner Zeitung* v. 27.7.1993.
Scientologen und „Krieg der Psychiater". In: *die tageszeitung* v. 27.7.1993.
Scientology bittet Moslems um Geld. In: *die tageszeitung* v. 13.8.1993.
Kirche des Mammon. In: *Die Woche* 45/93, S. 43.

Für sachdienliche Hinweise und Informationen zum Thema Scientology sind die Autoren jederzeit dankbar. Ihre Informationen werden selbstverständlich vertraulich behandelt. Bitte richten Sie Ihre Zuschriften an den Ch. Links Verlag oder direkt an

Frank Nordhausen

Potsdamer Str. 157
10783 Berlin

Register erwähnter Firmen

A.D.M. Silhouette 144
Akademie Berlin-Usedom 182, 188, 190f., 197, 200
Akademie für Management und Kommunikation (AMK) 156f., 161, 166
Albania Bau & Handel 300
All State Insurance 150
American Express 150
Atlantia 278
Avis Rent a Car 150, 160

Bank of Clearwater 14
BASF 157, 163, 176
Bau und Boden GmbH 242
Bayer AG 156
Be-Stahl Stahlbau GmbH 229f., 238-241
Beauty Colours International 142
Bell Telephone 150
Berang & Partner Consulting 157
Bernd Kollmus & Partner 157
Blito-P-3 171
BMW 233
Bonnfinanz 157
Bosh Electrical Equipment 150
Brandenburgische Bau und Boden AG 242
Braunmüller Keks- und Waffelfabrik GmbH & Co. 154
Budget Rent a Car 150
Business Contact Service 157

C & A 268
C + C Contact und Creation GmbH 236
C & S 274, 291
Carlier 150
Caterpillar 150
CCI Institut Dreieich 152, 169, 235, 250, 254
Choice International 158-161
Chrysler 150
City Corp. 150
Coca-Cola 261, 266, 268
Cosmos Computer GmbH 164, 170f., 219
Craft 150
Credit Suisse 150

Daimler Benz AG 157, 233
DCS Computer Service und Handels GmbH 165
DEKRA 268
D-Krantechnik 159
Delta Werbung GmbH 157, 159
Deutsche Krankenversicherung 160
Deutsche Städtereklame GmbH 219, 227
DFI-Ingenieurtechnik GmbH 218
Diener Consult GmbH 290f.
Digital Equipment Corporation 150
Dow Corning 150
3 M Corporation 150
Dr. Gach + Partner Management Consultancy 156

Edeka 160
Einkaufs- und Handelsservice (EHS) 182, 191, 272
Electrolux Appliances 150
Elf Oil Company 150
Europa Bank 150
Executive Software 165

Ford AG 150, 160
Foullois-Uhrich-Schornsteinsanierung GmbH 218
Fried. Krupp AG 228-230, 236f., 240, 249

Garant 171
General Electric 150
General Motors 150
Germania Air 200, 264-267, 270, 272, 274
Greschbach Industrie GmbH und Co. KG 240f.

Hanse-Werbeideen Vertriebs GmbH 215, 225-228
Hauni-Werke 160
HAUS GmbH 171, 225
Henkel 157
Hertz Rent a Car 150
Heyne-Verlag 138
HF-Unternehmenskonzepte GmbH 218
Hoesch 230
Honeywell 150

I.G. Wohnbau 160

Jossa Arzneimittel 268

kabeltechnik-dietz GmbH 260, 263, 266, 277-280, 282, 285-287, 291, 293
Karl-Erich Heilig Werbeideen 171, 218-220, 222, 224-228
Karstadt 160
Kempe Immobilien 152
Kodak AG 157
Koenig-KG 170
Krupp Stahlbau Berlin GmbH & Co. KG 228, 230, 236-238, 241

Landmark Computers 165
Lausitzring GmbH 290
Learntec 157
Lego 268, 279

Liberty Service GmbH 213
Logware GmbH 163
Luck Werbeagentur GmbH 222

Mercedes Benz AG 233
Migros 160
Mitropa 207
MLR Soft GmbH 161
Moewe Verlag 138
Motorola 150

Newberg International Corporation 289
Nixdorf 160
Nordiska 150
Nürnberger Versicherung 160

On Top Management 157, 159

P & B Management 225
Perimag 152
Prim AG 150-154
Projekt Dynamik vier 296
Public Relations und Kommunikation (PR+K) 182, 190f., 197, 268
Pyramid Multi Media Ges.m.b.H. 154
Pyramid Music Tonstudio Ges.m.b.H. und Co. KG 154

Radio Wegert 160, 218
Realworld Corporation 165
Renault 150, 160
Rothschild Bank 150

Saab 150
Schmitt & Partner 140
Schwarz-Schule 195
Schweizerische Volksbank 160
Shell Oil Company 150
Siemens AG 156f.
S. Markus Vogel Management & Personnel Consulting 157
SN Colours J.E. Erdtmann GmbH 139-144, 175
Specdata GmbH 163f.
Spohn & Partner 154, 157
Stahlbautechnik Elbe GmbH 228f., 237, 244f., 257
Stahlbautechnik Luxemburg GmbH 233
Stahlbautechnik Neckar GmbH 228, 231-233, 235f., 238, 240f., 246, 249f., 259, 296
Stahl & Partner 157
Stahl- und Walzwerk Riesa 228f.
Steiff 279
Stückrath Immobilien 194
Studio Pur Farb- und Stilberatung 142
Swiss Bank Corporation 150

TCM Tschuppert 157
Theta Print 242
Thiemann Arzneimittel 268
Tome GmbH 171
Toyota 150

Ulrich Lentzke Training GmbH 157
U-Man (International) 160f., 174, 218, 223

Vanessa-Textilhandel GmbH 152f.
VEB Kombinat Carl Zeiss Jena 264f.
VEB Stahlkombinat Riesa 245
Venzin + Venzin 153
Vereinte Versicherungen 157
Verlag Moderne Industrie 138
Visa 150
Volkswagen AG 150
Volvo 150

Willems & Co Stahlhandel KG 162, 235
Wirtschaftsakademie Schleswig-Holstein 173

Zirkus „Roncalli“ 89

Register scientologischer Organisationen

Association for Better Living and Education (ABLE) 68, 123f.

Bridge Publikations 69

Cadet Organisation 22
Celebrity Center 61f, 64, 86, 167f.
Church of American Science 51
Church of Scientology International 69
Church of Scientology of California 52, 84
Church of Spiritual Technology (Kirche der spirituellen Technologie) 58, 172
Commodore's Messenger Org (CMO) 53, 56,
Criminon 123

Department für Spezielle Angelegenheiten (DSA) 74
Dianetic College Stuttgart e.V. 89

Finance Police 64, 69, 73f.
Flag (Land Base) 12-14, 22, 25-27, 54, 68, 70f., 90, 113, 153, 193, 198
Friedensbewegung Europa/Aktionsbüro Bosnien-Herzegowina 297f.

Gesellschaft zur Förderung religiöser Toleranz und zwischenmenschlicher Beziehungen e.V. 291
Golden Era Publications 68, 81
Guardian Office (GO) 25, 52, 55-57, 65, 68, 73, 80

Hubbard Association of Scientologists International (HASI) 51
Hubbard Colleges of Administration 146
Hubbard Dianetic Resarch Foundation 35
Hubbard Management College 306

International Association of Scientologists (IAS) 68, 95, 144, 157, 169, 218, 220
International Network of Computer Organized Management (INCOMM) 69f., 136

Kommission für Polizeireform 123
Kommission für Verstöße der Psychiatrie gegen Menschenrechte e.V. 94, 123, 175f., 297

Menschen gegen Unterdrückung der Toleranz (MUT) 41
Mission Network International (MNI) 296

Narconon 62, 81, 104, 121-124, 193, 220, 224, 259, 306
New Era Publications (New Era Publishers) 68, 123, 304

Office of Special Affairs (OSA) 10, 69f., 73f., 78, 80, 100, 169
OT-Komitee Stuttgart 171f.

Presse- und Rechtsamt 74

Rehabilitation Project Force (RPF) 23-26
Religious Technology Center (RTC) 57-60, 64, 68f., 73, 76

Saint Hill (Manor) 37, 51, 193, 252f., 295f., 300, 302, 305f.
Scientology Berlin e.V. 114, 193
Scientology Kirche Deutschland e.V. 133
Scientology Kirche Hamburg e.V. 75, 83, 87, 105, 202, 208, 227, 258, 298
Scientology Missions International (SMI) 69
Sea Organisation (Sea Org) 38, 53f., 90, 112, 126, 155

United Churches (Vereinigte Kirchen) 23

Verband Engagierter Manager (VEM) 140, 146, 152, 156, 166, 172
Verband Verantwortungsvoller Geschäftsleute 136

Watchdog Committee 60, 68
WISE-Charter-Committee Frankfurt 169, 235, 254
WISE-College 146
World Institute of Scientology Enterprises (WISE) 60, 68, 137f., 144-148, 150, 152, 156-160, 164-171, 178, 218, 222, 232, 235f., 250, 252, 254, 299, 301

Zentrum für individuelles und effektives Lernen e.V. (ZIEL) 122f.

Orts- und Länderregister

Ahlbeck 199, 204, 207, 209f.
Ahrensbök 225
Albanien 243, 299-303
Allschwil 153
Altbach b. Esslingen 229f., 232, 234, 237, 239, 241, 244, 249
Anklam 105, 211-213, 277
Australien 36f., 51f., 86
Azoren 38

Baden-Württemberg 78, 111, 125, 133, 136, 148, 171, 174
Bamberg 225
Bansin 199, 211
Basel 90, 148, 150
Bayern 92, 121
Benz 179, 201, 203, 205f., 208
Berlin 9, 14, 86, 104-106, 111, 114, 133, 138, 155, 163, 182f., 185-188, 190, 193, 195-197, 199-201, 206f., 212f., 216, 218, 222f., 228-230, 232, 236-242, 244, 259-262, 264, 266f., 270, 272, 274, 278, 280, 282, 284f., 287, 291-296, 299
Bern 88
Biel 137
Blaustein 139
Bonn 86, 113, 200, 267, 269f.
Bosnien 297f.
Bracht 153
Brandenburg 105f., 175, 219, 260, 273
Brjansk 267, 272, 274
Budapest 90, 296
Bützow 225f.

Chemnitz 104
Chicago 35
China 30, 295f.
Clearwater 11, 13f., 25, 27, 38, 145, 148, 158, 161, 165
Cottbus 259

Dänemark 86, 173, 302
Dargen/Usedom 179, 180-183, 185-187, 189, 192, 195, 197, 199, 201f., 206f., 211, 259, 264
DDR 92, 104, 199, 206, 216, 238, 244, 264
Deutschland 10, 74, 78-81, 84, 86f., 133, 135-137, 148, 151, 157, 170, 172, 175, 193, 195, 198,216, 250, 260, 262, 267, 273-275, 300f., 305, 308
Diesbar-Seusslitz 242
Dinslaken 156
Dortmund 154
Dreieich 235
Dresden 14, 90, 103, 105f., 175, 228
Düsseldorf 107, 140, 147, 152f., 159, 162, 167f., 197, 235

East Grinstead 37
Elizabeth/New Jersey 35
England 37, 51f., 86, 251-254, 299f.
Erfurt 219
Essen 229f., 237
Esslingen 228, 239, 242, 299

Fellbach 144
Florida 11, 13f., 27, 38, 54, 113, 136, 158, 165
Frankfurt/Main 86, 142, 157f., 169, 176, 219, 235, 248, 251, 290
Frankfurt/Oder 219, 227
Frankreich 51, 162
Freiburg i.Br. 124
Friedrichshafen 157

Garz 183, 186
Gelterkinden 150-152
Gilman Hotsprings/ Happy Valley 39, 57, 62
Göppingen 157
Görlitz 219
Greifswald 206, 212
Großbettlingen 124
Großbritannien 36f., 252
Grünstadt 163
Guam 30
GUS 260, 272f., 291, 305
Güstrow 105

Hamburg 71, 74f., 83-87, 89, 104f., 107, 113, 118, 122f., 142, 148, 157, 160, 164f., 170-175, 180, 198, 202, 206, 208, 215, 220, 226f., 242, 254, 258, 278, 281, 288, 291, 295, 298
Heidelberg 156f., 194
Herbolzheim 240
Heringsdorf 187, 199, 204, 264
Hessen 163, 165
Hoisdorf 123
Holland 37, 144
Hollywood 61f., 64
Honolulu 35

Idstein 138
Indien 30
Israel 16
Italien 216

Jena 264f.
Jugoslawien 216, 233, 297, 301

Kalifornien 39
Kanada 36, 52
Kanarische Inseln 38
Kansas City 35
Karibik 137
Katschow 183, 199f.
Kiel 190-192, 267

Kiew 270, 272, 274
Klettwitz 288, 290
Köln 9, 264
Kopenhagen 69, 122, 135, 160f., 254
Krefeld 107, 115, 139, 142, 144, 155

La Valetta 274
Las Vegas/Nevada 22
Lausanne 85, 144, 147
Leipzig 90-93, 95-98, 100, 104, 106, 132
Libyen 274, 291f.
Lissabon 38
London 37, 139, 193, 252
Los Angeles 34f., 56, 64, 68f., 73, 81f., 136, 148, 306
Lübeck 225
Ludwigshafen 176
Luxemburg 173, 242

Madrid 38
Mainz 176
Malta 274
Mecklenburg-Vorpommern 102, 105, 205f., 208, 210, 213, 219, 242, 264
Meißen 257
Mellenthin 188, 200
Meuro 288
Mexiko 22, 54
Mönchengladbach 153
Montana 30
Morgenitz 203-206
Moskau 269, 292, 294-296, 301f., 304-306
München 10, 74, 78-80, 85f., 88, 94-96, 100, 105, 108, 110, 113, 121, 142f., 146, 148, 157, 161, 170, 222, 233, 238, 260, 263, 277-279, 281f., 296, 300f.

Nebraska 34
Neubrandenburg 242
Neuenhagen b. Berlin 223
Neuseeland 36, 52
New York 35
Niederlande 274
Niederösterreich 153
Nigeria 245
Nordfriesland 194
Nord-Ossetien 294, 304

Ohio 289
Österreich 10, 88-90, 111, 148, 151, 153, 157, 160
Oxford 108, 299

Peking 294
Philippseich 162, 169
Polen 216f., 233
Prag 90

Ratingen 159
Ravensburg 157
Rehberg 242
Rhodesien/Zimbabwe 37
Riesa 228f., 237, 239, 242, 244f., 256f.
Rom 50
Rostock 104-106, 215-217, 226, 227
Rumänien 216, 296, 301
Rußland 146, 216, 261, 267, 269, 273f., 291f., 295, 301f., 304-308

Saarbrücken 257
Saarland 134
Sachsen 91, 291
Salzburg 90
Schleswig-Holstein 171, 225
Schliersee 122
Schwaan b. Rostock 215, 217, 219f., 222f., 225-227
Schweden 86
Schweiz 10, 38, 87, 122, 137, 143, 148, 157, 160, 173, 296, 305
Schwerin 102, 106, 188, 213, 217, 220, 224
Senftenberg 219, 258-261, 263-272, 275f., 278-284, 286-290, 292f.
Singen 139
Sizilien 217
Skandinavien 86
Sowjetunion 295, 302, 304, 307
Spanien 60, 80, 173
Spantekow 211
Sperenberg 272, 274
Speyer 125
St. Pauli 187
Stralsund 105, 180, 182f., 185, 187f., 190-192, 206f., 213
Stuttgart 68, 72, 74, 86, 123f., 133f., 148, 157, 166, 171f., 233, 243, 251, 256, 296
Südafrika 36f., 52, 86
Suhl 106
Sylt 194
Syrien 291f.

Tampa/St.Petersburg 11
Tegernsee 151
Telgte 140
Tilden/Nebraska 29
Timmendorfer Strand 191
Tirana 299f.
Tschechoslowakei 296
Tschernobyl 259f., 263, 267-270, 272f., 279, 305
Tübingen 49

Ukraine 267, 269f., 274
Ulm 139
Ungarn 296
USA 15, 36, 55, 69, 76, 80-84, 87, 148, 173, 207, 255, 296, 308
Usedom 179-184, 186, 188, 190, 196-201, 203-205, 207-210, 212f., 216f., 220, 225, 227, 259, 264, 267f., 272, 276, 280, 288

Waiblingen 233
Waren/Müritz 213
Warschau 294-296
Washington 35, 55f.
Wasserbillig 242
Weinheim an der Bergstraße 194

Werneuchen 242
Wien 89f., 127, 132, 148, 296
Wiesloch 156, 166
Wismar 105, 219
Wladikawkas 294
Wolgast 105, 180, 184, 188, 192, 198, 200, 208, 212f., 264
Würzburg 132
Zinnowitz 199, 210
Zürich 74, 88, 90, 112f., 115f., 121, 126, 148, 296
Zwickau 105

Personenregister

Da die Lehre von L. Ron Hubbard Gegenstand dieses Buches ist, kommt sein Name ständig vor, so daß er nicht ins Personenregister aufgenommen wurde.

Abel, Ralf Bernd 73, 85f., 106, 142, 155, 167
Albrecht, Jürgen 245
Alley, Kirstie 61f.
Annau, Erwin 153f.
Archer, Anne 61
Ardenne, Manfred v. 273

B., Martina 301f.
B., Tonja 22-24
Baghwan Shree Rajneesh 106, 166
Balzac, Honoré de 132
Bartsch, Sören 91, 101
Barschel, Rainer 135
Barschel, Uwe 202
Basler, Peter 151
Bauer, Marion 193f.
Behrendt, Klaus 122
Bendig, Achim 169
Bieneck, Klaus 233
Biermann, Wolfgang 264-266
Birnstein, Uwe 45, 75
Bischoff, Hinrich 266, 272
Blair, Linda 61
Blöbaum, Helmuth 169, 174, 238
Blümel, Wilhelm 224, 238
Blumenthal, Antje 298
Bond, James 27
Brase, Götz 170, 174, 226, 254
Braun, Dirk 156
Braunmüller, Werner 154
Bredzhanian, Gennady 2294, 304
Breuel, Birgit 239
Buchholz, Konstanze 201
Bussen, Christoph 125

Caberta, Ursula 172, 175
Caesar, Peter 177
Capra, Fritjof 35
Chneour, Matvei 291
Conradi, Bernd 142
Conradi, Elke 142
Conway, Flo 132
Cooper, Paulette 79
Corea, Chick 16, 61, 65
Cromme, Gerhard 240
Crowley, Aleister 32
Cruise, Tom 60-62
Cymerman, Tadeusz 280, 285

Davis, Kent 116
Deinecker 272
De Mille, Cecil B. 61
Deprez, Joachim 159
Dewes, Richard 135
Diener, Günter 287, 290
Dietz, Volker 278-283
Disney, Walt 61
Dolman, Bob 62
Donner, Richard 64
Dooley, Tom 207, 209
Dostojewskij, Fjodor 132

Ehricht, Christoph 206
Eichler, Heinz 287f., 290
Einstein, Albert 40, 95, 109
Erdtmann, Johanna 140, 143
Erdtmann, Lothar 140-143, 152
Erdtmann, Stefan 139f., 142, 144
Estevez, Emilio 62

Fandrich, Fredo 237
Fankhänel, Sabine 225
Fehling, Axel 157, 159, 167, 170
Felix, Christopher 77
Fischer, Siegfried 290
Foullois, Detlef 165, 170, 218-222, 225-228, 232
Franks, William (Bill) 64, 80
Freud, Sigmund 42, 294
Frey, Marc 172, 216
Fudin, N. A. 306

Gach, Gunter 156, 161, 170
Galubtschyk, Viktor 270, 273
Gandow, Thomas 46, 104f., 108, 133, 197f., 201, 203
Ganz, Thomas 160
Ganze, Olaf 92, 94f., 98-102
Garbo, Greta 61
Gauweiler, Peter 78f.
Gazer, Brian 62
Geithner, Wilfried 185-190, 196

Goethe, Johann Wolfgang v. 132
Gorbatschow, Michail 304
Gottschalk, Thomas 61
Graham, Billy 294
Graßhoff, Janet 267f.
Graßhoff, Klaus-Jürgen 260, 272
Greschbach, Manfred 240f.
Gröschler, Friedrich 87

Haack, Friedrich-Wilhelm 30f., 46, 49, 52, 71
Haag, Gerhard 228-257, 299-301
Hackenjos, Gisela 75, 166
Hackenjos, Holger 40-42, 44, 46, 103, 105
Haible, Sabine 139
Hartwig, Renate 78, 244, 246
Hassan, Steven 107, 128, 130f.
Haupt, Michael 106, 316
Hauser, Hartmut 78, 148
Heck, Hans-Jürgen 163
Heilig, Karl-Erich 170, 215f., 218-220, 222f., 225, 232
Heinemann, Ingo 79, 82, 86, 88, 113
Heller, André 89
Helnwein, Gottfried 9, 61, 65, 89f.
Hermann, Arnold 296
Hermann, Karl 170
Hildebrandt, Regine 260, 284
Hitchcock, Alfred 15
Hoecke, Bertie van 90
Hohlmeier, Michael 277-281, 290, 293
Honecker, Erich 245
Hubbard, Mary Sue 55f.
Hughes, Greg 60
Hughes, Howard 55
Huxley, Aldous 53

Ingber, Mark 59f.

Jentzsch, Heber 59f., 64, 136

K., Irina 111
Kasten, Bodo 179f., 184-186, 189, 196, 207
Kauer, Claudia 100
Kaufman, Robert 120
Keith, Frank 81
Keller, Ute 219, 260
Kellermann, Karla 242
Keltsch, Jürgen 121
Kember, Jane 56
Kempe, Klaus 152, 155, 170
Kiefel, Hellen 75
Kind, Hans 115f., 127
Kischke-Wohlbrandt, Christine 173
Klee, Dieter 176
Klemann, Karl-Heinz 180, 183
Klinger, Michael 242
Knaup, Horand 124
Knye 225
Koch, Egmont 158
Köckenberger, Karl 229, 230, 232, 234, 236, 238f., 241, 244,
Koenig, Stephan 71, 165, 170f., 219
Kohl, Helmut 269
Kolb, Martin 156
Kollmus, Bernd 157
Koppert, Friedhelm 144
Kozulin, Alex 261, 284f., 291f.
Krahe, Dieter 191, 207
Krause, Günther 200
Krickhahn, Wolfgang 174
Krumholz, Peter-Uwe 9, 155f., 180f., 182-186, 189-196, 202, 204-206, 208, 210-214, 216, 220, 259-262, 264, 267-276, 278-293
Krumholz, Roswitha, geb. Schirnitz 182f., 186, 194f., 199, 201, 268, 273, 282
Krumholz, Walter 182, 188f., 191, 196, 205
Kühn, Jürgen 230, 236
Kymmel, Friedrich v. 201, 203-206, 211, 213, 275

Latey, John 139
Lattanzi, Daniele 254
Laurien, Hanna-Renate 183
Leist, Wolfgang 187
Lenin, Wladimir I. 302
Lenz, Petra 184
Lenzke, Ulrich 157
Lerchenmüller, Helga 68, 148, 166, 298
Lesèvre, Guillaume 59f., 66f., 136
Luck, Egon 222f.
Luckmann, Brent 165

Mack, Wilhelm 124f.
Marx, John 289
May, Karl 169
McCarthy, Joseph Raymond 15
McLaine, Shirley 61
Mehler, Horst 138f.
Meier, Lutz 162
Meisner, Norbert 237, 240
Meyer, Uke 188
Migenes, Julia 61, 65
Minshull, Ruth 73
Miscavige, David 56, 58-64, 68, 81f., 146f.
Mithoff, Ray 59f.
Moatty, Michael 304
Mohr, Hans-Joachim 209
Morell, Eveline 90
Mosel, Klaus 281
Mrkos, Hannia Bretislav J. 150-155
Mucha, Ralf-Dietmar 76, 147, 157, 164, 166, 197, 201, 203
Müller, Manfred 157
Mun, San Myung 295
Mundl, Rosemarie 297

Nedopil, Norbert 123
Nietsche, Elke 91-96, 98-102, 104, 119
Northrop, Sarah 34

Orwell, George 38, 51, 118, 252
Ostertag, Martin 157, 159
Otto, Rose 183

P., Dr. 163f.
P., Renate 220f., 224
Parsons, Jack 32
Paul, Bernhard 9, 89
Peeters, Peter F. 154
Petersen, Uwe 225f.
Pflugbeil, Sebastian 259
Pitt, Brad 61
Plath, Siegfried 206
Potthoff, Norbert 56, 58, 60, 67, 82-84, 107, 114f., 120, 127-129, 136f., 145f., 148, 154-157, 164, 166-168, 171-173, 178, 195-198, 201, 203, 268, 280, 292, 308
Presley, Priscilla 61

R., Anne 24-26, 39
Rademann, Reiner 288, 293
Rahardt-Vahldieck, Susanne 172
Raschidi, Farhad 160, 218, 223
Rathburn, Marthy 76
Rech-Gesche, Adelheid 167, 177
Reinholdt, Torsten 180, 187-189, 191, 194, 198-200, 209f., 212-214, 264
Rennebach, Renate 147, 177
Riedl, Franz 45, 75, 83, 105, 175, 227
Rodgers, Mimi 62, 64
Roncalli, Angelo Guiseppe 89
Rohe, Mies van der 230
Roth, Jürgen 172, 216
Rumsha, Olga 261-263, 266, 269, 272, 284, 287, 291
Ruzkoj, Alexander 261, 263, 269, 272

S., Anna 299
S., Peter 111, 121f.
S., Reto 126f.
Saddig, Wolfgang 292
Salzwedel, Jürgen 209
Samson, Rudolf v. 207
Schaal, Kurt 256
Schalck-Golodkowski, Alexander 170
Schaller, Friedrich S. 144
Scheel, Achim 219
Scheele, Dr. Michael 300
Schiefelbein, Karl-Heinz 186
Schimann, Rolf 291
Schirnitz, Horst 195, 207, 272
Schneider, Karl-Heinz 108
Schnell, Walter 192
Schöde, Wolf 239
Schröder, Burkhard 259
Schultz, Helmut 224
Schulz, Dieter 153
Schwaetzer, Irmgard 138, 175
Schweitzer, Jeanette 246-258, 298
Seifert, Axel 122
Siegelman, Jim 132
Simon, Otto 201
Smith, Ian 37
Smith, John 295
Spiel, Klaus-Peter 165
Spielberg, Steven 169
Spohn, Fritz 154
Stahl, Hans-Peter 260-264, 266f., 269-276, 278-285, 287-291, 293
Stalin, Josef 71
Stamm, Hugo 126
Starkey, Norman 59f.
Steiden, Heinrich 127
Steidinger, Fred 188
Steiner, Rudolf 32
Stettler, Jürg 148
Stewart, James 61
Stingl, Josef 183, 196
Stoll, Bärbel 180, 183-186, 191f., 196
Stone, Sharon 61f.
Strauß, Franz-Josef 278f.
Stricker, Reinhold 152, 169f., 235f., 250-254
Struwe, Sven-Okke 191
Symonds, John 32

T., Daniel 126
T., Werner 112
Taps, Dave 57
Thönes, Reinhard 258
Titzel, Sabine 87, 89, 105-166, 202, 208f. 295, 307
Träger, Gunther 49, 108, 119, 156, 236
Traven, B. 126
Travolta, John 61, 64f., 115
Tschernavski, Juri 291

Uljanow, Wladimir 302
Unger v. 239

Valentin, Friederike 296
Venzin, Vigilli 305
Viehweger, Gerd 257
Vogel, Sylvio Markus 157, 170
Vorwerk, Wolfgang 300

Wagner, Josef 153
Warnke, Dr. Jürgen 300f.
Weber, Hans 138
Weiland, Kurt 80
Weiß, Konrad 237
Weizsäcker, Richard v. 237
Welles, Orson 61
Wender, Anke 153
Wenzel, Detlef 184-187, 190, 192
Wetzel, Egon 171

Weyl, Dominique 297
Wiegand, Frank-Michael 174f.
Willems, Rudolf 162f.
Wollersheim, Larry D. 50, 73, 125
Wünsche, Kai 164
Wurster, Traugott 219, 227
Yager, Mark 59, 67, 147, 150

Zein, Dieter 240f.
Ziel, Alwin 106

Register weiterer Organisationen

Aktion Bildungsinformation (ABI) 72, 133, 148, 166, 296
Aktion für geistige und psychische Freiheit (AGPF) 113,173
Aktion Psychokultgefahren (APG) 147, 197

Bund deutscher Heilpraktiker 196

CDU 88, 172, 175, 212f., 260, 737, 298
Central Intelligence Agency (CIA) 37, 73

Die Grünen/Bündnis 90 175, 208, 237

Eltern- und Betroffeneninitiative Leipzig (EBI) 91, 101, 132

FDGB 204
FDP 88, 138, 174f., 177
Federal Bureau of Investigation (FBI) 37

Hare Krishna 47, 166, 295

IG Chemie 176
IG Metall 234, 237, 257
International Police Association 195
Interpol 123, 297

KGB 73, 287
KSZE 81

NATO 282

Ordo Templis Orientis (O.T.O) 32

PDS 202

Referat für Weltanschauungsfragen (Wien) 296
Ring deutscher Makler 171

SED 264, 266
SPD 147, 175, 177

Abbildungsnachweis

Archiv v. Billerbeck/Nordhausen: S. 59, 109, 117, 149, 231, 271
Frank Nordhausen: S. 13, 17, 41, 87u., 129, 181o., 203, 247, 265, 277
Holger Schnaars: S. 263
Joachim Bengs: S. 181u.
Liane v. Billerbeck: S. 93
Uwe Birnstein: S. 87, 103, 221
Quellen der Bildzitate:
- S. 33: L. Ron Hubbard. Der Autor und sein Werk (Scientology-Werbebroschüre), 1990.
- S. 63: Impact, Issue 33, 1990.
- S. 65: Was ist Scientology? Hg. v. Scientology Kirche Hamburg e.V. 1990, S. 19.
- S. 141: Die Scientology Kirche. Darstellung der Lehre und der Ziele (Werbebroschüre), 1991.
- S. 303: International Scientology News. Issue 29, 1993.

Die Autoren haben zu danken ...

Lisa, Hannes und Jürgen; Heidje für tausendmal Katze füttern; den Mitbewohnern in der Potse; Elke und Friedrich v. Kymmel für ihre Gastfreundschaft und Unterstützung; Ralf Abel für seine juristische Hilfe; Norbert Potthoff für zahllose Nachtgespräche; Ilona und Christa fürs Lesen; Axel für sein Maschinchen; Thomas aus Köln; den *Wochenpost*-Redakteuren Detlef Gürtler und Dietmar Bartz; Holger Kulick für fünf aufregende Tage; Holger Schnaars für eine heldenhafte Begleitung; Chris für seinen Schutz als Bodyguard; Hermann Engelbrecht und seinen *SFB*-KollegInnen für eine gute (Fernseh-) Erfahrung; Ewald B. Schulte von der *Berliner Zeitung* und den *G+J*-Rechtsanwälten für ihr Stehvermögen; Thomas Gandow und Frau Kropf für ihre freundlichen Auskünfte; Ingo Heinemann und der AGPF für viele Antworten und eine Blitz-Prüfung; Helga Lerchenmüller von der ABI; Michael Haupt für die allerersten Schritte; Jeanette Schweitzer und Elke Nietsche für ihr Vertrauen; Ralf-Dietmar Mucha; Renate Hartwig von Robin Direkt und der Züricher AGSD für Auskünfte und Material; Uwe Birnstein; Melissa Müller, Horand Knaup und Hugo Stamm für ihre Artikel; den Redaktionen der Optiker-Zeitungen *Der Augenoptiker* und *Focus*; Friederike Valentin; Ursula Caberta; Roland H. für sein politisches Porträt; Klaus J. H. und Manfred Q. für ihre Recherchen in Moskau; den dreien vom Betriebsrat: Köckenberger, Thaler und Kühn; Michael Sobania; Burkhard Schröder und Karl Hermann für ihre kollegiale Hilfe; Christian V. für Mac und DOS; J.M. für eine bittere, aber lehrreiche Erfahrung; Frank H. für seine Infos über Schlösser; Sören Bartsch; Hauke für die nordfriesische Einladung; allen InterviewpartnerInnen *und* Freunden, Kollegen, Lektoren, Setzern und Druckern – vor allem Marianne, Detlef und Christoph für die Geduld, die sie mit uns hatten.

Zu den Autoren

Liane v. Billerbeck
Jahrgang 1957, Journalistin, Studium der Journalistik in Leipzig, Kulturredakteurin bei der *Neuen Berliner Illustrierten*, *extra-Magazin*, Autorin der Berliner Gruppe OSTPOL, Hörfunkmoderatorin, Beiträge für Presse, Rundfunk und Fernsehen.

Frank Nordhausen
Jahrgang 1956, Journalist, Studium der Philosophie, Germanistik und Geschichte in Berlin, seit 1987 wissenschaftliche Arbeiten über den deutsch-mexikanischen Schriftsteller B. Traven, Beiträge für Presse, Rundfunk und Fernsehen.

Ralf Bernd Abel
Jahrgang 1948, Rechtsanwalt und Notar, Prof. Dr., Studium in Tübingen und Göttingen, Promotion mit einer Arbeit über die Grenzen der Religionsfreiheit in bezug auf die neuen Jugendreligionen, 1977 bis 1982 wissenschaftlicher Assistent und Lehrbeauftragter der Universität Hamburg. Zahlreiche Veröffentlichungen zu Jugendreligionen, kommerziellen Kulten und pseudoreligiösen Bewegungen.